寺内正毅と帝国日本

桜圃寺内文庫が語る新たな歴史像

伊藤幸司
永島広紀
日比野利信［編］

勉誠出版

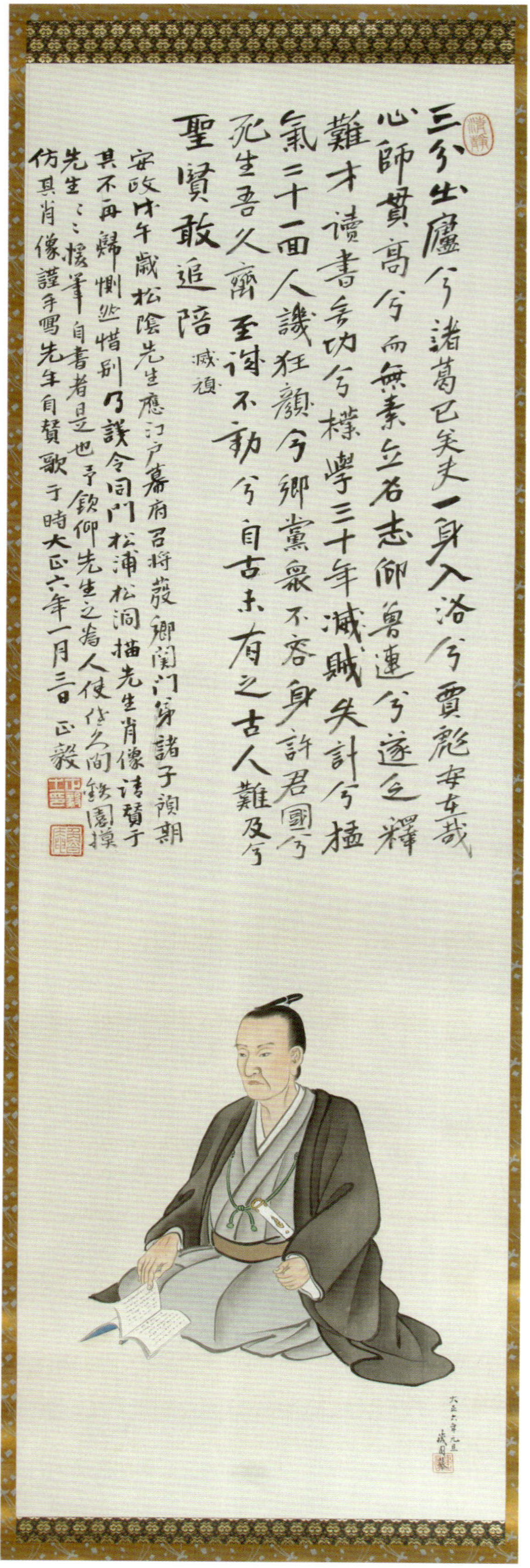

吉田松陰肖像画写（軸巻之部5、108頁参照）

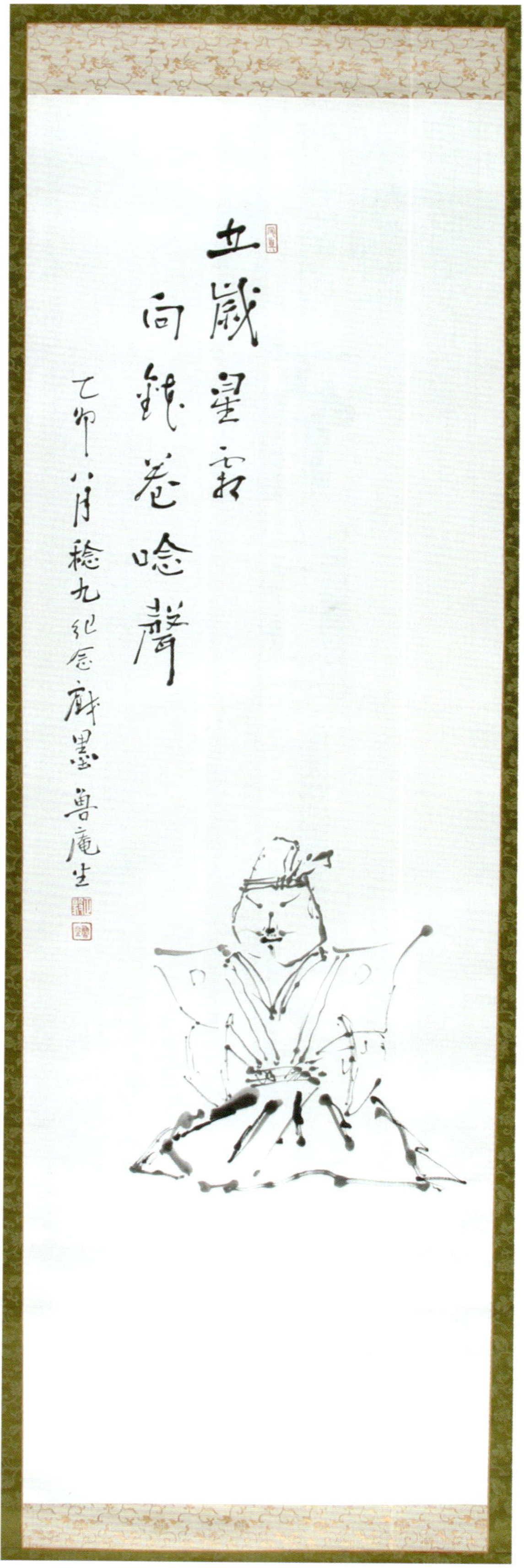

寺内正毅自画像（軸巻之部2、107頁参照）

北京ドイツ公使館における集合写真(写真之部2-19、117頁参照)

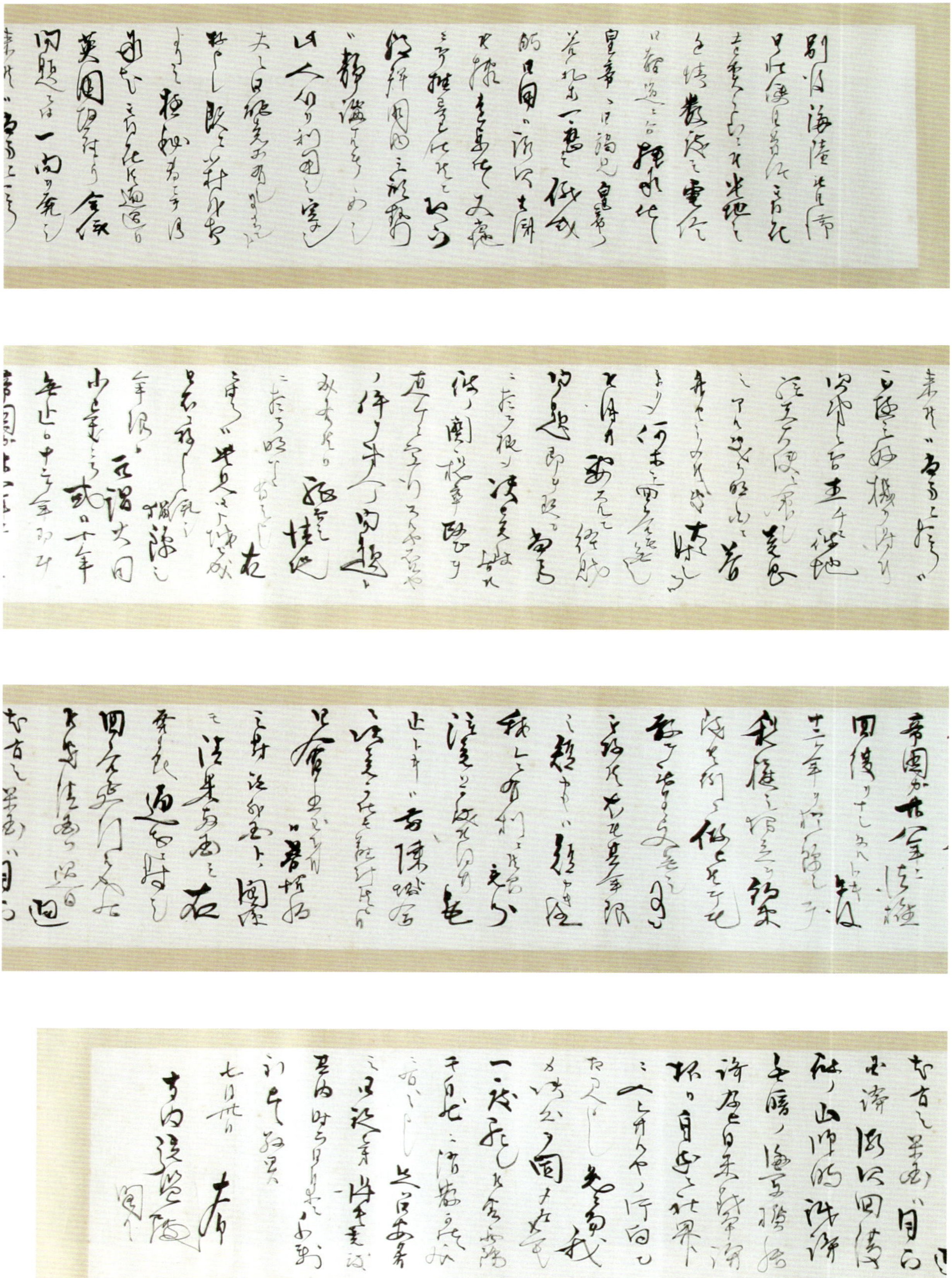

寺内正毅宛桂太郎書簡（〔明治43年〕7月30日付）（軸巻之部9-1-1、124頁参照）

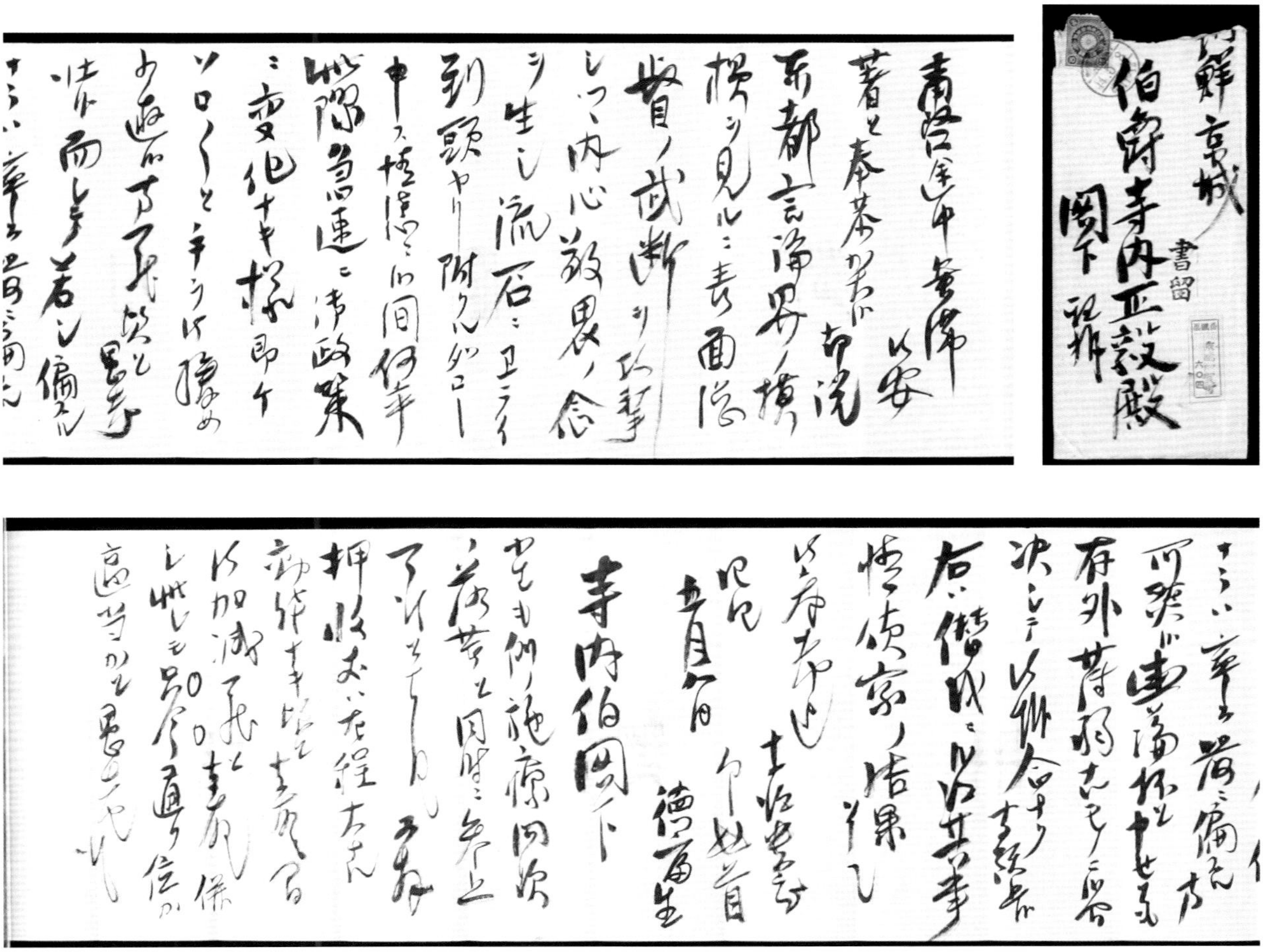

寺内正毅宛徳富蘇峰書簡（明治44年5月8日付）（一紙・冊子之部3-2、130頁参照）

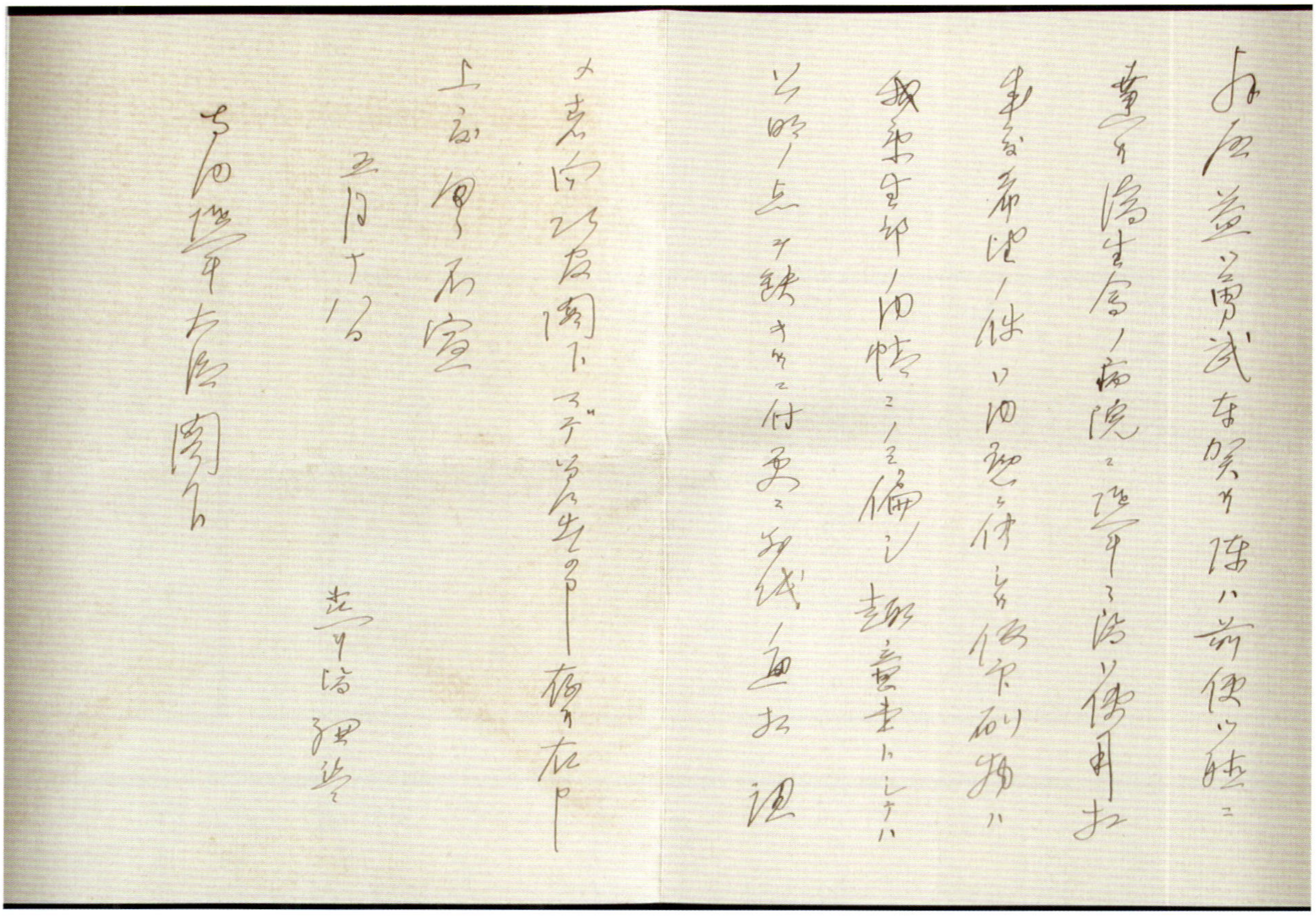

寺内正毅宛森鷗外書簡（〔明治44年カ〕5月18日付）（一紙・冊子之部6-22、144頁参照）（右下は封筒）

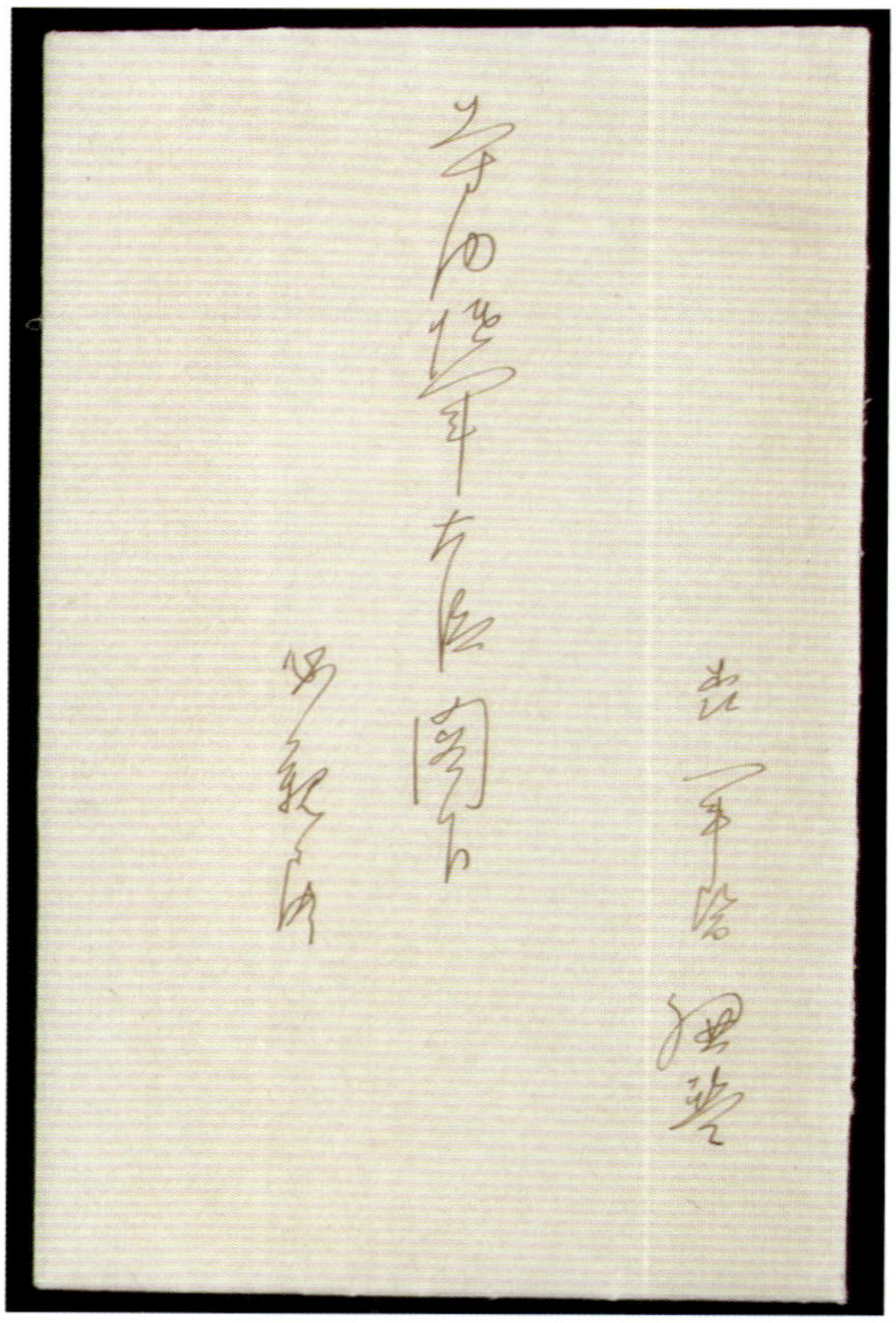

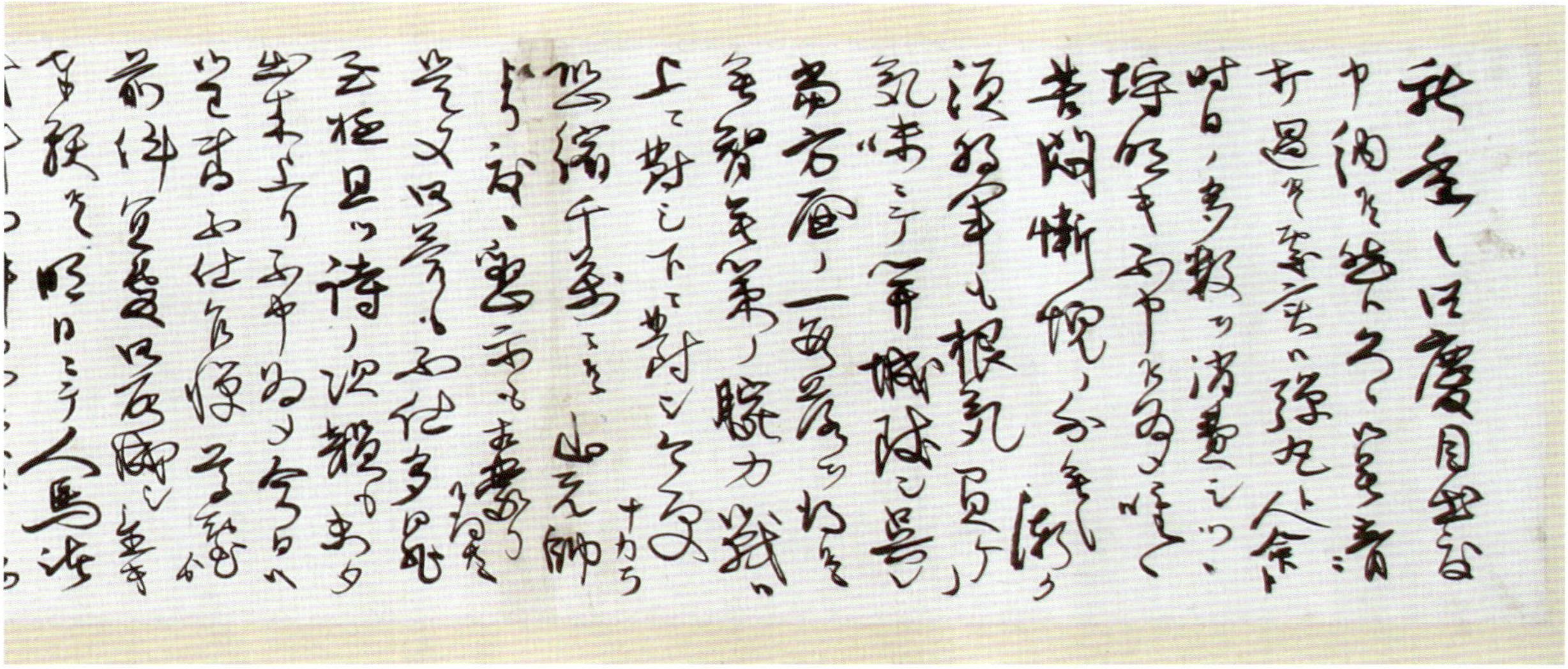

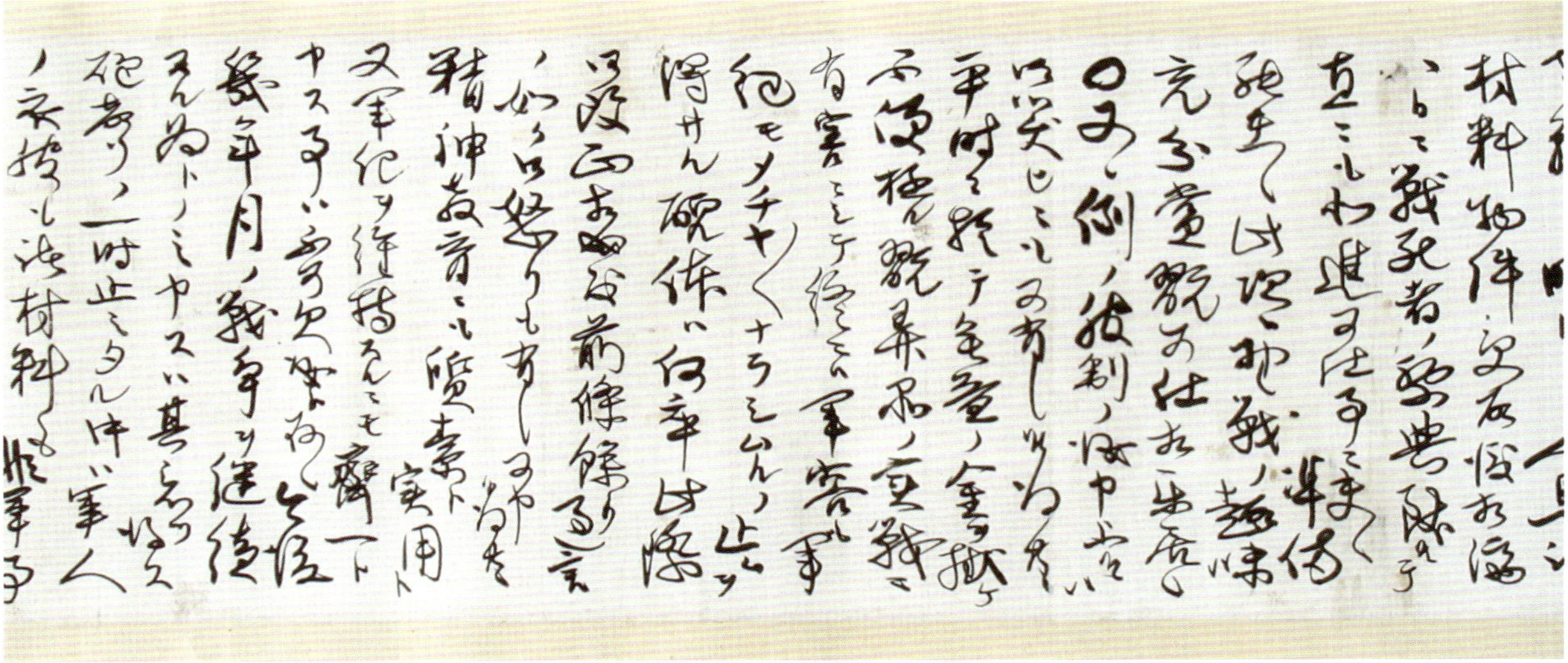

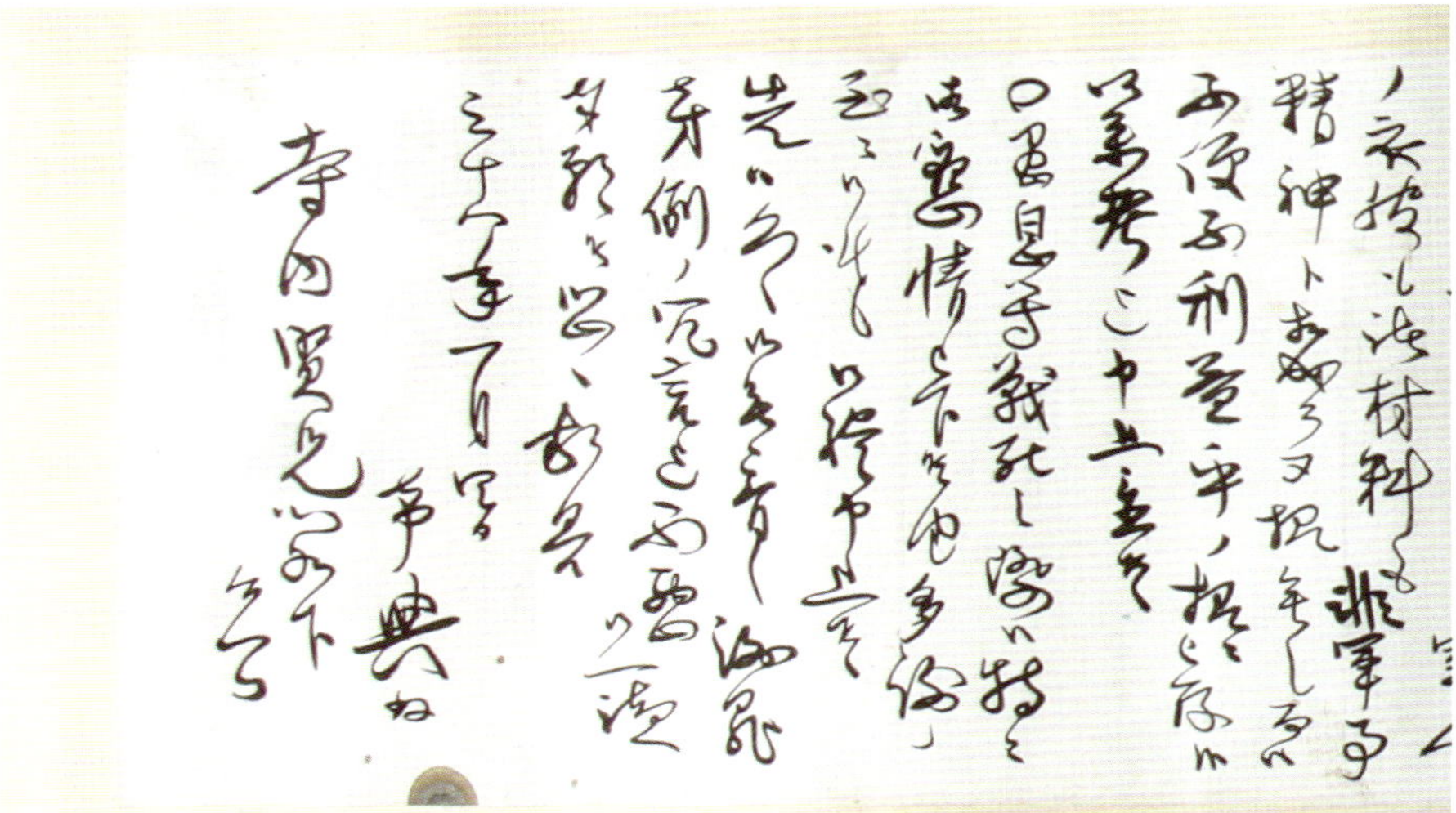

寺内正毅宛乃木希典書簡（明治38年1月4日付）（軸巻之部10-7、156頁参照）

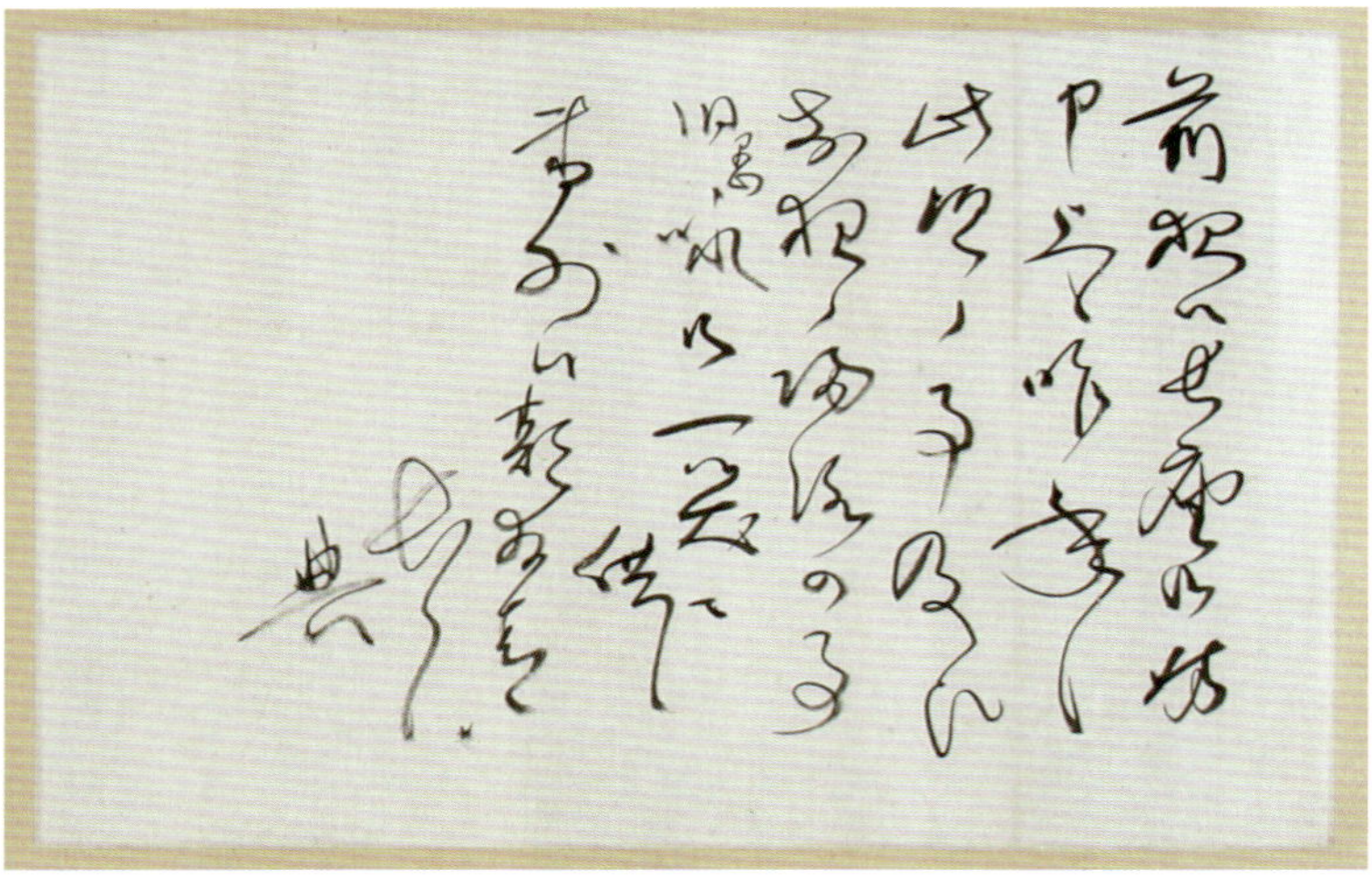

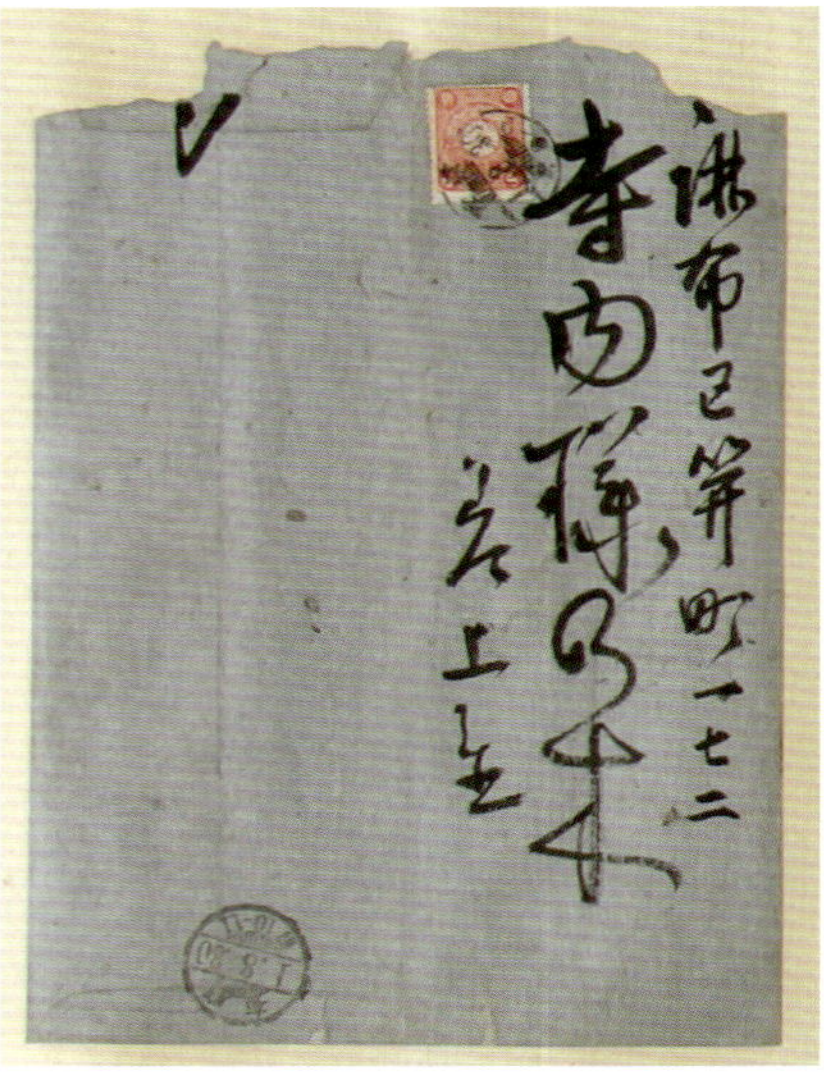

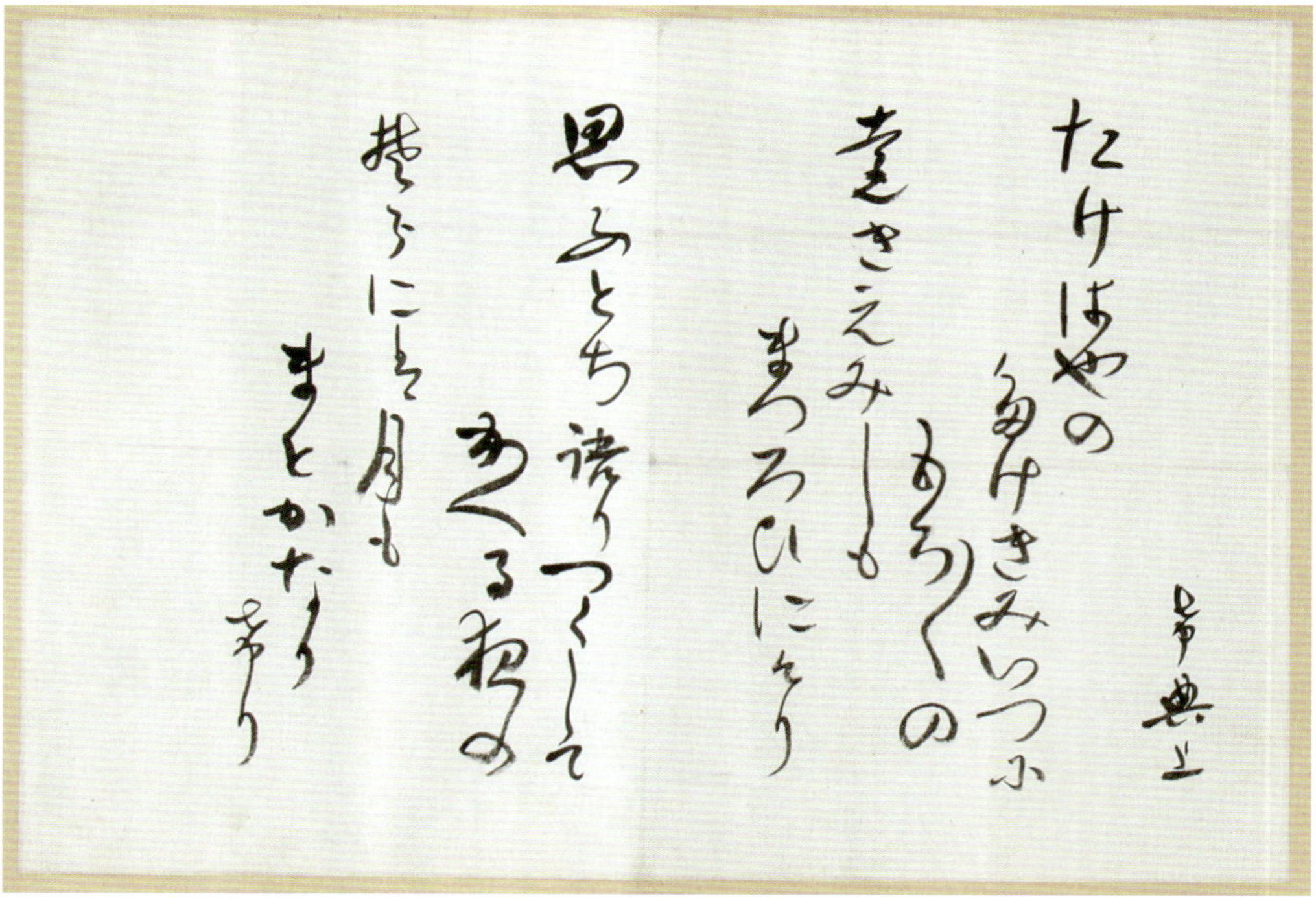

寺内正毅宛乃木希典和歌（〔大正元年〕8月30日）（軸巻之部14、163頁参照）

序　文

本書は、近年まで神奈川県大磯町の寺内家に秘蔵されていた、学界未見の「寺内正毅関係資料」を総合的に紹介する最初の研究書である。

寺内正毅は、初代朝鮮総督・第十八代内閣総理大臣などを歴任した陸軍長州閥の人物である。陸軍大臣として日露戦争の勝利に貢献し、総督として朝鮮統治を軌道に乗せ、元帥の称号も授けられた寺内は、「非立憲」と揶揄された超然内閣の首相として第一次世界大戦の最中にシベリア出兵の宣言をおこなうも、米騒動の責任をとって総辞職した。教科書では、寺内に替わって登場する原敬が、日本で初の本格的な政党内閣の首相として「平民宰相」とよばれて歓迎された、と対比的に叙述されることが多いため、寺内＝ヒール役というイメージを抱きやすい。しかし、一般的には武断的な側面ばかりを強調されがちな寺内であるが、それはあくまでも彼の言動の一部に着目した評価であり、多分にイメージ先行の観があることは否定できない。そもそも、寺内正毅は武人であるのと同時に、文人としての側面もあわせもっていたことを忘れてはならない。

その象徴ともいえるのが、正毅によって構想され、子息の寿一《ひさいち》によって大正十一年（一九二二）に開庫された桜圃《おうほ》寺内文庫の存在である。寺内家の私設図書館として、山口県吉敷《よしき》郡宮野村（現在の山口市）の寺内家敷地内に創設された寺内文庫は、日本・朝鮮・中国の多様な資料を収蔵し、山口地域における貴重な教育図書館としての役割を果たしたが、戦後、寺内家の資金難によって閉鎖され、その歴史的使命を終えた。しかし、文庫に収蔵された資料の主要部分と文庫建物（大正建築物）は、その近隣で開学して間もなかった現在の山口県立大学の前身校へと引き継がれた。今回、神奈川県大磯町の寺内家から新たに発見された「寺内正毅関係資料」も、寺内多恵子氏によって公立大学法人山口県立大学へ寄贈された（平成二十六年（二〇一四）一月二十八日に山口県立大学で寄贈調印式がおこなわれた）。関東から遠く離れた山口県立大学に「寺内正毅関係資料」が入ったのも、まさにこうした歴史的経緯が前提となっている。なお、桜圃寺内文庫にかかる研究のあゆみと現時点における到達点については、伊藤幸司編『寺内正毅ゆかりの図書館 桜圃寺内文庫の研究——文庫解題・資料目録・朝鮮古文書解題』（勉誠出版、二〇一三年）を参照いただきたい。

山口県立大学に寄贈された「寺内正毅関係資料」は、まさに学界未見の新出資料群である。その資料総数は、九四八点（一紙・冊子之部八六二点、軸巻之部十五件四十点、写真之部四十三件四十六点）におよぶ。「寺内正毅関係資料」としては、従来、国立国会図書館憲政資料室に所蔵されるものが知られている。山口県立大学の「寺内正毅関係資料」は、同時期に県立大学とは別ルートで寺内家から学習院大学史料館にも寄贈された関連資料とともに（詳細は本書第一部の伊藤幸司論文と千葉功論文を参照のこと）、憲政資料室のそれを大きく補完するものである。明治元勲にかかる資料としては、おそらく最後に残された一大資料群だと評価することができる。今後、この資料群の分析が進めば、明治・大正期の歴史像に大きなインパクトを与えるに違いない。

編者を中心とするプロジェクトチーム（「あとがき」参照）は、この貴重な資料群の整理・調査作業を進めつつ目録作成をおこない、その成果の一部を平成二十六年（二〇一四）一月二十八日に挙行された寄贈調印式後から、特別展とシンポジウムという形式で公開した。その概要は、次の通りである（＊肩書きは当時のものである）。

特別展「宮野の宰相・寺内正毅とその時代——桜圃寺内文庫への新規寄贈資料展」

日時：一月二十九日（水）～二月二日（日）九時～十七時

場所：山口県立美術館講座室

0．導入

1．維新の志士から帝国陸軍軍人へ

2．日露戦争 陸軍大臣として
3．韓国併合 初代朝鮮総督として
4．内閣総理大臣としてそして多士済々な交友

シンポジウム「桜圃寺内文庫の可能性――新出資料が語る近代日本」
日時：二月一日（土）十三時〜
場所：山口県立山口図書館レクチャールーム
司会・山口輝臣（九州大学）
趣旨説明・伊藤幸司（山口県立大学）
桜圃寺内文庫とその資料　伊藤幸司
陸軍長州閥と寺内正毅　日比野利信（北九州市立自然史・歴史博物館）
朝鮮総督・寺内正毅――その虚像と実像　永島広紀（佐賀大学）
3つの「寺内正毅関係文書」――新出資料の可能性　千葉　功（学習院大学）
コメント　有馬　学（福岡市博物館）
ディスカッション

特別展は、寄贈された「寺内正毅関係資料」を使って寺内正毅の事績をたどる構成とした。寄贈資料の特徴の一つは、正毅の履歴を追うことができる大量の辞令が存在することや、同時代の多士済々な人びととの交流を物語る書簡があることである。展示では、多様な資料を用いることで、寄贈資料の性格も明示することを心掛けた。展示タイトルにある「宮野の宰相・寺内正毅」とは、正毅が山口市宮野（当時は宮野村）にあった寺内家出身の内閣総理大臣であることに由来している。なお、特別展は公立大学法人山口県立大学が主催し、山口県・山口市・山口市教育委員会の後援を受けた。

シンポジウムは、寄贈資料の伝来やその歴史的意義を説明する部分と、寺内正毅のあり方を寄贈資料から語る部分の二本柱で構成した。前者は、寄贈資料と桜圃寺内文庫との歴史的な関係性（伊藤）、近代史研究における寄贈資料の可能性と意義（千葉）について触れ、後者は正毅の事績のうちで維新の志士から陸軍大臣まで（日比野）と、朝鮮総督時代（永島）に注目した。後者は、特別展の展示構成を意識した報告である。シンポジウム当日は、報告レジュメに加えて、公立大学法人山口県立大学附属郷土文学資料センターが寺内文庫特集号を掲載した『郷土文学資料センターだより』第二十二号（二〇一三年十一月発行、http://www.yamaguchi-pu.ac.jp/contents/00028460.pdf）の配布もおこなった。また、シンポジウムの会場となった山口県立山口図書館の協力を得て、同館が所蔵する桜圃寺内文庫旧蔵資料の一部をレクチャールーム前のホールで展示した。

特別展は、五日間という短期間で、わずか四十点余りの資料展示という小規模な企画であったにもかかわらず総計四〇三人の入場者があり、シンポジウムは一五一人の参加者があった。いずれも、報道機関によって取り上げられるなど相応に注目されたといえる。

本書は、この特別展とシンポジウムの成果をもとに構成されている。第一部「桜圃寺内文庫の可能性——新出資料が語る近代日本」はシンポジウムの成果である。パネル報告の活字化に際しては、その後の調査で判明した知見を大幅に加味した部分がある。ディスカッションでは、寄贈資料が切り開く歴史像の可能性や、資料のみならず建物も現存する桜圃寺内文庫の重要性について語られている。第二部「資料が語る寺内正毅とその時代」は、前半部分「宮野の宰相・寺内正毅とその時代」が特別展の成果であり、タイトルも特別展のものをそのまま活かしている。いわば、特別展の図録のような位置付けとなっている。後半部分「桜圃寺内文庫の乃木希典書簡」は、寄贈資料のなかでも寺内家が巻子装にして重要視していた乃木希典の寺内正毅宛書簡十一通を写真付きで翻刻し解説を加えている。十一通の書簡はほぼ新出の資料であり、寄贈資料のなかでも注目すべきものの一つといえる。第三部「桜圃寺内文庫寺内正毅関係資料目録」は、寄贈資料の総目録であり、これによって資料群の全貌を把握することができる。

なお、寄贈資料の整理・調査・目録作成作業と、特別展「宮野の宰相・寺内正毅とその時代——桜圃寺内文庫新規寄贈資料展」およびシンポジウム「桜圃寺内文庫の可能性――新出資料が語る近代日本」の開催にあたっては、山口県立大学さくらの森夢基金による助成金と、文部科学省「地（知）の拠点整備事業（COC事業）」にかかる山口県立大学共生研究部門「やまぐち学研究プロジェクト」の資金を活用したことを附言しておく。

以上、本書が日本近代史研究に少しでも資することができれば幸いである。

伊藤幸司

目　次

参考資料

第一部　桜圃寺内文庫の可能性

——新出資料が語る近代日本

桜圃寺内文庫と寺内正毅関係資料

伊藤幸司

一　桜圃寺内文庫の誕生と資料の変遷

桜圃《おうほ》寺内文庫は、初代朝鮮総督・第十八代内閣総理大臣を歴任した寺内正毅《まさたけ》の意思にもとづき、子息の寿一《ひさいち》が故郷である山口県吉敷《よしき》郡宮野村（昭和十六年（一九四一）山口市に編入）にあった自宅敷地内の朝鮮館に隣接して建設した寺内家の私設図書館である（図1・2）。桜圃は、魯庵とともに正毅が使用した雅号の一つで、寺内家があった宮野桜畠《さくらばたけ》という地名に由来する。正毅は、文庫を広く一般に公開することで、郷土山口の子弟教育に貢献し、学界の利用研究にも対応できることを願っていた。彼が、こうした考えを抱くに至ったのは、同郷の陸軍軍人である児玉源太郎の影響による。児玉は、故郷である徳山（現在の周南市）に児玉文庫をつくり郷土の人びとに対して教育的活動をおこなっていた。正毅は、こうした児玉の活動にならってみずからも文庫を設置しようと構想したのである。正毅存命中に文庫は実現しなかったが、大正十一年（一九二二）二月五日の正毅の誕生日（嘉永五年（一八五二）閏二月五日生まれ）にあわせて開庫[1]された文庫は、地元の宮野地域のみならず、最寄りに国鉄宮野駅[2]（図3）もあったことで、山口地域における教育図書館としての役割を十二分に果たした。[3]同時に、文庫には教育図書館としての役割のみならず、亡くなった正毅を顕彰する記念館的な要素もあった。当時、寺内文庫が寺内記念館ともいわれることがあったのはそのためである。[4]また、鉄筋コンクリート製のボックスを組み合わせたような文庫建物は、まさに大正建築によくみられる質実剛健さをかもしだすシンプルなデザインであり、朝鮮館や近隣の丘に祀られた寺内正毅の墓とともに宮野地域のランドマークとして愛されていた。[5]文庫の収蔵資料は、正毅の蒐集した蔵書を基礎としつつ、日本の古典籍のみならず、正毅が韓国統監・朝鮮総督時代に集めた朝鮮関係資料

図1　大正12年の桜圃寺内文庫、左側にあるのは朝鮮館（山口市広報広聴課蔵写真より）

図2-1　旧寺内家邸宅跡

図2-2　旧寺内家邸宅跡、門柱はバス停設置で道路が拡幅されたため、以前の場所から若干移動している。

図3　現在のJR宮野駅

や、明治期以降に出版された洋装本など多岐にわたる。

　桜圃寺内文庫の誕生と資料の変遷については、すでに國守進「桜圃寺内文庫の成立」（同編『桜圃寺内文庫の研究』昭和五十年度文部省科学研究費補助金一般研究C研究成果報告書、山口女子大学歴史学研究室、一九七六年、のちに次掲の伊藤幸司編著書に再録）および、拙稿「桜圃寺内文庫の変遷と現状」（同編『寺内正毅ゆかりの図書館 桜圃寺内文庫の研究――文庫解題・資料目録・朝鮮古文書解題――』勉誠出版、二〇一三年）において詳述している。ゆえに、小稿では次章「発見された寺内正毅関係資料」で触れる内容の前提として、桜圃寺内文庫資料の変遷について拙稿をもとに簡単に概説し、あわせて若干の補記をしておく。

○山口県立大学

　昭和二十年（一九四五）の終戦とともに、寺内文庫は激動の時代を迎えた。寺内家の当主・寺内寿一が昭和二十一年（一九四六）マレーシアのレンガムで拘留中に病死したこともあり、寺内家は文庫を維持することが難しくなったからである。当時、昭和十六年（一九四一）に開校した山口県立女子専門学校の女学生が近隣の寺内文庫を事実上の図書館として使用していたこともあり、昭和二十一年（一九四六）に寺内家と山口県との間で桜圃文庫貸借契約が締結され、文庫は山口女専の附属図書館として借用されることとなった（図4）。その後、昭和二十五年（一九五〇）に女専が山口女子短期大学に編成替えされたことにともない、文庫も山口女子短期大学附属図書館となる。こうした提携関係もあり、昭和三十二年（一九五七）には寺内家と山口県との間で売買契約が締結され、文庫建物・土地・樹木若干が山口県に移管された結果、寺内文庫は正式に山口女子短期大学の附属図書館となった。昭和五十年（一九七五）山口女子短期大学が四年制の山口女子大学へと昇格し、同五十二年（一九七七）女子大学構内に附属図書館の建物が新築されると、約三十年続いた寺内文庫の大学図書館としての役割は終わり、文庫内の蔵書も新築の図書館二階に設けられた寺内文庫保存室へと移された。その際、寺内文庫の蔵書に関する確認・整理作業もはじめておこなわれたようで、その成果が國守進編『桜圃寺内文庫の研究』（昭和五十年度文部省科学研究費補助金一般研究C研究成果報告書、山口女子大学歴史学研究室、一九七六年）として公表されている。こうして、桜圃寺内文庫の蔵書の多くが、山口女子大学附属図書館に伝来することとなった。

図4　桜圃寺内文庫（中央左）と山口県立女子専門学校（中央右）（山口県立大学蔵）

図5　山口市鳥瞰図（昭和6年）にみる宮野地域（拙編著書より転載）

図6　「山口市観光交通鳥瞰図」（昭和27年）にみる宮野地域（山口県文書館蔵）

寺内文庫から山口女子短期大学へという変遷は、宮野地域における象徴的存在の交替も意味した。すなわち宮野地域のランドマークは、戦前では「山口市鳥瞰図絵」（昭和六年）（図5）にみるように寺内文庫・朝鮮館・正毅の墓といった正毅ゆかりの文物であったのに対して、戦後では「昭和二十七《（一九五二）》年山口市観光交通鳥瞰図」（リーフレット 昭和二七―二）（図6）で象徴されるように、寺内文庫等の存在が消えて女子大学（山口女子短期大学）となっている。この事実は、戦後、寺内文庫が寺内家の手を離れて大学のものとなったことと密接に関係しており、当該地域において郷土のために図書館をつくってくれた寺内正毅という存在の記憶が忘れ去られていく過程であったともいえる。そのため、現在、地元においてでさえ、旧寺内家敷地（現在は山口市が管理する公園となっている）にたたずむ旧寺内文庫建物の歴史的役割を知る人は限られ、多くの人びとにとってはただの荒廃した建物という程度の認識となっている。

　ところで、平成八年（一九九六）山口女子大学は共学化されて山口県立大学となり、同十八年（二〇〇六）には法人化されて公立大学法人山口県立大学となった。その際、大学は昭和三十二年（一九五七）から大学資産となっていた寺内文庫の建物とその敷地を山口県へ戻した。昭和五十二年（一九七七）の附属図書館の誕生以降、寺内文庫の建物は学生活動などに使用されることはしばらくあったが、次第に放置され、荒廃しつつあった。大学は法人化するにあたり、文庫建物（図7〜12）の維持管理が困難とみて、さきの処置を決断したようだが、それは同時にみずからの貴重な歴史（大学史）の一部を他人の手に委ねてしまったことを意味する。

○山口県立山口図書館

昭和三十二年（一九五七）寺内家と山口県との間で締結された売買契約により、寺内文庫の建物と蔵書は現在の山口県立大学へ移管されたが、一部の蔵書は寺内家の所有のまま文庫建物二階に保管され続けた。ところが、これらの蔵書は、保管場所である文庫建物の劣化という環境悪化を懸念した寺内家によって、昭和三十六年（一九六一）山口県立山口図書館に寄贈（七書大全五十冊）・寄託（法帖三十八部五十五冊）された。その後、平成二十年（二〇〇八）になり、寄託状態のままとなっていた蔵書も寄贈に切り替えられた。これらの蔵書は、朝鮮関係のものが多いが、一部は江戸期の和書も含まれている。

○国立国会図書館憲政資料室

昭和二十一年（一九四六）寺内家と山口県との間で締結された桜圃文庫貸借契約（あるいは昭和三十二年（一九五七）寺内家と山口県との間で締結された売買契約）を契機として、寺内家は山口市の寺内文庫からプライベートにかかわる史資料や文物を神奈川県大磯町の本宅へ引きあげた。寺内文庫には、開庫当初から正毅を顕彰するための記念館的役割があったため、正毅ゆかりの文物をならべる陳列室も設けられていた。戦後、寺内家が本宅へ引きあげたものには、こうした正毅ゆかりの文物や資料などがあったのであり、これらは山口県への移管の対象とされなかった。

こうしたなか、昭和三十九年（一九六四）寺内家から正毅関係文書（三三九五点）が国立国会図書館憲政資料室に寄贈された。これら正毅の一大資料群の概要については、本書所収の千葉功氏による論考で触れられているため、詳細はそちらに譲りたい。なお、憲政資料室の正毅関係文書と一連の資料と考えられるものがわずかではあるが、現在、山口県立大学附属図書館寺内文庫に所蔵されている。この点から、二つの資料は本来一緒に保管されていたことが確実であり、その保管場所も山口の寺内文庫でしかありえないといえる。つまり、憲政資料室の正毅関係文書は、戦後、寺内家が神奈川県大磯町の本宅に引きあげた資料の一部だということになる。

○防長尚武館

昭和四十一年（一九六六）、寺内家から正毅・寿一の勲章・勅書・勲記・記録・服装など一九六点が防長尚武館に寄託された。同資料館には、その後、昭和六十二年（一九八七）にも数点の遺品が追加され、合計二二二点の文物が正式に寄贈された。防長尚武館は、昭和四十年（一九六五）に旧日本軍の偉業をたたえる目的を持った資料館として、陸上自衛隊の山口駐屯地内に設けられた施設である。ここには、かつて寺内文庫に陳列されていた正毅の軍刀も入っていることから、寄贈された資料のうち正毅関係の文物については、本来、寺内文庫において正毅ゆかりの文物として陳列・保管され、戦後、寺内家によって引きあげられたものであることがわかる。寺内家は、寺内文庫からプライベートなものとして引きあげた正毅ゆかりの資料のうち、軍事関係の文物を選択し、さらに息子の寿一ゆかりの類似の文物とともに防長尚武館へ寄贈したのである。

図7　現在の桜圃寺内文庫建物

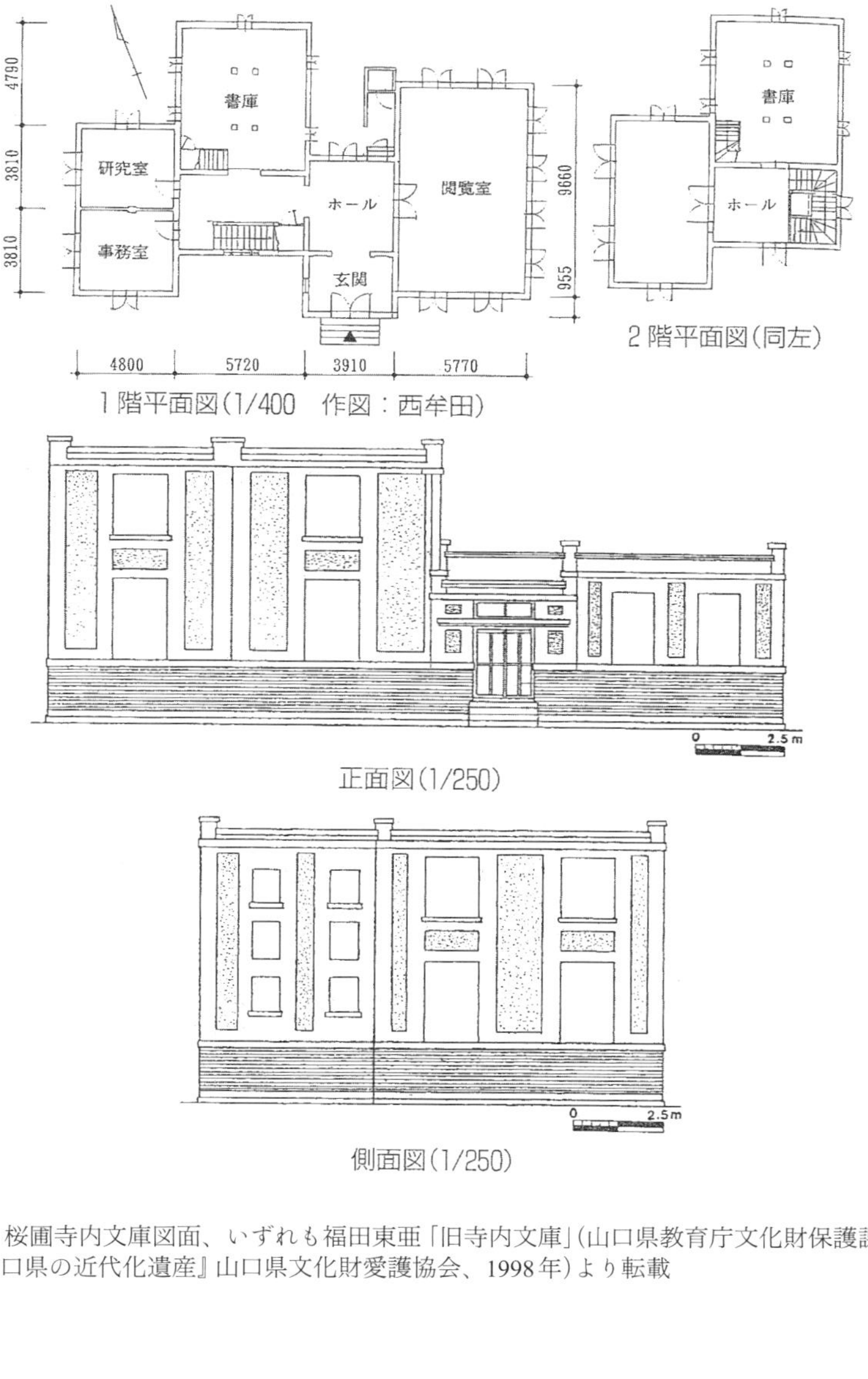

図8　桜圃寺内文庫図面、いずれも福田東亜「旧寺内文庫」(山口県教育庁文化財保護課編『山口県の近代化遺産』山口県文化財愛護協会、1998年)より転載

図9　桜圃寺内文庫1階閲覧室

図10　桜圃寺内文庫の階段

図11　桜圃寺内文庫1階書庫内の階段

図12　桜圃寺内文庫の2階ホール

○慶南大学校（大韓民国）

平成七年（一九九五）、山口女子大学附属図書館に所蔵されていた寺内文庫の蔵書のうち、書画類九十八種一三五点が大韓民国慶尚南道馬山市（現在は昌原市馬山合浦区）にある私立大学・慶南大学校に寄贈された。これは、山口女子大学と慶南大学校との学術交流の一環として、純粋な日韓友好協力という目的に鑑み、山口女子大学が寺内文庫資料の一部を寄贈したものであり、いわゆる韓国由来の文化財返還問題とは次元を異にするものであった。ただし、この背景に日韓議員連盟が関与するなど政治的な色彩が少なからずあったことは否定できない。詳細は、前掲の拙稿「桜圃寺内文庫の変遷と現状」を参照いただきたい。

寺内文庫資料を寄贈された慶南大学校は、学内に大学校博物館を建設して資料を厳密に保管するのと同時に、寺内文庫記念室を設けて資料の展示をおこなっている。さらに、資料を紹介する汗馬古典叢書を一九八八年から毎年一冊ずつ刊行するのみならず、寺内文庫特別展を韓国内で数回開催している。

なお、慶南大学校に寄贈された資料は、寺内文庫にあった朝鮮関係資料の一部であり、山口県立大学には依然として多くの朝鮮本、朝鮮古文書、朝鮮の拓本などがある。

【桜圃寺内文庫旧蔵資料の所蔵先】

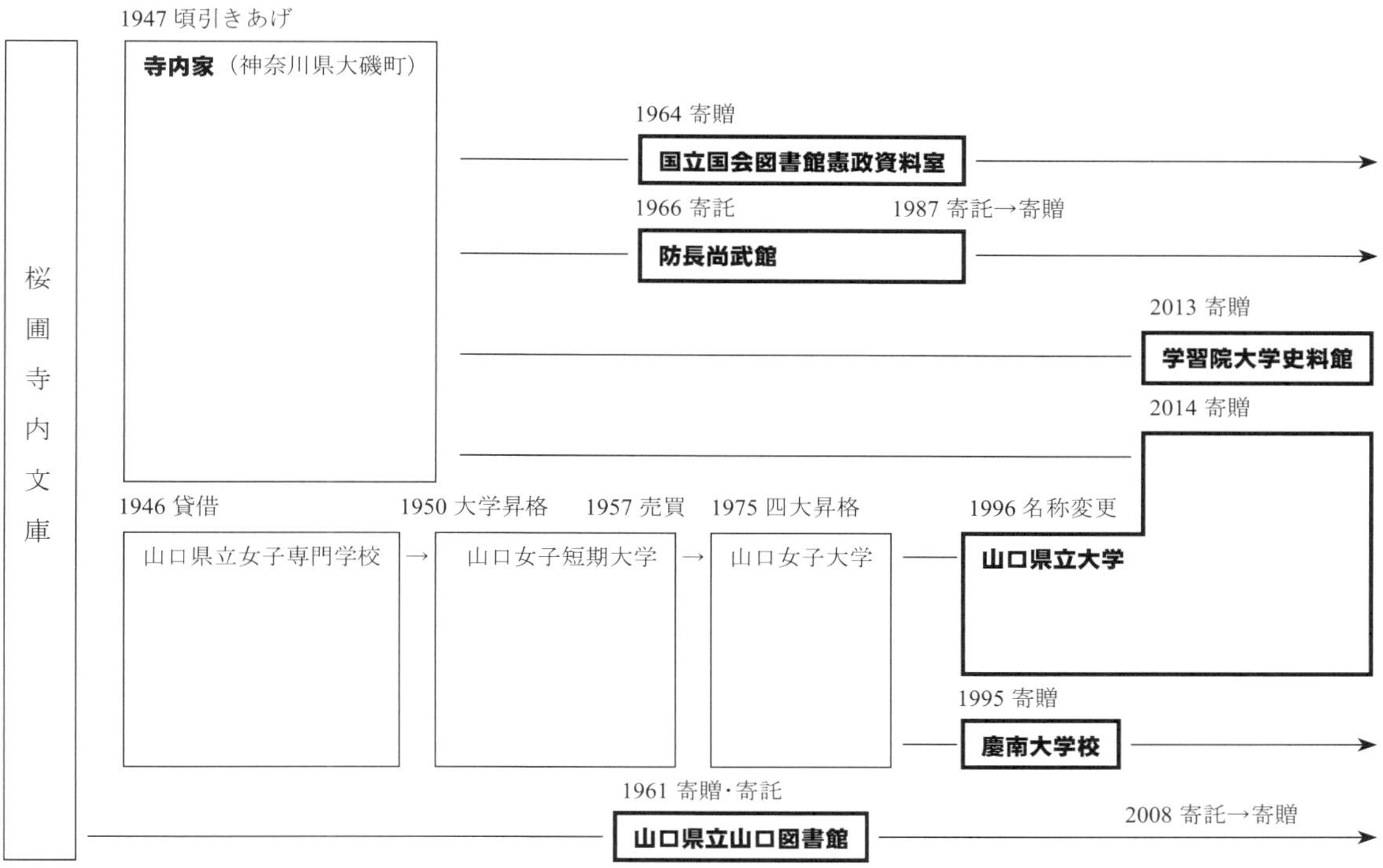

このように桜圃寺内文庫の資料は、戦後、その多くが近隣にあった現在の山口県立大学附属図書館に移管されたが、同時に寺内家が神奈川県大磯町の本宅に引きあげた資料も存在した。そして、大磯町の寺内家の資料は、その後、国立国会図書館憲政資料室と防長尚武館に寄贈されるのとともに、一部の資料は自宅に保管されたままとなった。一方、大学移管後も寺内家保有分として山口の寺内文庫建物に保管され続けた資料は、寺内家によって山口県立山口図書館に寄贈され、さらに大学附属図書館に移設された朝鮮関係資料の一部が大韓民国の慶南大学校に寄贈された。このように、桜圃寺内文庫旧蔵資料は非常に複雑な伝来となっているのである。

二　発見された寺内正毅関係資料

桜圃寺内文庫の旧蔵資料は、前章で指摘したように、山口県立大学附属図書館・山口県立山口図書館・国立国会図書館憲政資料室・防長尚武館・大韓民国慶南大学校博物館といった研究諸機関に分散されて伝来していると思われていたが、その後、神奈川県大磯町の寺内家にも依然として保管されている資料もあることが判明した。この事実が知られるようになったのは、比較的最近のことである。

そのきっかけとなったのは、筆者が前編著書に収録した拙稿「桜圃寺内文庫の変遷と現状」を執筆するに際して、関連する資料が寺内家に残されていないかということを確認するために私信を出したことによる。この私信に対して、さっそく寺内多恵子氏から電話をいただき、文庫関連の資料が寺内家に残されていることをご教示いただいた。そこで、平成二十四年（二〇一二）十月に筆者は佐賀大学の永島広紀氏とともに大磯町の寺内家を訪問し、残された資料の確認をおこなった（図13）。寺内

図13　寺内家にあった資料群

氏は、これらの資料の行く末をご心配なさっていたこともあり、その後の寺内家と山口県立大学との協議を経て、一部資料の山口県立大学附属図書館への寄贈がなされることとなった。資料は、平成二十六年（二〇一四）一月二十八日、山口県立大学において寺内多恵子氏のご出席のもと寄贈式が開催され、寺内正毅関係資料（一紙・冊子之部：八六二点、軸巻之部：十五件四十点、写真之部：四十三件四十六点）が山口県立大学附属図書館寺内文庫に入った。

一方、寺内家の資料については、山口県立大学とは別ルートで学習院大学との間でも協議が進んでいたようで、平成二十五年（二〇一三）六月十日に寺内正毅・寿一関係資料（六十五件、総点数四四七点）が寺内多恵子氏から学習院大学史料館に寄贈された。[6] いずれにしても、山口県立大学と学習院大学に寄贈された資料は、正毅関係の資料がおもに山口県立大学に、寿一関係の資料（一部の正毅関係資料も混入）がおもに学習院大学に入っているとはいえ、もともとは一つの資料群であったことは確かである。

これら寺内家旧蔵資料のうち正毅関係資料については、寺内家以前の保管場所を推測することができる。山口県立大学に寄贈された資料のうち、たとえば『朝鮮総督府始政五年記念書画帖　乾・坤』（資料番号：一紙・冊子之部17）には「桜圃寺内文庫」蔵書印が捺され、桜圃寺内文庫における貴重品を示す貴重書ラベル（貴／361）も貼られている。寄贈資料のなかには、桜圃寺内文庫が作成した『図書分類目録貴重品（貴重品原簿一）』（資料番号：一紙・冊子之部23―7）が存在しており、開庫以降の文庫所蔵品の一端を知り得ることができる。この原簿によれば、大正十二年（一九二三）から昭和十六年（一九四一）までに受け入れた貴重品の一つとして、『朝鮮総督府始政五年記念書画帖　乾・坤』（大正十年十二月廿日受入）の名前を確認することができる。原簿には、このほかにも、たとえば①「乃木将軍遺書巻」（貴／77）、②「乃木将軍尺牘巻」（貴／78）、③「徳大寺卿諭旨巻」（貴／79）、④「山県公尺牘巻」（貴／80）、⑤「桂公尺牘巻」（貴／81）などの資料（いずれも昭和四年十一月二十日受入）の巻子も確認できるが、これらは貴重書ラベルの情報から①④は学習院大学、②③⑤は山口県立大学にそれぞれ寄贈されたものであり、後者に関する資料番号は②軸巻之部10―1～10、③軸巻之部12―1―1～3、⑤軸巻之部9―1―1・2、9―2―1・2となっている。こうした、蔵書印やラベルは他の多くの資料でも確認することができることを考えれば、一連の資料群は基本的に山口の桜圃寺内文庫に旧蔵されていたとしなければならない。

この点に関しては、さらに、井上鍵之助編『佐藤先生山陰旅行随行記』（神徳書院、一九二四年）という資料の一節も引用しておきたい。当該資料は、大正十三年（一九二四）五月に佐藤範雄がおこなった山陰旅行に随行した井上鍵之助の日記である。佐藤（一八五六～一九四二）は現在の広島県福山市出身の宗教家・教育者で、金光教の教祖（金光大神・金光大陣）没後、教祖の教えの記録保存や信者の結収をおこなうことで金光教の教団組織化を推進した人物であり、寺内正毅とは日韓併合前後に明石元二郎らの紹介で知己となり、著書の贈呈をしていたという。佐藤は、明治四十三年（一九一〇）には満韓視察も実施していた。日記によれば、このとき佐藤は出雲大社参拝に先立ち、大正八年（一九一九）になくなった正毅の墓参のためにわざわざ山口を訪問している。東京から山口に至る往路では、寺内寿一と偶然出会い、墓参をする佐藤のために配慮している場面も日記に登場する。五月十二日、佐藤は正毅の墓を訪れ墓参詞をつくっているが、重要なのはその後に近隣の桜圃寺内文庫を訪問していることである。以下、引用が長くなるが、佐藤が寺内文庫を訪問した箇所を提示する。

桜圃寺内文庫

最前から参拝せられて居た、彼の洋服姿の方は、刺を出して井上随行を通じ、先生を迎えらるゝのであった。刺には「桜圃寺内文庫主管宇佐川三郎」と認めてあった。昨夜帰省せられた寺内伯より御話があって、態々出迎へられたので深く厚意を謝した。

一同は、今奏上せられた墓参詞の彼方此方を心に書きつゝ、夫人の敬虔なる御拝の様など語りつゝ下山、庵主にも厚く礼を述べて、もと来し道を駅前に返し、それより左に新しき鉄筋建あり、又朱塗の朝鮮館のある寺内邸に至り、先づ寺内正毅と記したる昔のまゝの古びた門札に、今尚ほ偲ばれる私邸を訪れられた。留守居の方といふのは、故元帥の御舎弟の未亡人とかであった。

それより寺内文庫である彼の鉄筋建へ趣き、宇佐川主管の懇切なる案内にて、一般縦覧室より婦人室、子供室と経廻ぐり、やがて階上宝物室に導かれた。

宝物室

仰げば室の正面には、両陛下の御真影あり、左方には明治大帝の御聖影が掲げられてある。襟は自ら正され再拝して参入した。

明治大帝、照憲皇太后、今上陛下よりの御下賜品の数々は、今記すもいと畏れ多く、それは〳〵筆にも口にも盡し得ぬ貴重な尊いものばかりであった。一々品名説明を拝して行く中に、李王家よりの御下賜品、金の茶釜、銀の爐《ふろ》、其の他貴い物が拝された。

御下賜の元帥刀の前に、大勲位菊花大綬章より、各種の勲章を胸間眩ゆき迄に吊されたる元帥服を拝する時、元帥の勲功の如何に偉大なりしかを思はずには居られない。胸間に吊すことの出来ない、他の多くの勲章は、元帥の左右に正しく幷べられ、燦として輝いて居る。中には横文字入りの外国勲章もあった。

伊藤博文、大久保利通、木戸孝允、西郷隆盛、山縣大将、乃木大将其の他勤王の士の往復書信、或は詩歌等鄭重に保存せられてあった。元帥の遺墨に至っては、色紙に、幅にそれは〳〵墨痕鮮かなるものである。

若し夫れ、書冊に至っては、万巻の書と云はんか、古今を問はず、東西を云はず、浩瀚なるものばかりで又よく保存せられてある。

いつ迄拝観して居っても果てしなく、又予定の時間もあることとて、宇佐川主管に厚く礼を述べ、階下一般縦覧室にて小憩、お茶を頂いた。先生には御著述の書冊二三を文庫へ寄贈せられた。

辞せらるゝに当り、壁間に掲げてある乃木将軍より元帥に宛てたる書信及び歌が眼にとまり、主管の許を得て写した。此は乃木大将自刃数日前の書信なりとか。

たけはやの
たけきみいつに
もろ〳〵の
遠きえみしも
まつろひにけり

前夜は長座御妨申上候昨
年の此頃の事及ひ前夜の
帰路の事旧詠御一笑に供
候書外は期拝眉
頓首

思ふとち
語りつくして
かへる夜の
そらには月も
まとか
なりけり
　　　　　　　　　　　　　典
麻布区笄町一七二
寺　内　様　　乃　木
差止置

文庫拝観中、先生には故元帥を偲び出でられて、
　目に見えぬ御霊の幸の現はれて
　　在すにまさる寺内の君

と、誠に昨日奇遇せられたのが一層の縁となり、主管の懇切なるお取扱を受け、一同歓天喜地厚く礼を述べて退出した。

注目すべきは、傍線部の記載である。前の傍線部によれば、寺内文庫の宝物室には伊藤博文・大久保利通・木戸孝允・西郷隆盛・山県有朋・乃木希典らの書信や詩歌などが保存されていただけでなく、正毅自身の遺墨もあったことがわかる。また、後の傍線部によると、文庫の壁には乃木希典が自殺する数日前に正毅宛に書いた手紙と歌が掲げられていたという。[7] じつは、佐藤範雄が寺内文庫で目にした乃木希典書簡は、今回寺内家から山口県立大学に寄贈された資料のなかに原本がある（軸巻之部14）（図14）。さらに、資料群のなかには、伊藤博文・山県有朋・乃木希典や正毅の手による遺墨も多数確認することができるし、さきに示した『図書分類目録貴重品（貴重品原簿一）』でも項目の記載がある。

また、山口県立大学寺内文庫には、今回寄贈された正毅関係資料とは別に、戦後以来、取り残されたかのように伝来している一通の正毅宛文書がある。それを次に掲げる。

（封筒・表書）「朝鮮総督伯爵寺内正毅殿」（封筒・裏書）「宮内大臣伯爵渡邊千秋」

・渡邊千秋書状
明治天皇御遺物別紙目録之通以
思召下賜相成候条、此段申入候也、
大正元年十二月廿九日
　　宮内大臣伯爵渡邊千秋
　朝鮮総督伯爵寺内正毅殿

・明治天皇御遺物下賜目録
一、掛物、　　双幅、
一、花瓶、　　壱個、
　　以上、

・明治天皇御遺物下賜品題箋
明治天皇御遺物
　御紋章入鑞銀花瓶

この文書は、寺内正毅が明治天皇の遺品として掛物と花瓶を下賜されたことを示すものであり、もともと寺内文庫に保管されていたものが、戦後、そのまま山口県立大学へと引き継がれたものである。内容からしても、今回寺内家から寄贈された正毅関係資料と一連の資料と考えられる。また、下賜品である掛物や花瓶も、寺内文庫の正毅顕彰室ともいえる貴重品室（宝物室）に収蔵されていたものと推測される。[8]

以上のことを考慮すれば、これら寺内家旧蔵の新出資料群のうち正毅関係資料（文書・文物ともに）については、寄贈先が山口県立大学・学習

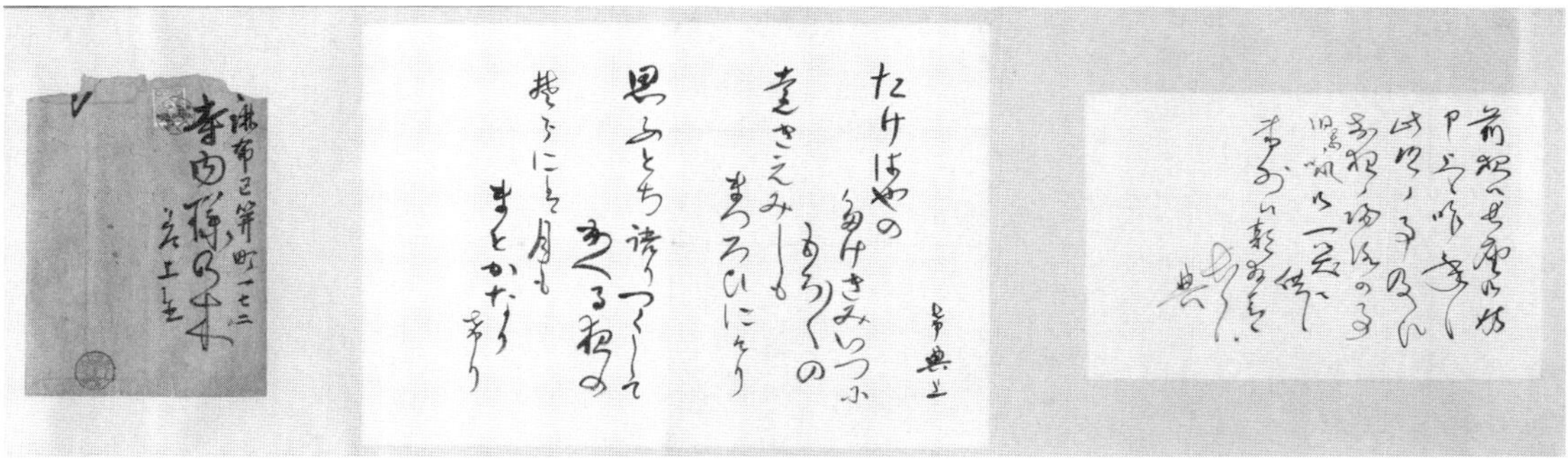

図14　寺内正毅宛乃木希典書簡および和歌（資料番号：軸巻之部14）

院大学にかかわらず、もともと山口の桜圃寺内文庫において正毅を顕彰する重要文物として厳重に保管されていたと考えることができる。とりわけ、今回寄贈された資料群のなかでも軸物に装丁された資料は、寺内家が正毅ゆかりの最重要文物として位置付け、文庫開庫後に軸装をほどこし、「貴重品」として文庫の貴重品室で保存されていたと思われる。

では、これら桜圃寺内文庫で保存されていた寺内正毅関係資料は、その後どうなったのであろうか。この点に関しては、寄贈された資料のなかにある『桜圃寺内文庫貴重品室所蔵物品目録』（一紙・冊子之部23―12）という冊子に注目したい。この資料は、昭和二十二年（一九四七）七月に寺内家が桜圃寺内文庫に所蔵される文物を目録と照合し、現存するもののみを掲載したものである。その際、山口県立女子専門学校に貸与した書籍や備品、貸与はしていないが未調査の一般書籍を未掲載とし、寺内家所有にかかるもののみが記載されている。このなかで、資料名の上に「大磯に送る事」との註記が附されている項目が少なからずある。冊子の作成が、寺内家と山口県との間で桜圃文庫貸借契約が締結され、文庫が山口女専の附属図書館として借用されることとなった昭和二十一年（一九四六）の翌年であることを考慮すれば、寺内家は冊子作成後の早い段階で、文庫に置かれていた資料や文物の一部を神奈川県大磯の本宅へ引きあげたと思われる。おそらく、寺内家は文庫にあった寺内正毅のプライベートにかかるような貴重な資料・文物を、文庫の山口県への寄託を契機として、ほかの関連資料とともに本宅へ引きあげることを決断されたのであろう。さきに示した寺内正毅宛渡邊千秋書状は、このさいに引きあげ漏れとなった資料といえる。

そして、一端は引きあげられた寺内家旧蔵資料の大部分は、後に寺内家から国立国会図書館憲政資料室や防長尚武館に寄贈されたが、一部の正毅関係資料は寺内家にとって最重要資料であったため、そのまま自宅で保管され続けられたものと推測される。ちなみに、昭和三十九年（一九六四）に寺内家が国立国会図書館憲政資料室へ資料を寄贈するに先立ち、寺内家において国会図書館職員による資料調査がなされている。それにもかかわらず、国会図書館に今回の資料群が入らなかったのは、国会図書館側がこの資料の存在を知らなかったからであり、そのことから寺内家がこの資料をいかに重要視し秘蔵していたのかがうかがわれる。

いずれにしても、今回、山口県立大学と学習院大学に寄贈された寺内正毅関係資料および学習院大学に寄贈された寺内正毅・寿一関係資料[9]は、学界未見の新出資料群であり、明治元勲にかかる最後の大資料群ともいえよう。寺内正毅をめぐる研究は、その経歴に較べると驚くほど少ない。しかし、明治・大正期の帝国日本を考察する上で、正毅の存在は非常に重要だと思われる。今後、寺内正毅関係の研究を進めていくためには、従来から知られている国立国会図書館憲政資料室の資料に加えて、山口県立大学附属図書館と学習院大学史料館の資料も考察の俎上に載せていかねばならない。これらは、もともと一連の資料群であり、三館の収蔵資料をあわせ見ることによって、はじめて寺内正毅関係資料の全貌を確認することができるのである。

三　桜圃寺内文庫から流出した資料

これまでの考察により、戦前の桜圃寺内文庫には多様な資料群が存在していたことがあきらかとなった。しかし、こうした多様な資料のなかには、現在、その所在が未確認となっているものも少なからずある。[10] 例えば、その一つとして万暦二十五年（一五九七・慶長二）五月十六日に明朝の経理朝鮮軍務都察院右僉都御史楊鎬が豊臣秀吉に送った咨文（以下、「楊鎬咨文」）があげられる。

楊鎬は、朝鮮に派遣された明軍の総司令官で、蔚山城で加藤清正と戦ったことで知られている。本文書は、江戸期の天保年間に編纂された伊藤松『隣交徴書』二篇巻之一に「与平秀吉書　楊鎬」とのタイトルで収載されており、その所蔵が「肥藩辛嶋氏蔵」となっている。また、東京大学史料編纂所にある台紙付写真（二四八一―一九七三）にも、明治四十三年（一九一〇）四月に撮影された同文書の写真がある。[11] このときの所有者は「熊本高本尚古氏所蔵」となっていることから、「楊鎬咨文」は幕末維新期にかけて肥後熊本藩の辛嶋家から高本家の手に渡っていたことがわかる。辛嶋氏は、江戸時代から明治・大正時代にかけて熊本藩校・時習館の教員を勤めた儒臣であり、高本氏は朝鮮の王族李宗閑の子孫として代々医業を家業としていたが、十八世紀に活躍した高本紫溟は時習館の教員ともなっている。両家は近い関係にあり、何らかの理由で「楊鎬咨文」の所有が移動したものと推測される。

ところで、東京大学史料編纂所の台紙付写真には「熊本高本尚古氏所蔵」の下に細字で「後、寺内伯爵所蔵」とも書かれており、「楊鎬咨文」はその後、さらに寺内正毅の所有となったことが判明する。「楊鎬咨文」は、大正四年（一九一五）四月に東京帝国大学文科大学史料編纂掛が開催した第七回史料展覧会に出品され、同展覧会の列品目録にも掲載されている。[12] このとき、東京帝国大学史料編纂掛は「楊鎬咨文」を寺内正毅から借用していることが、今回、寺内家から山口県立大学に寄贈された資料によってわかる。[13]

（封筒・表書）「伯爵寺内正毅殿」

（封筒・裏書）「東京帝国大学文科大学
　史料編纂掛事務主任
　　史料編纂官 文学博士三上参次」

・三上参次返納書

（朱印、数字は墨書）「史卯第五八九号」

本掛ニ於テ目下編纂出版中ノ大日本史料ノ参考ノ為メ、左記御所蔵ノ古文書永々拝借致シ深謝ノ至リニ存候、此程入用相済候ニ付、別紙総長謝状相添返進致シ候間、御検収被下度候、此段御挨拶申進候也、

大正四年九月廿一日

　東京帝国大学文科大学
　　史料編纂掛事務主任
　　　史料編纂官文学博士三上参次
　　　　（朱印）「史料編纂掛事務主任之印」

伯爵寺内正毅殿

追テ本文ノ古文書ハ先般本掛ニ於テ開催ノ第七回史料展覧会ニ陳列致候処、専門家ニ研究上ノ裨益ヲ与ヘ候事、少カラズ深謝ノ至リ存候、尚差入置候借用証書ハ御手数ノ至リナガラ御返付被下度此段

中添候也、

記

一、明主贈豊太閤書　壱巻杉箱入

一、高本家伝書　壱巻杉箱入

以上、合計弐巻、

・山川健次郎礼状

御所蔵ノ古文書借用致シ本学史料編纂掛事業上裨益少カラス候段、深謝之至リニ候、今般入用相済返進致シ候ニツキ、御挨拶申進メ候、敬具、

大正四年九月廿一日

東京帝国大学総長理学博士山川健次郎　（朱印）「東京帝国大学総長印」

伯爵寺内正毅殿

このように、寺内正毅が「楊鎬咨文」とともに「高本家伝書」という資料も所有していることが資料からわかるが、その事実を考慮すれば、正毅は「楊鎬咨文」を熊本の高本尚古から入手したと推測することができよう。その時期は、明治四十三年（一九一〇）四月以降、大正四年（一九一五）四月以前ということになる。この間は、正毅の韓国統監から朝鮮総督の在任期間中である。

このあたりの経緯を示す資料が、昭和二十二年（一九四七）七月に作成された『桜圃寺内文庫貴重品室所蔵物品目録』にある。このなかで、「貴重文書及軸物類」という項目の筆頭に「古文巻物（明経理楊鎬咨豊臣秀吉宛）（青鉛筆ニテ元帥自著ノ箴アリ）　特貴　四一二　巻物箱入　一」とあり、次のような付箋が貼られている。

古文巻物（四一二）箱蓋裏ノ正毅元帥自筆ノ箴

「此朝鮮古文書ハ、当時ノ儒生熊本ニ来リシ者ノ携帯書ト云フ、同人ノ子孫遂ニ細川侯家ニ仕官シテ、今猶連綿タリト云フ、此書有故予ノ許ニアリ、将来保存スヘシ、大正二年十二月誌、」（朱印）（丹）「中島」

「楊鎬咨文」を朝鮮古文書としている点は誤解であるし、その来歴を読む限り、辛嶋家と高本家の情報が混ざりあっているように思われるが、少なくとも寺内正毅は高本尚古からこのように文書の伝来を教示されたのであろう。また、正毅が「楊鎬咨文」を所有した背景については、「此の書故有《ゆえあ》って予の許《もと》にあり」としか書かれていないため判然としないが、大正二年（一九一三）十二月頃に文書を獲得したことはわかる。そして、正毅が「楊鎬咨文」を非常に重要なものとして扱っていたことは、彼自身がわざわざ箱蓋の裏書きを書いていることからも推測することができる。

いずれにしても、正毅が「楊鎬咨文」という資料を所有しているということは、当時の研究者にも知られていたようで、朝鮮総督府編『朝鮮史』第四編第十巻（朝鮮総督府、一九三七年）朝鮮宣祖三十年（一五九七）五月廿五日条では、次の綱文を立項して「楊鎬咨文」の写真を掲載している。

廿五日乙卯（中略）明経理楊鎬、日本前関白豊臣秀吉ニ移咨シ、盟ニ背キテ復タ釜山・機張ノ間ヲ侵スヲ責メ、速カニ行兵ヲ罷ムルニ如カラザルヲ諭ス。（後略）

『朝鮮史』では、「楊鎬咨文」の写真のタイトルを「明経理楊鎬咨平秀吉文」と付け、その大きさを「原帖、縦七一・八糎、横三七一・五糎」と示し、所蔵先を「山口市桜圃文庫所蔵」と明記している。このことか

ら、昭和十二年（一九三七）段階において「楊鎬咨文」は山口の桜圃寺内文庫において保管されていたことがわかる。おそらく、「楊鎬咨文」は正毅の貴重な蒐集物の一つとして、少なくとも彼の死後以降は寺内文庫の宝物室で大切に保管されていたのであろう。

以上、慶長の役にかかる貴重な文書として戦前では相応の注目を浴びていた「楊鎬咨文」は、残念ながら戦後の混乱期に寺内文庫から流出し失われてしまったものと推測される。[14]戦後において、「楊鎬咨文」が十分に分析されてこなかった背景には、原本が行方不明ということも少なからず関係しているのかも知れない。

おわりに

桜圃寺内文庫は、多様な資料を所蔵する寺内家の私設図書館であった。現在、それら多くの旧蔵資料は、さまざまな経緯によって日本国内の複数の研究機関のみならず国境を超えた韓国にまで分散することとなった。しかし、分散しながらも、各研究機関において旧蔵資料は貴重な歴史遺産として重要視されているのは幸運といえる。さらに、より貴重といえるのは、これら多くの旧蔵資料が収納されていた旧寺内文庫の建物自体も現存しているということである。かつて、寺内正毅が模範とした児玉源太郎の児玉文庫は、戦中の空襲によって建物はおろか所蔵資料のほとんどが灰燼に帰し、現存していない。現在、旧寺内文庫建物は荒廃しつつあるが、この建物も旧蔵資料とともに非常に貴重な歴史遺産といえる。その意味でも、旧蔵資料のみならず旧文庫建物も現存する桜圃寺内文庫は、研究の素材として非常に魅力的だといえる。

注

（1）開庫式では作間久吉による唱歌が歌われた。山口県立大学附属図書館寺内文庫には、「文事あるもの武備ありとむかしの聖ハ教へけり、いまや武臣乃棟梁は我等に文庫を賜ひけり、…」ではじまる唱歌が額装されて残されている。作間久吉は、山口町長などを歴任し、大正六年（一九一七）から昭和七年（一九三二）にかけて山口県立教育博物館初代館長を務めた人物である。

（2）大正二年（一九一三）に小郡駅（現在の新山口駅）と山口駅で開業した国鉄山口線が、同六年（一九一七）に篠目駅まで延伸された際、宮野村の寺内家の最寄りに宮野駅が設置された。

（3）寺内文庫朝鮮館などで開催されていた漢学講座には、国鉄山口線で通っていた者もいたようである。なお、漢学講座の講師として長井有年という人物が知られているが、彼は嘉永四年（一八五一）豊浦郡阿川村（現在の下関市豊北町）に飯田道伯の長男として出生、長州藩阿川毛利氏の家中の家柄であり、のちに長井家を継いでいる。時習館より山口の明倫館で学び、明治に入ってから東京に出て華族会館に勤務したが、のちに山口に戻り、山口中学・山口高等学校教授として漢文を講義した。紫山と号し、昭和六年（一九三一）に死去した（『増補近世防長人名辞典』マツノ書店、一九七六年、『角川日本姓氏歴史人物大辞典35山口』角川書店、一九九一年）。

（4）山口市広報広聴課所蔵写真のなかに大正十二年（一九二三）の寺内文庫が写ったものがあり、そのキャプションに「寺内記念館」とある。

（5）「山口市鳥瞰図絵」（昭和六年）、伊藤幸司編『寺内正毅ゆかりの図書館 桜圃寺内文庫の研究』（勉誠出版、二〇一三年）三二頁参照。なお、正毅の墓が名所となっていたことは、宮野駅前の通りと宮野街道（旧石州街道、現在の県道宮野大歳線）の交差点角に、「寺内元帥墓地／従是北五丁」と刻まれた石製の道標が立てられていることからもわかる（図15）。この道標は、側面に「宮野村魯庵会」と刻まれていることから、寺内文庫を管轄していた財団法人桜圃寺内文庫（通称「魯庵財団」）によって設けられたことがわかる。魯庵会は、昭和十六年（一九四一）には寺内文庫の隣に寺内正毅追憶碑を建立している。

図15　寺内元帥墓地道標

（6）詳細については、『学習院大学史料館ミュージアム・レター』第二十六号（学習院大学史料館、二〇一四年）、『桜圃名宝　漆芸編』（学習院大学史料館、二〇一四年）長佐古美奈子「寺内正毅・寿一新収資料について――皇室下賜工芸品の来歴調査」（『学習院大学史料館紀要』第二十号、二〇一四年）、「特集　寺内正毅・寿一関係資料」（『学習院大学史料館紀要』第二十一号、二〇一五年）などを参照のこと。

（7）なお、乃木希典が自殺する直前の大正元年（一九一二）九月十二日〇時に正毅宛に書いた手紙は、学習院大学に寄贈されている（千葉功「寺内正毅宛乃木希典書簡（大正元年9月12日付）」『学習院大学史料館ミュージアム・レター』第二十六号、学習院大学史料館、二〇一四年）。

（8）ただし、天皇からの下賜品など天皇ゆかりの一部の文物は、桜圃寺内文庫ではなく、地元の山口銀行の金庫に預けられていたようである（『桜圃寺内文庫貴重品室所蔵物品目録』、一紙・冊子之部23―12）。

（9）寺内寿一関係資料は、状況からしても山口の桜圃寺内文庫に保管されていたのではなく、もともと神奈川県大磯町の寺内家にあったものと思われる。そして、今回、一部の正毅関係資料とともに学習院大学へ寄贈されたといえる。なお、今回、山口県立大学に寄贈された資料のなかにも、若干ではあるが寿一関係資料が混じっている。

（10）かつて、寺内文庫には「後醍醐天皇宸翰」（貴／68）もあったらしい。宸翰は、大正十年（一九二一）十二月七日に受け入れられ（『図書分類目録貴重品（貴重品原簿一）』）、昭和二十二年（一九四七）七月に作成された目録にも掲載されているので（『桜圃寺内文庫貴重品室所蔵物品目録』）、少なくとも戦後間もない時期までは文庫に現存していた。

なお、一端、寺内文庫から流出し古本市場に出た書籍を購入した方が、その蔵書印（「桜圃寺内文庫」）から寺内文庫流出本と知ったため、山口県立大学に寄贈されたということもある。なお、そのさい寄贈された書籍は左記の通りである。これらは、一九七六年に刊行された國守進編による報告書にも掲載されていないことから、これ以前に流出したことがわかる。

『因明活眼　雲英晃耀著』巻上・巻下、旧「木梨文庫」、旧分類番号・哲／808

『因明正理門論科本　雲英晃耀著』、旧「木梨文庫」、旧分類番号・哲／811

『因明入正理論科本　雲英晃耀編集』、旧「木梨文庫」、旧分類番号・哲／812

『国郡全図』上巻・下巻、旧「木梨文庫」、旧分類番号・歴／1042

（11）以上、『隣交徴書』の情報は米谷均氏、台紙付写真の情報は須田牧子氏からのご教示による。

（12）なお、このとき出品された「楊鎬咨文」をめぐって、伊達邦宗が東京帝国大学に文書の謄写を依頼しその快諾を得ている。このときに謄写されたものは、その後、伊達家から流出したようで、平成二十六年（二〇一四）一月に古本市場から山口県立大学が一万二〇〇〇円で購入した（購入は神奈川県平塚市の新村堂古書店から）。購入本は、「経理朝鮮軍務楊鎬贈豊臣秀吉書　全」との題簽が張られた和装本で、「松洲書屋伊達氏図書之印」（仙台伊達家印）が捺され、表紙裏に解題が附されている（図16）。山口県立大学附属図書館における請求記号は210.49/Y72である。

（13）一紙・冊子之部4―18―0〜2。なお、同資料群には「楊鎬咨文」のモノクロ写真（図17）とその釈文を記したものも残されている（一紙・冊子之部21―15―15―1〜3）。

（14）例えば、石原道博『文禄・慶長の役』（塙書房、一九六三年）一一九〜一二〇頁において触れられている。

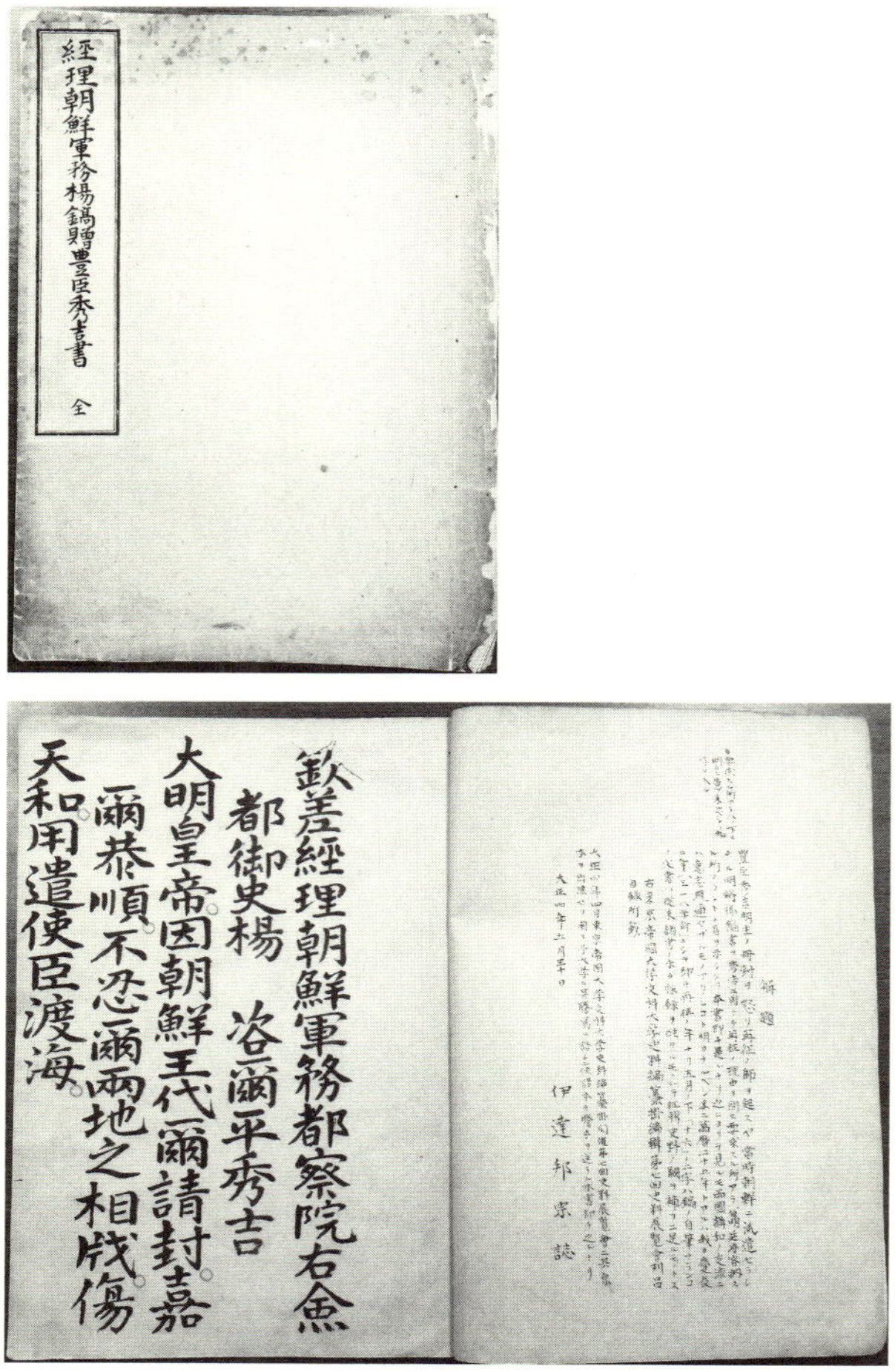

図16　伊達家旧蔵「経理朝鮮軍務楊鎬贈豊臣秀吉書　全」

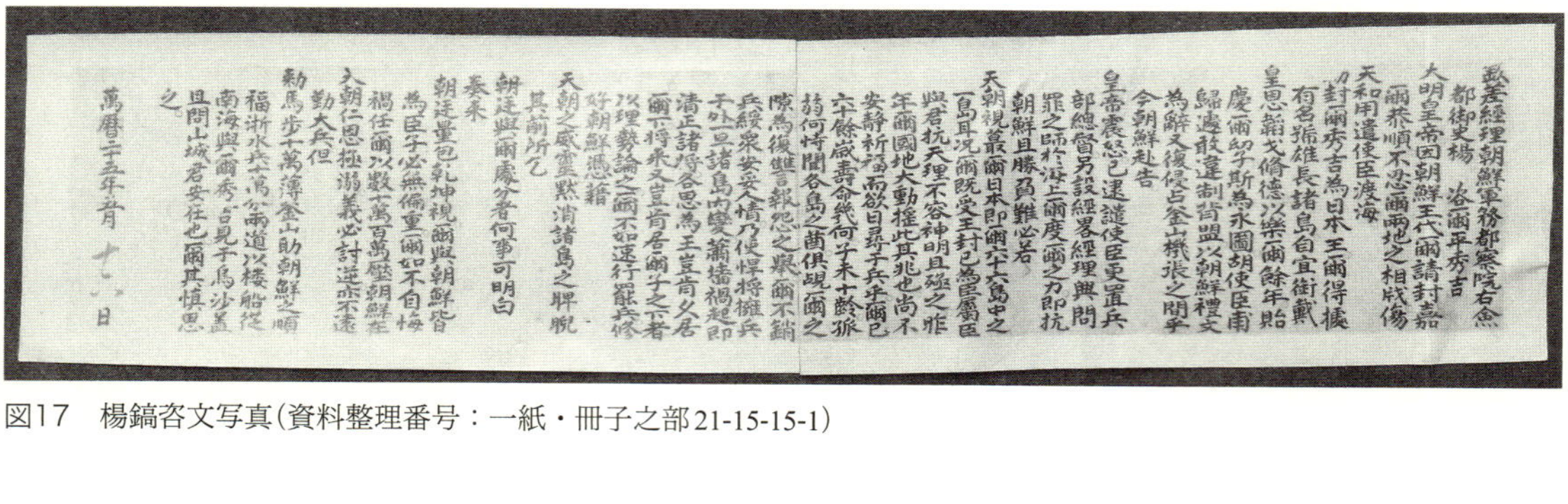

図17　楊鎬咨文写真(資料整理番号：一紙・冊子之部21-15-15-1)

三つの「寺内正毅関係文書」――その可能性

千葉　功

一　三機関に分散する「寺内正毅関係文書」

近年、東アジアの日中韓三国の間では歴史認識の問題が起きており、各国間の親善を阻害している。日本に関しては、韓国に対する植民地支配の問題と中国に対する戦争責任の問題があり、ともに現在の日本の対外関係にとって大きな足かせとなっている。このような問題に対し、歴史家は直接に解決のための道筋を提示することはできないにしても、史料にもとづいて事実を明らかにすることはでき、そのことは歴史認識の問題の解決に寄与するものと著者は確信している。

さて、本稿で取り上げるのは、寺内正毅である。

寺内は、陸軍において陸軍長州閥を継承した人物である。そして、一九一〇年には韓国統監として現地で韓国併合を進め、併合後はそのまま朝鮮総督に横すべりとなり、一九一六年まで務めた。すなわち、日本による初期朝鮮統治を形成した人物である。そして、一九一六年には総理大臣となって、一九一八年までのいわば第一次世界大戦後半期に総理大臣を務める。寺内内閣期には総力戦体制への模索が始まり、また一九一八年には十月革命後に成立したボリシェヴィズム政権に対しシベリア出兵という干渉戦争にふみきった。このように、大正政治史や初期朝鮮統治、ならびに陸軍などを考えるうえで、寺内は最重要人物のひとりに位置する。

さらに、寺内は総理大臣クラスで、四〇〇〇点以上という大部の一次史料群が存在し、それも翻刻が部分的にしかなされていないという点で、これから研究を飛躍的に前進させる可能性を秘めた研究対象であるといえる。

この寺内家に遺された一次史料群、すなわち「寺内正毅関係文書」は、現在大きく三つの機関に分散して保存されている。その経緯は、以下の通りである。

現在、国立国会図書館憲政資料室に所蔵されている「寺内正毅関係文書」は、寺内家から、一九六四（昭和三十九）年に寄贈されたもので、総計三三九五点からなる一大史料群である。総理大臣クラスでこれだけまとまって史料が伝来するのも稀であり、それだけでとても貴重なものである。寄贈史料は整理され、憲政資料室の藤井貞文・有泉貞夫氏によって詳細な目録が作成された（国立国会図書館参考書誌部編『寺内正毅関係文書目録　付岡市之助関係文書目録』、国立国会図書館、一九七一年）。

「寺内正毅関係文書」は書翰の部と書類の部に大別される。

書類の部は、「北清事変」「朝鮮関係」や「寺内内閣」「西原借款」といったふうに、内容によって分類されている。書類の部については、山本四郎氏によって既に主要部分は翻刻済みである。すなわち、日記のうち北進事変（義和団戦争）以降から寺内死去までの分は山本四郎編『寺内正毅日記一九〇〇～一九一八』（京都女子大学、一九八〇年）として、書類のうち寺内内閣期以前のものは山本四郎編『寺内正毅関係文書　首相以前』（京都女子大学、一九八四年）として、寺内内閣期のものは山本四郎編『寺内正毅内閣関係史料』上下（京都女子大学、一九八五年）として、それぞれ翻刻されている。

しかしながら、書翰の部、すなわち寺内に宛てられた膨大な書翰群については、点数が多い（総計二六五一点）うえにくずし字で書かれていることもあって、従来部分的に翻刻されるにとどまっている。すなわち、桂太郎のものは千葉功編『桂太郎発書翰集』（東京大学出版会、一九一一年）として、明石元二郎のものは尚友倶楽部史料調査室・広瀬順晧・日向玲理・長谷川貴志編『寺内正毅宛明石元二郎書翰　付『落花流水』原稿（『大秘書』）』（尚友倶楽部〈尚友ブックレット〉、二〇一四年）として、杉山茂丸のものは長井純市・馬場宏恵「寺内正毅宛杉山茂丸書翰紹介」（『法政大学文学部紀要』六十八号（二〇一四年）として翻刻された。また、田中義一のものは、尚友倶楽部史料調査室・伊藤隆編で尚友倶楽部から尚友ブックレットとして刊行予定と聞く。ただし、それ以外の大部分は未翻刻のままとなっている。

また、憲政資料室が作成した詳細な目録である『寺内正毅関係文書目録』も、書翰の部のうちB群に対する目録の取り方が簡略過ぎるため、書翰内容の点においても、実は全貌がわからないのである。すなわち、『目録』は「政治・軍事・外交関係などの書翰をふくむ発信人のもの」はA群に、「私的・儀礼的書翰のみの発信人のもの」はB群に分けている。A群（二二二九通）は、日本人書翰二一二七通、朝鮮・中国人書翰六十一通、寺内正毅書翰案三十二通、第三者間書翰九通からなる。また、B群（五三三通）は、日本人書翰四二二通、欧米人書翰一一一通からなる。そして、『目録』は、A群に関しては発信人名・年代・内容・書翰中にあらわれる人名を摘記するが、B群に関しては発信人名・数量を記すにとどまっている。しかしながら、B群がそもそも私的・儀礼的書翰のみで構成されているかを悉皆確かめた者はおそらくなく、実は政治・軍事・外交などの情報を含む書翰がB群の中に入っている可能性がある。また、たとえB群が結局のところ私的・儀礼的な書翰だけだったとしても、それはそれで寺内の人間関係を押し測るうえで貴重な書翰だといえよう。

このように全貌が明らかにならないほどの大部の史料群である

国立国会図書館憲政資料室所蔵の「寺内正毅関係文書」であるが、実はそれで全てではなかったのである。すなわち、近年（二〇一三年）になって、大磯の寺内家にかなりの資史料が残存していることがわかり、それら寺内関係史料が、寺内多恵子氏から、山口県立大学と学習院大学史料館に分かれて寄贈された。寺内多恵子氏は寺内順子氏の姪にあたり、寺内寿一・順子夫妻に実の娘のように育てられ、そのまま寺内家を継いだ人物である。

学習院大学史料館と同時期に山口県立大学所蔵となった「寺内正毅関係資料」は、総計九四八点にのぼる。詳しくは、本書所収の伊藤幸司論文（「桜圃寺内文庫と寺内正毅関係資料」）に譲るが、山口県立大学は、寺内正毅の息子寿一が作った寺内家私設文庫である「桜圃寺内文庫」が山口県立山口女子短期大学へ移管され、山口女子短大が山口女子大学→山口県立大学へ変遷してきた経緯もあって、寺内家と縁が深い機関である。当時、山口県立大学に勤務し、既に同文庫の整理や歴史的研究を進めていた伊藤幸司氏が[1]受け入れの責任者となって山口県立大学への移管を行うとともに、伊藤氏の母校である九州大学の関係者をも動員して整理と目録化を進めている。また、その成果を社会に還元するため、二〇一四年一月二十九日〜二月二日に山口県立美術館講座室にて特別展「宮野の宰相・寺内正毅とその時代――桜圃寺内文庫への新規寄贈資料展」を展示するとともに、二月一日には山口県立山口図書館にてシンポジウム「桜圃寺内文庫の可能性――新出資料が語る近代日本」を開催した。

学習院大学史料館所蔵となった「寺内正毅家資料」は、総計三十五点である。文字資料は軸物十三点など少数であるが、例えば一九一〇（明治四十三）年、韓国併合の前後に山県有朋が寺内に宛てて送った書翰二通など[2]、貴重な史料が含まれている。また、高価なモノ資料が多いことも特徴であり、蒔絵硯箱・平箱、螺鈿文台、ボンボニエールなどからなる。[3]さらに、寺内正毅の長男寿一の関係史料約二〇〇点もあわせて寄贈された。この「寺内寿一関係史料」は、書類・辞令・位記・感謝状などからなり、従来一次史料がほとんど世に出ていなかった寿一を研究するうえで大きな価値を発揮するであろう。学習院大学史料館では二〇一四年九月二十七日〜十二月六日の期間に、所蔵の史資料から「桜圃名宝展」を開催した。このうち、漆芸品に関しては、『桜圃名宝展【漆芸編】』というフルカラーのミニ図録を発行した。また、「桜圃名宝展」とあわせて、講師に伊藤幸司氏を御招きして、十月三日に史料館講座「桜圃寺内文庫の誕生とその後」が開催された。これら寺内正毅・寿一関係資料の目録は、前掲の山県書翰など主立った史資料の解説文とあわせて、二〇一五年三月刊行の『学習院大学史料館紀要』第二十一号に掲載されている。

山口県立大学と学習院大学史料館の二つの機関の史料は、憲政資料室所蔵分とは別途、大磯の寺内家に保存されてきたもので、まったくの新出史料である。言い換えれば、国立国会図書館憲政資料室とあわせて、これら三つの機関の史料群は、いわば「泣き別れ」の状態にあるともいえる。よって、三機関の史料群を統合して、横断的に翻刻し、それにもとづいて共同研究を行うことによって、多くの知見を得ることができるであろう。

二　「寺内正毅関係文書」の可能性

前節では、三機関に分散して所蔵・保管されている「寺内正毅関係文書」を横断的に翻刻・研究することによって多くの知見を得ることができるであろうと述べたが、それらは具体的にはどのような意義を持つのであろうか。

その意義について述べる前に、寺内正毅の伝記について述べておきたい。結論を先にいうと、寺内にはそもそもしっかりとした伝記がないため、一次史料である「寺内正毅関係文書」の翻刻・共同研究の意義がより高まるのである。ちなみに、同じ長州出身で陸軍をバックに政治の世界へ進出した山県有朋や桂太郎には、徳富蘇峰（猪一郎）による伝記(4)が存在する。これら戦前の伝記は政治家の顕彰が目的なので取り扱いに注意が必要なのは当然であるが、しかし蘇峰による伝記は史料を整理し、場合によっては関係者から書翰などを借りてきたり、聞き取りを行ったりしたうえで作成されたものなので、伝記に収録されている史料は利用価値が高かったりする。それに対して、寺内の伝記(5)は、寺内の死後すぐの倉卒の間に編纂されたもので、一次史料はほとんど使われておらず、あまり使い物にならない伝記となっていることもあって、逆に一次史料である「寺内正毅関係文書」の価値を高めることになる。

それでは次に、主に三つの分野において、研究状況について簡単にふれることで、寺内文書の可能性を考えてみたい。

①第一次世界大戦下の寺内内閣

西暦二〇一四年が勃発からちょうど百年目ということもあって、近年、第一次世界大戦の研究が活発になってきている(6)。特に、日本にとっての第一次世界大戦の位置づけが問題となっている。

かつては、日本は第一次世界大戦に便乗して参戦しただけで、実質的に日本はほとんど血を流さなかったことから、第一次世界大戦後、大戦への反省によってもたらされた国際協調主義的な思想が国民感情としては血肉化せず、戦後の新秩序を実体化しえなかった点が強調されてきた(7)。

しかしながら、近年フレデリック・ディキンソン氏は、第一次世界大戦が日本の国内体制を「再創造」する影響力の大きさを強調する(8)。さらに最近公刊した著書になると、十九世紀の近代的国民国家形成における明治維新の画期性とパラレルな形で、二十世紀、特に一九二〇年代の「新日本」形成における第一次世界大戦の画期性が対置されるまでに至るのである(9)。

第一次世界大戦期の日本は、前半期を第二次大隈重信内閣が、後半期を寺内正毅内閣が占めている。そして、この期間を含む大正政治史研究は、従来から一次史料の少なさに悩まされてきた。

よって、寺内文書の翻刻・共同研究によって、多くの発見が期待される。寺内宛て書翰群には、後藤新平（六十七通）(10)・大島健一

（四十四通）・勝田主計（三十六通）など寺内内閣の閣僚からの書翰が多く含まれている。第一次世界大戦期を寺内と二分して内閣を担った大隈重信宛ての書翰群が、近年、『大隈重信関係文書』として翻刻され、全巻完結した。[11] これら史料群とあわせ見ることによって、「第一次世界大戦と日本」という観点からかなりのことが明らかになるはずである。

　内政に関して言えば、最初の本格的政党内閣＝原敬内閣の成立過程における原の政治指導の展開を描いた古典的研究[12]において、超然主義内閣である寺内内閣はその障壁として描かれてきた。米騒動[13]においても、いわゆる「大正デモクラシー」的潮流に敵対的方針を取る内閣として、軍隊を出動させて鎮圧したことが強調される。ただし、近年、さまざまな「挙国一致」論の登場と競合という観点から大正政治史の構造と変遷を分析した研究[14]においては、その流れの中に寺内内閣を位置づけている。

　一方、寺内内閣の外交に関しては、第一次世界大戦で巨額の正貨を蓄積した状況を背景に、旧四国借款団を経由しないで中国の段祺瑞政権への援助として供与された西原借款[15]、元老の機能を代替するため内閣・枢密院・衆議院（政党）の有力者を網羅する形で設置された臨時外交調査委員会[16]、ロシア革命により第一次世界大戦から離脱したロシアに対する干渉戦争としてアメリカの反対を乗り越えて本格出兵に踏み切ったシベリア出兵[17]などに関する研究が蓄積されている。

　このような研究の蓄積に、寺内文書の翻刻・共同研究の成果を加えたら、どのようなことが見えてくるのか、興味深いところである。

②日本の初期朝鮮支配の実態

　韓国併合に至る過程についても、多くの研究[18]が積み重なれてきた。その際、日本がなぜ韓国を併合したのかについては、従来の研究では相対立する二つの解釈が出されている。一つは、伊藤博文や井上馨ら併合に消極的な「文治派」と、山県有朋・桂太郎・寺内正毅ら併合に積極的な「武断派」とがあり、後者が勝利したというものである。これに対するもう一つの解釈は、日本の対韓政策を全面的に批判する立場から、併合を目的とする点では「文治派」と「武断派」との間に差異はありえず、差異があるとすればその方法論にすぎないというものである。さらに、これら二つの解釈をともに批判して、併合に至る国際関係のプロセスから日本が一九一〇年という時点で併合を断行した経緯を説明した研究が現在の通説となっている。[19] いずれにせよ、寺内が韓国併合に積極的であったことに変わりはない。

　寺内は韓国併合に引続いて初代の朝鮮総督として一九一六年までその職にとどまり、朝鮮統治の原型を形作った。そして、寺内は初期朝鮮統治に関して、台湾と同様、内地延長主義よりも特別統治主義を採用し、憲兵警察が普通警察を兼任することに端的に表れる「武断政治」を行った。[20] そのような、寺内が形作った初期朝鮮統治に関して、近年においても着実に研究が積み重なってきている。例えば、人事制度や高級官僚の異動[21]、寺内朝鮮総督期の統治構想、[22]寺内朝鮮総督の暗殺計画を口実とした弾圧事件である「一〇五人事件」[23]についてなどである。

「寺内正毅関係文書」の寺内宛ての書翰群には、例えば明石元二郎（八十九通）や長谷川好道（四十六通）、児玉秀雄（二十五通）など、朝鮮関係者からの書翰が多く含まれている。詳しくは、本書所収の永島広紀論文（「朝鮮総督・寺内正毅」）に譲るが、これら書翰群は寺内の朝鮮統治の実態を、韓国併合前後を横断する形で明らかにしてくれるであろう。ちなみに、寺内文書の中には中国関係者からの書翰も多く、特に、西原借款を担った西原亀三（三十四通）の書翰が多い。既に先行研究[24]において、朝鮮総督である寺内は満州への日本勢力の伸張と、朝鮮・満州の横断的統治に積極的で、いわゆる「鮮満一体化」構想を抱いていたことが指摘されているが、以上見てきたように、「寺内正毅関係文書」を翻刻・共同研究することによって、日本の初期朝鮮支配の実態を明らかにするとともに、満州支配との連関性をも明らかにすることが期待されるのである。

③明治・大正期の陸軍と政治

寺内は山県有朋・桂太郎・児玉源太郎という流れの陸軍長州閥の継承者であった。ただし、当初からそうだったわけではない。明治中期において山県有朋・大山巌・桂太郎ら陸軍主流派と、三浦梧楼・谷干城ら四将軍派とが争い、後者の敗北に終わった陸軍紛議[25]以前では、寺内はフランスへ留学したところからも窺われるように、どちらかというと四将軍派と近い位置にいた。それがいつの間にか、桂太郎―児玉源太郎―寺内正毅と陸軍主流派に連なるようになるのである。

特に一九〇二～一一年の約十年間陸軍大臣を務め、「寺内体制」[26]と呼ばれるほどの影響力を発揮した。そのため、陸軍省と参謀本部との力関係も、「寺内体制」期には圧倒的に前者が優位であったことが指摘されている。

このような陸軍内における寺内の位置づけを反映して、「寺内正毅関係文書」書翰の部には、山県有朋（一二一通）、田中義一（七十七通）、桂太郎（三十七通）といったように、陸軍長州閥関係者からの書翰が多く含まれている。詳しくは、本書所収の日比野利信論文（「陸軍長州閥と寺内正毅」）に譲るが、これら書翰群からは明治・大正期における陸軍の詳細、特に政治との連関性を明らかにしてくれるであろう。

以上、山口県立大学・学習院大学史料館へ移管された新出史料を含む「寺内正毅関係文書」の翻刻・共同研究が、研究の活性化をもたらす可能性について、特に三つの分野に関して簡単に述べてきた。史料群が大部なため、これらの分野以外においても多くの史実を明らかにし、研究を活性化することが期待される。

著者は現在、三つの機関に分立している「寺内正毅関係文書」を統合して翻刻するとともに、それにもとづいて共同研究を行うことを計画している。そして、得られた知見を学界ないし社会に還元するつもりである。史料にもとづいて事実を明らかにすることは、日中韓三国の間にわだかまる歴史認識の問題の解決に、少しでも寄与するであろうと確信している。

注

（1）伊藤幸司編『寺内正毅ゆかりの図書館 桜圃寺内文庫の研究――文庫解題・資料目録・朝鮮古文書解題』（勉誠出版、二〇一三年）。

（2）拙稿「寺内正毅宛山県有明書簡について」（『学習院大学史料館紀要』二一号、二〇一五年）。

（3）長佐古美奈子「寺内正毅・寿一新収資料について――皇室下賜工芸品の来歴調査」（『学習院大学史料館紀要』二〇号、二〇一四年）。

（4）徳富猪一郎編『公爵山県有朋伝』上中下（山県有朋公記念事業会、一九三三年）。徳富猪一郎編『公爵桂太郎伝』（故桂公爵記念事業会、一九一七年）。

（5）黒田甲子郎編『元帥寺内伯爵伝』（元帥寺内伯爵伝記編纂所、一九二〇年）。

（6）山室信一・岡田暁生・小関隆・藤原辰史編『現代の起点第一次世界大戦』全四巻（岩波書店、二〇一四年）。山室信一『複合戦争と総力戦の断層――日本にとっての第一次世界大戦』（人文書院、二〇一一年）。井上寿一『第一次世界大戦と日本』（講談社、二〇一四年）。

（7）岡義武「パリ平和会議におけるアメリカ外交とわが国世論」（斎藤真編『現代アメリカの内政と外交』東京大学出版会、一九五九年）。

（8）Frederick R. Dickinson, *War and National Reinvention: Japan in the Great War, 1914-1919*, (Cambridge and London: Harvard University Press, 1999).

（9）Frederick R. Dickinson, *World War I and the Triumph of a New Japan, 1919-1930*, (Cambridge: Cambridge University Press, 2013).

（10）以下、通数は、とりあえず国立国会図書館憲政資料室所蔵「寺内正毅関係文書」書翰の部のそれであり、山口県立大学・学習院大学史料館については含めていない。

（11）早稲田大学大学史資料センター編『大隈重信関係文書』全十一巻（みすず書房、二〇〇四～一五年）。

（12）三谷太一郎『日本政党政治の形成』（東京大学出版会、一九六七年）。テツオ・ナジタ著／安田志郎訳『原敬 政治技術の巨匠』（読売新聞社、一九七四年）。

（13）古典的な研究として、井上清・渡部徹編『米騒動の研究』全五巻（有斐閣、一九五九～六二年）。近年の成果として、歴史教育者協議会編『図説米騒動と民主主義の発展』（民衆社、二〇〇四年）。

（14）季武嘉也『大正期の政治構造』（吉川弘文館、一九九八年）。

（15）西原借款ならびに寺内内閣期における西原亀三については、谷寿子「寺内内閣と西原借款」（『東京都立大学法学会雑誌』一〇巻一号、一九六九年）。大森とく子「西原借款について――鉄と金円を中心に」（『歴史学研究』四一九号、一九七五年）。前田恵美子「段祺瑞政権と日本の対支投資――兵器代借款を中心に」（『金沢大学経済論集』一二・一三号、一九七五年）。平野健一郎「西原借款から新四国借款団へ」（細谷千博・斎藤真編『ワシントン体制と日米関係』東京大学出版会、一九七八年）。山本四郎「寺内内閣時代の日中関係の一面――西原亀三と坂西利八郎」（『史林』六四巻一号、一九八一年）。斎藤聖二「寺内内閣と西原亀三――対中国政策の初期段階」（『国際政治』七五号、一九八三年）。森川正則「寺内内閣期における西原亀三の対中国『援助』政策構想」（『阪大法学』五〇巻五号、二〇〇一年）。

（16）雨宮昭一「外交調査会と戦争指導」（『近代日本の戦争指導』吉川弘文館、一九九七年）。小林龍夫「臨時外交調査委員会の設置」（『国際政治』二八号、一九六五年）。

(17)　原暉之『シベリア出兵　革命と干渉一九一七―一九二二』（筑摩書房、一九八九年）。細谷千博『シベリア出兵の史的研究』（岩波書店、二〇〇五年）。細谷千博『ロシア革命と日本』（原書房、一九七二年）。井竿富雄『初期シベリア出兵の研究　「新しき救世軍」構想の登場と展開』（九州大学出版会、二〇〇三年）。

(18)　韓国併合に関する主な研究として、森山茂徳『近代日韓関係史研究』（東京大学出版会、一九八七年）。森山茂徳『日韓併合』（吉川弘文館、一九九二年）。海野福寿『韓国併合』（岩波書店、一九九五年）。海野福寿『韓国併合史の研究』（岩波書店、二〇〇〇年）。国立歴史民俗博物館編『「韓国併合」一〇〇年を問う　二〇一〇年国際シンポジウム』（岩波書店、二〇一一年）。

(19)　前掲注18森山著書、『近代日韓関係史研究』。

(20)　朴慶植『日本帝国主義の朝鮮支配』上下（青木書店、一九七三年）。

(21)　岡本真希子『植民地官僚の政治史　朝鮮・台湾総督府と帝国日本』（三元社、二〇〇八年）。

(22)　李炯植『朝鮮総督府官僚の統治構想』（吉川弘文館、二〇一三年）。

(23)　長田彰文『日本の朝鮮統治と国際関係　朝鮮独立運動とアメリカ一九一〇―一九二二』（平凡社、二〇〇五年）。

(24)　北岡伸一『日本陸軍と大陸政策　一九〇六―一九一八年』（東京大学出版会、一九七八年）。菅野直樹「朝鮮・満州方面からみた寺内正毅像の一断面――鴨緑江採木公司等との関係を通じて」（『東アジア近代史』一六号、二〇一三年）。

(25)　大澤博明『近代日本の東アジア政策と軍事　内閣制と軍備路線の確立』（成文堂、二〇〇一年）。

(26)　前掲注24北岡著書、『日本陸軍と大陸政策』。

陸軍長州閥と寺内正毅

日比野利信

一　出自と人物像

寺内正毅は嘉永五年二月五日（一八五二年二月二十四日）、萩藩士[1]宇多田正輔の三男として生まれた。明治天皇や児玉源太郎と同年である。後に宮野村にあった母の実家・寺内家に入り、寺内勘右衛門の養子となった。寺内は元治元年（一八六四）に長州藩諸隊の一つである「多治比隊」を経て、慶応元年（一八六五）「御楯隊」に入り、翌慶応二年の第二次長州戦争（安芸口戦）に参加した。明治元年（一八六八）には「整武隊」の一員として戊辰戦争に参加し、箱館まで転戦した。その後は東京に留まり陸軍軍人としての道を歩んでいく。明治十年（一八七七）の西南戦争には近衛歩兵第一聯隊第一大隊第一中隊長として参戦したが、田原坂の戦いで負傷して右腕の自由を失うと、以後は実戦より軍政に活躍の場を見いだしていった。その後、明治十五年（一八八二）には閑院宮載仁親王に随行してフランスに留学し、帰国後は陸軍士官学校長、教育総監、参謀本部次長を経て陸軍大臣に就任した。また明治四十三年（一九一〇）の「韓国併合」に関わって、伊藤博文・曾禰荒助に続く第三代韓国統監、さらに初代朝鮮総督に就任した。その後大正五年（一九一六）十月九日に第十八代内閣総理大臣に就任したが、やがて体調不良に苦しむようになり、大正七年（一九一八）九月二十一日に退陣し、翌大正八年十一月三日に亡くなった。享年六十七であった。

　このように陸軍軍人としても、また政治家としても栄達を極めた寺内だったが、一般的な人気は高いとは言えない。むしろ否定的な評価がなされることが多いようである。その最も極端な例が歴史小説作家の司馬遼太郎である。司馬の寺内に対する評価は次のようにきわめて辛辣である。

「薩の海軍」のばあいは薩閥の山本権兵衛自身が、日清戦争の前に薩摩出身の先輩たちのうち、無能者の首をことごとく切って組織をあらたにし、機能性をするどくし、清国に勝つことをえたが、しかし「長の陸軍」のばあいは、そういう新生改革の時期がなく、大御所である山県有朋が、依然として藩閥人事をにぎり、長州出身者でさえあれば無能者でも栄達できるという奇妙な世界であった。「乃木がよかろう」と、山県がいったのには、そういう事情がある。この当時、参謀総長は山県自身で、陸軍大臣も長州藩整武隊士あがりの寺内正毅である。寺内というのは軍事的才能はあまりなく、実戦の経験もほとんどなく、軍政家の位置にありながら、陸軍の将来を見通しての体質改善ということもしなかった。ただ部内人事は上手であり（むろん藩閥的発想によるものだが）、さらに書類がすきで、事務家としては克明であった。(2)

バルチック艦隊の司令長官であるロジェストヴェンスキー中将は、どちらかといえば日本の陸軍大臣寺内正毅に似ているであろう。創造力がなく、創造をしようという頭もなかった。事務家で、事務にやかましく、全能力をあげて物事の整頓につとめ、規律をよろこび、部下の不規律を発見したがる衝動のつよさは異常で、双方とも一軍の将というより天性の憲兵であった。さらに双方とも、その身分と位置は他のたれよりも安泰であった。なぜなら、ロジェストヴェンスキーは皇帝ニコライ二世の寵臣であり、寺内正毅は山県有朋を頂点とする長州閥の事務局長的な存在であった。日本にとって幸いだったのは、寺内が陸相という行政者の位置につき、作戦面に出なかったことであった。ロジェストヴェンスキーは、対日戦の運命を決すべき大艦隊の司令長官として海上を駛っているのである。(3)

日本近代史における重要人物の一人に対する評価としてはあまりにも極端であろう。ただし司馬の場合、このような寺内に対する全否定的とも言うべき評価は、山県有朋と山県率いる陸軍の「長州閥」に対する嫌悪感に依るところが大きいように思われる。

一方、山口県下関市出身の直木賞作家古川薫は乃木と児玉を主人公に『斜陽に立つ――乃木希典と児玉源太郎』(4)を書き、司馬の『坂の上の雲』や『殉死』における乃木の評価を不当であると批判した。しかし、その中で寺内については、司馬の評価に対する異議申立は特に行われていない。

このような寺内の「不人気」は歴史学界にも無縁ではなさそうである。吉川弘文館の「人物叢書」シリーズやミネルヴァ書房の「ミネルヴァ日本評伝選」シリーズでも、寺内正毅は刊行計画からなぜか除外されている。新書などでの評伝もない。同世代の「長州閥」の桂太郎（一八四八～一九一三）、乃木希典（一八四九～一九一二）、児玉源太郎（一八五二～一九〇六）と比べると、寺内の「不人気」は際立っていよう。(5)

よく知られているように、司馬遼太郎は日露戦争をえがいた『坂の上の雲』で、児玉源太郎と乃木希典の関係について、軍事参謀として「有能」な児玉と将軍として「無能」な乃木というように対照的にえがきつつ、両者の「友情」を劇的に語っている。

それに対して、日本近代政治史の研究者で、桂太郎と児玉源太郎の評伝を著した小林道彦は「児玉と寺内は肝胆相照らす仲」と述べている。(6) 司馬のように寺内を評価するなら、「有能」な児玉と「無能」な（「軍事的才能はあまりな」い）寺内との間に成り立つ「友情」とはどのようなものだろうか。また桂内閣では第一次の途中から第二次まで、寺内は陸軍大臣を務めており、桂と寺内は先輩と後輩として密接な関係にあったことは間違いない。したがって、桂と児玉や乃木と児玉だけでなく、桂・乃木・児玉等と寺内の関係、言ってみれば「友情」も検討の対象とされるべきである。そうでなければ公平を欠くと言わざるを得まい。

寺内の場合、関係史料はむしろ豊富と言うべきであろう。国立国会図書館憲政資料室には多数の寺内正毅関係文書が(7)日記も含めて所蔵されている。また山口県立大学の桜圃寺内文庫、(8)とりわけ今回新たに寺内家から寄贈された史料も質量ともにゆたかである。学習院大学にも寺内家の関係資料が寄贈されている。(9)さらに山県有朋関係文書、(10)桂太郎関係文書(11)などがあって、寺内の山県宛・桂宛書簡も多く含まれる。史料が乏しいから研究が進められないというわけではないのである。

明治時代の陸軍・軍人については、山県有朋と「長州閥」による主導権の確立過程という文脈で論じられてきた。史料の豊富さもそのような研究動向を助長してきた。それゆえ山県の「不人気」が「長州閥」の「不人気」をもたらしたのであり、その象徴が桂でも児玉でも乃木でもなく（彼らはよきにせよ悪しきにせよ個性的な存在、キャラクターとしてえがかれることが多い）、寺内なのである。もっとも寺内内閣は「ビリケン内閣」と揶揄されたが、(12)それは寺内内閣が「非立憲」内閣と評されたことに加えて寺内の風貌にもとづいており、内閣総理大臣や初代朝鮮総督を務めた堂々たる経歴を見ても、寺内自身は没個性的とは言えまい。それにもかかわらず、寺内は伝記的研究の対象とされてこなかった。司馬の「寺内正毅は山県有朋を頂点とする長州閥の事務局長的な存在であった」という評価は極端な表現かもしれない。しかしそのような寺内の人物像は一般的にも共有されていて、歴史学界もそれを克服できていないのではないだろうか。

前述したように、桂太郎・乃木希典・児玉源太郎については、本格的な評伝が近年相次いで刊行されており、(13)「長州閥」を率いた山県有朋についても再評価を促す研究が発表されている。(14)また「長州閥」（「主流派」）に対して、谷干城・曾我祐準・三浦梧楼・鳥尾小弥太の「四将軍」など「反主流派」についても新史料の発見や評伝の刊行が見られた。(15)

それに今回桜圃寺内文庫に追加寄贈された新出史料が加わった。もともと「長州閥」の人びとの史料は豊富である。いまこそ「長州閥」関係者の相互関係や「主流派」と「非主流派」の関係を丹念に再検討し、陸軍の「長州閥」を再検討するとともに、寺内正毅に関する本格的評伝がものされてしかるべき時期が来たと言えよう。

もっとも寺内の伝記的研究が皆無というわけではない。斎藤聖二による一連の研究によって、長州藩の下級武士から陸軍軍人となっていく経緯、(16) 西南戦争前後の動向、(17) フランス留学と陸軍の「ドイツ化」との関係、(18) 日清戦争における輸送業務の担当(19)などについて詳しく記述されている。次項も斎藤氏の研究に依る所大であるが、「長州閥」など関係者との関係についてはあまり分析されていない。また陸軍大臣としての事績、特に日露戦争における役割まで検討がおよんでいない。斎藤氏の研究成果をふまえて、さらなる伝記的研究が追求されるべきであろう。

　ここでは寺内が軍人となって陸軍大臣に昇り詰め、日露戦争の戦争指導に深く関わるにいたった時期を担当し、寺内の伝記的研究の可能性を探ってみたい。

二　尊王攘夷の志士から陸軍軍人へ

　寺内正毅は元治元年（一八六四）十一月、長州藩諸隊の「多治比隊」に入隊した。「多治比」は現在の広島県安芸高田市吉田町多治比で、毛利氏中興の祖・毛利元就が毛利宗家を継ぐまで城主であった猿掛城があった地名である。多治比隊は寺内のような山口在住の中間組の士で構成された。翌慶応元年（一八六五）四月、多治比隊が諸隊の統廃合に伴って解散すると、寺内は「御楯隊」に所属し、三田尻で生活した。慶応二年（一八六六）の第二次長州征討戦争で御楯隊は「芸州口の戦い」に参加した。この間御楯隊員は文武の修業に努めたが寺内は特に水戸学に熱心であったと言う。実際今回の桜圃寺内文庫新規寄贈資料（以下「新規寄贈資料」）にも、例えば水戸藩士藤田東湖（一八〇六～一八五五）の「正気歌」や、萩藩の先輩である周布政之助（一八二三～一八六四）の「奉勅始末」など幕末の重要な詩文を寺内が書写したものが伝わっている。(20) また慶応三年に尊皇の立場から幕末の情勢を語った「安田之滞穂」の写本もあって、「草莽の上ニ狂鈍如何にせん　長防草莽之臣」と記している。寺内は自らを「長防草莽之臣」と表現しているのである。(21) 寺内は若き尊皇攘夷主義者であった。

　御楯隊は慶応三年（一八六七）二月「鴻城隊」と統合し「整武隊」と改称されるが、寺内は引き続き整武隊の一員となり、明治元年（一八六八）十月戊辰戦争で東北に出征した。徳山藩「献功隊」の児玉源太郎も同船していた。整武隊は秋田に到着したが、東北の戦闘は終了しており、箱館に転戦した。整武隊総督は山田顕義（一八四四～一八九二）である。長州藩・毛利家における明治維新の「正史」と言うべき『防長回天史』の中で唯一寺内の名前が見えるのが「箱館戦争」の際の整武隊に関する記述である。

　又案スルニ、維新戦没者五十年祭事務所刊行ノ維新実歴談中ニ在ル児玉如忠中将ノ実歴談中ニ、翌年ノ箱館戦争中二股口金山進軍ノ難状ヲ叙セル所ノ要旨ニ左ノ一段アリ

　山ノ蔭テ始終雨カ降ル、兵力ハ寡シ、殆ト毎晩敵ノ正面ニ出テ厳ニ警戒セサルヲ得ス、其頃ハ十五・六ノ子供カ兵隊ニナリ混テ居ル、夜襲ヲ受ケテハナラヌ為メ前方ニ五・六

人宛止テ居リ、其又前キニ二人位張番ヲシテ居ル有様テアル、敵ノ篝火ヲ焚クノミ見エ、談話ノ聞ユヘキ所迄行テ居ツタ、実ニ困ツタノハ雨ノ晩ニハ暗クテ前カ見エヌ、下ハ川水カ鳴テ敵カ来テモ足音聞エヌ銃ニ剣ヲ付ケテ雨中ニ道ノ真中ニ坐テ銃剣ノ尖ニ人カ当ツタラ打ツト云フ構ヲシテ居ル、子供等ハ暗クテドウシヤウカト心配シテ居ルコトカアル、オレガ一発打ツタラオ前ハ後方ノ皆ノ居ル所ニ帰レト言ツタコトモアル云々

顧フニ当時東北各地ノ戦争ニ薩長二藩兵ハ常ニ其主力ニシテ精兵ノ称アリ、然レトモ其内部ヲ窺ヘハ此処ニ言フ整武隊ノ如キ十五・六歳ノ少年カ混淆スルニ至レルコト前掲児玉中将ノ実歴談ニテ明瞭ナリ、蓋シ壮丁ノ既ニ殆ント出征シ尽クスニ至レルヲ見ルヘシ、此等内部ノ事情亦決シテ忘却スヘカラサルナリ、寺内正毅伯モ整武隊ノ一兵トシテ此戦役ニ従軍セリ、伯当時十七歳壮丁ト謂フヘカラス、而モ伯ヨリモ猶数歳ノ年少者アリシナリ(22)

寺内が属した整武隊が「箱館戦争」で苦戦したことがうかがわれる。

「箱館戦争」が終了し、明治二年（一八六九）六月二日整武隊は東京に凱旋した。寺内は帰郷することなく、七月二日にフランス式兵学修行を命ぜられて京都に移り、八月六日兵学寮に入った（後に大阪に移転）。兵学寮では兵卒の教練を担当する「教導隊」に所属した。こうして寺内は陸軍軍人としての道を歩んでいくのである。

嘉永五年（一八五二）生まれの寺内は十代半ばで明治維新を体験した。長州藩の場合、吉田松陰に直接教えを請うた人びと（松下村塾生）を明治維新の「第一世代」とするなら、松陰が獄死した安政六年（一八五九）の時点で満六歳に過ぎない寺内は明らかに「第二世代」であった。明治維新の「世代」論は長州藩に限ったことではないだろうが(23)、特に明治維新の政局で中心的役割を果たした長州藩の場合は代表的に論じられよう。明治維新の「第一世代」は多くの死者を出しており、明治時代に生き残った人びとは亡くなった先輩や同輩（死者）を慰霊・顕彰しつつ、明治維新における死者と自分たちの功績を誇るという欲求を共有していた。それに対して、「第二世代」は「第一世代」の後を追慕する心性を少なからず有していたと思われ、世代的特徴を成している。寺内の「草莽」の「長防之臣」という記載はそのような心性の端的な表現と言えるのではないだろうか。

「新規寄贈資料」には、寺内が後年に入手した水戸藩主徳川斉昭の書(24)や、大正六年（一九一七）になって、寺内が佐久間鉄円に委嘱し、安政六年（一八五九）投獄直前の吉田松陰の肖像画を写させ、松陰の自賛を寺内自身が写し入れた作品がある(25)。これらはいずれも「第二世代」である寺内の明治維新に対する強い憧憬を示していよう。寺内の評伝を著していく際には、寺内にとって明治維新とは何だったかという問題から論じていく必要があろう。

「新規寄贈資料」にはさまざまな辞令が数多く残されており、

陸軍軍人としては明治四年（一八七一）正月、軍曹寺内正毅を権曹長に任命した辞令[26]が最も古いものである。黒田甲子郎『元帥寺内伯爵伝』の「官歴」によれば、寺内の輝かしい軍歴は明治三年六月二日「大隊七等下士官」に始まっており、同年十二月七日に軍曹に任命されている。

その後、明治四年（一八七一）から五年にかけて少尉・中尉・大尉と昇進した。明治四年五月御親兵五番大隊に所属し、翌五年三月御親兵が近衛兵に改組されると近衛四番大隊となったが、すぐに教導団付に異動となった。寺内は異動を不満に思い休職、六月四日付で教導団付から兵学寮付という扱いとなった。希望していた欧米留学も果たせず、休職は一年を超えたが、明治六年（一八七三）八月新設された戸山学校へ入学、翌七年六月卒業し、八年一月士官学校生徒司令副官に就任した。

明治十年（一八七七）一月三十日に西南戦争が始まると、二月二十八日寺内は後備歩兵第六大隊（九州に出征した大阪鎮台の補充大隊）隊長心得に任命されたがすぐに辞職、博多の政府軍総督本営に赴き、戦線への出征を強く希望して認められ、三月十一日近衛歩兵第一聯隊第一大隊第一中隊長となって参戦した。折柄田原坂の激戦が続いており、十七日寺内は敵弾を受けて負傷し後送された。こうして寺内は右腕の自由を失ったため、以後は戦場の将としてではなく軍事官僚として軍政面で活動することになった。

その後の寺内は明治十二年（一八七九）少佐に昇進、士官学校生徒大隊司令官となり、十四年に士官学校生徒司令官となったが、十五年閑院宮に随行してフランスに留学した。留学中の明治十七年（一八八四）に中佐に昇進し、翌十八年に帰国した。十九年に陸軍大臣官房副長を経て陸軍大臣秘書官となり、戸山学校次長を兼ねた。明治二十年（一八八七）大佐に昇進し、陸軍士官学校長に就任した。明治二十三年（一八九〇）第一師団参謀長、明治二十五年（一八九二）参謀本部第一局長に異動、二十七年少将に昇進、運輸通信長官となって、同年からの日清戦争では運輸通信長官として戦時動員を中心的に担った。明治三十一年（一八九八）教育総監に就任し、士官学校長事務取扱を命じられ中将に昇進した。三十三年には参謀本部次長に転じ、義和団事変に伴って清国へ赴いた。明治三十五年（一九〇二）第一次桂太郎内閣において児玉源太郎の後任の陸軍大臣に就任し、第一次西園寺公望内閣を経て第二次桂内閣の明治四十四年（一九一一）まで九年以上留任した。この間の明治三十九年（一九〇六）に陸軍大将に昇進している。寺内は明治四十三年（一九一〇）五月から陸相のまま第三代韓国統監を兼任し、十月には初代朝鮮総督となった。大正五年（一九一六）十月第十八代内閣総理大臣に就任した。

また寺内はこの間、歩兵操法改正掛（明治九年）、服制取調掛（明治十九年）、歩兵操典並鍬兵操典取調委員（同年）、臨時陸軍制度審査委員（同年）、改正兵語字書審査委員（明治二十年）、歩兵野外演習軌典審査委員（同年）、陣中軌典草案審査委員（明治二十二年）、戦用器財審査委員（明治二十五年）、陸軍召集条例改正案審査委員長（明治二十六年）、鉄道会議議員（明治二十六年、明治二十八年、明治三十三年委員長）、出師準備品々目数量取調委員（明治三十六年）、輜重車輌審査委員（同年）、被服装具陣具及携帯糧食改良審査委員長（明治三十八年）、陸軍勲功調査委員（明治三十三年）、南満洲鉄道株式会社設立委員長（明治三十九年）、臨時馬疫調査委員長（明治四十二年）などの委員を歴任している。

寺内正毅の陸軍における昇進と要職の就任状況を同世代の他の長州藩出身者と比較してみよう（次頁表）。年長の桂太郎が大尉、乃木希典が少佐から軍歴を開始しているのに対し、児玉源太郎と寺内は尉官より下位に始まり、一つ一つ軍歴を積み上げている。乃木はいきなり少佐から出発しているが、少将から中将に昇進するまで十年を要しており、桂に追い越された。一方児玉と寺内は同様に軍歴を開始しているが、寺内は大尉から少佐に昇進するまで七年を要しており、ここで児玉と五年の差が付いた。明治七年（一八七四）の佐賀の乱における児玉の軍功が高く評価されたということと、寺内が一時期陸軍を休職していたことがこの差をもたらしたのであろう。さらに寺内の場合は軍人教育職への就任が際立っているが、西南戦争時の負傷によって軍隊を指揮することが困難となったため、代わりに教育職に活躍したということができよう。

他方で寺内が明治二年下士官候補生として編入された教導隊は十七歳以上という採用規定があったから、嘉永五年（一八五二）生まれの寺内はぎりぎり規定内の年齢に達していた。また慶応四年（一八六八）の戊辰戦争の際に寺内は十五歳で、ぎりぎり参戦できた。寺内より年少であれば、いきなり下士官として軍歴を開始することはできず、士官学校で軍人教育を受けなければならなかったのである。[27]

木戸孝允・西郷隆盛・大久保利通の「維新の三傑」が相次いで世を去った後、明治政府は伊藤博文を中心に、同じ長州藩出身の井上馨と山県有朋が両翼にあって、薩摩藩出身者がこれに対峙し、薩長を中心とする「藩閥政府」として運営されていく。伊藤は明治十四年政変で佐賀藩出身の大隈重信を下野させて、指導者としての地位を高めた。山県は薩摩藩出身の大山巌と良好な関係を築き、明治十九年（一八八六）の「陸軍紛議事件」を乗り越え、谷干城（一八三七年生・高知藩出身）、曾我祐準（一八四三年生・柳河藩出身）、三浦梧楼（一八四六年生・長州藩出身）、鳥尾小弥太（一八四七年生・長州藩出身）の「四将軍」を一掃して主導権を確立した。山県―大山を支えたのが、長州藩出身の桂太郎・乃木希典・児玉源太郎・寺内正毅であり、薩摩藩出身の川上操六（桂太郎と同年の一八四八年生）であった。以後山県を中心とする陸軍の運営体制が確立されていく。その中で、寺内は桂・児玉に続いて、明治三十五年（一九〇二）三月二十七日に第一次桂太郎内閣の途中で陸軍大臣に就任し、四十四年（一九一一）八月三十日までの約十年間、次の第一次西園寺公望内閣を経て第二次桂内閣まで在任した。これは大山巌を凌いで陸軍大臣在任の歴代最長記録である。

山県を中心とする陸軍長州閥は山県・桂・寺内が内閣総理大臣に就任し、児玉も内務大臣となるなど、陸軍を超えて国家運営に

長州藩出身陸軍４人の昇進状況

人物	項目	生年	軍曹	権曹長	少尉	中尉	大尉	少佐	中佐	大佐	少将	中将	大将	留学	師団長	陸軍士官学校長
寺内正毅	昇進年	嘉永5年（1852）	明治3年	明治4年	明治4年	明治4年	明治5年	明治12年	明治17年	明治20年	明治27年	明治31年	明治39年	明治15年（仏）		明治20～24年
	年齢		18	19	19	19	20	27	32	35	42	46	54	30		35
	要年数			1	0	0	1	7	5	3	7	4	8			
児玉源太郎	昇進年	嘉永5年（1852）		明治3年	明治4年	明治4年	明治5年	明治7年	明治13年	明治16年	明治22年	明治29年	明治37年	明治24年（独ほか）	明治31年（第3師団）	
	年齢			18	19	19	20	22	28	31	37	44	52	39	46	
	要年数				1	0	1	2	6	3	6	7	8			
乃木希典	昇進年	嘉永2年（1849）						明治3年	明治10年	明治13年	明治18年	明治28年	明治37年	明治19年（独）		
	年齢							21	28	31	36	46	55	37		
	要年数								7	3	5	10	9			
桂太郎	昇進年	弘化4年（1848）					明治7年		明治11年	明治15年	明治18年	明治23年	明治31年	明治3年（独）	明治24～29年（第3師団）	
	年齢						26		30	34	37	42	50	22	43	
	要年数								4	4	3	5	8			

陸軍大学校長	教育総監	参謀本部	陸相	閣僚	植民地総督	首相	日露戦争	没年
明治34～35年	明治31～33年 明治37～38年	明治33年（次長）	明治35～44年		明治43～大正4年（韓国・朝鮮）	大正5～7年	陸軍大臣	大正8年（1919）
49	46 52	48	50		58	64	52歳	67歳
明治20年		明治36～39（次長） 明治39年（総長）	明治33～35年	明治36年（内相・文相）	明治31～39年（台湾）		満洲軍総参謀長	明治39年（1906）
35		54	48	49	46		52歳	54歳
					明治29～31年（台湾）		第三軍司令官	大正元年（1912）
					47		55歳	63歳
			明治31～33年		明治29年（台湾）	明治34～39年 明治41～44年 大正元～2年	首相	大正2年（1913）
			50		48	53 60 64	56歳	65歳

も大きな役割を果たした。山県を中心に考えれば、内務省を中心とする官僚や貴族院議員にも「山県閥」と呼ばれる勢力が形成された。しかし陸軍長州閥は決して一枚岩ではなく、個性・世代・立場の違いもあり、時期によっても直面する課題によっても意見の相違や関係の変化はあった。近年刊行された陸軍長州閥関係者の評伝がそうであるように、寺内についても陸軍長州閥あるいは国家運営において、さまざまな人びととどのように関わり合いながら、その時々にどのような判断をし、どのように行動したか、ひもといていく必要がある。

寺内の場合、年齢としては児玉と同年で、桂や乃木の若干年少、山県とは一回り以上離れている。職務としては、西南戦争で負傷した後は戦場から離れ、主に軍政・軍事教育面で活躍した。またフランス留学が長く、陸軍の中で「仏国派の驍将」[28]「「フランス派」のエース」[29]と言うべき立場にあった。後に陸軍がドイツへ傾斜していく中で、寺内はどのように行動・対応したのだろうか。さまざまな視点から、寺内の陸軍内における足跡と役割が明らかにされなければならない。そのほか寺内はさまざまな委員会に参加しており、そこでの言動や役割についても検討される必要がある。

三　日露戦争　陸軍大臣として

「新規寄贈資料」の中でも、乃木希典が寺内正毅に宛てた書簡十通は特に注目される（ほかに大正元年八月三十日、明治天皇が亡くなって一ヶ月後の乃木の和歌二首もある）。(30) 国立国会図書館憲政資料室が所蔵する「寺内正毅関係文書」に乃木の書簡はない。なお学習院大学に寄贈された寺内家資料には、明治天皇の大喪の礼が行われる大正元年九月十三日午前〇時に、乃木が寺内に宛てた書簡一通がある。これは同日に自決する乃木の遺言状とは別に、乃木が寺内に後事を託した「遺書」のようなものである。「新規寄贈資料」の乃木書簡十通は一巻に巻子装されており、学習院大学の寺内家資料の書簡一通は寺内家では明確に区別して取り扱われたのであろう。

この十通の乃木書簡の中の一通が、日露戦争で第三軍を率いて旅順要塞攻略戦を指揮した乃木が旅順開城直後の明治三十八年（一九〇五）一月四日付けで寺内陸軍大臣に宛てた書簡である。(31) 全文を引こう。

新年之御慶目出度申納候、然ハ久々御無音ニ打過候処、実ハ弾丸ト人命ト時日之多数ヲ消費シツヽ、埒明キ不申候為メ唯々苦悶慚愧之外無之、漸ク須将軍モ根気負ケノ気味ニテ開城致シ呉レ、当方面ノ一段落ヲ得候、無智無策ノ腕力戦ハ上ニ対シ下ニ対シ今更ナカラ恐縮千万ニ候、山元帥より度々懇示も相蒙り候得共、是又御答も不仕多罪至極、且ツ詩ノ次韻モ未タ出来上り不申為メ今日へ呈書不仕、乍憚尊台より前件宜敷御取成シ置キ奉願候、明日ニテ人馬諸材料物件受取渡相済、八日ニ戦死者ノ祭典致候テ、直ニも北進可仕事ニ夫々準備罷在候、此次ハ野戦ノ趣味充分賞翫可仕相楽居候

○又々例ノ服制ノ儀申上候ハ御笑ヒニモ可有之候得共、平時ニ於テ無益ノ金ヲ掛ケ不便極ル玩弄品ノ実戦ニ有害ニシテ、終ニハ軍容モ軍紀モメチャ〳〵ナラシムルノ止ムヲ得サル醜体ハ何卒此際御改正相成度、前条余リ過言ノ如ク御怒りも有之可申候得共、精神教育ニも質素ト実用ト又軍紀ヲ維持スルニモ斉一ト申ス事ハ不可欠儀ト存候、今後幾年月ノ戦争ヲ継続スル為トノミ申スハ其意ヲ得ス、砲声ノ一時止ミタルトキハ軍人ノ衣服も諸材料も非軍事精神ト相成ラヌ様無之てハ不便不利益乎ノ様ニ被存候、御参考迄申上置候

○愚息等戦死之際ハ特ニ御懇情被下候由、多謝ノ至ニ御座候、御礼申上候

先ハ久々御無音之謝罪旁例ノ冗言迄不悪御一読奉願候、恐々敬具

（傍線は引用者による）

実は右に引用した書翰を司馬遼太郎が引用している。

この時期、乃木は伊地知が考えている作戦案が腕力戦のみを押しすすめるらしいことは気づいていた。そのことばも、そ

の脳裏にうかんでいた。かれは戦いがおわった直後、陸相の寺内に出した手紙に、「無智無策の腕力戦ハ、上ニ対シ下ニ対シ、今更ナガラ恐縮千万ニ候」と書いている。自分のやっていることが何事であるかがわかっているだけにつらさが深かったのであろう。[32]

（傍線は引用者による）

司馬の解釈は書簡の冒頭だけを見れば妥当のようにも思える。しかし「無智無策の腕力戦」を招いた責任は乃木―伊地知幸介の第三軍にのみ帰せられないというのが現在の評価である。[33] 司馬の解釈は第三軍司令官の乃木と参謀の伊地知を否定・批判することを前提としており、再考されるべきだろう。

さらには、「苦悶慚愧」と書いた同じ書簡の中で「詩ノ次韻モ未ダ出来上リ不申」と詩作の話をしている点、「野戦ノ趣味充分賞翫可仕」と切り替えて次の戦闘に意欲を示している点、「又々例ノ服制ノ義申上候」と陸軍服制改革に関する持論を展開している点を合わせて、慎重に解釈されなければならないだろう。

この乃木の書簡を寺内がどのように読んだか明らかではない。残念ながら、『寺内正毅日記』は明治三十八年一月四日から十五日までの記載を欠いている。理由は不明である。寺内日記はほとんどの場合淡々とした記述に終始するが、日露戦争における旅順攻略戦については連日一喜一憂している様子が日記から看取される。日記が欠けていなければ、乃木の書簡に対する感想が記されたかもしれない。

日露戦争において、寺内は陸軍大臣の座にあった。桂が首相、大山が参謀総長で児玉が参謀本部次長であり、大山と児玉が満洲軍総司令官と満洲軍総参謀長となって戦場に赴くと、山県が参謀総長兼兵站総監に就任した。寺内は桂首相のもとで日露戦争の戦争指導を担った。

日露戦争の勝敗を決した日本海海戦（明治三十八年五月二十七日〜二十八日）は「皇国ノ興廃此一戦ニ在リ」とされたが、日露戦争全体が日本の存亡を賭けた決戦であり、指導者層は日本史上最大の「国難」であるという意識を共有していた。日露戦争は実際に日清戦争とは比較にならない多数の死傷者を日露双方に出したのであり、第一次世界大戦に比せられるべき人的損害であり、国力消耗であった。

したがって日本としては、まずは戦争は避けられるべきで外交交渉に最善を尽くすこと、開戦となれば長期戦を避け、短期決戦に勝利して、優勢のうちに講和に持ち込むべきこと、多少の差はあっても全体的な方針もまた一致していた。しかしその一方で、文官と武官、陸軍と海軍、軍政と軍令、薩摩と長州、世代の違いが戦争指導に微妙な、時には大きな不一致や対立をもたらすことがあった。開戦時の大本営設置・動員発令をめぐる問題、満洲軍総司令部の設置に結果する指揮系統をめぐる問題、それから旅順攻防戦に関わる問題などである。これらについて、陸軍大臣寺内正毅はどのように考え、行動したのだろうか。[34]

①大本営設置・動員発令をめぐる問題

明治三十七年（一九〇四）に入り日露間の外交交渉は大詰めを迎えた。一月三十一日に日本政府はロシア政府に対し、最後通牒の意を示したが回答は届かなかった。二月三日に五元老（伊藤・井上・松方・山県・大山）と四閣僚（桂首相・寺内陸相・山本海相・小村外相）が集まって開戦の決意を確認し、翌四日の御前会議で決定した。六日小村外相はロシアのローゼン駐日公使に対して、また駐露公使栗野慎一郎はラムスドルフ外相に対してそれぞれ国交断絶を通告した。八日日本海軍はロシア旅順艦隊を奇襲攻撃、日本陸軍の先遣部隊・第十二師団は韓国・仁川に上陸した。十日日本政府はロシア政府に宣戦布告。こうして日露戦争が始まった。

日本がロシアに国交断絶を通告した二月六日、大本営の動員も裁可されているが、谷寿夫『機密日露戦史』(35)によれば、翌七日桂首相・寺内陸相・大山参謀総長の三者会談において寺内が宣戦布告以前の大本営動員に反対したのに対し、大山は国交断絶の通告により戦争に入ったと主張して譲らなかったとしている。結局参謀本部の内部では大本営が設置されたものとして執務し、部外には大本営という名称の使用を見合わせた。(36)谷は「右の経緯の真相といえば、陸相はただ予め内協議しなかったという一事をもって御裁可を無視した行動に出たことである。これこそ感情上の憤りでなくてなんであろう。国家の大事を前にして、徒らに感情にはしるなど、輔弼の大器とは云えないであろう」と厳しく批判している。しかし谷の場合、軍令部の立場で軍政部から、つまり政治から統帥権の独立を保持しようとする欲求が濃厚であると言われる。言い換えれば谷は軍令部の立場で日露戦争を研究し、軍令部にとっての教訓を得ることを主眼としており、その点は差し引いて考えなければならない。

日記を見ると寺内は毎日のように陸軍省に「出省事務ヲ見ル」とあり、また山県・桂・児玉などと会談を重ね、閣議や御前会議に出席している。しかし、例えば二月七日条には「午前九時首相官邸ニ会シ大本営動員ノ事ニ付協議シ、当分着手延期ノ件ヲ総長軍令部長ヨリ上奏セリ、依テ暫時其編制ヲ見合セタリ」と淡々と記されるのみで、自説を展開し激論となったことなどはうかがい知れない。

また開戦においては（もちろん戦争の全般を通して言えることだが）、陸軍と海軍は作戦一致して行動を進めなければならない。しかし陸軍は宣戦布告以前に動員される必要があるが（動員→開戦）、それは開戦の明示であって、開戦当初に敵艦隊を奇襲攻撃するという海軍の戦略とは矛盾することになる。結局「臨時韓国派遣隊」が編制・派遣されることで一応の決着を見た。この点についての寺内陸相の意見や動向は確認できない。

②満洲軍総司令部の設置をめぐる問題

開戦とともに正式に設置された大本営について、さらに戦地に進めて移転すべきとする意見が浮上した。二月十七日寺内陸相は桂首相に宛てた書簡(37)の中で、四月上旬に「大本営進展」を行う考えを伝え、児玉参謀次長とも「談合」し「同意見」と述べている。しかし児玉は前日に桂首相に宛てた書簡[38]の中で、山県有朋を「大本営付」とすることを提案し、すでに大山参謀総長の同意を得ているので、寺内陸相には桂から「一言御噺置」ことを依頼している。児玉の提案は大本営を東京にとどめ山県に任せる一方で、戦地（満洲）に「大総督府」を置き、大本営の機能の大半を大総督府に移管する構想であった。それに対して桂や寺内は大総督府案について、大本営を形骸化させると反論し、旅順攻囲軍となる第三軍の指揮権についても大本営が掌握することを主張した。以後大山—児玉の陸軍参謀本部（軍令機関）と桂—寺内の内閣・陸軍省（軍政機関）の対立が見られたものの、山県が大本営と満洲派遣各軍との間に「高等司令部」を設置することを提案し、採用された。こうして六月十一日に「満洲軍総司令部」が設置された、大山が満洲軍総司令部の総司令官、児玉が総参謀長に就任した。

この問題について谷寿夫の『機密日露戦史』では「首相たる桂大将が文官の地位を以て兵事に容喙し、第三軍を大本営直轄の意見を固執して動かなかった」とし、「征露史中の一大汚点にして後世大に鑑戒すべきこと」と批判した。寺内についても「陸相又桂首相と同臭味にして、共同して大本営の企図を破壊せんとした。真にこれ国家を害するものと云うべきであろう」と同様に批判している。[39] ここでも谷は軍令機関の立場で日露戦争を論じているのである。

この問題について寺内の日記を見ると、

四月七日　児玉次長来訪総督府ノ編制其他ニ就キ意見ヲ問ハル。依テ一覧ノ上意見ヲ可陳旨答ヘ置ク[40]

四月九日　午前次長ヲ訪ヒ一昨日示サレタル大総督府編成ノ件ニ付意見書ヲ示ス[41]

四月十日　午前児玉次長来訪大総督府編成ノ件ニ付意見書ヲ一昨日提出セシニ就キ反駁ノ意見ヲ述ラル。依テ我意見ヲ附属シ置ク[42]

五月十二日　午前在邸次長来訪大本営進展ノ件ニ就キ上奏書相談アリ。異存ナキ旨答ヘ置ケリ[43]

とある。四月から寺内と児玉が大総督府構想をめぐって意見を闘わせたが、五月には対立が収拾されていることがわかる。この間寺内は山県とも相談を重ねているようで、山県の「高等司令部」案も寺内との協議にもとづくものではないだろうか。寺内は山県や児玉と相談し、時に意見を闘わせ、時に調停を行って、円滑な戦争指導を目指したのであった。

③旅順攻防戦に関わる問題

日露戦争最大の決戦は、陸軍は奉天会戦（明治三十八年三月一日〜十日）、海軍は日本海海戦（明治三十八年五月二十七日〜二十八日）であったが、その前段にロシア軍の旅順要塞を日本軍（第三軍）が攻略しようとした旅順攻防戦がある。

日露戦争に際して、日本は兵站輸送の関係から朝鮮半島周辺の制海権を保持しなければならず、そのためには旅順港を拠点とするロシアの旅順艦隊（太平洋艦隊の主力艦隊）を撃滅する必要があった。しかもそれはロシアのバルチック艦隊が応援に駆けつける前に達成しなければならなかった。海軍は旅順港の閉塞作戦を展開したが失敗、陸軍に旅順要塞を攻略し、山上から旅順港にあるロシアの旅順艦隊を砲撃・撃滅することを求めた。乃木希典を軍司令官、伊地知幸介を参謀長とする第三軍はそのために編成された（五月二十九日発令）。しかしロシア軍は旅順に堅固な要塞を構築しており、日本の第三軍は第一回総攻撃（八月十九日～二十四日）、第二回総攻撃の前哨戦（九月十九日～二十二日）、第二回総攻撃（十月二十六日～三十日）、第三回総攻撃（十一月二十六日～十二月六日）を重ねたが旅順要塞はなかなか陥落せず、甚大な人的損害を出し続けた。この間に大本営は二百三高地の攻略を重視するにいたったが、満洲軍総司令部も第三軍も正面攻撃を主張して方針を改めなかった。東京では乃木の更迭が議論され、大本営と戦地の相互不信は増大して、日本の戦争指導体制は危機に陥った。第三回総攻撃も失敗に終わる見通しとなった時点で、ようやく第三軍は二百三高地の攻略作戦に方針を転換、満洲軍総司令部は児玉総参謀長が旅順に赴き第三軍の指揮権を掌握して攻撃を再開し、十二月五日ついに旅順要塞は陥落した。それにより、旅順艦隊は撃滅され、一月一日ロシア軍は降伏して旅順要塞を開け渡した。日本軍の戦死者約一万六〇〇〇人、ロシア軍の戦死者約一万五〇〇〇人であった。

軍令機関の立場で日露戦争を論じる谷寿夫の『機密日露戦史』は第三軍に同情的ではある。ロシア軍の要塞の堅固に比して日本軍の装備や弾丸の不足を指摘して、旅順要塞攻略戦自体の困難を強調する。だが谷は全体として「当時大本営主脳部が、旅順の陥落に関して、如何に頭を悩ましたか」という観点から論じており、大本営（特に参謀本部）の立場が戦地（特に第三軍）よりも重視されるという傾向がある。

寺内の日記には、明治三十七年七月二十八日条に「第三軍ハ昨日引続攻撃ヲ続行セシモ其結果不明」(44)と見え、以後旅順の戦況が日々記されている。陸軍大臣の寺内にとっても旅順要塞攻略戦は明治三十七年八月以降最大の懸案であった。第一次総攻撃が失敗に終わった直後の八月二十九日、山県有朋が寺内陸相を訪問し「乃木将軍ノ攻城ノ計画ニ就キ意見アリ」(45)。第二回総攻撃前哨戦の九月二十一日には寺内もまた「旅順ノ201ノ高地ハ遂ニ我ノ不利トナリ旧位地ニ退キシトノ報ヲ得且砲弾ハ大概打尽シタル砲兵部長ノ報告ヲ得タリ。実ニ可惜事ナリ。要スルニ予ハ軍司令官ノ計画ノ密ナラサルヲ歎ス」(46)と第三軍の作戦に不信を募らせている。十一月から十二月にかけて、大本営にもさまざまな動きが見られるが、日記には詳らかでない。十二月六日条に「旅順方面ニ於テ昨日来二〇三高地ヲ攻撃シ今朝ニ至リ確実ニ之ヲ占領セリ。赤松山ノ敵及児溝山ノモノ自ラ退却シ我兵之ヲ占領ス。今朝来続テ敵艦ノ射撃ヲ為ス」(47)とあって、旅順要塞がようやく陥落した吉報が届いている。十二月三十一日条に寺内は「本年ノ御用納トシテ松樹山砲台ノ陥落ハ実ニ大慶事ナリ。回顧スレハ本年二月八日露国ト国交ヲ断ショリ十一月、此間万艱ヲ侵シ陸ニ海ニ我猛将勇卒ノ難ニ殉スルモノ数万ニ及フ。歳晩ニ至リ感殊ニ深シ。来年ニ於テ亦本年ノ如ク常ニ好果ヲ収メ速ニ国家ノ福利ヲ増進センコト我皇ノ為メ伏シテ祈リ奉ル」(48)と記している。淡々とした記述を重ねる寺内の日記にしては珍しい感情の吐露であった。

結語

以上、寺内正毅の人物像と研究状況を確認し、次に寺内の陸軍軍人としての足跡を概観して、さらに陸軍大臣となって日露戦争にどのように関わったか垣間見てみた。寺内は陸軍を「休職」した時期があり、また西南戦争で負傷し右手の自由を失うなどの「挫折」を味わい、戦場を離れて主として軍事教育や軍事動員などの面で活躍した。それは寺内にとって不本意であったろうが、士官学校や参謀本部で実績を積み重ねた結果として、陸軍大臣・陸軍大将に昇り詰めるにいたったと言うこともできる。寺内の生涯のハイライトである、日露戦争後の第三代韓国統監と日韓併合後の初代朝鮮総督時代、また第二次大隈重信内閣後の内閣総理大臣時代については次の永島論考に委ねることになる。

寺内と関わりの深い陸軍長州閥の評伝の副題や帯によれば、例えば山県有朋は「愚直な権力者」(49)、「新しい国家ノ礎を築いた元老」(50)と評される。桂太郎は「予が生命は政治である」「「保守反動」と誤解された元勲、軍人から政党政治家への覚醒」(51)、「外に帝国主義、内に立憲主義」「調整型政治家」(52)である。乃木希典は「今なお続く乃木物語。鬼神か、奴郎か、いつかの泣人か」(53)。児玉源太郎は「歴戦の勇将、統帥権に挑戦す」「立憲主義的軍人」(54)、「明治陸軍のリーダーシップ」「軍事と政治に通じた指導者」である。では寺内正毅はどのように評されるのだろうか？

いずれにしても、史料状況・研究状況ともに寺内正毅の伝記的研究、本格的な評伝の執筆を促す条件は整ったと言うべきである。山県有朋でも桂太郎でも乃木希典でも児玉源太郎でもない寺内正毅自身を主人公として、山県・桂・乃木・児玉や彼らに近い人びとと寺内の関係をひもときながら、寺内の思想や行動を丹念に検証・解明していくことが求められる。それによって「長州閥の事務局長的な存在」という人物像から解放された寺内の再評価が可能となるだろう。

注

（1）毛利氏は防長二ヶ国を治めたが、その本藩が萩藩で、いわゆる支藩として長府・徳山・清末・岩国藩があった。したがって「長州藩」は内部に差異を含みつつも、全体として毛利氏領国である防長二ヶ国を指す呼称である。本項では適宜使い分ける。

（2）司馬遼太郎『坂の上の雲』第四巻（文春文庫、一九七八年、初出単行本は文藝春秋、一九七〇年）一七九〜一八〇頁。

（3）同右、三〇九頁。

（4）　古川薫『斜陽に立つ』（文春文庫、二〇一一年、初出単行本は毎日新聞社、二〇〇八年）。なお古川には児玉を主人公とする『天辺の椅子　日露戦争と児玉源太郎』（ちくま文庫、二〇一〇年、初出単行本は毎日新聞社、一九九二年）もある。

（5）　伝記としては黒田甲子郎の大作『元帥寺内伯爵伝』（一九二〇年刊）があるが、寺内が亡くなった直後の刊行であって、すでに「研究」というより「史料」と言うべきであろう。また日露戦争に関する記述など一般的な戦況の推移が詳しく書かれる一方で、寺内自身の思考や活動については言及が少ないという憾みがある。なお紙数は少ないがコンパクトにまとめられた評伝として、井竿富雄「宮野の宰相寺内正毅」（山口県立大学国際文化学部編・伊藤幸司責任編集『大学的やまぐちガイド――「歴史と文化」の新視点』昭和堂、二〇一一年）がある。ほかに寺内を対象とした専論として、斎藤聖二の一連の研究（註16～19参照）がある。

（6）　小林道彦『児玉源太郎』（ミネルヴァ日本評伝選、二〇一二年）一四六頁。なお児玉の長男である児玉秀雄は寺内の娘と結婚している。

（7）　山本四郎編訂『寺内正毅日記――一九〇〇～一九一八』（京都女子大学研究叢刊五、一九八〇年）、同『寺内正毅関係文書――首相以前』（京都女子大学研究叢刊九、一九八四年）、同『寺内正毅内閣関係史料』（京都女子大学研究叢刊一〇、一九八五年）。尚友倶楽部編『寺内正毅宛明石元二郎書翰　付『落花流水』原稿（『大秘書』）』（尚友ブックレット、二〇一四年）。

（8）　伊藤幸司編『寺内正毅ゆかりの図書館　桜圃寺内文庫の研究――文庫解題・資料目録・朝鮮古文書解題』（勉誠出版、二〇一三年）。

（9）　学習院大学史料館「桜圃名宝」展（二〇一四年九月二十七日～十二月六日）。

（10）　国立国会図書館憲政資料室所蔵。尚友倶楽部山縣有朋関係文書編纂委員会編『山縣有朋関係文書』（一）～（三）（山川出版社、二〇〇五年～二〇〇八年）。

（11）　国立国会図書館憲政資料室所蔵。千葉功編『桂太郎関係文書』（東京大学出版会、二〇一〇年）。また他の関係文書から桂の書翰を集成した千葉功編『桂太郎発書翰集』（東京大学出版会、二〇一一年）もある。

（12）　今回の「新規寄贈資料」の中には寺内正毅の自画像があるが、寺内は明らかに「ビリケン」を意識して戯画的に自身をえがいており興味深い。

（13）　小林道彦『桂太郎』（ミネルヴァ日本評伝選、二〇〇六年）、千葉功『桂太郎』（中公新書、二〇一二年）、佐々木英昭『乃木希典』（ミネルヴァ日本評伝選、二〇〇六年）、小林道彦『児玉源太郎』（ミネルヴァ日本評伝選、二〇一二年）、周南市美術博物館編刊『児玉源太郎と近代日本への歩み　展』図録（二〇一一年）、大澤博明『児玉源太郎』（日本史ブックレット八九、山川出版社、二〇一四年）など。

（14）　伊藤隆編『山県有朋と近代日本』（吉川弘文館、二〇〇八年）、伊藤之雄『山県有朋』（文春新書、二〇〇九年）、井上寿一『山県有朋と明治国家』（ＮＨＫブックス、二〇一〇年）など。

（15）　小林和幸『谷干城』（中公新書、二〇一一年）、柳川古文書館編刊『曽我祐準関係史料目録』（江島香校訂、二〇一一年）。

（16）　斎藤聖二「足軽寺内正毅が陸軍士官になるまで」（『シオン短期大学研究紀要』三五、一九九五年）。

（17）　斎藤聖二「西南戦争前後の寺内正毅」（『シオン短期大学研究紀要』三六、一九九六年）。

（18）　斎藤聖二「寺内正毅の渡仏と日本陸軍のドイツ化」（『創造』（シオン短期大学）二六、一九九七年）。

（19）　斎藤聖二「日清戦争と兵員輸送――その初期展開」（『シオン短期大学研究紀要』三九、一九九九年）。

（20）　「（仮称）幕末詩文集」（桜圃寺内文庫寺内正毅関係資料目

録　一紙・冊子之部14―4)。

(21) 「安田之滞穂」(桜圃寺内文庫寺内正毅関係資料目録　一紙・冊子之部14―1)。

(22) 末松謙澄編『防長回天史』第六編第二十七章。

(23) 明治維新の「世代」論にはさまざまな考え方があるが、ここでは幕末維新期の「戦争」に中心的に関わり、同世代に少なくない死者を出した世代を「第一世代」としている。長州藩の場合、吉田松陰(一八三〇年生)に始まり、「維新三傑」の一人である木戸孝允(一八三三年生)、さらには松陰の松下村塾で学んだ山県有朋(一八三八年生)や伊藤博文(一八四一年生)などを「第一世代」とし、桂太郎(一八四八年生)、乃木希典(一八四九年生)、児玉源太郎(一八五二年生)、寺内正毅(一八五二年生)などが「第二世代」に相当する。おおむね「第一世代」は天保年間の生まれ、「第二世代」は嘉永年間前後の生まれと考えるとわかりやすい。もっとも吉田や木戸を「第一世代」とし、山県や伊藤を「第二世代」とする考え方もあり、その場合寺内などは「第三世代」となる。なお福岡藩について、杉山茂丸『俗戦国策』(大日本講談社、一九二九年)に世代を強く意識した記述がある。その中で元治元年(一八六四)生まれの杉山は「第三号の憤慨的孫」つまり「第三世代」と自覚していたようである。

(24) 徳川斉昭二行書(桜圃寺内文庫寺内正毅関係資料目録　軸巻之部3)。

(25) 吉田松陰肖像(大正六年一月三日付、佐久間鉄園模写、寺内正毅賛写、桜圃寺内文庫寺内正毅関係資料目録　軸巻之部5)。

(26) 辞令(権曹長)(桜圃寺内文庫寺内正毅関係資料目録　一紙・冊子之部4―161)。

(27) 前掲注17斎藤聖二「西南戦争前後の寺内正毅」一二頁。

(28) 前掲注13小林道彦『桂太郎』六五頁。

(29) 前掲注13小林道彦『児玉源太郎』一〇八頁。

(30) 乃木希典和歌(桜圃寺内文庫寺内正毅関係資料目録　軸巻之部2)。

(31) 桜圃寺内文庫寺内正毅関係資料目録　軸巻之部10―7。

(32) 司馬遼太郎『殉死』(文春文庫、一九七八年、初出単行本は文藝春秋、一九六七年)八七頁。なおこの書翰はすでに宿利重一『乃木希典』(財団法人魯庵記念財団、一九二九年)に収録されており、司馬は同書に拠ったと思われる。同書については永島広紀氏のご教示による。

(33) 別宮暖朗『「坂の上の雲」では分からない旅順攻防戦』(並木書房、二〇〇四年)、同『旅順攻防戦の真実　乃木司令部は無能ではなかった』(別宮前掲書を改題、PHP文庫、二〇一三年)、前掲注13小林道彦『児玉源太郎』、長南政義「第三軍参謀たちの旅順攻防戦――「大庭二郎中佐日記」を中心とした第三軍関係者の史料による旅順攻防戦の再検討」(『國學院法研論叢』三九、二〇一二年)、長南政義編『日露戦争第三軍関係史料集　大庭二郎日記・井上幾太郎日記で見る旅順・奉天戦』(国書刊行会、二〇一四年)など。

(34) 以下の記述は諸史料のほか、前掲小林道彦『児玉源太郎』第五章に多くを拠っている。

(35) 谷寿夫『機密日露戦史』(陸軍大学校、一九二五年調製、一九六六年公刊、二〇〇四年原書房より復刻)。

(36) 前掲注35谷寿夫『機密日露戦史』復刻版、一一五頁。

(37) 明治三十七年二月十七日付桂太郎宛寺内正毅書翰(国立国会図書館憲政資料室所蔵)。前掲千葉功『桂太郎関係文書』二五九頁。

(38) 明治三十七年二月十六日付桂太郎宛児玉源太郎書翰(国立国会図書館憲政資料室所蔵)。前掲千葉『桂太郎関係文書』一六一頁。

(39) 前掲注35谷寿夫『機密日露戦史』一九四頁。

(40) 前掲注7山本四郎編『寺内正毅日記』二二五頁。

(41) 同右、二二六頁。

(42) 同右、二二六頁。
(43) 同右、二三六頁。
(44) 同右、二五七頁。
(45) 同右、二六四頁。
(46) 同右、二七三頁。
(47) 同右、二八九頁。
(48) 同右、二九五頁。
(49) 前掲注14伊藤之雄著書『山県有朋』。
(50) 前掲注14井上寿一『山県有朋と明治国家』。
(51) 前掲注13小林道彦『桂太郎』。
(52) 前掲注13千葉功『桂太郎』。
(53) 前掲注13佐々木英昭『乃木希典』。
(54) 前掲注13小林道彦『児玉源太郎』。

朝鮮総督・寺内正毅

永島広紀

はじめに

二〇一四（平成二十六）年一月二十八日、新規に寺内家より山口県立大学に寄贈された資料の中には夥しい枚数の辞令書が含まれていた。その数にして一一六点。一八七二（明治四）年一月に陸軍権曹長に任じられて以降、一九一八（大正七）年九月に首相を退任するまでのものがほぼ抜けなく残されている。また、これとともに、さらに多くの勲記や叙位記の類も豊富に残されている。

図1　寺内正毅肖像画（岡田三郎助）『岡田三郎助――エレガンス・オブ・ニッポン』（佐賀県立美術館、2014年）より転載

寺内正毅に関する個人史料としては、従来は国立国会図書館の憲政資料室に所蔵されるものが広く知られており、これまでも多くの研究者がこれを利用してきた。

　その憲政資料室の寺内文書は、日記や書簡をはじめとする一次記録とともに、寺内の官公職に関連して作成された文書の類が多いのであるが、今回の新規寄贈資料はやはり寺内個人の進退にまつわる書類や書簡がその多くを占めているところにその特徴がある。よって、憲政資料室に運び込まれる以前のある時期までに、遺族や関係者によって選り分けられ、その結果、関連資料が各処に分散することになったものと考えられる。

　ともあれ、従来においても極めて豊富な関係資料が残されているにもかかわらず、少なくとも戦後においては本格的な伝記や評伝が存在しない最後（？）の明治元勲である寺内正毅。それでも、寺内の没後間もなくして刊行された黒田甲子郎の編による浩瀚な『元帥寺内伯爵伝』（一九二〇年十月）の末尾には詳細な寺内の官歴が一覧として掲載されており、おそらくこれは新規寄贈資料に含まれる寺内本人の授爵にまつわる履歴書、そしてこれを裏付ける辞令書が、その作成に際して参考とされたことは想像に難くない。

本稿は、こうした新規寄贈資料を用いつつも、また近年までに整理・刊行された別の史料をたぐり寄せることによって、一九〇二（明治三十五）年三月から一九一一（明治四十四）年八月まで務めた陸軍大臣、就中、陸相に在職したままで兼任した韓国統監と朝鮮総督（一九一一・八～一九一六・十は朝鮮総督専任）の時期を中心として、寺内正毅のその後半生におけるクライマックスの時期に関して、その事績と人となりの復元を可能な限り試みてみたい。

一　韓国統監時代

韓国統監就任まで

寺内が首相・桂太郎から韓国統監就任への内意がもたらされたのは、寺内の日記によれば一九一〇（明治四十三）年四月五日に開催された閣議での場であったという。(2) すでに、前年である一九〇九（明治四十二）年四月の段階で桂太郎首相、小村寿太郎外相、そしてすでに辞意を漏らしていた韓国統監の伊藤博文との三者によって、対韓外交に関する今後の方針についての会談がもたれていた。

この会合に先立ち、小村の指示によって外務省政務局長の倉知鐵吉が作成した「方針書」「施設大綱」(3) に基づいて「適当ノ時機ニ於テ韓国ノ併合ヲ実施スルコト」との閣議決定が明治天皇の裁可を受けるのが同年の七月六日であった。(4) すでに六月の段階で伊藤は統監を辞しており、後任には韓国併合には消極的な姿勢を崩さなかったとされる副統監の曾禰荒助が昇格していた。

同年十月二十六日に伊藤が満洲・ハルビン駅で安重根の兇弾に斃れ、また十二月には韓国の親日的政社である一進会による「合邦請願書」が韓国皇帝・韓国首相・韓国統監にそれぞれ提出されるなど、にわかに韓国の「合併／合邦」が朝野の話題をさらっていた。ちなみに、Annexation の訳語たる「併合」という表記は、「対等合併」「連邦」でもなく、かといって一方的な「併呑」でもないというニュアンスを示す外務官僚・倉知による苦心の造語(5) であったという。

ここで急速に浮上したのが、桂の盟友であり、また軍人出身ながらも政務一般に明るいと目されていた陸相の寺内正毅を統監に起用する案であった。

統監府人事に着手す

緊迫の度合いを増す日韓関係の中で、寺内が第三代の韓国統監に任命されたのは一九一〇年五月三十日のことである（図2）。同日午前に宮中御座所で執り行われた親任式に、副統監の山縣伊三郎とともに臨んでいる。この時、明治天皇は陸軍大臣のままで統監を兼任する寺内に関して、もし滞韓の期間が長引くと陸軍の事務に支障を来すとの懸念を首相たる桂に表明したとされる。この下問に対して桂は、万が一の時には自らが陸相を兼任して事に当

たる旨を回答したという。(6)

さて、寺内は桂からの内示を受けたあと、さっそく今後の配下たる官員の人事に着手している。まず、補佐役としては筆頭の副統監であるが、山縣有朋の養嗣子であり内務官僚として徳島県知事や内務次官を務め、第一次西園寺内閣の逓信大臣を歴任した山縣伊三郎（一八五七～一九二七）に白羽の矢を立てた。統監に発令前である五月十三日には、すでに受諾の返答を本人から直接受けている。(7)

その後、山縣とともに第三席たる統監府総務長官の人選に取りかかった（五月二十五日）。(8)そして、桂首相や平田東助内相らとの協議(9)に基づき、内務官僚であり千葉県知事に在職中であった有吉忠一（一八七三～一九四七）に決定した。またこの時に、韓国の内部次官を務めていた岡喜七郎（一八六八～一九四七）の後任として、同じく内務官僚にして富山県知事の宇佐美勝夫（一八六九～一九四二）を充てることとし、六月九日には有吉・宇佐美両人が寺内を陸相官邸に訪ねて内諾の返答を行っている。(10)

有吉と宇佐美は帝国大学法科大学の同期生（一八九六年七月卒業）であり、ともに文官高等試験行政科に及第後、内務省に入省して中央と地方での勤務を重ねていた。特に宇佐美は副統監に就任した山縣伊三郎が徳島県知事を務めていた時期に同県参事官（内務部第一課長）として在職（一八九七～九八）しており、山縣の信頼が厚かったという。宇佐美は併合前の六月十四日付けで統監府参与官に異動し、続いて同月十八日付けで韓国の内部次官に発令(11)されている。韓国併合後も内務部長官として引き続き寺内の幕閣となるが、一九一九年に発生する「万歳事件（三・一独立運動）」による引責辞任に追い込まれることになっている。

こうした各部における長官級の人事に続いて、その下の局長級人事も進められ、宇佐美が長官を務める内務部の学務局長には鹿児島県内務部長より関屋貞三郎（一八七五～一九五〇）を、また同部の地方局長には奈良県内務部長の小原新三（一八七三～一九五三）を充てるなど、地方官経験者を重点的に配置する人事を行っていた。

なお、度支部長官（荒井賢太郎）・農商工部長官（木内重四郎）・司法部長官（倉富勇三郎）・鉄道局長官（大屋権平）・通信局長官（池田十三郎）といった大韓帝国期以来の継続性が強く、持続的なイン

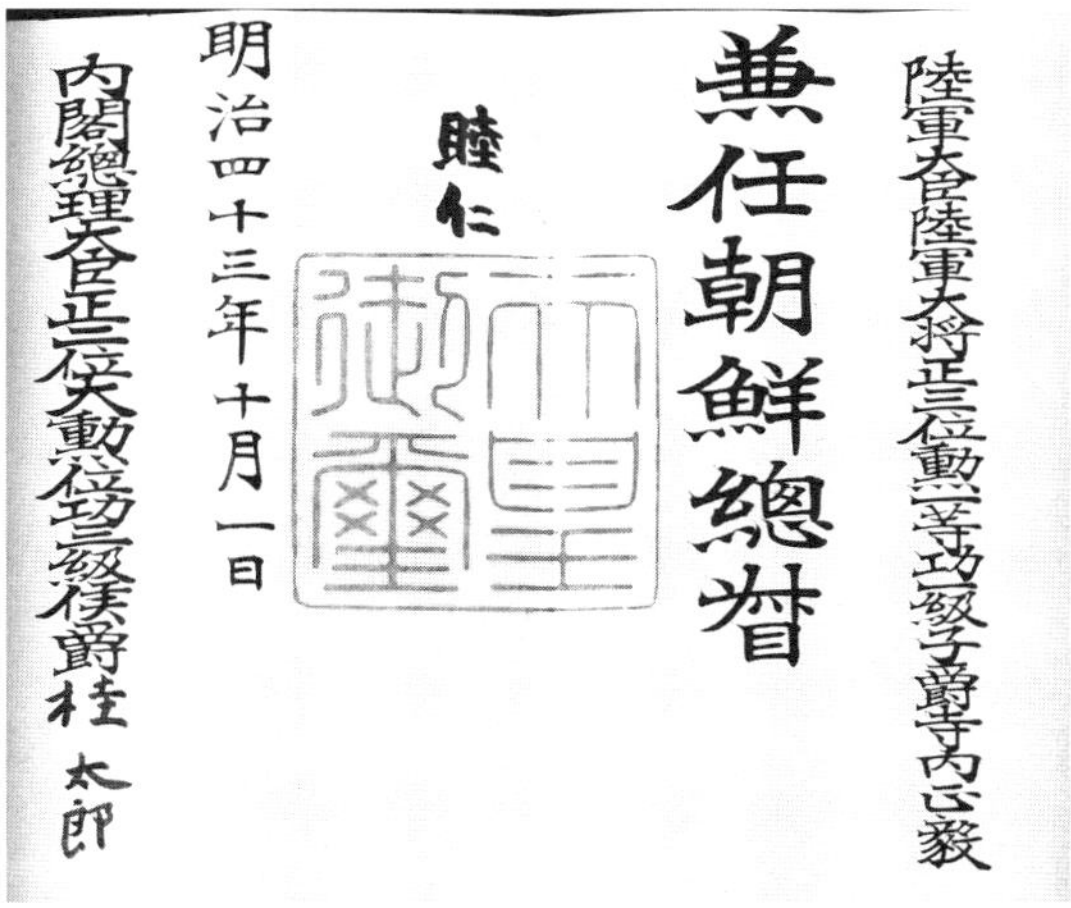
陸軍大臣陸軍大將正三位勲一等功一級子爵寺内正毅
兼任朝鮮總督
睦仁
天皇御璽
明治四十三年十月一日
内閣總理大臣正二位大勲位功三級侯爵桂太郎

図2　辞令（韓国統監兼任）

フラ整備が必要な業務を有する部局の長に関しては、基本的にはかつての各部次官（統監府参与官を兼ねた）たちが横滑りで就任している。[12]

併合に向けた準備

さて、こうした人事と併行して寺内は、外務省の倉知が原案を作成した「大綱」に基づく具体的な「細目」の作成に取りかかることになる。外交・国際法関係は倉知に、また韓国関係は外務省から統監府に出向していた小松緑（一八六五〜一九四二）にその素案作成を命じ、これを首相官邸で累次にもたれた会合にて検討することになった。

一方、これに先立って寺内は旧知の間柄であり、また陸軍省参事官と内閣法制局参事官を兼ねる国際法の専門家たる秋山雅之介（一八六六〜一九三七）にも命じて、特に欧米列強が国外領土を獲得する際の法的な手続きの事例を比較させ、さらには併合後の朝鮮半島に果たして帝国憲法を施行しうるや否かについての検討を行わせていた。[13]

寺内はこれらの準備作業を通じて十三ヶ条からなる併合実行に関する基本方針を定め、そして、これらを閣議に提出し、その承認を得たのが六月三日のことであった。[14] この方針によって、大枠としては帝国の一部である以上は憲法の適用地域であるとしつつも、当分の間は朝鮮半島には憲法を施行しないということで決着させた。また、朝鮮総督は天皇に直隷して法令を発する権限を有することが明記されるなど、すでにこの段階で朝鮮総督府による統治形態に関する根本的な枠組みが提示されていたのである。

この後、前出の倉知と小松に加え、内閣書記官長（柴田家門）が議事進行役となり、内閣法制局長（安廣伴一郎）・拓殖局副総裁（後藤新平）、そして統監府側からは書記官の中山成太郎と兒玉秀雄らが交互に首相官邸に参集することによる、いわゆる「併合準備委員会」[15]と称される会合が六月下旬から七月上旬にかけて、複数回にわたって開催されている。こうした会合と、その議事内容については、断片的な記述ながら寺内の日記からも確認出来る。

そして、ついにこうした議論を経て作成された二十二条からなる韓国併合に関する実行細目が七月八日の朝から開かれた閣議に提出され、同日午後に了承を受けている。[16] なお、この細目中、第十六「韓國ノ皇室及功臣ノ處分」の項目に、「李家は世襲トシ其ノ正統ヲ太公其ノ世嗣ヲ公トシ現太皇帝ニハ其ノ一代限リ特ニ太公ノ尊稱ヲ授ケ孰レモ殿下ト稱セシム」[17]（傍線は筆者）との文言が盛り込まれたが、後述するように、韓国皇帝の身位に関するこの部分こそが寺内と韓国政府との折衝の中で、最も問題となる部分であった。

すでに、副統監の山縣伊三郎は七月四日に任地に赴いており、あとは寺内本人がどのタイミングで現地に向けて出発するのかを待つばかりとなった。ただし、その直前の段階において、併合後の朝鮮統治のあり方を強く方向付ける重要な制度の変更がなされんとしていた。

憲警一元化問題

その変更とは、後年における「万歳事件」のきっかけとなったとされる憲兵と文民警察官との一元化問題、すなわち「憲兵警察制度」の導入である。一八七六（明治九）年における日朝修好条規の締結以降、外務省からの派遣として領事館警察が各居留地には配置され、また保護国化以前においては「顧問警察」の形で警察官僚が韓国政府に出向していた。さらに、一九〇七（明治四十）年七月に締結された第三次日韓協約によって統監府の警務総長が韓国の内部警務局長を兼ねることで、久しく懸案であった日韓の警察組織の一元化がまがりなりにも達成されたばかりの時期であった。

一方、韓国駐箚軍側においては各地に出没する「暴徒（つまり韓国側より見れば「義兵」）」の鎮定を効果的に行うためにも、特に韓国駐箚憲兵隊長である明石元二郎少将は、憲兵と警察官を軍司令官が統帥することを要求していた。とりわけ明石は、一九一〇年初の段階で陸軍大臣の寺内に書簡を送って強くこれを進言して[18]おり、陸相として韓国駐箚軍の主張を代弁する立場にあった寺内もこれを支持していくことになる。しかしながら、結果としてこれが併合後における憲兵警察制度に対する厳しい批判を招き、その改廃問題は朝鮮統治上の懸案として、しばし燻り続けることになる。これこそが、寺内・長谷川総督時代が「武断統治」期と呼ばれる所以である。

さて、明石は一九一〇年春の段階で参謀長会議に出席するために帰朝し、そのまま日本国内に長期逗留していた。日露戦争前夜に露都での情報工作で活躍したことで知られる明石であるが、一時、憲兵隊長から駐箚軍参謀長に配置換え（一九〇八・十二～一九一〇・六）となっており、一九一〇年六月十五日付けで憲兵隊長に復帰していた。同二十二日には韓国に帰任し、統監府総務長官の事務取扱を務めていた石塚英藏（一八六六～一九四二）に寺内からことづかった封書を手渡している。[19]なお、統監府の総務長官は当初、外務官僚出身にして立憲政友会との結びつきも強い鶴原定吉（一八五六～一九一四）が務めていたが、自身の政界進出もあって一九〇八年十月の段階で辞任しており、以後、総務長官は空席のままとなっていた。

警務総監部の設置

統監府の事務を取り仕切る総務長官の臨時代理を務めていた石塚は、台湾や関東州での外地勤務が長い内務官僚であり、当時は統監府参与官（地方部長・監査部長）が本官であった。そして寺内の委任を受けることによって、実質的な統監府代表者として警察権の委任問題について韓国政府との交渉に臨んでいた。すでに、三次にわたる日韓協約によって外交権・司法権などを順次に掌握し、まさに治安維持の観点からすれば警察権の委任を引き出すことこそが、併合後の統治の方向性を見据えた極めて重い布石であった。

暴漢に襲われて療養中であった首相・李完用が不在の中、首相代理の朴齊純ら韓国首脳陣は、それまで通りの「協定」の締結ではなく、日本側が主張する「照会」でもって行う略式を忌避せんとした。しかし、交渉の結果、石塚は照会を格上げした「覚書」の調印による方式を提示し、ついに警察権委任に関する覚書が六月二十四日に、寺内（石塚が代行）と朴齊純との間で調印された。[20] ここで寺内は間髪を入れずに六月二十八日開催の枢密院会議に統監府警察官の分限変更に関する議案を諮詢し、ここに勅令第二百九十六号をもって「統監府警察官署官制」が天皇の裁可を得ることになり、すぐさま七月一日から施行された。[21]

この官制施行にともなって、統監府には「警務総監部」が新設され、憲兵司令官が統監府警務総長を併任することが可能となり、これによって明石憲兵隊長が統監府警務総長に兼補された。また、各道の警務部長にも佐官級の憲兵が補職され、さらにはその部下たる警視・警部にも尉官級と下士官の憲兵が兼ねることが実現した。こうした憲兵警察の導入に際しては、韓国警察側の代表である警務局長の松井茂（一八六六～一九四五）や警視総監の若林賚蔵（一八六六～一九四一）らが職を賭して抵抗を行ったが、寺内・明石が押し切った形となり、松井は同年六月末には退官を余儀なくされ、[22] 若林は奈良県知事に転出することとなった。

寺内の入韓

五月三十日の発令後、かくなる準備期間を経て、まさに満を持した形で寺内は七月下旬に至ってついに入韓に至る。日記によれば、まず七月十日の午前に前任者たる曾彌荒助を神奈川県片瀬の病床に見舞い、午後には乃木夫妻も招いての内輪の送別会に臨んでいる。[23] そして、十二日には宮中に参内し、明治天皇に暇乞いを請うている。その際、天皇からは韓国皇帝への親書と贈答品の目録が伝達された。[24] さらに、その夕刻には陸相官邸において山縣有朋・大山巌・松方正義・井上馨ら元老に加え、桂首相と小村外相が一堂に会して「韓国ニ関スル内談」[25] を行ったとされる。

以降、寺内の日記は翌八月十五日までの記事を欠く。前掲『元帥寺内伯爵伝』などでも七月二十三日に京城に乗り込む場面からしか描かれていない。そこで、当時の新聞報道をもとに寺内の足取りをあらためて再現してみたい。

まず、東京を出発したのが宮中への参内から三日後である七月十五日の午後である。[26] 翌十六日午前に鉄路で山口入りし、地元での歓迎を受けたのち、十七日には宮野村・桜畠の自宅に戻って法要を営み、また墓参や親族・知己への挨拶回りを行っている。さらに、十八日には近隣に位置する歩兵第四十二連隊駐屯地を訪問し、同連隊の施設（振武館）にて将兵らに訓示を与えている。[27]

次いで、十九日には毛利家の廟所に展墓するとともに、県庁にて知事らを引見、続いて亀山公園から市内を眺望したのち、さらに列車で下関に移動し、春帆楼に投宿した。[28] さらに、専属副官である藤田鴻輔大尉、および統監府書記官（外務部長）の小松緑、会計課長の児玉秀雄らを従えて、二十二日午前に装甲巡洋艦・八雲（一九〇〇年就役）に搭乗して仁川に向かった（図3）。なお、寺内夫人（多喜子）、児玉秀雄の夫人（実娘の澤子）らは別途に関釜連絡船にて釜山に向かい、同地から鉄道で一足早く京城を目指した。[29]

そして、ついに寺内は二十三日の午前中に仁川を経て特別列車で京城入りを果たした。一日措いて、二十五日には徳寿宮にて太皇帝（高宗）の謁見を賜り、明治天皇の親書と贈答品を奉呈したのち、倭城台の統監官邸に籠もってしばしの沈黙期に入った。このため、新聞記者たちはこぞって「日韓合併」問題に関して虚実が綯い交ぜとなった記事を出稿していくことになった。

この間の寺内の動静を示す資料は乏しいものの、新規寄贈資料中には一九一〇（明治四十三）年七月三十日付けの桂首相の書翰（欧米各国と清国の態度、併合後の関税を十年間は据え置きにする方針など外交に関する内容）が残されており、来る談判の開始に先駆けて、東京と書信と電信にて頻繁に連絡を取り合うとともに、官邸の中で内外の情勢を分析していたことを窺わせる。

図3　軍艦八雲

さらに、すでに七月一日付けの陸軍大臣訓示として、韓国駐劄軍司令官に対し「駐劄軍隊ヲシテ憲兵及其ノ他ノ機關ト提携シ互ニ意志ヲ疎通シ相呼應シテ治安ノ保持ニ勉勵セシムルコト極メテ緊要ナリ」との訓令を発するなど、とかく不仲な駐劄軍と憲兵隊との関係に釘を刺すとともに、首都の警備計画たる「京城衛戍地警備規程」の整備を急ピッチで進めさせていた。[30]

王号をめぐる攻防

そのような中、寺内が「韓帝に暗示を與ふ」とする新聞号外が日本国内で撒かれたのは八月十七日になってのことである。その間、東日本地域では八月八日からの集中豪雨による人的・物的被害が続出し、交通寸断などの大混乱が起こる中、寺内は八月十三日に「時局ノ解決ハ来週ヨリ着手」[31]と本国政府に打電した。また同十六日には韓国首相の李完用が統監官邸を訪問し、寺内は併合に関する「覚書」[32]を李首相に手交している。

さらに、日本語が堪能な趙重應（農商工部大臣）が韓国内閣との連絡役を果たすことにより、また日本側の通訳として書記官（人事課長）の國分象太郎が同席する中で、国号と韓国皇族の処遇、とりわけ「王」号の使用についての協議が繰り広げられた。当初、寺内は外務省案である「太公」の称号を用いて韓国皇族を日本の皇族に準じて処遇することを提案したが、韓国側はあくまでも王号の使用に強い拘りを見せた。そこで寺内は、電信にて本国政府に皇帝（純宗）に「昌徳宮李王」および太皇帝（高宗）に「徳寿宮李太王」の称号を付与することの可否を問い合わせ[33]、これに対し

図4　調印場所となった執務室に立つ寺内総督

て政府は諾の返信を行った。

そして、これが一応の決着を見る同十八日の段階で韓国皇帝（高宗）は併合条約を裁可し、ついに二十二日午後に「韓國皇帝陛下ハ韓國全部ニ關スル一切ノ統治權ヲ完全且永久ニ日本國皇帝陛下ニ譲與ス」なる条文から始まる全八ヶ条の「韓国併合ニ関スル条約」が統監府官邸で調印された（図4）。また、これに先だって同日午前には明治天皇の臨席の下、宮中にて臨時の枢密院会議が山縣有朋を議長として開催されており、併合条約案と二十二からなる緊急勅令案が諮詢され、満場一致で通過した。同条約は八月二十九日に公表され、併合条約に付随する法令施行を定めた勅令（第三一八～三二九号）も同日付けで公布・施行された。

なお、条約の公表後、寺内や明石が危惧したような騒乱はなく、不気味なまでの静謐が朝鮮全土を覆っていたという。

図4は寺内がかねてからの知己である徳富蘇峰に贈った「明治四十三年八月於和城臺」の書き入れが認められる葉書写真である。[35] 写真のキャプションには「京城倭城臺朝鮮總督官邸内日韓併合調印の室に於ける 寺内伯」とある。寺内が山縣とともに李完用・趙重應と膝詰め談判を行った部屋の模様が窺い知れる一枚である。なお、寺内はこの写真を関係知己に署名入りで配っていた模様である。

二　朝鮮総督時代(1)

朝鮮総督府の開庁

併合条約の公表からほぼ一ヶ月を経過した一九一〇年十月一日、ついに朝鮮総督府が開庁するに至った。また、朝鮮総督府官制（勅令第三五四号）の公布は前日の九月三十日付けの官報にて告示され、これをもって本格的な業務が開始される運びとなった。

そしてさらに、朝鮮総督府本庁の官制とともに、朝鮮総督の諮問機関である「中枢院」、そして旧韓国時代の内閣法典調査局を継承して旧慣調査を継続するとともに、特定の法令審議を分掌する「取調局」の官制も同時に公布され、翌日から施行された。これらに加え、「地方官官制」の公布によって地方の道府郡、および道に附設される慈恵医院の官員組織に関する官制も出揃った。

一方、併合に伴って「前韓國皇帝ヲ册シテ王ト爲」すとする詔書が八月二十九日に渙発され、ここに李王公家が誕生することになった。また、同日付けで皇室令第十四号として「朝鮮貴族令」

が宮内大臣の名で公布された。これと同時に宮内省官制も改正され、爵位寮を廃して新たに宗秩寮が新設されるとともに、宗秩寮では皇族・華族に関する事務に加えて、王族・公族・朝鮮貴族に関する事項の審議をも管掌することとなった。なお、李王職官制は翌一九一一年二月一日に施行（制定は一九一〇年十二月三十日）され、旧韓国における宮内府の業務を引き継いだ。

なお、朝鮮総督府の具体的な人事としては、寺内が陸軍大臣と朝鮮総督を兼任し（図5）、副統監の山縣が新設された政務総監に任命された。以下、官報には倉富勇三郎（司法部長官）・石塚英蔵（取調局長官）・木内重四郎（農商工部長官）・池田十三郎（通信局長官）・俵孫一（臨時土地調査局副総裁）・宇佐美勝夫（内務部長官）・有吉忠一（総務部長官）・國分象太郎（人事局長・中枢院書記官長）・小松緑（外事局長）・兒玉秀雄（会計局長・秘書官・鉄道局参事）の順で補職発令がなされた。

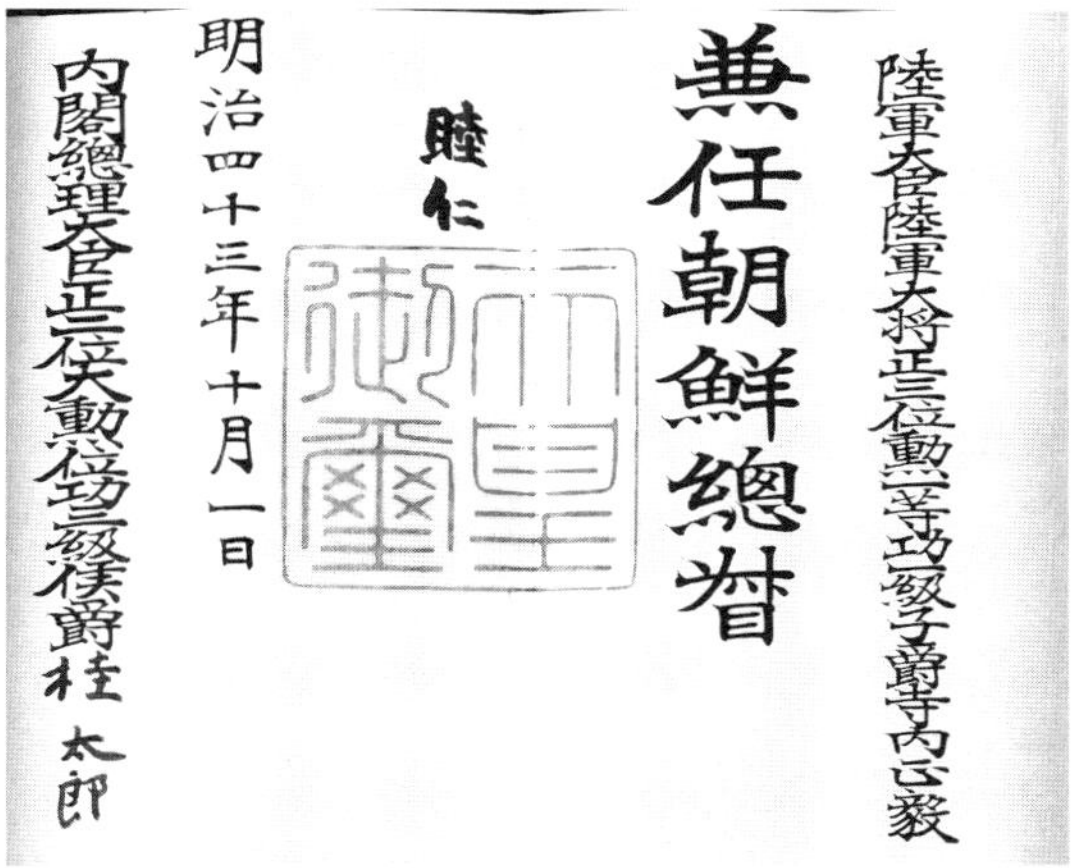
陸軍大臣陸軍大將正三位勲一等功一級子爵寺内正毅
兼任朝鮮總督
睦仁
天皇御璽
明治四十三年十月一日
内閣總理大臣正二位大勲位功三級侯爵桂太郎

図5　辞令（朝鮮総督）

また、やや遅れて同年十一月二十八日付けで秋山雅之介も陸軍省参事官・内閣法制局参事官兼務のままで朝鮮総督府参事官に任じられており[36]、これを以て、寺内とともに併合の準備作業を行った主要なメンバーが、改めて朝鮮総督の幕僚としてその麾下に集うことになったのであった。

取調局と参事官室

さて、開庁当初の朝鮮総督府は、基本的には旧大韓帝国（統監府）時代の官僚機構と施設を居抜きで利用していたが、その中でも特徴的であるのは、旧慣調査を主たる任務とする「取調局」とともに、総督官房内に法令審議を担当する「参事官」を配置し、取調局の書記官は参事官を兼任するなどの措置がとられており、両者は事実上、一体的な組織であった。

そもそも寺内は、併合以前の段階から韓国政府の法典調査局による旧慣調査に強い関心を抱いており、実際にその責任者である民法学者の梅謙次郎（一八六〇～一九一〇）を陸相官邸に招いて報告を聴取し[37]、また梅の教え子であり、法典調査局の事務官（調査課長）を務めていた法官出身の小田幹治郎（一八七五～一九二九）[38]を引き続き取調局の事務官に任用していた。

なお、取調局は一九一二（明治四十五）年四月に実施された大幅な行政整理[39]に伴って廃止されたため、改めて総督官房に「参事官室」を置き、またその事務は総務局総務課（総務課事務官と参事官室事務官は小田幹治郎の兼任）に管掌せしめることによって、取調局の業務を継承させている。この参事官室は、国際法学者にして法制官僚の秋山雅之介を筆頭とする朝鮮総督府における法令審議の要であるとともに、また行政処分案の審理も行っており、これは寺内が秋山を全面的に信頼していたがゆえ、秋山の決裁なしには総督府の事務が動かなかったからであると言われる。[40]

また、旧慣調査のみならず、古蹟調査や旧王朝時代の図書整理（特に各地の「史庫」に分置されていた実録や儀軌等の集約と目録作成）を行い、景福宮内に置かれていた大韓帝国の御文庫たる「奎章閣」を「参事官分室」と位置づけていた。さらには後述する海印寺の大蔵経印出までを手掛けるなど、単なる法令審議組織であることを超え、あたかも旧慣調査から文化財行政までを束ねる一種のシンクタンクたる様相を呈するに至っていた。そして、「始政五年記念朝鮮物産共進会」（一九一五年九月十一日～十月三十一日）の立案と準備、共進会々場に建てられた美術館を転用して朝鮮総督府博物館を開館させ（同年十二月）、さらには古蹟調査事業（一九一六年七月開始）までも総務局・参事官室が取り仕切ったほどであった。

このため、総督府内においてもたびたび軋轢が生じていた。特に総務局が博物館までも主管しようとしたことに対して、教科書編纂の名目にて有史以前の歴史調査を行っている学務局編輯課と、古蹟・古建築調査を実施している内務部第一課の両方を束ねる内務部長官の宇佐美が寺内に猛抗議している書翰[41]が憲政資料室の寺内文書には残されている程である。

ともかく、参事官室の職能と職権は秋山以下の官吏のため優遇的に付与された面が強かった。そのため、やがて一九一六年に寺内が内閣首班となるに従って朝鮮を去り、また秋山も一九一七（大正六）年十月に青島守備隊民政長官に転出したことを受け、間もなく参事官室は本来の法令審議の業務に回帰し、その旧慣調査・歴史編纂にまつわる職掌は一九一八年四月より中枢院に置かれる調査課・編纂課に、そして古蹟調査事業は学務局にそれぞれ引き継がれていった。

総督と試補

細やかな書類捌きと官僚人事には定評があったという寺内であるが、その一方で総督府内では「雷」と渾名されたほどに短気[42]でもあり、いったん言い出したら容易には引き下がらず、むしろ烈火の如く怒り出す激しい気性の持ち主であった。

「世間周知の如く、寺内總督は、如何なる問題についても、常に一家の識見と見解をもつて居られた。これは伯の偉なる點であると同時に、下僚としては甚しく苦んだ點であつた」[43]

（小原新三／地方局長・忠清南道長官・農商工部長官）

「彼の寺内總督は常に自己の意見を以て部下を抑へんとする

癖があつた。固より其意見は善意に出でゝ居るものではあるが、時には民情に合ひ難き節もないではなかつた」(44)
（有吉忠一／総務部長官）

「寺内總督は何事にも一隻眼を有し、相當の意見があつて、長官会議の席上でも屢々各長官の提出する意見を排斥せらるゝこともあつて、之に對しくどく抗辯すると罵聲を以て酬ゐられ引下がらざるを得ざる様なことも少くなかつた」(45)
（國分三亥／司法部長官）

「人も知る通り、寺内總督には春風駘蕩の方面と、秋霜烈日の方面とがあつた。若し夫れ後者の場合に面した時は、人動もすれば、其威力に怖れて進言を敢てする者が少なかつた」(46)
（關屋貞三郎／学務局長）

と、寺内総督期の各部長官・局長たちは口を揃えて寺内のワンマンぶりを回顧している。

　ところで、右の発言はすべて内務部長官を務めた宇佐美勝夫の没後に編まれた追悼録からの引用である。寺内の性格を熟知していた宇佐美は、正面から総督に論戦を挑むことは避け、日を改めて説得する方法を多用したという。すると、精神的に落ち着きを取り戻した寺内が、やがて宇佐美の上申を受け入れるということが、しばしばあったとされる。宇佐美の存在はまさに、総督と下僚たちの緩衝役であった。まさしく、関係者たちにとって宇佐美への追想が、寺内の強烈な個性とのコントラストによって浮かび上がってきたのである。それでも、先に見たように、その宇佐美をもってしても参事官室の壁は厚かったということにもなろう。

　一方、かつては陸軍士官学校の校長を務めた寺内だけに、若手の育成には相当に心を砕いていたとされる。

　私は大正五年の六月學校を卒業して役人になり總督府を來て一番初に寺内元帥から辭令を貰つたんです。そのときに「勉強せい」と云はれたのが初めての御命令でしたが、あの人は目が細くてつり上つて居り頭が光つて尖つてをるので一見如何にも恐はさうですけれども、案外若い人を引立てて行かうといふ優しい心情の方でした。その當時學校を出たばかりの我々の階級は試補といふのでしたが、元帥から見ると見習士官位のお積りで非常に可愛がられたものでした。正月になると我々の梁山泊のやうな合宿に菰樽を一丁位届けて、これを飲んで元氣をつけろといふ風でありました。それから我々のやうな試補が地方を視察して來て復命書を出すと、甚だ未熟生硬のものでしたが、總督はそれを丹念に讀んで、色鉛筆で批評をつけて、ここはいいとか、惡いとか感想を書き入れて返して下さいました。兎に角若い人の指導に非常に氣をつけてをられました。そのくせフランス仕込の當時としてはハイカラな方でキチンとしてをらぬと氣に入らぬといふと

ころもありました。(47)

（傍線は筆者）

やや長文の引用となったが、寺内の人物評としては簡にして要を得た内容と考えられるゆえ、敢えて紹介しておきたい。なおこの文章は、一九一六年に「試補」として採用され、寺内から直接に辞令を交付された最後の代となった萩原彦三（一八九〇～一九六七）の回想である。初期の朝鮮総督府においては文官高等試験に及第した者を、まずは高等官見習いとしての試補(48)として採用する人事を行うことにより、人材の育成を図らんとしていた。(49)

実際、併合初期の段階で登用された幹部連は、異動や退官によって徐々に入れ替わっていったのに加え、特に一九一九年三月における独立運動発生の責任を問われて、総督・政務総監をはじめ、局長・道知事級まで総入れ替えにも近い事態に陥ることになったのはよく知られている。そして、新規に朝鮮に乗り込んだ組もやがて離任期を迎えることになるが、その際、中間管理職として本府課長・地方道部長クラスのポストを占めていたのが、他ならぬ寺内子飼いの試補たちである。

なお、萩原は参事官室の試補を皮切りに、学務課長・水産課長・文書課長・土地改良課長などを経て咸鏡南道知事を最後に拓務省管理局長へ転じ、一九三七～三九年に拓務次官を務めた後、再び朝鮮に戻って朝鮮鉱業振興会社の社長を務めた人物(50)である。

また、宇垣・南総督期に殖産局長を務め、また敗戦後は日本人世話会の会長を務めることになる穂積眞六郎（一八八九～一九七〇）の回顧も紹介しておきたい。穂積は一九一四（大正三）年に高文試験に合格後、朝鮮総督府に試補として採用され、度支部理財課で事務修習を行った官僚である。「ビリケンだの、頑固だのと政党人の評判はよくなかったが、寺内総督の公務に対する清廉潔白の強い精神は、三十六ヵ年統治の根本精神となって、ずいぶん欠点も多かったが、役人が私利を営まないという点では内地よりは優れていた」(51)と、やや辛辣な口吻ながらも、人物そのものは高く評価していたようである。

このように、直接の謦咳にふれた者たちの寺内評は、きわめてバランスがとれており、長所も短所も述べた上で、それでも見るべき一廉の人物であったとすることが多い。

善意の悪政

その一方で、東京朝日新聞の京城特派員として朝鮮勤務中であった中野正剛（一八八六～一九四三）が寺内の施策を評して「善意の悪政」(52)と痛罵したことに象徴されるように、殊に操觚者と寺内はそりが合わなかったようである。中野は彼の出世作である『我が觀たる滿鮮』（一九一五年五月）においては、「総督府の御用紙・京城日報」「明石元二郎の憲兵警察」「政友会の息のかかった東洋拓殖」等々を槍玉にあげての筆誅を試みている。旧福岡藩士の家に生まれ、筑前玄洋社との関係が深い中学修猷館から早稲田大学に進んでジャーナリストとなった中野にすれば、長州閥と政友会は、まさに親の敵であると言えたのである。

さらに一九二一年五月に上梓した『満鮮の鏡に映して』においても、一九一九年の万歳事件のあとに廃止された憲兵警察制度に言及し、

殊に寺内總督の際には其弊害が著しかつた。寺内伯は腹の底に軍人に非ざれば人に非ずとの偏見を有して居た。伯は何人も信せず、唯だ軍人のみを信じた。そこで文官を信じない寺内伯は、憲兵を使つて其の行動を監督させた。憲兵は勝手な報告を捏造して、或は地方官に對する私怨までも晴らさうとした。そこで悧巧な地方官は、先ず憲兵の歡心を買ひ、憲兵を通じて總督閣下の御意を迎へようとした。これが結果として、道知事が憲兵隊長に支配され、郡守が憲兵下士に叱りつけられるゝやうな滑稽を演出した。[53]

こうした中野による断定調の文章に関して、今はその内容の当否を問わない。しかしながら、こうした批判が同時代的に一定の読者の共感を呼んだことは事実であろう。ひいては、中野をはじめとする言論界の批判こそが、寺内個人の不人気や低評価に深い影を落としていると言わざるを得ないのである。

会議と訓示

さて、ここで寺内正毅が朝鮮総督として勤務した日々の政務内容についても頁を割いておきたい。歴代の朝鮮総督の中で、その任期中の業務内容に関する豊富な個人史料が残っていることにおいて、寺内は他の追随を許さない。とりわけ貴重であるのは、小文でもたびたび引用している彼の日記である。この日記のお蔭をもって、ほぼ編年式に寺内の動向がかなりの程度で明かにできるのである。

その日記を繙くと、まず目に付くのが連日の会議出席である。総督府本府内における毎週定例の長官・局長会議をはじめとして、期毎に開催される各種・各級官吏の会議にまで小まめに出席し、その最終日には訓示を行うとともに、出席者たちに午餐や茶菓を振る舞うのが恒例となっていた。

とりわけ訓示の準備には相当の労力を割いていた模様であり、幕僚に命じて下書きさせたものではあっても、それを丹念に校正・推敲していたことが山口県立大学の寺内文庫に数点残る訓示の草稿からも窺える。のみならず、寺内は執務参考用に『總督訓示集』[54]として自らの訓示内容を印刷・頒布すらしている程である。基本的にこうしたスタイルは後継の総督たちにも継承されていくことになるが、おそらく寺内ほど政務全般にわたって睨みを利かした総督はいなかったであろう。

東上と地方巡視

また、寺内は多忙な公務の合間を縫って、たびたび地方の巡視にも出かけている。さらには、地方巡視に出るとともに、そのまま東京に移動する例もあり、寺内の政務においては地方視察と東

上はセットになっている場合がまま見られる。

残念ながら一九一〇年九月初旬から一九一二（明治四十五）年一月中旬までの時期に関しては、ほとんど日記が残っておらず、この時期における寺内の足取りを別の史料でもって復元していくのは今後の課題である。それでも、一九一一年十一月二十五日には、かつて満鉄の設立委員長を務めて以来の宿願の一つであった安奉線と京義線を繋ぐ鴨緑江鉄橋の開通式に参列しているなど、フットワークの軽さが確認される。

ともあれ、記録に空白が生じている背景を考えると、まず一九一〇年の後半期から一九一一年の前半期は、会社令や朝鮮教育令を始めとする各種の法令整備で忙殺されていたことが挙げられよう。また、一九一一年の八月から十二月までの間に尹致昊・梁起澤らによって計画された暗殺計画が未遂に終わった事件（いわゆる「一〇五人事件」）が深く影を落としていると考えられる。これは寺内が平安北道の都市を年末年始の休暇を利用して十二月二十八日に視察で訪れた際に露見したものであった。[55]なお、この事件に関与したとされて逮捕・起訴された朝鮮人の多くはキリスト教徒、とりわけカソリック教会（長老派）に所属する信徒が多数を占めたことから、一種の外交問題にまで発展していた。それでなくとも朝鮮総督府は欧米マスコミの報道ぶりに神経を尖らせており、一九一二年一月二十三日には、アメリカ人長老派宣教師の一団と面会して裁判での公正な審理を確約するなど、[56]慌ただしくその対応に追われていた時期である。

ともあれ、同年の年六月初旬には反日感情が強いとされた平安南道（平壌）を訪れており、これ以降、寺内は順次に朝鮮の全十三道の踏破を試みていくことになる。

次いで、大正改元後の同年十一月初旬には慶尚北道を巡視している。やはり日記の記載を欠く時期ではあるものの、幸い総督府の機関誌である『朝鮮総督府月報』には関連記事が掲載されていることからその行程を辿ることが可能である。寺内は明治天皇の百日祭参列、ならびに陸軍特別大演習を陪観するため、一九一二（大正元）年十一月六日に京城を出発し、途中、大邱で途中下車して慶州の古蹟を見物したあと、そのまま浦項港から下関に船で移動した。

さらに、京都の桃山御陵に参拝のあと、埼玉・川越で十四日より挙行されていた大演習を閲したのち、同月三十日には京城に帰任している。東上中は皇居に参内し、大正天皇に拝謁するとともに、皇太子（つまりのちの昭和天皇）には朝鮮産の鉱物や動物の標本を献上したという。[57]自然科学、とりわけ生物学に造詣が深かったという当時満十一歳の迪宮裕仁親王が、老臣からの贈り物にどのような感想を抱いたのか興味を惹かれるところである。

なお、この慶州視察は寺内にとってはひときわ思い入れの深い旅となった模様であり、「千年勲業一朝空 残塁古墳呼指中 盛衰栄枯非偶爾 山河寂寞冷秋風」[58]という七言絶句の漢詩を残している。

寺内は地方巡視に際しては、現地の歴史的な考古遺物を見学するのを常としており、また鳥居龍藏や關野貞らに古蹟調査を委託していたほどである。とりわけ、鳥居龍蔵（一八七〇～一九五三）は共通の知人を介して寺内本人から調査を依頼されており[59]、現地調査の道すがら京城の総督官邸にて寺内とたびたび面会していた[60]。

これ以降の主な地方巡視を箇条で示せば、以下の通りである[61]。

一九一三年三月：全羅南北道・慶尚南道（全州・裡里・群山・木浦・光州・済州島〔天候不良につき上陸断念〕・三千浦・晋州・馬山）

一九一三年五月：忠清南北道（鳥致院・清州・公州・扶余・論山）

一九一三年六～七月：咸鏡南北道（清津・会寧・富寧・鏡城・雄基〔天候不良につき上陸断念〕・城津・新浦・北青・西湖津・咸興・元山）

図6　晋州への巡視（1913年3月）

一九一三年十月：平安北道（新義州・義州・〔安東県〕・宣川・定州・沙里院・海州）

一九一三年十月：江原道（春川・加平）

一九一四年六月・十一月：京元鉄道線巡視

一九一五年三月：湖南鉄道沿線巡視（金泉・居昌・〔海印寺〕・安義・咸陽・晋州・木浦）

一九一五年八月：元山築港起工式〔外金剛・海金剛〕

一九一六年五月：南鮮三道巡視（忠州・尚州・大邱・公州）

このように、寺内は江原道の日本海側、および済州と鬱陵の両島、咸鏡北道の一部（江界・滋城・甲山）を除く全道をくまなく巡視して回った。その際、鉄道や船便を利用する傍ら、当時はまだ珍しかった自動車を購入して視察に利用したという（図6）。

鴨緑江採木公司の設立問題

さて、寺内にとってこうした朝鮮の地方巡視とは、実は初めてのことではなかった。すでに、陸軍大臣を務めていた一九〇七年の五月下旬から六月にかけて満洲と韓国を訪問していたのであった。寺内の日記によれば同年五月二十七日に日露戦争の激戦地である二百三高地を訪れたことが記されており[62]、また『元帥寺内伯爵伝』には、南満洲鉄道株式会社設立委員長と鉄道会議々長を務めていた寺内が、大連における満鉄と関東都督府における官舎の使用をめぐる対立を仲裁する場面が描かれている[63]。しかし寺内とっては、また別の使命を帯びた満韓巡視の旅であった。

満鉄設立の前提には一九〇六年に組織された「満洲経営調査委員会」があり、寺内は兒玉源太郎の物故にともなって、その委員長職を襲っていた。そして、その委員会においては清国と韓国を跨ぐ鴨緑江両岸における「森林経営」の問題が顕在化していたのであった。

そもそも話は日露戦争中にさかのぼる。韓国駐箚軍は大本営の方針によって一九〇五年十月に「軍用木材廠」を編成し、廠長に陸軍工兵大佐（のち少将）の小島好問を任命した。同廠は鴨緑江上流で伐採された材木が流れ着く清国側の安東県におかれることになった。ところが、軍用木材廠が流木を半ば強権的に買収していたことに反感を抱いた現地の官憲・請負業者と軍用木材廠との間で、一九〇六年五月下旬には流血までをともなう深刻な対立が惹起されていた。(64)

まさに、陸相として寺内はこの事態を収拾すべく、現地に自ら乗り込んでの調停を行おうとしたのであった。その結果、一九〇六年十月に日韓両国間で締結された「鴨緑江及豆満江沿岸森林経営協同約款」に基づいて一九〇七年三月に公布される官制の施行によって新たに「統監府営林廠」が設置され、一九〇八年九月をもって軍用木材廠は廃止された。なお、この営林廠は韓国併合後も「朝鮮総督府営林廠」として存続していくことになるが、その開設の当初は軍用木材廠時代から引き続き清国側の安東県に置かれていた。よって、実際の監督業務は必然的に在外公館たる安東領事館の所管となった。そして、安東駐在の日本領事が政府委員となって日中合弁により森林資源の開発を行う会社を設立する談判が一九〇七年初から奉天において開始されていた。この会社はやがて一九〇八年六月における満洲経営調査委員会での議を経て、同年九月に「鴨緑江採木公司」として開業の日を迎えることになった。以降、満洲国成立を経て一九四〇年に解散するまで操業を継続している。(65)

安東領事・吉田茂

ここで話を再び寺内の満韓視察に戻したい。一九〇七年六月二日、寺内は奉天に到着した。(66)さっそく奉天省のトップである盛京将軍・趙爾巽が自ら寺内との面会を要求し、軍用木材廠とのトラブルについて、小島廠長の行状を告発するとともに、日本側の善処を促した。(67)このとき、奉天総領事の萩原守一が帰朝中であったことから、寺内のアテンドを担当したのは外交官試験に合格したばかりの一領事官補であった。なお、その官補こそが、のちに首相となる若き日の吉田茂（一八七八～一九六七）である。以下は吉田の回想である。

> 今から考えれば、當時の陸軍大臣と領事官補とでは、その地位からいえば、正に〝月と鼈〟のようなものであったが、その頃の私は若氣の至りというか、盲人蛇に怖じずというか、陸軍大臣、陸軍大将だからといって、別に恐惶頓首もせ

ず、平氣の平左で應對したわけである。どこへ行っても、下にも置かぬ優遇に馴れている寺内陸相にしてみると、「變った若造だ」とでも感じたに違いないが、とにかく陸相の眼に止まったらしく、爾来何かにつけて、お世話になったものである。(68)

寺内は同年六月六日に安東県、翌日には韓国の義州に到着し、木材廠を実地に視察するとともに、夕刻には安東領事の岡部三郎と軍用木材廠長の小島好問少将を宿所に呼び出して、善後策を協議している。(69)こののち、寺内は平壌を経て京城に至り、韓国皇帝への謁見を許されるとともに、韓国統監の伊藤博文や韓国駐箚軍司令官の長谷川好道が主催する宴席に臨んでいる。さらに、仁川築港の模様を視察するとともに列車で馬山まで南下し、次いで船に乗って咸鏡道に移動し、同地各処での閲兵を実施している。陸軍大臣として、日露戦役の故地でもあり、また同地で国境警備にあたる将兵の士気を鼓舞することは当然の義務と自任していたことであろう。

さて、帰国後の寺内を待ち受けていたのは、第一次西園寺内閣の総辞職と、第二次桂内閣の成立であった。一九〇八年七月十四日における内閣の更迭においても寺内はそのまま陸相に留任するとともに、駐英大使として赴任中の小村壽太郎の帰朝までの間、臨時に外務大臣を兼務することになる。鴨緑江採木公司をめぐる日清交渉も最終の調整段階に入っており、寺内外相が発する訓令を受信して安東領事の岡部に転電していたのも吉田茂であった。

時を経て、ロンドンとローマでの欧州勤務を経て一九一二年八月から安東領事に発令された吉田は、再び寺内と際会することになった。「當時の朝鮮總督は寺内元帥が赴任していたが、同元帥はどういうものかその頃の外務省から鬼門視されていた。ところが私は若い頃――奉天の官補時代――偶然のことから、寺内元帥の知遇を得ていたので、私の安東縣領事は、いわば寺内總督に對する外務省側の接伴役という意味だったわけである。從って私は朝鮮總督府書記官も兼ね、寺内元帥の朝鮮在任中は、私も安東縣領事から動けなかったのである」(70)と吉田は述懐している。確かに吉田は、一九一三年一月からは朝鮮総督府司法部付きの書記官にも兼務発令されており、(71)とりわけ設立から日が浅く、収支も安定しない鴨緑江採木公司の経営改善をめぐって一九一四年から一九一五年にかけて頻繁に書簡を往復させていたのであった。(72)

なお、「安東」という場所は、朝鮮総督在任期の寺内にとって、最後にして最大とも言える渉外業務の玄関口となっている。なんとなれば、一九一五年十二月に入って、急遽、ロシア帝国の皇族であるジョルジュ・ミハイロウィッチ大公の来日希望が駐露日本大使館を通じてもたらされたからである。一九一六年一月七日には寺内は自ら安東県にロシア大公を出迎えるとともに、東京をはじめとするその訪日の全行程にあって随行役をつとめることになった。そして帰路においても二月一日に再び安東にて最後の見送りを行っている。(73)

図7　ロシア皇帝からの叙勲記

なお、この「功績」をたたえて、ロシア皇帝より寺内にはダイヤモンドで装飾が施された「神聖アレキサンドル・ネウスキー勲章」が授与されている。朝鮮総督として授けた勲章としては最後のものであり、新規寄贈資料の中にもニコライ二世自署による露文勲記が含まれている（図7）。

三　朝鮮総督時代（2）

本節においては、さらに寺内が朝鮮総督として業務にあたった事柄、あるいは身辺雑記的なことをあらためて個別のトピックとして取り上げておきたい。

授産と農工併進

併合から間もなく、朝鮮に対して巨額の「臨時恩賜金」が交付された。その額にして一七三九万円余り。朝鮮総督府は京城府にはこのうち一〇〇万円を、残りを十一府三十七郡の人口に応じて案分し、その配分額を一九一一年十月八日に公表した。そしてこれを原資とする「臨時恩賜金授産事業」を展開した。

各道府郡は配分金の利子を運用することにより、「授産」「教育」「凶歉救済」の項目を立てるとともに、まず授産費においては「授産場」「機業伝習所」「蚕業伝習所」「授産講習所」「水産伝習」「製紙伝習所」「縄叺製造伝習所」「漁撈伝習」「船工伝習所」「稚蚕共同飼育所」「桑園」「種苗場」からなる各種の技術伝習を行う施設の整備を行っていた。また、教育費では公立普通学校（小学校相当）の整備、そして、凶歉救済費をもって食糧・種穀・農具などの備蓄を行わせた(74)。

寺内は自身の地方巡視の際には必ず、こうした授産施設や学校を訪れるのを常としていた。とりわけ、寺内は極端なまでに実学を重視しており、恩賜金の配布に先立つ一九一一年七月一日の各道長官会議での訓示においても、「徒らに形式に馳せ普通教育の機關未だ備はらざるに早く既に高等専門學校を設置するの狀なきに非らず。之が爲め往々にして空理を尚び實學を卑むの弊に陥り遂に惰風を爲すに至れり(75)」と、あからさまな不信感を表明しているほどである。ここには後年における臨時教育会議における高等学校不要論に繋がる彼の教育観を明確に見ることができる。

図8　木浦・栽棉紀念碑

木浦での栽棉事業

また、寺内はしきりに「農」と「工」の併進を唱えてもいた。もちろん、これはすでに統監府に勧業模範場が置かれて以来の伝統でもあり、とりわけそれは綿の栽培事業に象徴されるものであった。特に当該事業の中核を担ったのは木浦地方であり、すでに一九〇四年の段階で木浦領事の若松兎三郎が米国種陸地綿の栽培実験を木浦港外の高下島で行って好成績を上げていた。それ以前より外国綿の輸入拡大を企図していた「大日本綿絲紡績同業聯合會」は三池紡績の野田卯太郎（一八五三〜一九二七）を朝鮮に派遣して情報を収集していた[76]。のちに立憲政友会の実力者となる野田は、一九〇五年三月に原敬・大石正巳らとともに「棉花栽培協会」を設立し、韓国政府より陸地綿採種圃事業の委託を取り付ける一方、農商務省から韓国に派遣されていた技師の三浦直次郎[77]を傭聘し、三浦は同協会の木浦出張所主任として栽培試験に従事することになった[78]。この木浦出張所はやがて勧業模範場の木浦支所として韓国政府（農商工部）に移管されたが、棉花栽培協会は事業の展開規模を京畿・忠清・慶尚の各道にも拡大していった。しかし、併合後の一九一二年三月にその所管業務はそれぞれの地方道庁に移管され、同協会は解散となった。さきに見た臨時恩賜金授産事業の進展による業務の輻輳を避けることもさることながら、総督府が中央政局との絡みで、その政党色を忌避した面も少なからず存在したことが推測される。

なお、木浦府内・松島神社境内には寺内の篆額、石塚英藏（農商工部長官）、および鄭丙朝（中枢院副賛議）の連名による「栽棉紀念碑」（一九一六年八月）が建立され[79]、若松領事の試験栽培と棉花栽培協会の活動を顕彰する碑文が刻まれていたという（図8）。また、宇垣総督時代の一九三四年に改めて棉花奨励三十年を期して「朝鮮陸地棉発祥之地」なる碑が高下島には建てられていた。そして、その碑の裏面には「明治三十七年木浦駐在大日本帝國領事若松兎三郎氏此地ニ初メテ陸地棉ヲ耕作ス」と彫り込まれていた。ちなみに、この碑は今もなお現存している。

森林保護と記念植樹

農林水産業を重視する寺内だけに、治山なくして治水なしとの考えから、その根幹をなす森林の保全にも深い関心を抱いていた。寺内にまつわる回想類にも彼が生育の早いポプラなどの落葉広葉樹を好んで植樹させたとの話がしばしば登場する。

図9　記念植樹に臨む寺内
（当時の絵葉書より）

実際、朝鮮総督府は一九一一年六月には制令として森林令と漁業令を施行するとともに、神武天皇祭の開催日を期して一九一一年四月三日から毎年、記念植林を実施していた。第一回の植樹においては、総四六〇万本の樹木のうち、一三〇万本のポプラ、一〇〇万本のクヌギが植えられた[80]（図9）。

以降、寺内の総督在任中に限っても、第二回（一九一二年）・一〇一六万本、第三回（一九一三年）・一二四三万本、第四回（一九一四年）・一三五七万本、第五回（一九一五年）・一五三八万本、からなる植樹が実施されたとされ、これは昭和期に至っても緑化運動として定着していた。なお、一九四〇年までの植樹数の累計として約六億本なる数字が残っている[81]。

医療機関の整備

寺内総督期の施策の中でもかなりの比重を占めたのが、医事の普及であった。とりわけ地方・僻地における衛生思想の普及と医療機関の拡充は喫緊の課題であった。そして、その中核を担ったのが「朝鮮総督府医院」であった。

朝鮮総督府医院とは、大韓帝国時代の大韓医院（一九〇七年設立）をその前身とする医療機関であり（図10）、旧時代以来、院長には陸軍軍医総監（初代院長は佐藤進）が就任する慣行が形成されていた。また、この大韓医院に附属して官立医学校が併設されており、やがてこれが医育部への組織変更を経て、朝鮮総督府医院では改めて付設の医学講習所となった。なお、同所は一九一六（大正五）年には京城医学専門学校として独立し、一方、朝鮮総督府医院は京城帝国大学医学部の設置（一九二六年）に伴ってその附属病院となった（図11）。

さて、朝鮮総督府医院の初代院長には陸軍軍医総監の藤田嗣章（一八五四～一九四一）が就任する。藤田は台湾での勤務を経て、朝鮮に招聘された衛生学の専門家であった。寺内は、近代的な軍医制度の確立に尽力し、そして何よりも軍内部における軍医の地位向上に腐心したことで知られる石黒忠悳（一八四五～一九四一）に親炙しており[82]、両者は頻繁に書信の交換を行っていた。そうした石黒のアドバイスもあってか、地方の各道に設置していく「慈恵医院（のちの道立医院）」の整備とともに、軍医を朝鮮総督府の医官として配置する人事を進めていた。

慈恵医院は、そもそも清韓間の国境紛争地帯である間島地方に統監府臨時派出所が置かれていた時期（一九〇七～〇九）に設置された「間島慈恵医院」がその濫觴であり、「後に韓國各道に慈恵醫院を開設したるは、範を間島に採つたのであり、『慈恵』の名稱も其儘之を用いたのであるとは、當時の大韓醫院《ママ》長たりし藤田軍醫總監が屢々私に明言したことである」(83)という篠田治策の証言も残っている。国際法の専門家である篠田治策（一八七二〜一九四六）は臨時派出所の事務官（総務課長）(84)を経て併合後は道事務官（平安南道内務部長）に任用され、さらに李王職次官から長官を経て、京城帝国大学総長を歴任することになる。

　ともあれ、寺内は一九〇九年八月の段階で陸軍大臣の権限をもって韓国駐箚軍の倉庫に備蓄されていた医療器具や薬品を統監府に移譲し、さらに統監府は韓国政府に慈恵医院設立を働きかけ、その結果、年末から翌年初にかけて全州・清州・咸興の地方三都市に先行的に設立された。以降、朝鮮総督府の開庁までに水原・公州・光州・大邱・晋州・海州・春川・平壌・義州・鏡城の各道庁所在地に順を追って開設されていったのである(85)。先に見た寺内の地方巡視においても、地方の慈恵医院は必ずと言っていいほど視察場所に加えられていた。

　なお、藤田嗣章の長男である嗣雄（一八八五〜一九六七）は朝鮮総督府では最初に試補に採用された組（一九一〇年十二月）であり、同期には朝鮮総督府最後の政務総監となる遠藤柳作（一八八六〜一九六三）がいた。また、嗣雄は児玉源太郎の女婿でもあり、かの四女（モト）を娶っている。しばし、総督官房で参事官を務めていたが、やがて陸軍省参事官に転じている。また嗣章の次男は洋画家として著名な藤田嗣治（レオナール・フジタ、一八八六〜一九六八）である。

図10　大韓医院

図11　ソウル大学校医学博物館（旧大韓医院・京城帝大病院）

京城日報社経営と徳富蘇峰

　さて、寺内が朝鮮総督時代に手掛けた仕事の中で、いささか後味の悪さを残したものの一つに京城日報社の経営がある。朝鮮で発行された日本語新聞では最大部数を誇った同紙は、元々は熊本国権党が一八九五年に創刊した「漢城日報」を前身とする日刊紙であり、一九〇六（明治三十九）年九月の段階で統監府によって経営権が買収され、その際に「京城日報」と改題した。

韓国併合後も引き続き朝鮮総督府の御用紙として発行されることになったが、従来における経営の乱脈と、編集陣に居座ったままの熊本国権党関係者との軋轢も多かった。そこで寺内は同じく熊本出身者にして有力紙「国民新聞」を主宰する蘇峰学人・徳富猪一郎（一八六三～一九五七）に経営の立て直しを依頼したのであった。寺内は朝鮮総督府が開庁するのに歩調を合わせて、一九一〇年十月一日付けで徳富蘇峰との間に「新聞整理に関する取極書」[86]を取り交わした。

ここに至って京城日報社は、蘇峰が「監督」に就任し、社長にはやはり国民新聞社から吉野太左衛門を迎える新しい体制となった。

なお、徳富蘇峰と寺内との関係は、寺内が日清戦役時に運輸通信長官として広島の大本営に滞留していた折に兵站総監であった川上操六の紹介で知己になったとされ、以降、頻繁に書翰をやり取りする間柄[87]となっていた。とりわけ、蘇峰は新聞社の情報網を駆使して東京の政況を刻々と寺内に書き送っており、朝鮮にある寺内にとっても貴重な情報源の一つとなっていた。

ちなみに、国立国会図書館・憲政資料室に所蔵される寺内関係文書に含まれる寺内宛書翰の数[88]を上位五名で示すと以下の通りである。

①山縣有朋（一一九通）、②明石元二郎（八十八通）、③田中義一（七十六通）、④石黒忠悳（六十五通）、⑤後藤新平（六十一通）

ところが、新規寄贈資料に含まれる書翰数を加えると、一位の山縣には増加がないものの、以下、明石（一通）・田中（一通）・石黒（七通）・後藤（五通）がそれぞれ加わり、また第六位であった徳富蘇峰（五十九通）の書翰は実に新規分で八通を数えるため、合計で後藤新平の数を抜くことになる。徳富に限らず、新規寄贈資料に含まれる書翰類は、時期的に偏りが見られることから、憲政資料室への寄贈に先だって、遺族らによってある程度の選別が行われていたことが窺える。[89]

蘇峰と朝鮮古文化

なお、徳富蘇峰にとっての朝鮮は、ひとり新聞経営のことのみならず、彼が年来取り組んでいた古書誌の探求、あるいは彼のライフワークの一つと目される『近世日本國民史』における「朝鮮役」執筆にも大きな影響を与えた場所でもあった。

さらには、長年かけて収集した膨大な和漢の古典籍を「成簣堂文庫」と名付けた個人コレクション（一九四〇年にお茶の水図書館に一括売却）を保有していたことでも夙に知られた書誌愛好家としての蘇峰は、京城日報の用務で朝鮮を訪れれば、[90]必ず古書肆を回るのを常としていた。また、鮎貝房之進や浅見倫太郎といった個人コレクターを訪問し、[91]頻繁に情報交換を行っていた。また高麗時代の文人である李齊賢の文集であり日本の大名家に伝わった古刊本の『櫟翁稗説』[92]を自身が経営する民友社から「成簣堂叢書 第二篇」として影印で刊行したのも一九一三年六月である（図12・13）。

蘇峰によれば、「朝鮮人名辞書」「朝鮮史の編纂」「海印寺の一切経の印刷」といった朝鮮総督府参事官室が寺内の指示で進めていた各種の文化事業に関しても「必ずしも予一人の意見とは云はぬが、予の意見も亦た多少の關係があつたこと丶思はる丶」(93)と述懐している。確かに憲政資料室の寺内文書にも朝鮮人名辞書ハ閣下朝鮮統治ヲ記念スル永久ノ事業ニシテ千百銅像記念碑以上ノモノ」と蘇峰が寺内に書き送った書翰(94)（一九一五年八月三十一日付）も残されており、蘇峰が寺内にたびたび斯くの如き進言を行っていたのは事実であろう。

なお、ここに見る「朝鮮人名辞書」と「朝鮮史」とは、当初「朝鮮人名彙考」と「朝鮮半島史」の名称にて編纂が予定されていたものであり、「朝鮮半島史」は一九一六年一月から三ヵ年、「朝鮮人物彙考」（間もなく題名変更）は一九一六年六月から二ヵ年の計画で準備が開始されていた。(95)ちなみに、予算や人員の関係により、寺内の存命中にこれらが完成することはなく、「朝鮮半島史」は朝鮮史編修会の『朝鮮史』に衣替えして一九三八年に完結し（索引の刊行は一九四〇年）、また参事官室の廃止後も中枢院に業務が引き継がれて細々と編集が進められた『朝鮮人名辭書』が完成するのも一九三七年（索引刊行は一九三九年）まで待たねばならなかった。(96)

ちなみに、蘇峰とも親交が深かった朝鮮貴族（子爵）にして中枢院副議長の金允植(97)（一八三五～一九二二）は訓古学者としても一流の人士であったが、彼の労作である『説文解字翼徴』（一九一二年刊）の印行に際して寺内は自費をもって援助を行っており、(98)また金允植は第五回の帝国学士院賞（一九一五年）を受賞している。寺内と蘇峰の交友関係は、ひとり政治面のみならず、東洋の書誌学界への様々な波及効果をもたらすものでもあった。

蘇峰の離反

しかし、寺内と蘇峰はその蜜月関係から一転、深刻な仲違いを

図12　民友社版『櫟翁稗説』表紙（寺内文庫蔵）

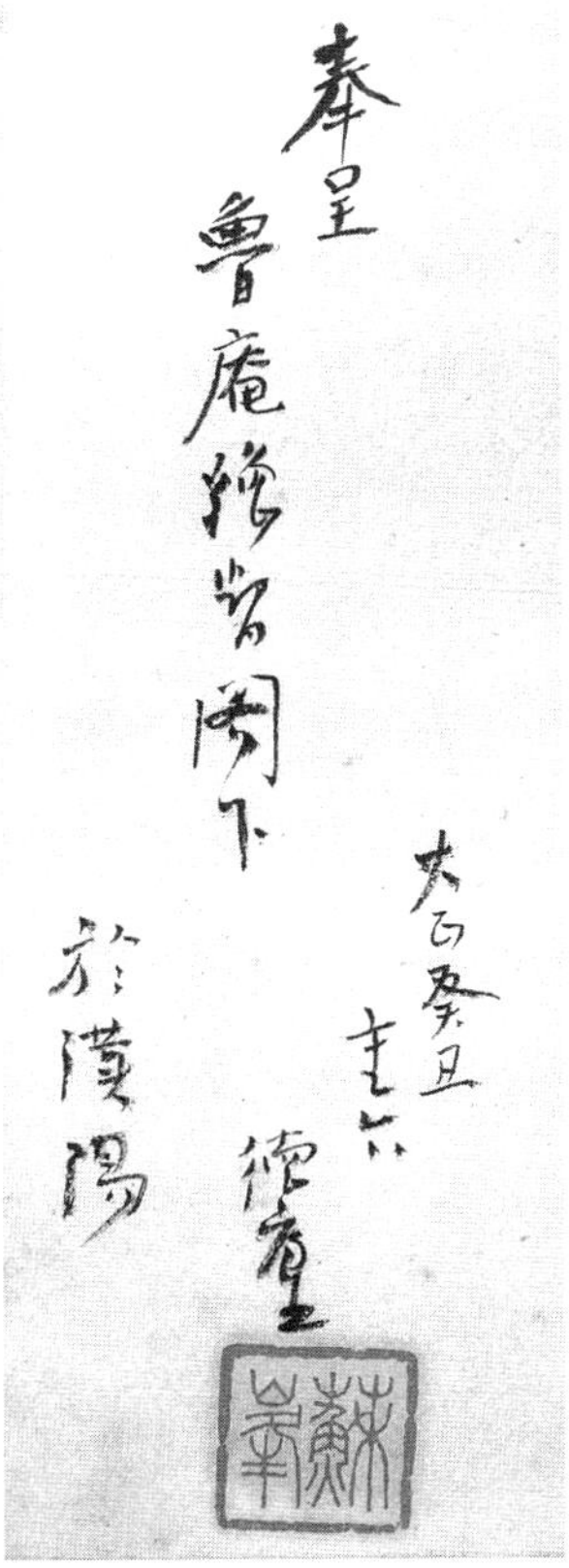
図13　同上書の蘇峰揮毫

起こしてしまう。そもそも、蘇峰と朝鮮総督府側とには、京城日報社の設置形式をめぐる対立があった。京城日報社の組織は、一九一三年十一月以来、社長・吉野太左衛門（間もなく阿部充家に交代）と黒田甲子郎（寺内の代理人）の共同出資による合資会社の形態とる旨の契約が交わされていた。

ところが蘇峰は、寺内が総督を退任した後をにらみ、大隈重信と「報知新聞」、あるいは伊東巳代治と「東京日日新聞」の関係の如く、京城日報も寺内の出資による匿名組合として、経営の「健全化」、すなわち朝鮮総督府による事実上の直営状態からの脱却を提言していた[99]。これに対して寺内は、蘇峰の案では新聞を売らんが為の勝手な報道を恣にし、ひいては世論を誤誘導しかねない懸念が強いとしてこれを退けている[100]。本意としては、引き続き京日を総督府の御用紙にしておこうとする意見が強かったのであろう。

そして、「然るに大正七年寺内伯が内閣首班たる際、『國民新聞』の議論が忌諱に觸れたとかいふことにて、予の朝鮮に於ける『京城日報』の監督たる位置に就いて、彼是物議を挟む者があつたから、予は決然としてこれを辭し、その關係を絶つた」[101]と蘇峰が語る顚末となった。「彼是物議を挟む者」が誰かは明示されていないものの、寺内の側近、ないしは朝鮮総督府の幹部を暗に批判していると見るべきであろう。操觚者特有のバランス感覚が、国民新聞をして寺内内閣の幇間たらしめることを忌避せんとしたのは当然のことであるとは言えよう。

ともあれ、蘇峰は『公爵桂太郎傳』（一九一七年二月）をはじめ、寺内を補佐した山縣伊三郎の伝記である『素空山縣公傳』（一九二九年九月）、そして、『公爵山縣有朋傳』（一九三三年二月）から『公爵松方正義傳』（一九三五年七月）の編纂を手掛けるなど、伝記作りでも定評があった。寺内と蘇峰との親交を考えれば、誰しも何故、蘇峰が寺内の伝記を作らなかったのだろうという素朴な疑問が湧くところである。ところが、一九二〇年に刊行された黒田甲子郎の『元帥寺内正毅伯爵傳』にも德富蘇峰の名前は全く見えない。とすると、本人同士はともかく、寺内の周囲が蘇峰を敬遠したということになろう。蘇峰にしても多くの読者を誇っていた彼の著作に寺内を登場させることは、『兩京去留誌』（一九一五年）を除けばごく希であり、これが後世における寺内の低評価を招いた一因であると考えるのは、果たして穿ちすぎであろうか。

海印寺の八万大蔵経とその新刷

さて、右の蘇峰の発言に「海印寺の一切経」とあるのは、今日、ユネスコ世界記録遺産にも登録されている慶尚北道陜川郡伽倻山に所在する古刹の海印寺に残る高麗版大蔵経の版木のことである。曹洞宗の僧侶であり、越後・顕聖寺の住持であった武田範之（一八六三～一九一一）は黒龍会の内田良平とともに「日韓合邦運動」に奔走したことはよく知られている。その一方、朝鮮仏教界に近代的な教団経営を持ち込もうとしていた海印寺の僧侶である李晦光と武田は懇意にしており、また海印寺に保管されていた高麗版大蔵経の価値に早くから注目して統監府にその保全を建言してもいた。

今回の新規寄贈資料の中には、分量こそ僅かであるものの、武田範之の書簡が四通含まれており、その武田の手紙は憲政資料室の寺内文書には含まれていない。また武田の盟友であり、併合以前の段階では頻繁に寺内と面会して韓国情勢を提供していた内田良平の書簡も一通（一九一一年六月五日付け）ながら新規寄贈分に含まれている。その内容は末期癌に冒されていた武田の病状を知らせるものであった。寺内は武田の支援者であり、日本におけるブドウ園経営の先駆者としても知られる川上善兵衛を通じて二〇〇円の見舞金を送っており、その川上からの礼状（一九一一年六月一日付け）も残されている。寺内と武田の間には仏道を通じた厚情が存在していたことが推測され、また新規寄贈資料の性格、すなわち寺内の私事にまつわる内容のものが憲政資料室に寄贈された分とは別個に保管されていたことを考えあわせると、おのずから武田の書簡が含まれていたことの意味がおぼろげながらも浮かんでくるのである。

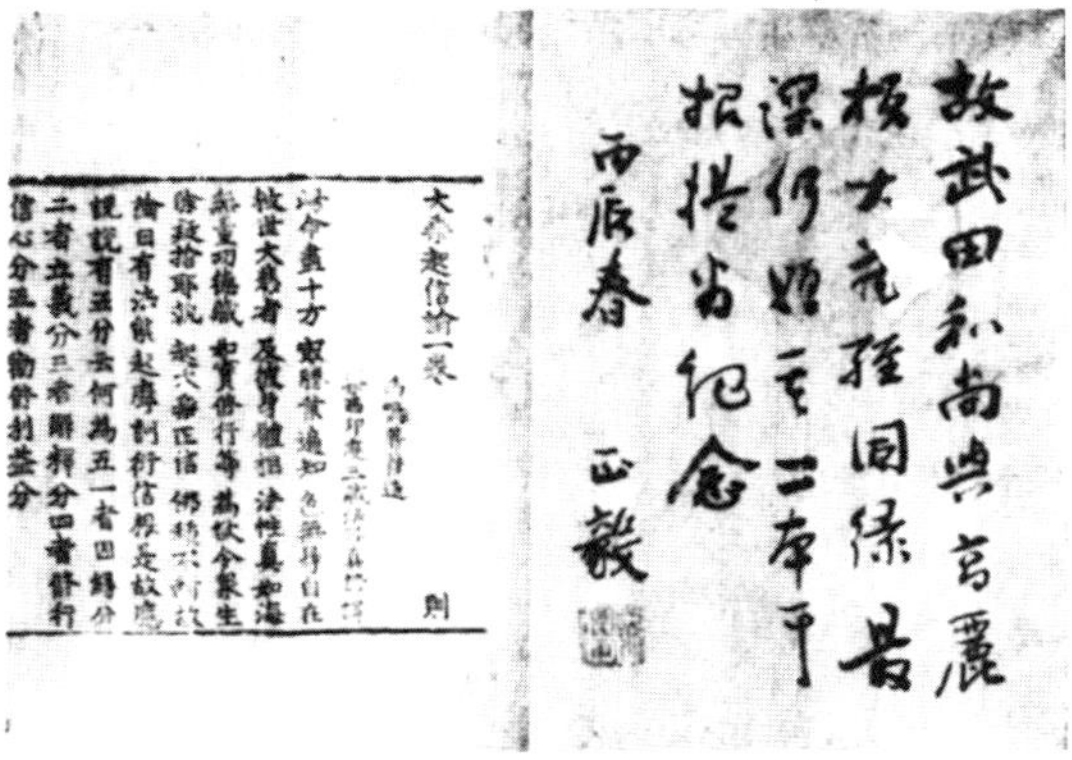

図14　寺内の揮毫がしたためられた『大乗起信論』

なお、寺内はのちに参事官室に命じて海印寺の高麗版大蔵経を印刷させ、京都の泉涌寺や東京の増上寺に寄贈させているが、これらとは別個に手許用、もしくは知己への頒布用に少数部を別刷させており、この一部が山口県立大学の寺内文庫に伝わっている。[102]なお、使用した紙の一部は臨時恩賜金授産事業で設立した慶尚北道・陜川および三嘉の実業伝習所で作成されたものであった。[103]

また、『大乗起信論』と『大般若波羅密多経』の二巻を一九一六（大正五）年に新潟の顕聖寺にも贈っており、『大乗起信論』の裏表紙には「故武田和尚與高麗板大蔵経因縁最深仍贈呈二本乎招提為紀念 丙辰春　正毅〔櫻圃印〕」との揮毫がしたためられている[104]（図14）。

地方視察の一環として海印寺を寺内が訪れたのは、総督在任期としては最終段階に入りつつあった一九一五（大正四）年三月二十一日である。[105]これに先立ち、朝鮮総督府は一九一一（明治四十四）年六月の段階で制令第七号「寺刹令」を公布し、[106]海印寺を含む三十の寺院を「三十本山」（一九二四年に追加されて「三十一本山」となる）として公認するに至っていた。排仏崇儒の李氏朝鮮王朝時代が終わりを告げ、朝鮮の仏教界には新たな幕開けの時期を迎えようとしていたのである。

家庭人としての寺内正毅

　謹厳実直の士として鳴らした寺内であるが、やはり人の子であり、また人の親であった。彼の日記は、ほぼ同時代の個人記録として有名な『原敬日記』に比べると政治情勢に関する記述が極めて簡略であり、史料として物足りないとするむきもあるが、逆に見れば、それだけ日々の出来事を淡々と記しているからであるとも言え、読み手によってはこれもまた貴重な歴史記録であると言えよう。試しに、ここでは朝鮮総督就任以降における寺内の私的生活の一端を紹介してみたい。

　まず、幼時に宇多田家より寺内家に入養した正毅の実母が幽冥を異としたのが、一九一〇（明治四十三）年の二月二十二日であった。当時、緊縮財政の舵取りが難航し、また韓国問題で揺れていた第二十六回帝国議会の会期中であり、陸相である寺内は東京にあって母親の臨終を見届けるべく故郷に戻ることが叶わなかった。当日の日記は、普段の書きぶりとは異なり、「今日予ハ国務ノ重責ヲ負ヒ看護ニ帰省スルヲ得ス。（中略）予カ青年ヨリ家郷ニ不在永ク膝下ニ奉養セス、不幸謝スルヲ知ラス（中略）天ノ予ニ与フルノ鉄槌亦重シト謂フヘシ」[107]と悲嘆にくれる心中を、やや感傷的とも言える文章で綴っている。なお、寺内が母親の墓前で冥福を祈ることが出来たのは、韓国統監赴任の途次に宮野村に立ち寄った八月十七日のことであった。

　また、長男・壽一の妻である百合子の訃報が、朝鮮赴任から一年が経過した一九一一（明治四十四）年七月三十一日にもたらされた。[108]家長であり、また舅の務めとして妻・多喜子を急遽、京城から東京に急行させている。折しも、李王世子・垠の実母たる厳妃の葬儀（八月二日）に営まれるなど、公私にわたって祭事の連続であった。

　八月三十日には第二次桂内閣が倒れ、第二次西園寺内閣が発足するとともに、寺内は長らく務めた陸軍大臣の任を解かれ、同日付けで朝鮮総督専任の辞令を受けた（図15）。

　九月五日には一九〇二（明治三十五）年四月以来、九年五ヶ月余りを過ごした陸相官邸を明け渡している。「仮居モ年ヲ経ルニ連レ多少惜別ノ情ナキニシモアラス」[109]と感慨深げにその日の『日記』に寺内は書き記している。

　なお、寺内壽一は一九〇九年十二月に陸軍大学校を卒業後、一九一一年十二月からは在オーストリア大使館付きの武官としてウィーンに駐在していた。寺内正毅は、佐賀出身の洋画家・東京美術学校教授の岡田三郎助（一八六九～一九三九）に亡き義娘の肖像画を発注しており、一九一二（明治四十五）年七月十二日にこれが完成したことを受け、さっそくウィーンの息子の許に送る手配を行っている。[110]ちなみに、小稿の冒頭に掲げた寺内の肖像画も岡田三郎助の作（一九一七年）である（図1）。現在は山口県立山口美術館に収蔵される一品であるが、依頼に際しては寺内の首相就任を祝すに際してのことはもとより、あるいは義理の娘への餞が機縁となったのであろうか。

長男夫婦とともに、やはり気掛かりであったのが次男であり末子である毅雄（一八九二〜一九二九）の去就であった。東京府立一中を経て陸軍士官学校に進む毅雄であったが、当初は高等学校・帝国大学への進学も考えていた模様である。新規寄贈資料中にも、朝鮮赴任中の父親から進路に悩む息子に対して高校か陸士か、いずれかを選択するように促す電報が含まれている。[111]

やがて、一九一二（大正元）年十二月四日、毅雄は士官候補生として入校を果たす。『日記』には「将来健康ニ彼ノ修学ヲ完クセムコトヲ祈ル」[112]と満足げに記されている。さらに、一九一四（大正三）年五月二十八日には毅雄が無事に卒業期を迎え、その卒業式には長期の東上中ということもあり、夫婦相揃って参席[113]している程であった。

「内患」と「外憂」の日々

さらに別の日付けの『日記』を繙いてみたい。一九一四（大正三）年四月中の記事として、頻繁に東京麻布の自宅からかかりつけの歯科医（「高嶋」とある）のもとへ日参していたことが記されている。寺内は、前年の十一月末から六月上旬まで長期で任地を離れていた。折しもシーメンス事件で山本権兵衛内閣が三月に倒れ、後継内閣として大隈重信が再登板した時期である。

写真や肖像画に見られるように、偉丈夫の寺内はやや肥満気味でもあり、長らく糖尿病を患っていたことはよく知られている。しかし今ひとつ、寺内には獅子身中の虫が蠢いていたのである。

のちに京城歯科医学専門学校の校長を務める歯科医の柳楽達見（一八八九〜一九六七）は、既出の朝鮮総督府医院における歯科医師として一九一四年三月に補職発令がなされており、着任から間もない時期から寺内の歯槽膿漏治療にあたっていた。

後年において、歯科医師たちによる回顧座談会の席において柳楽は、「その時分、丁度寺内總督が糖尿病で又齒槽膿漏があらせられたために私が半年ばかり官邸に往診したものです」[114]と述懐している。確かに朝鮮帰任後である『日記』同年九月三日条にも「本日ヨリ歯療ノ為メ医院ヨリ歯科医来リ治療ヲ受ケタリ」[115]とある。寺内を悩ませていたのは、大正政変と第一次大戦参戦・対華二十一カ条問題で揺れ動く国内外の混沌とともに、迫り来る疼痛との戦いでもあった。まさに、内憂外患ならぬ「内患」と「外憂」の日々であった。

なお、このときに地方の道立病院（当時は慈恵医院）では医官として任用されずに嘱託の身分に甘んじていた歯科医の不遇を訴えた柳楽の建言を容れた寺内は、翌年早々には官制を改正して慈恵医院の歯科医も高等官（医官）の定員に加えたという。「私が座談的に申上げたことをチャンと記憶に殘されて、翌年さういふ官制を布かれた。これは朝鮮の歯科の歴史としても皆さんに御記憶を願つておきたいんです」[116]とは柳楽の弁である。

ちなみに、柳楽は一九二一（大正十）年十一月に実業家である富田儀作[117]の資金援助によってまず歯科医学講習所を設立し、これが一九二九（昭和四）年一月に京城歯科医学専門学校として設立

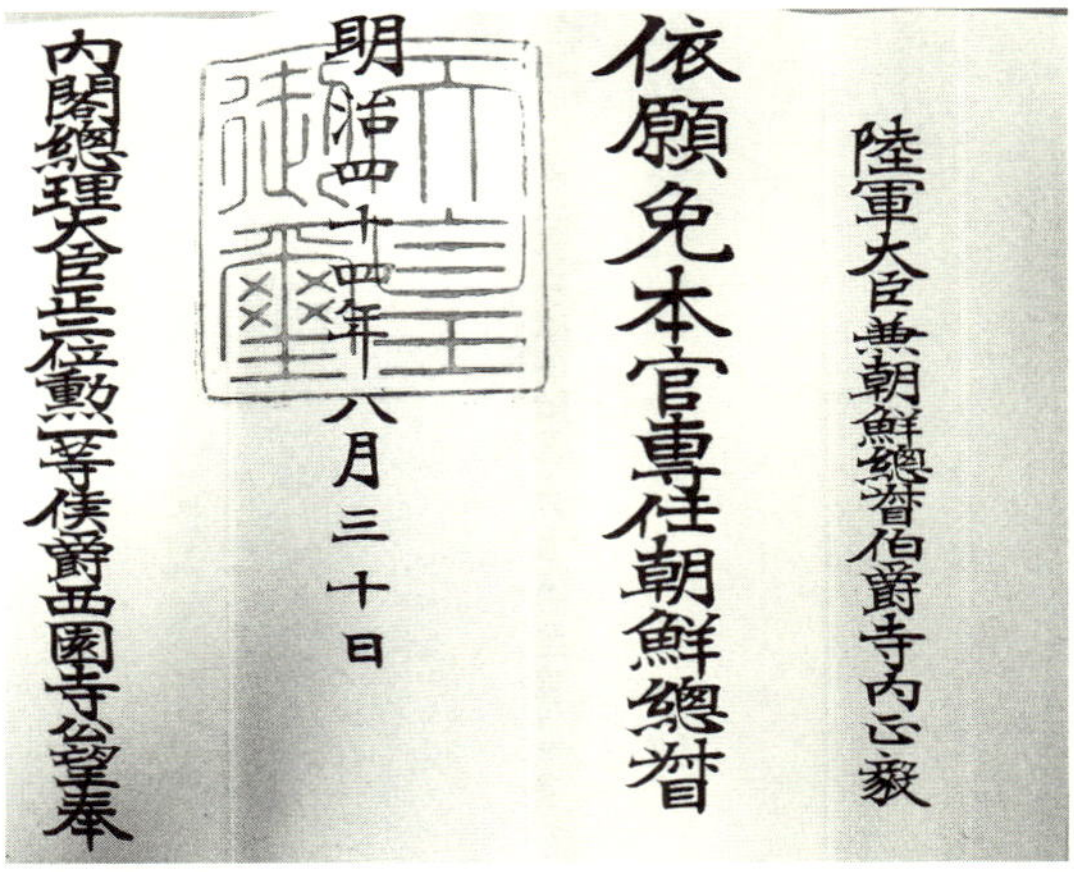
陸軍大臣兼朝鮮總督伯爵寺内正毅
依願免本官專任朝鮮總督
明治四十四年八月三十日
内閣總理大臣正二位勲一等侯爵西園寺公望奉

図15　辞令（朝鮮総督専任）

認可を受けるに至っていた。往時、朝鮮の歯科医師たちにとって、歯科医の地位向上と歯科学の独立とは悲願であったが、この発端に寺内の歯痛と歯科医に対する恩義の念が介在していたという事実は何とも興味深い。

四　内閣総理大臣時代

大正政変と朝鮮総督

寺内は朝鮮総督の地位にあったとはいえ、その在職期間中にあっても短期・長期の東京滞在を交互に繰り返していた。それは陸軍大臣を退き、総督専任となって以降も同様であった。そして、その滞在理由としては帝国議会で予算が審議される時期であったり、もしくは自身の進退（昇爵など）にまつわること、あるいは休暇であるなどその事由は様々であった。しかし、そうした公私にわたる業務もさることながら、帝都の政情を実地にて探るという意味合いも当然ながら強かった。

とりわけ、一九一三年二月に発生したいわゆる「大正政変」を前後する時期より、寺内の身辺にも俄に慌ただしい動きが見られるようになる。寺内はその『日記』にも群衆が議会を取り囲んで桂内閣打倒を叫ぶ事態に際して「国威ノ失墜可慨嘆」[118]と書き記したように、政党側の「護憲運動」に対して常日頃より強い嫌悪感を持っていたとされる。

そして寺内は、この時にも三月上旬に全羅道の視察を終えてから、すぐさまその足で東上している。このときは翌月に帰任しているものの、明治天皇の崩御と大喪を挟む一九一二年六月から十月、あるいは山本内閣の退陣から第二次大隈内閣の成立期である一九一三年十一月から翌一九一四年六月まで、二度にわたっての長期滞京を行っている。

政友会は一九一五年三月における第十二回総選挙では立憲同志会躍進の前に苦杯を嘗めただけに、次期総選挙での捲土重来を期していたが、その中で寺内擁立の動きが本格化していくことになる。

東拓副総裁・野田卯太郎

とりわけ、そうした寺内担ぎ出しに奔走した一人が、第二次西園寺内閣の与党たる政友会の幹事長である野田卯太郎であった。当時、野田は東洋拓殖株式会社の副総裁として京城に赴任中であり、寺内と頻繁な接触が可能な位置にあった。

一九〇八年八月に東拓法に基づく特殊会社として発足した東拓は、本店を京城に置き、あくまでも「朝鮮」における「拓殖事業の経営」を標榜する会社組織であった(119)。ところが、やがて「満鮮一如」の見地から満洲への進出を具体的に企図し、こうした方向性は寺内ら陸軍首脳部の意向とも合致するものであった。これを実現するためには、まずもって東拓法の改正が必要であり、野田は一九一五年の七月から八月にかけて寺内およびその周辺の人物との折衝を頻繁に行っていた(120)。しかし、大隈内閣期の第三十七議会（一九一五・十二〜一九一六・二）においては立憲同志会の反対によって審議未了の廃案となってしまった。

やがて、東拓法の改正は寺内内閣期の一九一七（大正六）年七月に実現することになる。寺内は一九一六年十月の段階ですでに東拓の総裁に総督府（農商工部長官）の石塚英藏を送り込んでおり、これは第十三回総選挙での政友会勝利を踏まえてのものであった。法改正により東拓は業務地を「朝鮮及外国」に拡大し、業務内容にも「拓殖資金の供給」を追加している。さっそく同年十月には奉天と大連に支店を開設し、順次にハルビン・間島・新京・天津・青島と支店網を構築していった。

欧州大戦と朝鮮物産共進会

話の時間針を少し戻そう。第一次世界大戦が勃発した一九一四年八月において、寺内はまだ朝鮮にあり、朝鮮総督として在留ドイツ人の保護と、経済の引き締めを主たる内容とする諭達(121)を行っているが、腹心の秋山雅之介がやがて民政長官として青島守備軍に割愛される程度の影響に止まっていた。しかし、同年十二月に対華二十一ヵ条要求が袁世凱政権に対して行われ、この交渉が紛糾するとともに、大隈内閣の外交失策として国内外の世論は批判を繰り返していった。

そうした状況下にあって、朝鮮総督府は「始政五年紀念朝鮮物産共進会」を一九一五年の九月から十月にかけて開催するとともに、その開会式には閑院宮載仁親王夫妻の来臨を仰ぎ、また十一月十日には大正天皇の即位大礼が執り行われるなど、寺内としても総督としての業務の締めくくりの段階と認識していたのかもしれない。最後の地方巡視を実施していた一九一六年五月頃、しきりに大隈退陣説が流布されており、六月二十四日には元帥府に列せられて元帥の称号を贈られるなど、自らの出処進退を決断する時期にさしかかっていた。

一九一六年七月一日、寺内は東上の途についた。以後、朝鮮の土を踏むことはなく、これが事実上の離任であった。元老たちの説得にもかかわらず大隈の辞表提出はずれ込むことになり、切歯扼腕する寺内に大命降下があったのは実に十月四日のことであった。折しも寺内は糖尿病の悪化による酷い体調不良に見舞われていた。

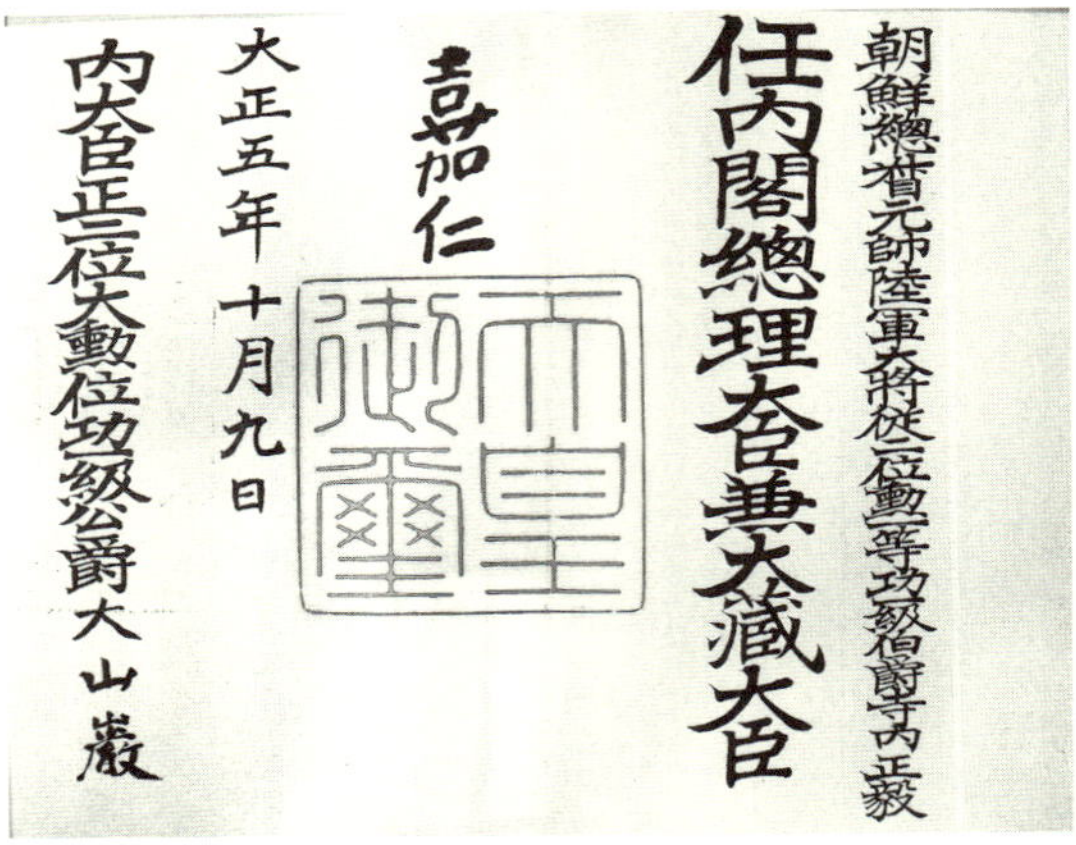

図16　辞令（内閣総理大臣）

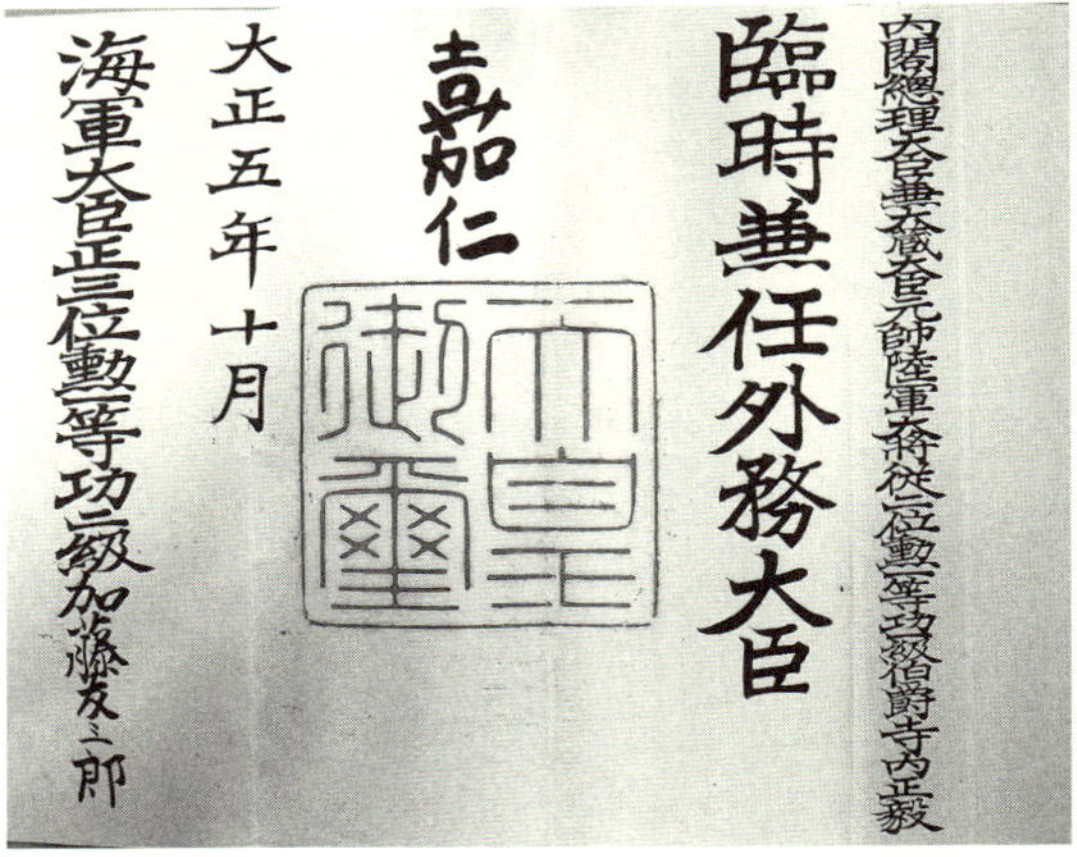

図17　辞令（外相臨時兼任）

寺内内閣の発足と組閣

十月九日、寺内は大命を拝受し、病軀をおして宮中での親任式に臨んだ（図16）。

一方、政友会を事実上の与党とする寺内内閣の発足に合わせるが如く、十月十日には憲政会が結党され、対決姿勢をあらわにしていた。政党に基礎を置かず、元老・枢密院・貴族院の支援の下で成立した寺内内閣を世上は「ビリケン（非立憲）内閣」と揶揄もしたが、超然内閣として挙国一致を標榜し、また政友会も是々非々の対応を明言しつつも、憲政会の牽制に余念がなかった。

内閣の布陣としては、第十八代の総理大臣に任命された寺内正毅をはじめ、当初は外相も寺内が兼任したが（図17）、間もなく駐露大使から召還される本野一郎が起用され、内相には後藤新平が選任された。また、蔵相もしばし寺内が臨時代理を務めたが、やがて次官の勝田主計が昇格する。以下、大島健一（陸相）、加藤友三郎（海相）、松室致（法相）、岡田良平（文相）、仲小路廉（農相）、田健治郎（逓相）、兒玉秀雄（内閣書記官長）、有松英義（法制局長官）からなる閣僚の顔ぶれであった。

臨時外交調査会と臨時教育会議の招集

寺内内閣期の政権運営を特徴付けるものに、「臨時外交調査会」と「臨時教育会議」の官制化がある。野党・憲政会の攻勢が強まる中、一九一七年一月二十五日に議会は解散され、四月二十日に投票が行われた。その結果、政友会が過半数の一六五議席を占めて勝利し、一方、憲政会の議席は一二一に止まった。寺内はこれを奇貨として国家の「内」と「外」に向けた文字通りの挙国一致を模索していくことになる。それを担うべく期待されたのが、臨時の名を冠した二つの諮問機関の設置であった。

まず、臨時外交調査会であるが、一九一七年六月五日に設置され、寺内自らが総裁となった。また、政友会の原敬と国民党の犬養毅が委員に就任するも、憲政会の加藤高明は委員就任を固辞した。原と犬養はあくまでも元国務大臣であるとの資格ではあったが、明らかに「挙国一致」を演出するものであった反面、本格化する段祺瑞支援（援段政策）や、米国参戦後の欧州大戦への関与、そしてシベリア出兵に至るまで、内閣主導の外交政策に一貫性を持たせた意味で一定の評価を受けた。しかし、こうした総合的な国策遂行の機関設置に対しては、昭和期の大政翼賛会と同様に、常に違憲論が付きまとうことにもなった。

一方、臨時教育会議[122]も内閣直属の機関であり、従来における同様の会議が文部大臣の諮問に応じる規模であったのに比して、答申の法的な拘束力が強化されており、今日の中央教育審議会（中教審）のプロトタイプとも目される官制組織である。一九一七（大正六）年九月二十日の勅令第一五二号に基づき公布・施行され、原内閣期の一九一九（大正八）年五月二十三日をもって廃止された。当時の文部大臣である岡田良平が主導し、また総裁には平田東助が就任した。

この会議はまず、第一回目の総会が一九一七年十月一日に開催され、その後、三十回にわたる審議が重ねられた。

この第一回総会に際して寺内首相は総理官邸で演示を行い、「中外ノ情勢ニ照シ國家ノ將來ニ稽ヘ教育制度ヲ審議シテ多年ノ懸案ヲ解決」を期するとともに、「實科教育ハ國家致富ノ淵源ニシテ國民教育ト竝ヒ奬メ空理ヲ避ケ實用ヲ尚ヒ帝國將來ノ實業經營ニ資セシメサルヘカラス」[123]と、実業教育の重視を強調する発言を行っている。これは寺内における教育理念、すなわち士官学校での教育や朝鮮での実業学校整備のことを考え合わせると、得心のいく内容と言えよう。

初等教育から高等教育、あるいは師範教育、女子教育、通俗教育（社会教育）、学位制度まで幅広い内容を審議した会議であるが、特に寺内は高等普通教育の改革、とりわけ「中学校の七年制化」「高等学校の廃止とその実業教育機関化」の案を自ら文相の岡田に示していたとされ[124]、確かに憲政資料室蔵の寺内文書にも閣議の場にて示されたとおぼしき同内容のメモが[125]残されている。

実際、一九一八（大正七）年一月十七日付けで平田総裁から寺内に示された答申[126]においても、フランス式の「リセ」、あるいはドイツ式の「ギムナジュウム」との比較が述べられており、原敬内閣の下で施行される新たな高等学校令においては「七年制高等学校」の導入や「中学四修による高校進学」の途が開かれることによる早期の高等教育の開始が可能となった。さらに、明治期に設立された第一から第八までの高校に加えて、「地名スクール／ネームスクール」と呼ばれる高等学校の大幅な増加をみることにもなった。必ずしも寺内の案がそのまま採用されたわけではないものの、それとともに各種実業学校の数も急速に増加していったのも事実であり、寺内の実業教育重視論は、形を変えながらも大正・昭和戦前期の実業補習学校（のちの青年学校）の整備にまで続く実科教育の底辺拡大と底上げを期した政策の原点として位置づけるべきなのかもしれない。

西原借款

さて、寺内は対中関係の改善を期して、様々なルートを通じて段祺瑞をはじめとする軍閥実力者たちに接触を試みていた。特に「西原借款」の名前で知られる対中大型借款は、寺内に近い政商・西原亀三（一八七三～一九五四）の献策と斡旋によって具体化したものであり、対華二十一ヵ条問題で冷え切った日中関係を打開するカンフル剤として期待された。また、日本からの資金投入を可能ならしめた背景には「朝鮮銀行」が有する支店網の存在も大きかった。

一九一一年三月に旧来の韓国銀行を改称して発足した朝鮮銀行は、一九一三年七月に奉天出張所を設置したのを皮切りに、海外店舗の拡充に努め、最盛期にはウラジオストック支店やニューヨーク出張所を保有した程であった。こうした戦略は一九一五年十二月に総裁に就任した元大蔵省理財局長の勝田主計（一八六九～一九四八）と寺内の合作[127]でもあった。その勝田が寺内内閣の蔵相として入閣するとともに、一九一七年十一月末からは朝鮮銀行券を関東州と満鉄附属地における正貨として発行する権限が認められた。また、一九一八年一月一日をもって朝鮮銀行は満洲における国庫金取扱の業務を開始するなど、北東アジアにおける発券銀行としての重要な地位を占めるに至っていた。西原借款に先立って奉天軍閥への資金援助として用立てられた円借款とは、つまるところ、朝鮮銀行の奉天支店を窓口とするものであったのである。

シベリア出兵と寺内内閣

欧州大戦が続く中、一九一七年におけるロシア「十月革命」と、それに伴う内戦状態に欧米各国と日本は共同して干渉を行うことになった。当初、イギリスの提案によって一九一八年二月の段階で出兵が検討されたが、この時はアメリカの反対で頓挫していた。寺内内閣では外相の本野と内相の後藤が積極的な出兵論者であり、これを元老や臨時外交調査会の場で原敬が抑えるという構図であったという。しかし、同年の初夏、シベリア鉄道経由でウラジオストックに送られて待機させられていたチェコ軍団がボルシェビキに対して蜂起する事態となった。そして、国内世論に押されてチェコ軍団救援を名目とする介入に踏み切るアメリカと共同で出兵宣言を行ったのが八月二日のことであった。すぐさま同月十二日にはウラジオ港に上陸し、以降、一九二二年十月に撤兵するまで、派兵期間はずるずると延びていくことになった。

米騒動と寺内の辞任

こうした中、富山県の魚津で発生した米価の高騰に対する騒動がきっかけとなって、日本全国にその影響が燎原の火の如く広まっていった。いわゆる「米騒動」である。

警察の取締では埒があかず、軍隊まで投入して鎮定にあたらざるを得ない状況に陥り、またこれを内閣の失点として憲政党も政府攻撃の手を強めていった。

この時、寺内は長引く持病による体力の衰えから憔悴しきっており、ついに九月十三日には閣僚らに対して辞意を漏らし、翌日には宮中に参内して天皇に辞職を申し出ている。後継内閣としては、いったんは二十一日に西園寺に大命降下がなされるも、組閣に至らず、ついに二十六日には政友会総裁の原敬に組閣が命じられ、二十九日に至って宮中での親任式が執り行われた。このとき、寺内は依願免本官の辞令を受け取っている。

新規寄贈分の資料中にもこの辞令書とともに、一九一八（大正七）年十月十六日付けによる内閣の発令による「臨時外交調査委員會委員被仰付」とする任命書（図18）と、「特ニ國務大臣ノ禮遇ヲ賜フ」とする新首相・原敬からの辞令書（図19）も残されている。これが、寺内が受け取ったものとしては最後の辞令交付となった。

おわりに

首相退任後の寺内は、大磯に引き籠もって静養に努めていたという。ただし、『日記』の記述も極めて少なく、具体的な動静を伝える資料は乏しい。唯一、『元帥寺内伯爵傳』がごく簡略に日々の静かな生活ぶりを描写するのみである。

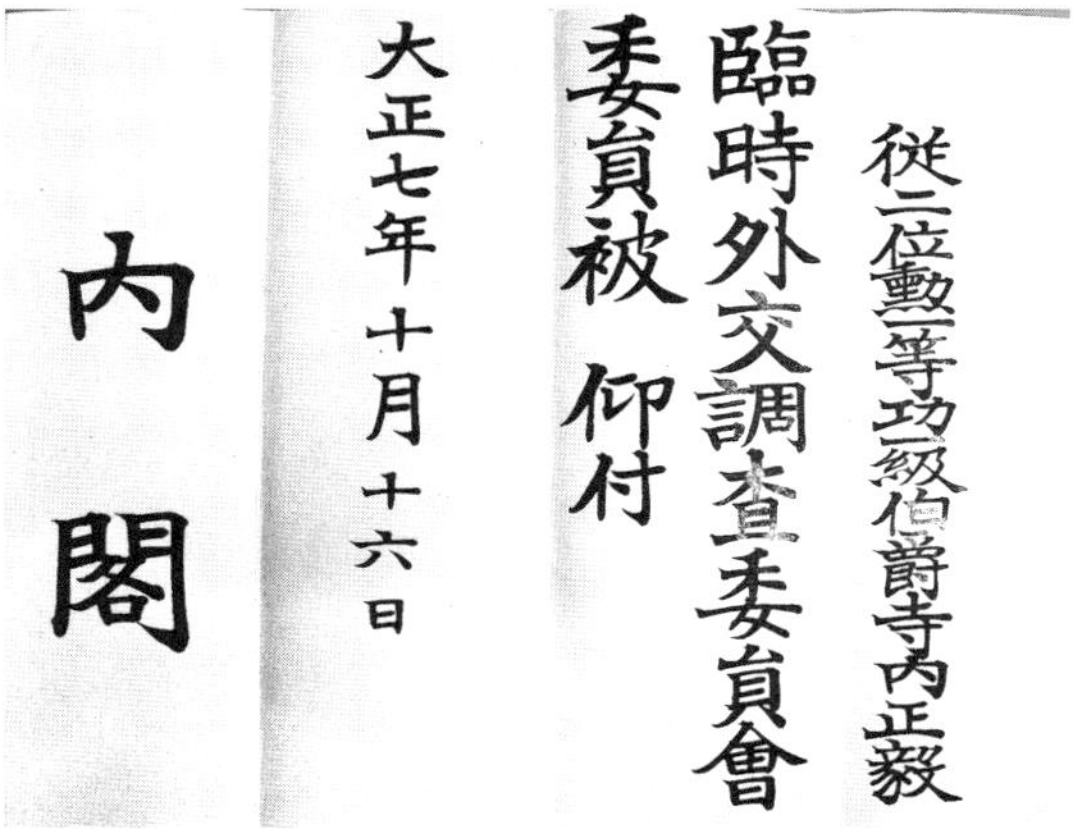
從二位勳一等功一級伯爵寺内正毅
臨時外交調査委員會委員被仰付
大正七年十月十六日
内閣

図18　辞令（臨時外交調査委員会委員）

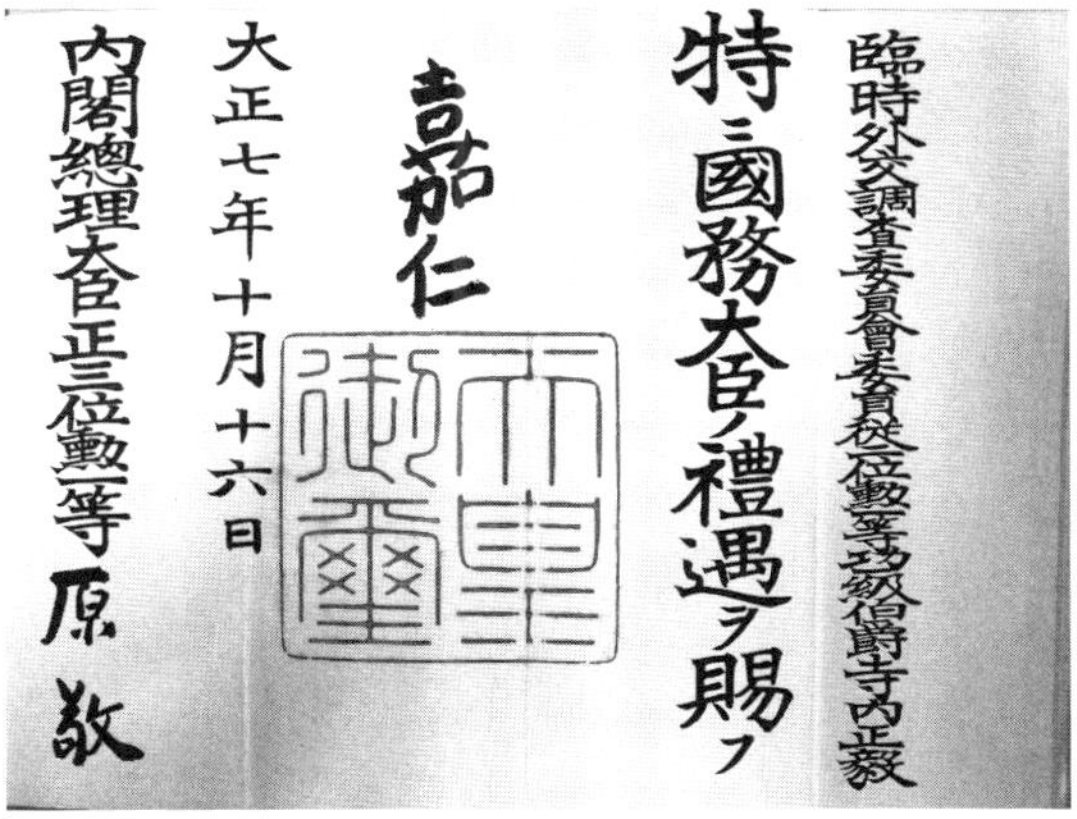
臨時外交調査委員會委員從二位勳一等功一級伯爵寺内正毅
特ニ國務大臣ノ禮遇ヲ賜フ
嘉仁
天皇御璽
大正七年十月十六日
内閣總理大臣正三位勳三等原敬

図19　辞令（国務大臣の礼遇を賜ふ）

しかし、退任翌年である一九一九（大正八）年三月に「万歳事件」発生の報に接した寺内は「恁くて春來稍順調に赴きたる病状は茲に到りて再び逆調に轉じ伯の精神は著しく亢奮せり」[128]という状態に陥っていたとされる。また、事件発生の引責によって辞任した長谷川好道のあとを襲う新総督の齋藤實が九月に着任するや、すぐさま爆弾投下の洗礼を受けるなど、朝鮮情勢が好転しないまま、寺内の体調は急速に悪化していった。特に十月二十日から三日間は昏睡状態に陥るなど、一時は誤って新聞紙上に訃報が掲載されたほどであった。その後、一時的に恢復を見せて小康を保ったが、ついに十一月三日に不帰の客となった。

> 虫が知らせたとでもいうのか、十一月三日明治節の日、何となく胸騒ぎがするようなので、早朝家を出て大磯へいそいだ。果して寺内さんの病気は急変してすでに危篤状態だった。わたしの来たことも分からず、正午十二時ついに安らかな大往生をとげられた。[129]

対華借款の経過も思わしくないまま、原敬内閣の不干渉政策によって活躍の場を失った西原龜三の回顧からの一節である。なお、西原にも日記が残されており、七日に営まれた増上寺での葬儀から、十一日における山口・宮野での納骨までの日程が淡々と綴られている。[130]この日記によれば、西原も十日に宮野入りしたとされ、現地の新聞[131]でも、遺骨を運ぶ長男の壽一に付き添う次男の毅雄、女婿の兒玉秀雄と福羽眞城ら親族に加えて、西原の名前も報じられていた。

山口市内の桜畠には寺内の遺志で作られた「寺内文庫」の建物が、長年の風雨によって外壁は痛んではいるものの、今も往年の姿をよく残している。そして、その左傍には寺内の事績を刻んだ記念碑がひっそりと佇んでいる（図20・21）。一九四一（昭和十六）年二月六日に地元有志の発起で建立されたという。[132]碑石の篆額者としてその名が掲げられたのは、寺内が青年時代にフランス留学のお供として随行した閑院宮載仁親王（一八六五～一九四五）、そして、碑文を草したのは藤田鴻輔（一八七六～一九四三）である。かつて朝鮮総督たる寺内の専属副官として、常にかの脇を固めていた人物である。寺内逝きてすでに二十余年、明治・大正の記憶も薄れ始めていた頃、こうした二人の名を刻した顕彰碑が建てられたことの意味とは果たして何であろうか。激動の明治を駆け抜けた同時代人たちによる寺内の略伝としての史料価値に鑑みて、小文を締めくくるに際し、その陰刻の文面を翻字しておきたい。

元帥陸軍大将大勲位功二級閑院宮載仁親王篆額

故元帥陸軍大將從一位大勲位功一級伯爵寺内公碑

忠直奉君公誠任事能試利器於盤錯蹇蹇匪躬以開濟國運若寺内公豈非國家柱石人臣典型乎公諱正毅幼名壽三郎號魯庵又櫻圃嘉永五年閏二月五日生于周防国平川村考曰宇多田正輔妣寺内氏公其第三子以表叔無嗣出承其後回冒寺内氏幼而勇悍常為軍陣之戯以將帥自任稍長入村塾專學經史旁修武伎精敏強記勤勉超衆方是時幕府政衰海内多故外夷又窺邉徼人心恂恂公慨然欲大有所爲明治二年選入第一教導隊三年業成為下士官五年任大尉十年鹿児嶋亂起為近衞歩兵第一聯隊第一中隊長從征討之師向田原阪敵據險拒戰勢極猖獗公大聲叱咤揮刀迫之飛彈碎其右膊既而事定傷亦癒十五年奉命差遣佛囦駐劄三年常與外國武官交驩觀察精到期報效於他日二十七年征清之役任少將爲運輸通信長官應機斷行無些過失衆皆驚歎爾後或補教育總監或任陸軍大臣征露師興參畫大榮機務建殊功或出為朝鮮總督入爲總理大臣獻替輔弼至誠一貫為國家重尤用力軍政大定兵制之基礎特陞授伯爵累進至元帥夫日韓合併前古未嘗有之偉業而成之於從容談笑之間此固雖由　聖皇威德非公籌策折衝則烏能如此公爲人嚴毅寡言而厚於人倫其處事也縝密其自奉也簡素有窮之者則周卹備至率部下寛猛得宜皆竦然服之久而彌敬慕云大正八年十一月三日病薨于大磯別墅享年六十有八特　旨叙從一位大勲位授菊花大綬章葬之日　天使就家賜幣帛及祭粢料頃者郷人胥謀欲建碑以表追憶之忱徴余文余嘗其厚遇者誼不可辭乃銘曰

盡忠君國　弗顧身危　一誠終始　見義敢為　歴任要職　思遇殊滋

功德不朽　何待銘辭

昭和十六年二月　陸軍中將正四位勲二等功五級藤田鴻輔譔竝書

図20　寺内文庫横の顕彰碑

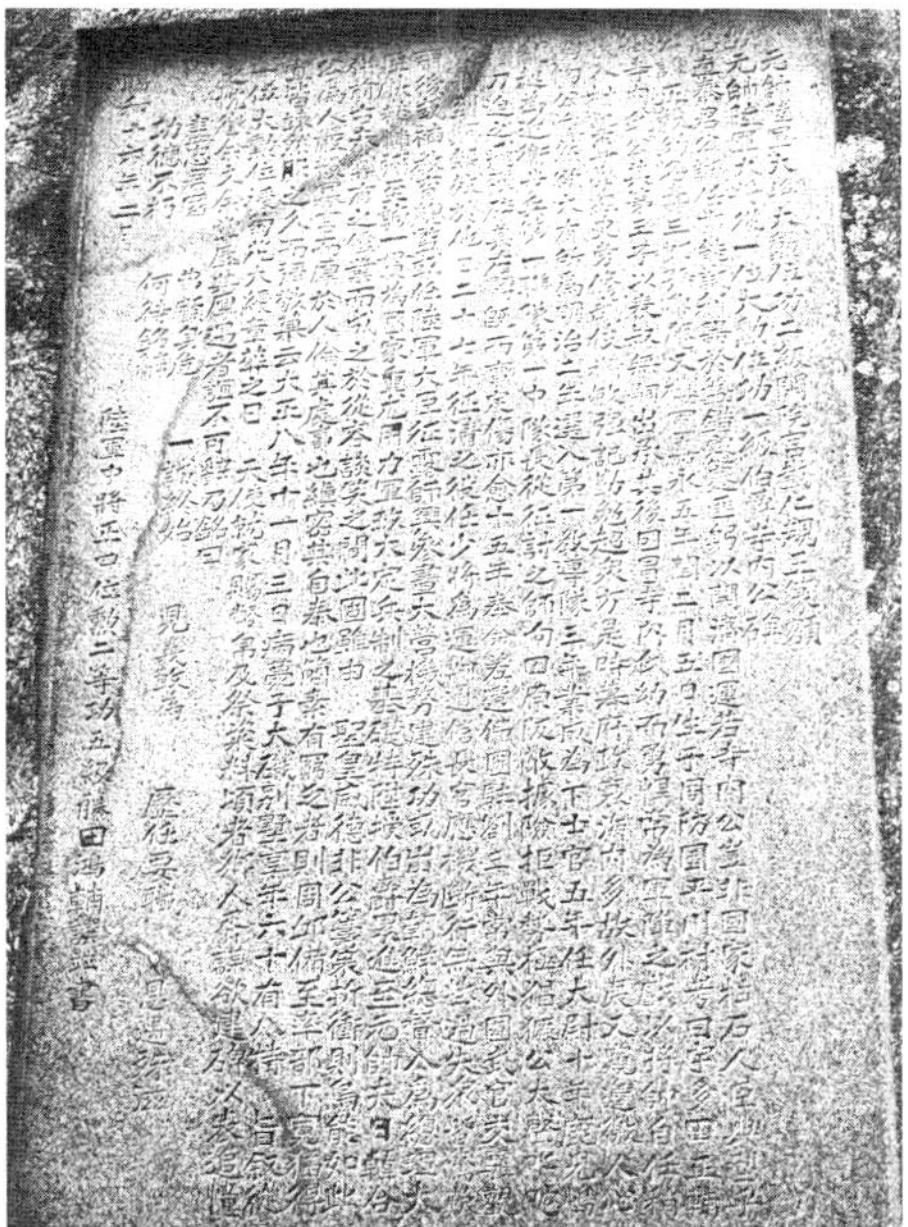

図21　同上の碑面

注

（1）辞令の画影でも確認できるように、「統監」「統監府」が正式な官職・官署名であるが、便宜上、小文では「韓国統監」「韓国統監府」の表記を併用することにしたい。

（2）国立国会図書館・憲政資料室所蔵。本稿では山本四郎編『寺内正毅日記――一九〇〇～一九一八』（京都女子大学、一九八〇年十二月）を利用させていただいた（以下、『寺内日記』と略する）。同書四九八頁。

（3）外務大臣官房文書課『倉知鐵吉氏述 韓國併合の經緯』（一九五〇年四月）。この間の経緯については、外務官僚出身で統監府外事局長を務めた小松緑の著作である『朝鮮併合之裏面』（中外公論社、一九二〇年九月）にも詳しい。

（4）『明治天皇紀』巻十二（吉川弘文館、一九八〇年十二月）明治四十二年七月六日条、同書二五四頁。

（5）前掲『倉知鐵吉氏述 韓國併合の經緯』五頁。

（6）『明治天皇紀』巻十二、明治四十三年六月三十日条、同書四一二・四一三頁。

（7）『寺内日記』、五〇七頁。

（8）『寺内日記』、五一〇頁。

（9）警察側の責任権者たる統監府参与官（韓国内部次官）である岡喜七郎の鳥取県知事への転出とも連動するこの人事異動に関しては、寺内と桂の往復書簡（一九一〇年六月八日付け）も残されており、憲兵警察への移行を画策する首相と陸相の具体的なやり取りの一端を知りうる（千葉功編『桂太郎関係文書』東京大学出版会、二〇一〇年一月、同書二六八頁、同編『桂太郎発書翰集』東京大学出版会、二〇一一年一月、同書二八六・二八七頁）。

（10）『寺内日記』、五一四頁。

（11）『〔旧韓国〕官報』第四七〇九号、一九一〇年七月二十日付。

（12）保護国期における日本人官吏の任免に関しては、拙稿「保護国期の大韓帝国における『お雇い日本人』」（森山茂徳・原田環編『大韓帝国の保護と併合』東京大学出版会、二〇一三年二月）を併せ参照していただけると幸いである。

（13）国立国会図書館・憲政資料室と、山口県立大学附属図書館に分かれる形で、秋山が執筆して陸軍内で供覧されたと考えられる謄写版・陸軍罫紙使用の書類が残っており、その一部は国立公文書館に所蔵される「韓國併合ニ關スル書類」にも綴じ込まれている。その内、「合併後半島統治ト帝國憲法との關係」は山本四郎編『寺内正毅関係文書 首相以前』京都女子大学、一九八四年三月、同書六三～七〇頁にて翻刻されており、また山口県立大学所蔵分は、海野福寿編『外交史料韓国併合』下、不二出版、二〇〇三年十一月、同書六八五～六九三頁にて翻刻されて収録されている（しかし海野編の同書には編集・削除されている部分があり、引用の際には原本にあたる必要あり）。なお、この中で唯一、「明治四十三年五月」と明記が確認できる「韓國合併ニ關スル件」は、『秋山雅之介傳』（秋山雅之介伝記編纂会、一九四一年五月）同書一二九～一三一頁にも引用されており、右の書類が秋山の執筆であることはほぼ間違いない。

（14）『寺内日記』、五一三頁。

（15）小松緑前掲『朝鮮併合之裏面』同書八九～九八頁。ただし、「併合準備委員会」という名称は正式のものではなく、小松の著書以外には登場しないことから、おそらくはかくなる通称として使用されていた可能性が高い。

（16）『寺内日記』、五一六・五一七頁。

（17）『朝鮮ノ保護及併合』（朝鮮総督府、一九一八年三月）同書三一七頁。

（18）小森徳治『明石元二郎』上巻（臺灣日日新報社、一九二八年四月）同書四四〇～四四二頁に一九一〇年一月十九日付け寺内宛書簡が翻刻されて掲載されている（原本の存在は未詳）。なお、新規寄贈資料中には一九〇九年十二月二十九日付けの寺内宛書簡が含まれており、内容は一進会・内田良平の動向に関する報告である。本書一一九〜一二二頁を参照されたい。

(19) 寺内正毅宛・明石元二郎書簡（一九一〇年六月二十五日付け、国立国会図書館・憲政資料室「寺内正毅関係文書」所収）。同書簡は尚友倶楽部編『寺内正毅宛明石元二郎書翰』（芙蓉書房出版、二〇一四年四月、同書二六頁）に翻刻の上で収録されている。

(20) 前掲『朝鮮ノ保護及併合』の第一章・第十二節「警察権委任」（同書三〇二〜三〇五頁）。

(21) 『明治天皇紀』巻十二、明治四十三年六月二十九日条、同書四二四・四二五頁。なお、寺内の日記は同月十二〜二十九日の記事を欠いており、寺内本人の細かな動静は不明である。

(22) 『松井茂自傳』（松井茂先生自伝刊行会、一九五二年九月）。

(23) 『寺内日記』、五一七頁。

(24) 『明治天皇紀』巻十二、明治四十三年七月十二日条、同書四三七頁。

(25) 『寺内日記』、五一七頁。

(26) 『防長新聞』一九一〇年七月十六日付二面、「寺内統監の出發」。

(27) 『防長新聞』一九一〇年七月十九日付二面、「寺内統監の動静」。

(28) 『防長新聞』一九一〇年七月二十一日付二面、「寺内統監の出發」。

(29) 『防長新聞』一九一〇年七月二十二日付二面、「寺内統監の赴任」。

(30) 吉田源治郎『日韓併合始末』（一九一一年）。同書は不二出版（海野福寿編・解説『韓国併合始末関係資料』〈十五年戦争極秘資料集補巻7〉一九九八年十一月）、および龍渓書舎（『韓国併合史研究資料㊹』二〇〇五年十月）からそれぞれ影印復刻されている。なお、吉田の執筆当時の肩書き（階級）は第二師団司令部附の参謀（騎兵大尉）。

(31) 「韓國併合條約交渉開始及其完結期ノ豫定ニ關スル件」（八月十三日付・寺内韓国統監発・小村外務大臣宛電報・第二五号、『日本外交文書』『日本外交文書』第四十三巻第一冊、日本国際連合協会、一九六二年一月、同書六七五頁）である。

(32) 「朝鮮總督報告韓國併合始末」（朝鮮総督子爵寺内正毅から内閣総理大臣侯爵桂太郎宛、明治四十三年十一月七日）の本文中に引用されて収録（国立公文書館原蔵、前掲『韓国併合始末関係資料』同書一三〜二三頁）。

(33) 「併合後ノ韓國皇帝ノ稱號及國號ニ關スル韓國側ノ希望承認ノ件（一）」（八月十七日付、寺内韓国統監発・小村外務大臣宛電報・第三三号、前掲『日本外交文書』第四十三巻第一冊、同書六七八頁）。

(34) この間における寺内ら統監府側と韓国政府側のつばぜりあいに関しては、新城道彦『天皇の韓国併合』（法政大学出版局、二〇一一年八月）の第一章「韓国併合と王公族の創設」を参照されたい。

(35) 徳富猪一郎『兩京去留誌』（民友社、一九一五年九月）同書二二六頁と二二七頁の間に挟み込まれている。

(36) 『朝鮮總督府官報』第八〇号（一九一〇年十二月三日付）。

(37) 『寺内日記』一九一〇年六月三日条、同書五一三頁。なお、梅謙次郎は、こののち韓国へ出張調査に赴くが、併合条約調印直後の八月二十五日に京城で急逝している。

(38) 拙稿「韓国統監府・朝鮮総督府における〈旧慣〉の保存と継承」（『東アジア近代史』一四、二〇一一年三月）。

(39) 『明治四十五年行政整理顚末書』（朝鮮総督府）。

(40) 萩原彦三『私の朝鮮記録』（私家版、一九六〇年八月）同書二三頁。

(41) 宇佐美内務部長官発・寺内総督宛て書翰（一九一五年十一月五日付）、国立国会図書館・憲政資料室蔵「寺内正毅関係文書」書翰の部A三四二—二。

(42) 林市蔵「奇行ともいふべくば」（『宇佐美勝夫氏之追悼録』

一九四三年十一月）同書七五頁。内務官僚出身の林市藏（一八六七～一九五二）は寺内総督時代に東洋拓殖株式会社の理事を務めていた。

（43）小原新三「五十五年の知友宇佐美勝夫氏」（前掲注42書、九一頁）。

（44）有吉忠一「宇佐美勝夫君を追憶して」（前掲注42書、一一〇頁）。

（45）國分三亥「追憶一斷面」（前掲注42書、一二六頁）。

（46）關屋貞三郎「嗚呼、尊敬すべき先輩」（前掲注42書、一二九頁）。

（47）萩原彦三「寺内さん大塚さん」（和田八千穂・藤原喜蔵編『朝鮮の回顧』近澤書店、一九四五年三月、同書七九・八〇頁）。

（48）この朝鮮総督府「試補」に関しては、李炯植『朝鮮総督府官僚の統治構想』（吉川弘文館、二〇一三年三月）に収録されている「一九一〇年代朝鮮総督府の人事政策――朝鮮総督試補を中心として」に試補採用組の全氏名・入庁年・主な官歴等が一覧で掲載（同書八九～九一頁）となっており、通覧に便利である。

（49）萩原の文章中にも見えるように、例えば試補として採用した者に軍人の護衛を付け、一九一四年八月から十月にかけて清露との国境地帯に派遣（今村邦典・杉本良・高武公美の三名、いずれも一九一四年一月採用）し、その調査結果を報告書として提出させ、さらにこれを執務参考用に印刷に付している程である（『國境地方視察復命書』朝鮮総督府、一九一五年三月）。

（50）前掲『私の朝鮮記録』は萩原の古稀を記念して刊行された私家版の自叙伝であり、ゆまに書房「植民地帝国人物叢書」朝鮮編の第十一巻に影印で収録されている。

（51）穂積真六郎『わが生涯を朝鮮に』（友邦協会、一九七四年三月）同書一五四頁。

（52）中野正剛『我が觀たる滿鮮』（政教社、一九一五年五月）同書五頁。

（53）中野正剛『滿鮮の鏡に映して』（東方時論社、一九二一年三月）同書一一二・一一三頁。

（54）『總督訓示集』（朝鮮総督府、一九一三年十月）、『總督訓示集 第二輯』（朝鮮総督府、一九一六年五月）、『總督訓示集 第二輯追録』（朝鮮総督府、一九一七年一月）。

（55）山縣五十雄『朝鮮陰謀事件』（セウルプレッス社、一九一二年十二月）。なお、ソウルプレスは民間の英字新聞社であるが、同書奥付によれば同書の印刷所は「朝鮮総督府官房総務局印刷所」とあり、明らかに朝鮮総督府の準公刊物としての扱いである。なお、同書を含めて不二出版より一九八六年一月に『百五人事件資料集』（全四巻）として影印復刻されている。

（56）『寺内日記』、五二七頁。

（57）「總督の去來」（『朝鮮總督府月報』二巻十二号、一九一二年十二月）同誌一五一頁。同記事によれば、「キタタキ」「トキ」「コウライウグイス」「ブッポウソウ」「ヤマショウビン」の鳥類に加え「縞鼠（しまねずみ）」の剝製、さらに「砂金石」「雲母鉄鉱」の鉱物標本であったとされる。なお、最近公刊された『昭和天皇実録』第一（宮内庁編、東京書籍株式会社、二〇一五年三月、同書六一六頁）には大正元年十一月二十二日条の記事として「朝鮮総督寺内正毅より博物標本として鳥獣剝製六箱・鉱石一箱が献上される」とある。

（58）宇佐美勝夫「軌道に乗るまで」（貴田忠衛『朝鮮統治の回顧と批判』（朝鮮新聞社、一九三六年六月）同書一二八頁）。この漢詩は寺内の日記にも収録されており（同書五七四頁）、また新規寄贈資料（資料番号：一紙・冊子之部8―25―2）に側近の久芳直介が筆写したとおぼしき草稿が含まれている。

（59）鳥居龍藏『ある老学徒の手記』（朝日新聞社、一九五三年一月）同書一五三頁。

(60)『寺内日記』、明治四十五年三月十一日条（同書五二九頁）、大正三年九月六日条（六四五頁）。

(61)『寺内日記』に加え、『朝鮮總督府月報』の「雑録」欄、さらに『元帥寺内伯爵傳』をもとにした。

(62)『寺内日記』、四〇六頁。

(63)前掲『元帥寺内伯爵傳』四四二～四四四頁。

(64)『朝鮮駐箚軍歴史』二六九～二七〇頁。

(65)同公司の経営状況に関する基本的な事項に関しては、塚瀬進「日中合弁鴨緑江採木公司の分析」（『アジア経済』三一巻一〇号、一九九〇年十月）を参照のこと。また、あくまでも寺内や陸軍首脳部の「満鮮一如」構想から同公司の位置づけに着目した論考ではあるものの、菅野直樹「朝鮮・満洲方面からみた寺内正毅像の一断面」（『東アジア近代史』一六、二〇一三年三月）も併せ参照されたい。

(66)『寺内日記』、四〇八頁。

(67)在奉天萩原総領事発・林外務大臣宛（一九〇七年六月十九日付）機密第一二六号「趙将軍ヨリ寺内陸相へ提示シタル覺書譯文進達ノ件」（「鴨緑江岸営林関係雑纂」／『日本外交文書』第三九巻第一冊、一九六〇年、同書七五〇～七五二頁）。

(68)吉田茂『回顧十年』第四巻（新潮社、一九五八年三月）同書一三三・一三四頁。

(69)『寺内日記』、四〇九頁。

(70)前掲『回顧十年』第四巻、同書九四頁。

(71)『朝鮮總督府官報』一九一三年二月四日付、第一五二号。ただし、これは吉田と寺内の関係もさることながら、一方で間島問題を抱える間島総領事館の領事も朝鮮総督府書記官に兼務発令がなされており、のちにこうした措置は奉天総領事館や哈爾浜領事館などにも拡大している。逆に朝鮮総督府の警察官が独立運動に関する情報収集のために上海総領事館をはじめとする在外公館に派遣されていくことを考えると、外務省と朝鮮総督府における一種の「人事交流」の端緒に、まずは鴨緑江における森林伐採の問題があったと考えるべきであり、それはさらに日露戦争期にまで遡るものであると言えよう。

(72)吉田茂記念事業財団編『吉田茂書翰』（中央公論社、一九九四年二月）同書四六三～四六七頁。

(73)寺内朝鮮総督発・石井外務大臣宛電報「露国太公殿下無事安東ご出発ノ旨報告ノ件」（「露国皇族「ジョルジュ、ミハイロヴィッチ」太公訪日一件／『日本外交文書』大正五年第一冊、一九六七年一月、同書三九九頁）。

(74)『朝鮮總督府月報』一巻二号（一九一一年七月）同誌九三～一一二頁。なお、各地の様子として『臨時恩賜金授産事業寫眞帖』（朝鮮総督府、一九一三年一月）に現場の写真が収められている。

(75)『朝鮮統治三年間成績』（朝鮮総督府、一九一四年一月）同書二九～四八頁に収録の他、『元帥寺内伯爵傳』（六五一～六六六頁）にも引用されている。

(76)坂口二郎『野田大塊傳』（同刊行会、一九二九年二月）同書三五六頁。九州歴史資料館に所蔵されている野田の日記によれば、一八九五（明治二十八）年四月十一日から同月二十五日までの日程で仁川・京城・釜山を訪問し、日本公使館・領事館関係者への陳情を行っていることが確認される。

(77)三浦直次郎の木浦勤務期、およびその後の統監府技師時代に関する個人文書はマイクロフィルムで福岡県立図書館に所蔵されている（『平成八―十二年度筑後川流域水利関係資料調査 福岡県古文書等調査報告書 第十五集』福岡県立図書館、二〇〇一年三月）。三浦直次郎の韓国・朝鮮勤務に関しては前掲の拙稿「保護国期の大韓帝国における『お雇い日本人』」も併せ参照願いたい。

(78)『陸地棉栽培沿革史』（木浦商業会議所内）陸地棉栽培十周年紀念会、一九一七年四月）同書六四頁。

(79)『史蹟木浦』（木浦府、一九三九年十一月）同書四五～四七

頁。なお、写真は右掲『陸地棉栽培沿革史』巻頭に収録されているものである。

(80)「紀念植樹ノ状況」(『朝鮮總督府月報』一巻四号、一九一一年九月、同誌七六〜七八頁)。

(81)『第六回朝鮮總督府記念植樹御案内』(一九一六年、国立国会図書館憲政資料室蔵「寺内正毅関係文書」書類の部四四九―一二、および『朝鮮の林業』(朝鮮総督府農林局、一九四〇年十二月)同書八五・八六頁。

(82)石黒の自伝(『石黒忠悳懐舊九十年』博文館、一九三六年二月、一八七・一八八頁)には西南戦争で右肩の上膊骨を銃弾で粉砕された「寺内大尉」が大阪臨時病院に後送されてきた際、傷口の化膿に苦しむがあまり、切断を懇願する寺内を石黒が思いとどまらせた場面が記されている。

(83)篠田治策『間島問題の回顧』(一九三〇年八月)三八頁。

(84)『統監府臨時間島派出所紀要』(統監府臨時間島派出所残務整理所、一九一〇年三月)。

(85)「朝鮮總督府救療機關」(『朝鮮總督府月報』一巻四号、一九一一年九月)同誌六二・六三頁。

(86)徳富蘇峰記念塩崎財団編『徳富蘇峰記念館所蔵 民友社関係資料集』(三一書房、一九八五年五月)同書三四二・三四三頁に翻刻収録。なお、同文は尚友倶楽部児玉秀雄関係文書編集委員会編『児玉秀雄関係文書Ⅰ 明治・大正期』(同成社、二〇一〇年五月)同書四七〜四九頁にも収録されている。

(87)寺内から蘇峰に宛てた書翰は、一八八六年から一九一九年までの二十五通(酒田正敏・坂野潤治他編『徳富蘇峰関係文書』〈近代日本史料選書7―2〉、山川出版社、一九八五年七月)、一方、蘇峰から寺内に宛てた書翰は、一八九五年から一九一九年までの五十九通(および新規寄贈分の八通)が確認できる。

(88)『寺内正毅関係文書目録(付)岡市之助関係文書目録』(国立国会図書館、一九七一年六月)。

(89)実際、新規寄贈資料の書翰には「四十四年中、友人書翰、徳富猪一郎、大島義昌、後藤新平」「明治四十五年〇田中義一〇後藤新平〇徳富猪一郎」との書き入れがある封筒に入れられているものが多く含まれている。

(90)前掲『民友社関係資料集』所載の「蘇峰の東京と京城の往復状況」(同書五五〇・五五一頁)によれば、一九一〇年から一九一七年にかけて二十回にわたり、それぞれ十日から二週間程度の日程で東京と京城を往復している。

(91)前掲「兩京去留誌」一一七・一一八頁、「書籍學の大家」。前掲『民友社関係資料集』に翻刻で採録されている蘇峰自筆の「朝鮮所得簿」(一九一〇年十月〜一九一二年十月)・「両京往復雑誌」(一九一三年一月〜一九一七年四月)にも、頻繁に浅見・鮎貝らが登場するとともに、蘇峰が朝鮮の古書肆で買い求めた典籍の書名と買入価格が記されている。

(92)高麗史料としての詳細な書誌に関しては、櫟翁稗説を精読する会「『櫟翁稗説』訳注(一)」(『年報 朝鮮學』一四、二〇一一年十月)所載の森平雅彦氏による解題を参照されたい。

(93)徳富猪一郎『蘇峰自傳』(中央公論社、一九三五年九月)同書四七五頁。

(94)国立国会図書館・憲政資料室所蔵「寺内正毅関係文書」書翰の部A三三〇―四三。

(95)『朝鮮半島史編成ノ要旨及順序 朝鮮人名彙考編纂ノ要旨及順序』(朝鮮総督府、一九一六年九月)。

(96)『朝鮮舊慣制度調査事業概要』(朝鮮総督府中枢院、一九三八年二月)、および『朝鮮史編修會事業概要』(朝鮮総督府朝鮮史編修会、一九三八年六月)を参照のこと。

(97)詳細な経歴に関しては大村友之丞『朝鮮貴族列傳』(朝鮮総督府印刷局、一九一〇年十二月)同書八九〜九一頁を参照されたい。

(98)前掲『元帥寺内伯爵傳』(「逸話零聞」一五四・一五五頁)。

(99)「京日意見書」(徳富蘇峰の自筆草稿、一九一六年三月九日付、前掲『民友社関係資料集』に翻刻収載、同書三四八〜三五一頁）。

(100)「答弁書」（一九一六年三月二十日付、前掲『民友社関係資料集』に収録、同書三五一〜三五三頁）。なお、同文書は楷書にて文体が整理された体裁をとっており、寺内個人の私見というよりは、朝鮮総督府の上層部による公的な見解と理解すべきであろう。

(101) 前掲『蘇峰自傳』四七三頁。なお、徳富蘇峰における一連の活動については、柴崎力栄「徳富蘇峰と京城日報」（『日本歴史』四二五、一九八三年十月）も参照されたい。

(102) 大蔵経印出の経緯に関しての詳細は、拙稿「寺内正毅と朝鮮総督府の古蹟・史料調査」（伊藤幸司編『寺内正毅ゆかりの図書館 桜圃寺内文庫の研究』勉誠出版、二〇一三年三月）を参照されたい。

(103)「大藏經奉獻顚末」（『朝鮮彙報』一九一六年四月）。執筆者は小田幹治郎。

(104) 川上善兵衛（市井三郎・滝沢誠編）『武田範之伝』（日本経済評論社、一九八七年五月）同書七三一頁に照影が掲載されている。

(105)『寺内日記』、六七一頁。国立国会図書館・憲政資料室の寺内文書にも同行した嘱託の黒田甲子郎が執筆したと見られる「大正四年三月総督南鮮巡視誌」（山本四郎編『寺内正毅関係文書 首相以前』京都女子大学、一九八四年三月に翻刻されたものが収録、同書一四〇頁）が残されている。

(106)『朝鮮總督府官報』第二二七号（一九一一年六月三日）。

(107)『寺内日記』、四八七・四八八頁。

(108)『寺内日記』、五二三頁。

(109)『寺内日記』、五二四頁。

(110)『寺内日記』、五六二頁。

(111) 目録番号：2―28―5（本書一八一頁）。

(112)『寺内日記』、五六九頁。

(113)『寺内日記』、六二九頁。

(114)「第二回朝鮮齒科回顧座談會」（『滿鮮之齒界』五巻五号、一九三六年五月）同誌七頁。

(115)『寺内日記』、六四四頁。

(116)『寺内日記』、六四四頁。

(117) この経緯に関しては、『富田儀作傳』（私家版、一九三六年八月）に詳しい。

(118)『寺内日記』一九一三年二月十一日条、五八三頁。

(119)『東洋拓殖株式會社三十年誌』（一九三九年八月）。

(120) この時期における野田の政界工作について、本格的に野田の日記を利用した研究として、有馬学「東拓時代の野田卯太郎」（『西南地域の史的展開〈近代篇〉』思文閣出版、一九八八年一月）を参照されたい。

(121)『朝鮮總督府官報』号外、一九一四年八月二十四日付。

(122) 詳しくは、海後宗臣編『臨時教育会議の研究』（東京大学出版会、一九六〇年三月）、『資料臨時教育会議』第一〜五集（文部省、一九七九年三月）等を参照のこと。また『臨時教育會議関係文書目録』（国立教育研究所、一九七七年十月）には事務局の日誌が収録されている。

(123)『臨時教育會議要覧』（一九一九年）一五頁。

(124) 前掲『資料臨時教育会議』第一集に所収の「解説」（佐藤秀夫執筆）二六頁。

(125) 山本四郎編『寺内正毅内閣関係資料（下）』（京都女子大学、一九八五年三月）同書九五・八一一〜八一三頁。

(126) 前掲『臨時教育會議要覧』四四頁。

(127) 国立国会図書館・憲政資料室の寺内文書には、一九一六（大正五）年五月付けの勝田から寺内宛に「朝鮮銀行の拡張」、「満洲内金融機関の整理統合」に関する意見書が含まれている（目録番号「書類の部」四三九―三二、前掲『寺内正毅関係文書 首相以前』同書四四〇〜四五八頁に収録）。

(128) 前掲『元帥寺内伯爵傳』同書九五七頁。

(129) 北村敬直編『夢の七十予年』（平凡社・東洋文庫四〇、一九六五年四月）同書二三四頁。
(130) 山本四郎編『西原亀三日記』（京都女子大学、一九八三年二月）同書二九四頁。
(131) 『防長新聞』一九一九年十一月十二日付二面、「荘厳盛大なりし寺内伯埋骨式」。
(132) 『防長新聞』一九四一年二月七日付三面、「英傑寺内正毅伯爵遺徳追憶碑除幕式 宮野村の舊趾で擧行」。

◉座談会◉

桜圃寺内文庫の可能性——新出資料が語る近代日本

〈司会〉　山口輝臣（九州大学大学院人文科学研究院准教授）
〈コメンテイター〉有馬　学（福岡市博物館長・九州大学名誉教授）
〈パネラー〉伊藤幸司（山口県立大学国際文化学部准教授）
千葉　功（学習院大学文学部教授）
永島広紀（佐賀大学文化教育学部准教授）
日比野利信（北九州市立自然史・歴史博物館学芸員）
（＊肩書きはシンポジウム開催時のもの）

第一部は、寺内多恵子氏から山口県立大学へ寺内正毅関係資料が寄贈されたのを記念し、山口県立美術館講座室において平成二十六年（二〇一四）一月二十九日から二月二日まで開催された「宮野の宰相・寺内正毅とその時代——桜圃寺内文庫新規寄贈資料展」にあわせて、二月一日に山口県立山口図書館レクチャールームで開催したシンポジウム「桜圃寺内文庫の可能性——新出資料が語る近代日本」にかかるパネル報告四本（伊藤幸司・千葉功・永島広紀・日比野利信）と、それを受けておこなわれたディスカッションを活字化している。ディスカッションは、山口輝臣氏を司会として、まずパネル報告四本に対するコメントを有馬学氏からいただいたうえでおこなわれた。

山口　それではディスカッションを始めたいと思います。まず最初に、今日の報告についいて、有馬学さんにコメントをいただきたいと思います。九州大学名誉教授で、現在は福岡市博物館の館長でいらっしゃいます。日本近現代史研究の第一人者としてご活躍なさり、『日本の近代4「国際化」の中の帝国日本』（中央公論新社、一九九九年）や『日本の歴史23　帝国の昭和』（講談社学術文庫、二〇一〇年）などのご著書がございます。

有馬　こんにちは有馬です。まず一つ目ですが、今日のシンポジウムの皆さんの発言の中にもありましたけれども、寺内はその人に関する本格的な伝記が無い、あるいはちゃんとした研究が無い。さまざまな政治史研究あるいは政軍関係の研究の中で、もちろん寺内はしばしば言及されますし、ある場合主役なんですが、寺内その人にそくして見ていくと、まとまって寺内を論じた研究というのはそんなに無いというお話がありました。そんなに無いのみならず、どこかやっぱり、寺内という人は一般にネガティブなイメージで語られることが多い。まあ、簡単に言えばあんまり人気のある政治家ではないんですね。何であんまり人気がないのかなというお話をちょっとさせていただこうと思います。もう一つは、陸軍の軍人であった人物が文庫を作るということについて、ちょっと付け足しのような話をさせていただこうと思います。

まず最初のほうなんですが、私、実は中野正剛という政治家についてちょっと調べて卒業論文を書いたことがあります。中野正剛という人は彼の周囲に居た人たち、あるいは戦後その系譜に連なる人たちによって、もっぱら東条内閣と対立して東条批判をやって、憲兵隊に拘束されて最後は割腹自殺したという、そういった側面から語られることが多い。つまり独裁政治を批判して闘った政治家というところから逆算していって、中野という政治家のイメージを作ろうという語り方が非常に多い政治家なんですね。そういう語られ方の中で、いくつかあるその出発点の語りというのがありますす。彼は最初新聞記者として出発するわけで、その出発点に近いところで、併合後の韓国に行きます。大正時代のごく始めですが、朝日新聞の特派員として京城（ソウル）に行くんですね。その時に、「総督政治論」という文章を書きます。これが中野の伝記を書く人たちにとっての、中野の政治的なキャリアの初期における一つのトピックなんですね。この「総督政治論」というのはどういう中身かというと、寺内朝鮮総督のいわゆる武断政治をこっぴどく正面から批判した文章であるということになるわけです。そうすると、そこから何が引っ張り出されるかというと、中野正剛という人はまあファシストみたいに言う人もいるけど、実は独裁政治に反対の、あるいは官僚による統制に反対のそういう立場の政治家であったんだというお話がそこから出てくるわけですね。それはそれで良いんですけども、本日紹介の資料のなかに徳富蘇峰の書簡、寺内宛の徳富蘇峰の書簡というのがあります[1]。これは一九一一年の五月の書簡で、先ほど永島さんのほうから、やがて蘇峰は寺内と喧嘩しちゃうからあんまり寺内のこと言わなくなるっていうお話があったので、だからその前なんでしょうね。本文のほう、最初のところを見ますと、真ん中あたりから「却説東都言論界ノ模様ヲ見ルニ、表面総督ノ武断ヲ攻撃シツヽ、内心敬畏ノ念ヲ生シ、流石ニヱライ到頭ヤリ附クルダロー申ス情態ニ候間、何卒此際急速ニ御政策ニ変化ナキ様、即チソロ〳〵と手ヲ御緩め被遊候方可然歟と愚考仕候」とあるわけですね。東京の新聞は総督武断政治批判というのを華々しくやっているけども、いやその実、寺内なかなかやるじゃないかと思っているんだと。まあこれは蘇峰が寺内に、私もいろいろご協力できますよということを言っている手紙なので、字面通りというわけにはいかないんですけども、いわゆるメディアの寺内に対する批判なるもの、あるいは総督政治批判、武断政治批判なるものは、やはりメディアの言説自体をもう少しきちんと検討し直す必要があるのかなというふうに思いました。それとあわせて、これも先ほどから話題に出ていますが、寺内総督時代の朝鮮統治についても、まだまだ再検討する余地があるのではないかと思うんですね。

近年では韓国併合について新しい観点からの研究がいろいろ出されてきております。例えば、新潟大学（現在はフェリス女学院大学）におられますけども、新城道彦さんという若い研究者がお書きになった『天皇の韓国併合』（法政大学出版局、二〇一一年）という本がありますが、これは日本の韓国統治の過程で韓国の王室に対する対応というのがいかに重要な問題であったかということを、非常に丁寧に実証した大変面白い研究だと思うんですね。それによりますと、韓国の王室に対して日本は併合の際に極めて手厚い対処をするというのが一つの大きな特色となっています。その時に、寺内は李王家というように、まさに韓国の王室に王を名乗らせるわけです。これなんかは、なかなか難しい問題があったんだろうと思うんですね。しかしながら寺内って人は、例えば宮内省からの反対とかがありながら、それらの反対を徹底的に押し切ってやっちゃうわけですね。なんであそこまで、手厚い対応をさまざまな政治勢力の反対を押し切ってやったんだろうかというふうなところから考えていくのも、一つの考え方だろうと思います。その時、寺内自身が何を考えていたのか、どういうイメージを持っていたのかということは、まだきちんと明らかにされていないように思うんですね。だからそういうことも含めて寺内の研究、寺内の政治手法・政治構想、あるいは韓国統治の手法といったものも含めて、もう一回見直す必要があるんじゃないのかなというふうに思います。

次に、寺内っていう人がどうもあまり評判が良くないというか、人気が無い。この人気のなさというのは、長州閥の先輩のある人物の人気のなさに似ている。それは山県有朋なんですね。例えば同じ明治の元勲でも伊藤博文と比べて、何で山県のほうがこんなに一方的に人気がないのかなと思うんです。伊藤より山県の方が特別悪かったとも思えないんですけども、なんかそれは寺内の人気のなさとちょっと似ているようなところがあるんですね。それはどういうふうに似ているかというと、要するに寺内批判というのは、常にある人物あるいはある政治集団が、自分の立場を正当化する時の標的として寺内批判というものがなされるわけですね。で、その時に寺内からの距離の遠さといいますか、俺は寺内とは違うみたいな、寺内ないしはその政治勢力とは違うんだよということが、自分がいかに立憲的であるか、民主的であるか、民主的政治家であるかということを示す一つの指標になっちゃうんですね。これは山県の場合と全く同じだっていうふうに私なんかは思う。山県との距離がどのくらい離れているかが、自分がいかに民主的な政治家であるかを示す指標として働いていくっていう面がある。これ実は、寺内批判とか山県批判っていうのは、その骨格は両方とも寺内や山県と同時代の人物によって語られているってことなんですね。批判の形式というのは、その同時代にすでに成立していて、後々の人はそれを繰り返していくわけですよ。これが戦後の研究者まで踏襲されてしまっているのではないかというのが私の見立てで、戦後の研究者においても、何のことはない同時代の寺内批判、山県批判を繰り返しているだけじゃないのという面がですね、全部が全部とはいいませんけど、あるんじゃないのかなと。そうすると、山県とか寺内について、ともかくまず資料に基づいて検討してみて、それから議論しようじゃないのっていう見直しがですね、なかなか進まないっていうのもある程度理解できるような気がするんですね。だって私が正しいことを示してくれる座標なんだから、その座標を見直しちゃったら、私が正しいことも見直さなきゃいけなくなっちゃうわけですね。なかなか人はそんなことしませんよね。そのあたりが山県なり寺内なりの政治的な位置というものをもう一回実証的に再検討しようという見直しが、全然無いとは言いませんけれども、進まない一つの要因ではないのかなと思います。違う言い方をすると、同時代の批判というものを繰り返すかのような言説というのは、研究者としてはやっぱり相当怠慢ではないかというふうに私なんかは思います。ですから、これはもうすでに今日登壇された皆さんが強調されていることですけれども、今回の新しい資料の整理、公開というものを契機にですね、千葉さんが言われたように、泣き別れになっている寺内関係文書全体を横断的に眺めて、研究し議論するということがさらに進んでいけばいいんじゃないかというふうに思います。

最後にさっき申し上げた付け足しですが、私、児玉文庫のことはよく知らなかったんですけれども、陸軍のですね、位人臣を極めた軍人が文庫を作って地域教育の資に供しようという発想はとても面白いなあと思うんですね。先ほどからスライドでも出てきましたけれども、実際に（寺内文庫は）学生さんの勉強のための図書館として機能していた。そうするとですね、ちょっと思い当たるのが、同じ陸軍の中の薩派のまあ頭目みたいな人で上原勇作という人がいますね。寺内の後で陸軍大臣になる人で。この人は厳密には薩摩本藩ではない都城の出身の人ですが、実は都城に上原文庫というのがあるんですね。これもやや経緯は似ていて、ただしこの上原文庫はそのための独立の建物があったわけでもないし、そこに、一次資料も同時に存在したわけではなくて、図書・雑誌だけなんです。上原勇作のもとに集まった書籍および雑誌を一般の図書館のように閲覧に供しようというので、上原は都城町に寄付をして、これが現在の都城市立図書館ですか、都城町の図書館の一つの有力な資源になったという事情がありまず。これはその後、長い間顧みられずに書庫の一角に眠っていたんですけど、何年か前に友人や学生さんと一緒にこれを整理をして、今、都城市立図書館内で別置されております。これは内容的に言うと、軍事関係の図書、それから雑誌が非常に多いのが特徴です。特に在郷軍人会の地方支部の雑誌なんていうのは大変貴重なもので、研究者にとって非常にありがたいものなんですが、それは今、私が近代史研究者の立場から言うことであって、別に上原は後世、歴史研究者が貴重な資料として使うだろうと思ったわけではなくて、都城の青少年に勉強して貰う、今日の若い人たちの育成に役立てて貰うというつもりで、これを文庫として寄付したんだろうと思うんですね。(2) 別にだからといって今すぐ何か気の利いたことが言えるわけではないんですが、そういう考え方が陸軍の軍人さんの、しかも大将になり大臣になるような、あるいは参謀総長になるような軍人さんの間にあったということは、非常に興味深いことで、明治陸軍の上層部というのがどういうとこから出てきたのか、育っていったのかということを考える上でも、ちょっと興味深い現象だなというふうに思いました。そういう意味でも寺内文庫というものの存在は面白いなと考えています。

山口　ありがとうございました。お話は大きく二つあったのではないかと思います。一つは寺内という人物、伝記は無いのにイメージだけが先行していて、しかもそのイメージっていうのは必ずしも明るいイメージではなくて、ネガティブな、あるバイアスのかかったイメージが先行している、それが一体どういうことなのかというようなお話が一つ。それと寺内を含めた陸軍あるいは軍人が図書館を作る、地域にそういうものを作るっていうことの面白さが二つ目であったと思います。

まずは最初の方の、伝記が無いのに何故かネガティブなイメージだけが先行している寺内というところについて、ちょっと議論ができたらと思うんですが、その一番前提にあるのは全く無いわけではないんですが、例えば他の首相クラスの政治家と比べた時に、とりあえずこれを勧められるというふうな伝記が無いというのが現状だと思うんですね。ここに、今、登壇している人物の顔ぶれの中で、もし伝記を書くならこの人であろうと思われる千葉功さんに聞きたいのですが、そもそも何故寺内の伝記が無いのか、そこのところを大正の政治史を専門とされている立場から、答えていただけるとありがたいのですが。

千葉　明治期の政治家、特に元老クラスの政治家は、幕末から明治国家ができる際に、あらゆるところに後輩とか部下がいて、亡くなると、井上馨にしても桂太郎にしても伝記編纂会というのが作られたのですね。それで、お金を集めてきて、ジャーナリストとか、もしくは研究者とかに委託して、伝記を作ることになります。今から言うと顕彰的なのですけれど、その顕彰でも色々レベルがありまして、やっぱりお金と手間をかけられる政治家の伝記は厚いですよね。今言いましたように、井上馨の『世外井上公伝』、それから桂太郎の『公爵桂太郎伝』などは、いかに顕彰する意図があるにしても、政治家の所蔵する史料まで発掘して、書簡とか書類とかいった原資料を翻刻して載せる。このことは両刃の剣でありまして、膨大な手間暇をかけたうえに、場合によっては意図した顕彰と逆の効果になりかねないわけなのです。けれども、明治の元老クラスの政治家は、やはりそこまで手間をかけるのですよね。それで、さきほどの寺内と徳富蘇峰が喧嘩したということに話を絡めますと、桂太郎・山県有朋・松方正義といった伝記群は、徳富蘇峰が最初に作った、桂の『公爵桂太郎伝』乾巻・坤巻の成功で、後に山県が蘇峰に伝記執筆を依頼するということになるので、やはり桂・蘇峰関係が大きかったわけです。一方、寺内があの蘇峰と喧嘩別れして伝記が無いということは、逆に良いかもしれない。つまり、『公爵桂太郎伝』に関していいますと、本当に良く出来ている伝記でありまして、桂が死んですぐに、桂邸で伝記編纂の事務室を作って、書簡を整理してそれを一部翻刻して伝記をつくるわけです。それで、研究者は『公爵桂太郎伝』の、特にその資料を引用したところを昔から使っているのですよね。ただし、資料引用のところは使えるのですけれど、地の文は結構蘇峰の解釈が入っているのではないかというのが私の感想であります。特に日露戦争の直前の時期の伊藤博文vs.桂太郎というのは、本当に桂太郎—徳富蘇峰側の解釈のような気がします。また、「桂太郎関係文書」の中には徳富蘇峰の書簡はないのですね。先ほど言いましたように、桂太郎の伝記編纂を依頼された徳富蘇峰は、山県からの書簡とかを整理して翻刻しているのだけれど、蘇峰自身の書簡はない。これがどこへ行ったのか、隠滅しているのかも、わかりません。というわけで、しっかりとした伝記があるということは、逆にそれに引きずられる可能性がある。寺内の場合は、黒田甲子郎の伝記（3）を研究者は誰も使わないと言っては失礼ですけれど、実際誰も使わないですし、一方でその喧嘩別れした徳富蘇峰の寺内あての書簡が、先ほど有馬先生が仰ったように、束のままで残っているわけです。伝記がないということは逆に、新資料、生の資料から立ち上げて、これから色々と物事を考えていくうえで面白い材料となってくるのではないかという気がします。

山口　ありがとうございます。一つは明治期の元老と呼ばれるような存在と違って、編纂会が出来て大物の執筆者を雇って、資料の収集も一からするというような体制が築けなかったという寺内特有の事情と、それともう一つは伝記が無い伝記が無いと言い続けたけれども、必ずしもそれ自体は悲観するべきことではなくて、むしろ無いことを積極的に捉え返して自分たちで書けば良いというお話であったと思います。で、そうした伝記を書いていくとかいうことになった場合、やっぱり人生の幾つかのところに当然アクセントが置かれるということになっていくと思います。その大きなアクセントとして間違いないのは朝鮮時代だと思います。朝鮮時代の寺内について例えば今後、新出資料やその周囲のものも集めてこんなところに着眼したら、寺内の像がさらに今までとは違うものになっていくんじゃないかと、そうしたところについて、永島さん、いかがでしょうか。

永島　今、司会の山口先生のほうからも御指摘がありましたとおり、今回整理にあたったメンバーが今後において寺内の評伝が作れるか作れないかはともかくとして、そのようなものを作っていく方向へ、あるいは学会に発信していくということを念頭に置かざるを得なくなっているのかなというふうに思います。

先ほどの千葉先生のお話に若干付け加える形で、また司会の山口さんからのお話に繋げていきたいところではあるのですけれども、千葉先生が仰ったように、ほとんど伝記らしい伝記が無いといわれますが、唯一そうしたものを編んだ黒田甲子郎は——「こうしろう」と読むのかは明治の人たちの名前は自分たちでも結構いろんな呼び方をしておりますので、なかなか名前が確定できないところがありますが、仮に「こうしろう」というふうに呼んでおきます——、こう言っては失礼ですけれどもほとんど無名の方ですね。

ただ、断片的に残っている資料類を調べてみますと、もともと新聞記者だったことがわかります。そして満鉄に勤務していて、満鉄で広報関係の仕事をしていたところで、先ほどのどなたかの報告の中でもちらっと触れられたと思いますけれども、寺内が満鉄設立の委員長となりますので、その時にどうもコネが出来たみたいです。[4] ただ、その後は一旦は東京に帰ったようで、出身地がどこかもよく分からない方なのです。けれども、是非、今後何か関係資料が出てきたらいいなという一人ではあるのです。

結局、彼は寺内の私設秘書的な立場というか家令というか、総督にずっと張り付いて、一種の秘書的な仕事をやっていた。だから伝記の中でも自分の話として、寺内の前で酔っ払ってしまってベッドに寝かされた思い出とかいうような内容を書いているぐらいなのですね。その黒田さんというのは、朝鮮総督府でも一応は嘱託という形で仕事をもらっていまして、雑多な仕事をしていたみたいです。例えば、朝鮮総督府が出していた月報といいますか、月刊雑誌の編集なんかをやっていたみたいですね。

そういうことで黒田は公文書でありますとか、私信でありますとか、寺内のもとに集められる、あるいは集まってくる、あるいは寺内から発信される記録類というものを、実際に起案して、――組織に属された方は誰しも分かることと思いますけれども、偉い人は文章を書きませんので、下っ端がだいたい、草案を作って上に上げていくということが往々にして行われるわけですが、寺内の場合もそうであります――、逆に寺内の場合は、末端の事務の人たちの書類まで全部目を通していたということが語り草になるくらいに、逆に言うとうるさい人であったし、細やかであった。黒田は、それこそ係員のように、そういうことをずっと取り仕切った人だったみたいです。

寺内文庫というものの基本的性格は、今で言うところの市民図書館のような教育図書館的な側面という比重が極めて重いと思うのです。そして、どうも資料の残り方、あるいはその後の分散の仕方というものを考えますと、やはりこれは黒田甲子郎なる人物によってある程度セレクションされているのではないかと思われます。手紙類とかはちょっとよく分からないところもありますけれども、いわゆる朝鮮総督府の資料、書類、それも一次文書の類というものは、まず国会図書館の憲政資料室に大量にありまして、その中の一部分、ほんの十か二十くらいの数のものですけれども、それが山口にも点在しております。まさしくどのような経緯で、というのはなかなかチェックしづらいところがありますけれど、黒田という伝記作者のセレクションによってそれが為されたところがあるということを考えますと、先ほどの桂の伝記なんかの話とも重なってくるわけなのです。

けれども、その文庫が作られたということの基本的な性質というのは、やはりどうしても寺内個人の顕彰ということも当然念頭に置かれていたでしょうし、それ以上に、集められた文物というものが、これはプライベートな図書館のレベルをもう完全に超えていると言いますか、ぜひとも展示なり山口県立大学の書庫なりをご覧になって頂ければと言うふうに思うのですけど、古今の和漢洋書の類から朝鮮で集めた古文書の類とかですね、そういうものまでジャンルとしては極めて豊富であります。そういう文庫が作られていったということというのは、いわゆる図書館史というか図書館学的に考えても面白い話だと思いますし、一政治家の伝記が作られていくというプロセスの話でもあろうと思います。

そこからさらにちょっと強引ではありますけれど、千葉先生の最後のまとめのところでも集約されていますが、寺内内閣の話とか、総督の話、あるいは陸軍大臣の話というのが、今後、もしかしたら作られるかもしれない評伝というものの核にそれぞれなっていくというふうには思うのです。その中でいわゆる朝鮮総督という、これを武断的なものというのは、さっき有馬先生から仰っていただきましたように、当時のマスコミがそういうふうに叩いているということで、何を持って武断というのかというのがなかなか難しいところではあります。しかし、そういう言葉が生きていた、あるいは一人歩きしたというのは事実だというふうに思われます。

ただ、これは私の報告の中でもちらっと申し上げましたように、もちろん政治家でありますし軍人でありますし、いわゆる異国を統治することの重みというものは、そんなに良いことやったとかですね改革をしたとか、そんなような話で回収できるようなものでは、もちろんないのであります。かつて寺内と長谷川好道が武断統治をやったというふうに、一言で切り捨てられてしまったものを丹念に切り分けていくと、それほど単純な話ではないでしょう、というのが率直な私の立場と言いますか感想です。今後も深めていきたいのは、特に先ほどの黒田の話、伝記を書いた黒田などは朝鮮総督府に勤めていた時の総督の地方巡行・地方視察の詳細な日記類というか記録類をたくさん残してくれているのですね。にもかかわらず、彼がどこで何を見たか、というような話からすらちゃんとまだ確定できていないところもあります。

逆にそれを確定しようと思えば、それが可能な日記や記録もある。そこでこれは伊藤先生に後でご紹介いただきたいのですけれども、すでに図書館のほうにある寺内の資料にも含まれておりますし、今回の新規の資料の中にもあります写真資料にはかなり面白いものがあります。とりわけ朝鮮半島の古い物が映り込んでいます。あるいは全体的にいえば文化財である古蹟や寺社などが好んで写されて、これらが寺内の許に集められているということです。いわゆる武断統治期といわれる彼の総督の在任期に、何が起こっていたかということを刻々と詰めていく作業が求められる一方で、今まで詳細な伝記が無かったからこそ、寺内文庫の資料を活用することで、そのへんに繋げていけるのではないかなというふうに思っている次第であります。

山口　ありがとうございました。没後一年ぐらいでしたか、編纂された伝記というのがございまして、それを作ったのが、今、紹介のあった、黒田甲子郎という人物で、その人の伝記というのは、まあ何ていうか、プロが作ったのとはちょっと違うスタイルのもので、回想だとか黒田本人が接した時の言葉だとかそういうものが入ってるんですね。ですが逆に言うと、資料がこれだけ整ってきたぶん、そういうものが逆にいろんな形で使えてくるというような面もある。もちろん彼が選別をしたことによって現在残っているなら、あの資料が丸々生の状態で残っているわけじゃないんでしょうが、まあそうした側面が逆に今後の課題として、今後の可能性として開かれてくるというお話であったかと思います。もう一つは伝記編纂と桜圃文庫のような文庫形成の関わりといった、今までほとんど誰も考えたことがなかったような研究課題も提示していただけたように思います。

伝記の話の続きでまいりますが、先ほど千葉さんのお話で、寺内とそれ以前の元老、例えば、桂ぐらいまでとの大きな違いがいくつかあると仰った中で、一つは、幕末・維新期の描き方というのがあります。元老の伝記のパターンというのは大体、幕末・維新期に大活躍して、それがその後の行動のバネになっていくというふうな形になるんですが、寺内のようなもう少し下の世代、「第二世代」だと、同じパターンをそのまま使うわけにちょっといかない。なんとかそれに近い話にしようとは思うんだけれども、寺内の場合は一八五二年生まれですから、維新の時にはまだまだ十代半ば。そんな大きな活躍をするのはちょっと難しい。しかし、今回の新出資料の中には幕末・維新期のもの、それも同時代的なものではなくて、遡及的に集めたんではないかと思われるような資料群が結構あるんですね。で、こうしたところから、いろんなことが考えられそうだということが日比野さんのお話の一つの隠れたテーマだったんではないかと思うんですが、そういうのをもとにして、若き頃、どちらかというと世に本格的に出る前の寺内像について、こんなことがひょっとしたら言えるんじゃないかといったことに関して、日比野さんの方からお願いします。

日比野　今のお話ですけれども、ここにもいろいろ本も持って来ていますけれども、やっぱり伝記の面白さというのは一生を通して書くということ、だから公私ともにというところがあります。その場合、児玉源太郎にしても桂太郎にしても乃木希典にしてもそうだと思うんですけれども、やっぱり若い頃というんですかね、いつ生まれたのかという世代の問題から始まって、若い時にどういう体験をしたかというところがとても面白いんじゃないかなというのが一つ。

そうなりますと、一八五二年に生まれた寺内正毅は十代半ばで明治維新を迎えます。これは明らかに「第二世代」に属しまして、なんとか実戦には間に合った。参加は一応するんですけれども、正直、そう取り立てて、誇るような活躍は第二世代では当然ないわけでございます。ところが、「第一世代」の人たちの中でも当然すぐ亡くなる方々ですね、幕末に亡くなった方々もいっぱいいます。明治の早い段階で亡くなった人も多いでしょうし。そういう方々と違って生き残った「第一世代」の人たちが、自分たちの幕末維新をどう語るのかということもあります。それと同時に、当然ですけれども、その次の世代の人たちが、近代日本の出発点であるところの明治維新、明治維新は出発点だというところも重要なポイントにはなりますけれども、そのあたりをどういうふうに考えるのかということ、語っていくのかということが大事になろうかと思います。

そこで、いま山口先生のお話がありましたように、今回紹介しております、例えば吉田松陰の肖像画（軸巻5）があって、それに賛がある。これは安政の大獄の時に描かれた著名なものなのですが、寺内は大正の、ほぼ人生の晩年になりまして、その写しを自分の近しい絵描きに描かせて、自分がそれに賛を入れるというようなことをやっています。それから、これもまた収集だと思いますが、徳川斉昭の「志士幽人之書」(軸巻3)。そういう類のものがあって、これらは後から自分の一生を考える時に、その出発点をどこに置くのかなという、そういう課題を形成しているだろうと思います。このあたり、伝記を書くのであれば、他とも比較しながら、本人の語りと、しかしそれ自体をまた、一回引いたところで評価していくような視点が必要かなと思っています。

もう一つ。先ほどはご紹介しませんでしたけれども、寺内本人が藤田東湖の詩とか、長州藩の関係者の詩とか、いろいろな文書なんかを集めて写しまして、それにおそらく当時だろうと思うんですが「長防之臣」と書く。「長防之臣」と書いたのはその時点なのか、これも後付けなのかという問題もありますけれども、やっぱり若い頃に尊皇攘夷を志していて、若いからこそ「第一世代」とは違う考え方とか反応とか希望というものもあったのじゃないかというふうに思いますので、まあそのあたりもあわせて考えていく。余程変わった取り組みをしない限りは、伝記は若い時から書くと思いますので、その出発点をどう書くかということは非常に興味深い論点じゃないかなというように思います。以上です。

山口　ありがとうございました。桜圃寺内文庫の資料のなかには、同時代というか若い頃のものも少し残っているんですよね。しかも、若い頃を振り返るぐらいの歳になって、昔欲しかったようなものを少しまた集めたりしている。そのあたりから、いろんなことを考える切っ掛けになるし、また資料の難しさみたいなものも教えてくれるのかなと思います。こうした作業を積み重ねていって、もし仮に伝記がなんとか上手い形にまとまったとすればですね、寺内自体が先ほどの有馬先生のお話ですと、ネガティブなシンボルになっている、おそらくそこのイメージも何らかの形で揺らぐはずで、寺内のしっかりした伝記というものは、単なる寺内の伝記を超える、大正期の政治外交史、或いは場合によってはもっと広く近代日本のイメージを大きく変えてくれるかもしれない。そして、そうした試みの可能性を今回の資料は教えてくれたと考えれば、ディスカッションの副題につけられている「新出資料が語る近代日本」はあながち嘘ではないかなというふうに思える次第です。

伝記の話はこのくらいにいたしまして、続いてもう一つお話があった陸軍軍人が文庫を作るということについて、ちょっとお尋ねしたいと思います。これは伊藤さんにお尋ねすることになります。今回は新出資料に焦点が当たった関係で、桜圃寺内文庫全体の話はやや後ろに引いてしまったような感じがあるんですが、先ほどの上原文庫のほうは陸軍関係の雑誌なんかの収蔵という点に特徴があって、興味深い点というお話しでした。そういうものと比べた時に、桜圃寺内文庫の場合はどのような点に特徴的なものがありますでしょうか。収蔵物レベルでも良いですし、あるいは地域との関わりとか、場合によってはその後の変遷とかでも構わないと思うんですが、桜圃寺内文庫はいくつかある文庫の中で、こんな特徴があるよということを中心にお話頂ければと思います。

伊藤　なかなか簡単には言えないお題です

ね。まず、なんとなく感じたところを先にうかがっておきたいと思います。さきほど、千葉先生が、元老クラスの人が亡くなった後に、お金を投じて伝記を作るというようなことを言われていたと思いますが、例えば寺内家の場合は、文庫を作るためにお金を使ってしまったから、そのような伝記がつくられなかったという可能性はあるのかなと何となく思いましたので、その点をおうかがいしておきたいと思います。

千葉　伝記でしっかりしたのが無いということとの相関関係は、直接的な相関関係があるかどうかは分かりませんが、寺内にとってやはり文庫というのは大きかったとは思います。

伊藤　ひょっとしたら、この文庫にかなりの私財を投じてしまったから、伝記ができなかったのではないかと思った次第です。いずれにしても、正毅の生前からお金が足りなくて、文庫自体もなかなか建たなかったんですね。そして、遂に彼が生きているうちには、完成しなかったのです。文庫設立の資金は、もちろん寺内家の私費でしたが、さらに毛利家の助力や日露戦争後の明治天皇からの下賜金も主に宛てられたようで、それらを投入して無事建つということになったわけです。この文庫の建物自体は、今や大分傷んでいますが、九十二年前に建てられたものです。ちょうど今日が二月一日ですから、開庫してから約九十二年ぐらい経っているということですね。[5] 当時としては、最新の鉄筋コンクリート造りで、四つ位の四角いボックスをつなぎ合わせたようなデザインとなっています。典型的と言ったらおかしいかもしれませんが、まあ典型的な大正建築物です。大正時代に建てられた建築物は、明治時代の煌びやかな、いっぱい装飾があるようなものではなく、質実剛健なデザインで建てられています。当時としては最新技術を駆使して建てられたようです。現在、建物の中に入ることはできないのですが、床はリノリウムが敷かれていますし、相当お金をかけて建てたということがうかがわれます。

　そして、その中に入っていた資料ですが、まず、おそらく寺内家からそのまま引き継いだような日本の和本が相当量ありました。そして何と言っても、注目されているのが朝鮮関係の書物、そして文物であります。ただ、朝鮮関係の文物といいましても、それはオンリーワンのようなものであるとか、日本に無理矢理持ってきたという逸品というよりは、多くは当時の朝鮮で手に入れることができるような、どちらかというとありふれたような朝鮮本や古文書を、こちらに持ってきているようです。もちろん、中には良い物も当然ありましたが。本日、（シンポジウム会場の）ロビーで展示しておりますのは、山口県立山口図書館に伝来している寺内文庫旧蔵の朝鮮関係の本ですが、『七書大全』シリーズのうちの『詩伝大全』を出しています。これなんかは相当良い物です。しかし、多くの朝鮮本は決して稀少本ではありません。

　面白いのは、いわゆる朝鮮古文書です[6]ね。それが、かなりあります。おそらく、当時のことですから、没落した両班《ヤンバン》あたりの家文書なんかがかなり流出していたと思うのですが、寺内正毅はそういったものを買い集めたのだと思います。なぜ、そんなものを集めたのかなと思うのですが、おそらく朝鮮の古文書というのはこんなようなものだよというようなサンプルとして集めたんじゃないかと推測しております。なんといっても、文庫は教育図書館的なものを目指していたわけですから、朝鮮を知り得るためにもサンプル的に朝鮮資料を集めたんだと思います。古文書も、かなりの種類の古文書があるのが一つ特徴となっているのも、そのあたりが関係しているのではないかと考えています。

その他、拓本類がかなりありますね。総督府が『朝鮮金石総覧』[7]という本を編纂していますが、おそらくその本を作る前段階で、半島にある石碑の拓本を調査する際に集めた一部が、県立大学にあるようなのです。残念ながら、本学にある拓本は、総督府が編纂した金石総覧には入っていないやつなんですね。だから、その点を今後どう考えていくのかということがあります。また、朝鮮半島だけではなくて、中国大陸方面の拓本もあったりします。例えば、現在、西安の碑林博物館にあります「大秦景教流行中国碑」という、唐時代の中国にネストリウス派キリスト教が入ってきたことを記念した碑がありますが、その拓本とかがあります。半島だけじゃないところのものが結構あるので、おそらくかなり目配りを広くして集めていたんじゃないかなと感じています。

あと面白いのは、先ほど永島さんが言われていましたが、山口県立大学には写真アルバムがかなりあります。近年、近代史研究のほうでは写真資料というのが注目を集めていると漏れ聞いていますが、そういった情況にあって寺内文庫の写真資料というのは、従来それほど使われることもなく埋もれてきたわけです。写真については、今回新しくいただいた資料の中にも、集合写真が多いですが面白いものがかなりあります。もともと山口県立大学にある写真は、寺内が朝鮮半島を巡見・視察した時の様子の写真や、朝鮮半島で古蹟調査、いわゆる文化財調査をしたときの様子の写真がかなりあります。おそらく、総督府なんかが撮影したものを、台紙に貼ったような写真帳が何冊かあるのですが、当然、そんなのは出版もされているわけではないので、山口県立大学にしかないものと思います。いずれにしても、当時の朝鮮半島の現状みたいなものが非常によく分かるわけです。現在では有名な観光地になっているようなところが写っているものもありますが、それが今から一〇〇年くらい前は、かなり荒れていたような状態であったということが、写真を見るとよく分かります。ただ、その写真がどこで撮られたものなのかが書いてあるものもあれば、何も書いていないものもあります。写っているものが何なのかを確定していくのが、今後の課題ではないかと思っております。このあたりが文庫として、本学の寺内文庫の特徴としていえるのではないかと思っております。こうした山口県立大学の写真資料をデジタルスキャンして保存し、いずれは図録みたいな物を出しつつ、将来的にはインターネット上に電子寺内文庫みたいなのを構築して、誰でもアクセスできるようにしたいなぁと妄想しております。

山口　ありがとうございました。地域に対する図書館として創設されているわけですから、いわゆる普通の本もあるんですが、それ以外に朝鮮本、朝鮮の古文書、拓本類、写真といった、ある意味大変寺内と縁がありそうなものも所蔵する特徴のある文庫だと言うことがわかりました。しかも、そうしたものが建物とともに残っているということは、貴重なことで、誇るに足るべき事と感じた次第です。

先ほどご報告の中で、乃木の書簡というのが出て参りました。展示室の方でご覧になって頂ければ分かるんですが、今回の目玉の一つと言ってもいいものです。あれが桜圃寺内文庫内の宝物室というところに展示されていたということも同時代の資料で分かる。そういう意味で、今回の資料のある部分は少なくとも、かつてから桜圃寺内文庫にあったということが確認されるという点でも、この乃木の書簡は極めて興味深いものです。それではさまざまな新出資料が出てきたと思うんですが、そうしたものもやっぱり桜圃寺内文庫にあったと思われますか。これは現状で資料的に確認できることではないので、感触で一向に構わないんですが。

伊藤　やはり基本的には、国立国会図書館の憲政資料室にある寺内正毅関係文書と、もともとは一体だっただろうと思われる資料が、現在の山口県立大学に伝来しているので、それが山口県立大学に伝わっているということは、もともとすべてが山口の桜圃寺内文庫にあって、戦後、寺内家のある神奈川県の大磯町にそれが移され、その後、寺内家から国会に入ったと思われます。そして、そういう類の物が、山口の桜圃寺内文庫にあったということは、やはり寺内正毅の顕彰館的な役割も担っていた桜圃寺内文庫に今回いただいた資料の大半が、特に軸物などのような重要文物は必ず山口の文庫にあったと、私は推測しております。

山口　ありがとうございます。桜圃寺内文庫は寺内の顕彰館を兼ねた社会教育の機関だったということが、分かってきつつあるようです。社会教育という言葉もある意味大いに大正時代っぽい表現ですが、これと陸軍、軍閥のトップ寺内というと、どうも一見すると合わないんですが、それがここではちょうど重なっている。これを合わないと考えている我々のほうが何かどこかで考え違いをしちゃってるんで、そうしたものを考えるきっかけにも、今回のこのシンポジウムはなれば良いかなと思っております。

本日のシンポジウムには、場合によっては私なんかが出るよりも、はるかにこちらの檀上に本来いるべきではないかという方がいらっしゃっておりまして。先ほどから伝記伝記と言っておりますが、我々よりも寺内の伝記を書く可能性が高いかもしれない方が、何人かおられます。ですので、もしよろしければですね、「あ、俺のことか」とお思いの方はコメントをいただければと思うんですが。あのフロアのほういかがでしょうか。小林さん、お願いできませんか。

小林　北九州市立大学の小林道彦と申します。日比野さんのご発表の中で、僕の仕事にも何回か言及していただきまして大変嬉しく思っております。思いついたところからお話ししていきたいと思いますけれども、明治陸軍と申しますとなんとなく私たちはメッケルとかドイツの影響をイメージします。確かに一八七八年の参謀本部の独立はこれは明らかにドイツ軍制ですが、同時にこれはあまり知られていませんが、あの児玉源太郎が尊敬していた軍人はモルトケではなくナポレオン一世なんですね。自分はフランス語を勉強して、フランスに留学して、フランス軍制のルーツを学びたいということを、普仏戦争でフランスが負けてからも児玉源太郎はずっとそういう考えを持っているわけです。おそらくはその時に、児玉源太郎にフランス語のテキストを紹介した人間は、これは寺内じゃないのかなと私は思います。ちょっと話は飛びますが、吉田茂が安東領事として大正期に赴任していたんですが、その時に吉田は寺内に大変可愛がられているんですね。吉田茂の回顧録を見ると、いろんな軍人や政治家、外交官の思い出話が書かれているんですが、そこで一番吉田がページ数を割いて言及しているのは、外務省の先輩の平民宰相原敬ではなくて寺内なんですね。これは一体何なのだろうか。原と寺内がフランス語あるいはフランスに対する非常に深い教養という点で共通点がありました。児玉源太郎も一般的にはドイツ派と言われているんですが、これはおそらくは昭和期になって日本がドイツに急接近し始めてから、日本陸軍のシンボル的な性格というものを明治期に投影して作られた神話ではないかと私は考えております。児玉源太郎と寺内の関係は大変面白くて、僕も若干自分の評伝の中で言及したんですが、児玉が明治二十四年から二十五年にかけてドイツに留学する時に、寺内からいろいろ渡欧心得などをアドバイスしてもらってまして、二人は非常に密接な書簡の遣り取りをしているんですね。児玉は寺内に女性問題についても非常に含蓄に富んだ評言をしております。これは相当親しくないと書けないもので、非常に印象的でした。

それから、朝鮮統治関係で寺内が武断派だというイメージは確かに存在いたします。最近、憲政資料室に入った資料で、寺内が日露戦争の最末期、明治三十八年に長谷川好道と往復した書簡がございます。この長谷川の書簡が大変面白い。長谷川は当時朝鮮駐箚軍の司令官でした。これは明治三十八年のたぶん春くらいだと思うんですが、長谷川は寺内にこんなことを書いています。表現の正確性は今手元にテキストがないので保証できないんですけど、韓国は「魔人跋扈の魔界である」と書いてあるんですね。「魔人跋扈の魔界」に多くの質の悪い日本人が絡んで、実は色々悪事を働いている。自分はもうこれ以上、韓国に軍司令官として関わるのが嫌なので、一刻も早く北咸軍司令官にでも任命して、ロシア軍と一戦を交えたいと、戦場に出たいということを一生懸命、長谷川は寺内に言っているんですね。そして寺内も返信の中で、お前の気持ちはよく分かるというふうに答えています。長谷川というと三・一独立運動時の朝鮮総督です。寺内も初代朝鮮総督です。本来だったら寺内は長谷川を叱咤激励して、愚痴などこぼさずに朝鮮統治に邁進させているはずなんですが、実際には長谷川は非常に苦しんでいて、もう辞めたいと、とにかく自分は戦場に出たい、戦場で戦いたい、武人として本来の使命を全うしたいと述べているんですね。面白いのが、伊藤博文が韓国統監になる時に、統監に陸軍の指揮権を与えろと言って山県と衝突するんですが、その時に寺内は伊藤に賛成しているんです。寺内が統監に軍事指揮権を与えることに非常に固執して、山県の反対を押し切って伊藤の側について、韓国統監という文官が軍隊の指揮権を持つという、昭和期の統帥権干犯論争から見たら信じられないような事態が起こっている。おそらくは児玉源太郎も伊藤・寺内に味方していると私は考えております。先ほどの「魔人跋扈」云々、不良日本人云々、そういう言葉を単に字面の上で見るんじゃなくて、当時の韓国統治の実態の中で、もっと具体的に見ていかないといけないんじゃないか。ちなみに『原敬日記』には「不良日本人」の一例として何人かの政治家の名前が挙がっております。彼らは朝鮮国王の印璽を偽造するか盗むかして悪事を働こうとしたわけです。そういうようなことに寺内は非常な違和感を感じていたんじゃないかなと思います。いずれにせよ寺内に武断的な政治家、あるいは武断的な軍人というレッテルを貼って裁断するというのは、明らかに一昔前の古いイメージ・歴史観なんじゃないかなというふうに私は考えています。

山口　ありがとうございます。いろいろと論点が広がる、まあ逆に言うと、今回の新出資料はすばらしいものである、けれどもそれだけじゃやっぱり駄目で、周囲周辺の資料を上手く照合して使っていく、それによってその可能性がさらに広がるんじゃないかというお話だったと思います。寺内はフランス語ができるという話があって思い出したのは、我々が資料調査をしてる時にまあフランス語の手紙がいっぱいあるんですね。そうしたものも、しっかり研究に使える人が出てきていただければと思っております。では、そろそろ時間も迫って参りましたので、最後にコメントを頂いた有馬先生からもう一度お話をいただいて、ディスカッションを終わらせたいと思います。

有馬　今の壇上の討論、あるいは小林先生から非常に興味深いお話もいただきました。それらを伺っていて、なんとなく私がぼんやり思っていた感触みたいなものが、大体それでいいんじゃないのかなというふうに確信が持てたような気はするんですね。先ほどちょっと申し上げたような寺内に対するイメージ、教科書レベルでいうとその根源は、朝鮮統治とそれから米騒動というあたりにいくんではないかと思うんですけど、例えば寺内内閣期の寺内の政治姿勢とか、或いは初代の総督としての寺内の朝鮮統治とか、こういうものを巡る議論の特徴というのは、大抵の人がもう大体分かったものとして語るんですね。おおよそもう結論が出てるんじゃないのというところで議論を始めるといいますか、まあそこから始めたら議論にはならないんですけれども、やはり実は我々はまだまだよく知らないのだというところに立ち返って、もう一回きちっと事実を確認し直していく必要がある。何かが分かっているという態度で歴史に臨むというのは、これはもう非常に傲慢な態度で、やっぱり出発点は、我々はいかに分かっていないかというところから始めなければいけないだろうと思うんですね。例えば寺内のライフヒストリーの中の最初の巨大なトピックである韓国併合、それから初期の朝鮮統治ということについてもですね、私なんかがとっても気になるのは、彼の、なんていうのかな、朝鮮に対する寄り添い方というと変な言い方ですけれども、例えば、何で朝鮮館みたいなものを作ったんだろうか、あるいは何で朝鮮本を集めたんだろうか、そういうところからもう一回考えていってもいいんじゃないのかなというふうに思うんですね。ということは、ひいては、その当時の日本人にとって朝鮮というのは何だったのかという問題に繋がっていく。そのことを、伊藤さんのお話の中にもあったように、文字資料だけではなくて、桜圃文庫建物本体そのものも含めて、素材が我々の周りにあるわけですから、そこから考えるべきであろうかと思います。

私はまだ全体を拝見していないんですけれども、例えば写真資料がたくさんあるというふうに言及がありました。これも前々から関心があることなんですけれども、例えば純宗の、ということはあの高宗の次の皇帝ですけれども、要するに併合時の大韓帝国皇帝ですね。その純宗の西北巡幸というのがありまして、地方巡幸をやるんですね。平壌を中心に行くんですけど、その時の写真というのが残っているわけです。李垠という皇太子に梨本宮方子さんが嫁ぎますが、その李王夫妻の関係資料がソウルの古宮博物館に寄贈されています。その中に純宗の西北巡幸のアルバムがあります。当時はすでに京城に日本人の写真屋さんが何軒か経営をしているんですけど、どうも伊藤博文はそういうのを連れて行って写真を撮らせているんですね。何を考えてそんなことをしたのか、純宗の西北巡幸の写真を撮って、それをどうしようとしたのか、あるいはそのことがどういう意味があったのかというようなことに、非常に興味があります。それと関連して申し上げますと、上田貞治郎という写真館の持ち主がいまして、その人の関係資料を大阪市立大学が持っています。上田貞治郎も、京城に支店を作るんですけど、その甥にあたる人、この人も京城で写真館を経営していたんですが、その回想録が残っていまして、その中に興味深い記述があります。あるとき夜中に突然総督府に呼び出されて、居並ぶ高官の記念写真を撮らされた。今日は記念すべき日だから念を入れて撮るようにと指示されたが、後になって日韓併合が決定した記念写真だと分かったというんですね。まあ「決定」とはどんな意味での決定なのか回想の記述では分からないし、日付もわかりません。これ写真の現物は私は見たことないんです。もしかしたら寺内関係の写真を全部ひっくり返したらどこかにあるのかなという気もいたしますけど。ただ、わざわざ夜中に写真屋さんを呼び出したりするところを見ると、そういうことが結構大事だったみたいな気がするんですね。そういうことを含めて、初期の、伊藤統監時代から含めてですね、この人達の朝鮮半島に対する距離の取り方といいますか、あるいは身の寄せ方といいますか、そういうものは、もうちょっと丁寧に考えていくと、そこからいろいろ面白いことが出てくるんじゃないかというふうに思うんですね。

日本の地方官というのは、例えば県知事なんていうのは、わりと二、三年で、どんどん異動しちゃうんですが、朝鮮総督府の官僚って任期が長い人が結構多いんです。そうすると、もちろん植民地朝鮮を統治する側なんだけれども、彼らはずっと居る間に、自分がやっていることは誰のために、何をやっているのか、あるいは自分はどっち側の人間だっていうふうに考えるのではないかという疑問が、私なんか浮かぶんですね。何か政策を立案したり実施したりする時に、彼らは自分の位置というものをどこに置いてるのかなというふうに。そうすると、それは必ずしも日本、植民地本国あるいは帝国日本の側に自分が居て、統治対象、あるいは搾取対象、なんでもいいんですが、搾り取るために自分は何事かをなしているっていうふうに考えるのかと、本当にそういうふうな思考方法になるんだろうか、ちょっと違うんじゃないのかなっていうことを前々から考えるんですね。そういうことを延長してというか遡っていくと、じゃあ一番最初に朝鮮を植民地にした時、大韓帝国を併合した時の、そういう意味でいえば現地最高責任者である寺内みたいな人は、自分の位置っていうのをどういうふうに計っていったんだろうか。そういう疑問を解き明かそうとする作業の中で、さっきちょっと申し上げた、寺内の韓国王室に対する手厚い扱い、処遇というものを押し通す、宮内省の反対を押し切っても押し通すという、そういう政治手法の意味というのも、少しほぐれてきそうな気がするんですね。そういう意味で今回の資料を見直すことで、開かれていく地平が非常に広いなあというふうに感じました。

山口　ありがとうございました。みなさん、どうでしたでしょうか。桜圃寺内文庫、面白いよとか、可能性がありそうだなとかというふうに思っていただければ、大変ありがたい次第です。シンポジウムは、以上で終了です。どうも、ありがとうございました。

注

（1）桜圃寺内文庫寺内正毅関係資料目録（一紙・冊子之部3―2）。本書第二部の「宮野の宰相・寺内正毅とその時代」26を参照のこと。

（2）上原勇作は、桜圃寺内文庫が開庫した大正十一年（一九二二）の十二月十七日に文庫を参観している（『自大正十年十二月六日至大正十一年十二月三十一日桜圃文庫処務ノ概要』、桜圃寺内文庫寺内正毅関係資料目録（一紙・冊子之部21―15―2）。そして、彼自身、寺内文庫にも多くの書籍を寄贈している。その寄贈冊数は、今日知られる分だけでも一二六〇冊に達しており、哲学・教育・歴史地理・法政経済分野にわたっている（國守進「桜圃寺内文庫の成立」伊藤幸司編『寺内正毅ゆかりの図書館 桜圃寺内文庫の研究』勉誠出版、二〇一三年、一四頁）。

（3）黒田甲子郎編『元帥寺内伯爵伝』（元帥寺内伯爵伝記編纂所、一九二〇年）。

（4）それ以前、黒田甲子郎は陸軍士官学校の校長を務めていた時期の寺内正毅の教え子の一人で、士官学校を放校処分になっていた。

（5）桜圃寺内文庫建物の竣工は大正十年（一九二一）十一月十八日、開庫は大正十一年（一九二二）二月五日である。

（6）六反田豊「桜圃寺内文庫の朝鮮古文書解題」（伊藤幸司編『寺内正毅ゆかりの図書館 桜圃寺内文庫の研究』勉誠出版、二〇一三年）に、古文書の写真・翻刻・解説がある。

（7）朝鮮総督府編『朝鮮金石総覧』上（朝鮮総督府、一九一九年）、『朝鮮金石総覧』下（朝鮮総督府、一九二三年）。

第二部　資料が語る寺内正毅とその時代

凡例

○第二部は、寺内多恵子氏から山口県立大学へ寺内正毅関係資料が寄贈されたのを記念し、山口県立美術館講座室において平成二十六年（二〇一四）一月二十九日から二月二日まで開催された「宮野の宰相・寺内正毅とその時代――桜圃寺内文庫新規寄贈資料展」にかかる資料解説と、桜圃寺内文庫のなかの乃木希典書簡の解説によって構成した。ただし本書収録に際して、若干の加筆修正を行っている。

○展示は、公立大学法人山口県立大学が主催し、山口県・山口市・山口市教育委員会の後援をうけ、文部科学省「地（知）の拠点整備事業（COC事業）」にかかる山口県立大学共生研究部門「やまぐち学研究プロジェクト」による企画運営のもとでおこなわれた。

○構成は日比野利信が担当した。

○章解説は、導入を伊藤幸司、第一章・第二章・第四章を日比野利信、第三章を永島広紀が執筆した。

○資料の項目は、展示番号、資料名、発給年月日、形態、法量、資料番号の順に掲げ、解説を加えた。資料番号は、本書第三部の資料目録の番号に相当する。

○資料の解説は、左記のメンバーが分担執筆し、各解説の末尾に担当者を記した。
赤司友徳・伊藤幸司・内山一幸・永島広紀・野島義敬・日比野利信・藤岡健太郎・山口輝臣（以上、五十音順）

○乃木希典書簡の解説は、左記のメンバーが分担執筆し、各解説の末尾に担当者を記した。
赤司友徳・伊藤幸司・内山一幸・野島義敬・原口大輔・日比野利信・藤岡健太郎（以上、五十音順）

○翻刻は原則として常用漢字を使用し、適宜読点などを加えた。

宮野の宰相・寺内正毅とその時代

寺内正毅と桜圃寺内文庫

桜圃寺内文庫は、初代朝鮮総督・第十八代内閣総理大臣をつとめた山口市宮野出身の寺内正毅ゆかりの私設図書館である。大正建築で質実剛健なデザインの文庫の建物は、息子の寿一《ひさいち》によって建設され、大正十一年（一九二二）二月五日の正毅の誕生日にあわせて宮野の旧寺内家敷地内で開庫した。正毅は、文庫を広く一般に公開することで、郷土山口の子弟教育に貢献し、学界の利用研究にも対応できることを願っていたという。開庫後の寺内文庫は、まさに山口地域の教育図書館としての役割を十二分に果たしたのみならず、文庫の建物も山口宮野のランドマークとして親しまれた。

収蔵資料は、正毅の収集した蔵書を基礎としつつ、日本の古典籍のみならず、正毅が韓国統監・朝鮮総督時代に集めた朝鮮関係資料や、明治期以降に出版された洋装本など多岐にわたる。戦後、寺内文庫の建物と多くの蔵書が寺内家から現在の山口県立大学に寄贈されたが、一部の蔵書や文物は県立大学以外の施設にも分散して伝来している。また、旧文庫建物は現在の山口県立大学附属図書館の建物ができるまでの約三十年間、県立大学の附属図書館として使用されていた。現在に至るまで、開庫当時の建物と蔵書が残っている桜圃寺内文庫は、山口県立大学の重要な歴史の一部であるのみならず、山口地域の貴重な文化遺産といえる。（伊藤）

【01】寺内正毅自画像

大正四年（一九一五）八月十九日

紙本墨書掛幅装、一幅

一三三・七×四三・三

資料番号：軸巻2

（賛）五歳星霜向鉢巻唸声

【01】

「五歳星霜」は韓国併合（一九一〇年八月二十二日調印・二十九日公布）から五年の歳月が経過したことを指す。その間寺内正毅は朝鮮総督の任にあったが、韓国併合五周年を振り返り、「向鉢巻」で「唸声」をあげつつ総督としての職務に取り組んだというのであろう。寺内はその風貌と首相就任後の「非立憲」内閣とかけて「ビリケン」とあだ名されたが、自身このあだ名を気に入っていたらしい。（日比野）

一　維新の志士から帝国陸軍軍人へ

寺内正毅は嘉永五年（一八五二）長州藩士宇多田正輔の三男に生まれ、後に宮野村にあった母の実家・寺内家の養子となった。慶応元年（一八六五）に長州藩諸隊の一つ「御楯隊」に入り、第二次長州戦争（四境戦争）に参加、明治元年（一八六八）には「整武隊」の一員として戊辰戦争に参加、箱館まで転戦した。その後東京に留まって陸軍軍人としての道を歩んでいく。明治十年（一八七七）の西南戦争には近衛歩兵第一聯隊第一大隊第一中隊長として参戦、田原坂の戦いで負傷して右腕の自由を失った。そのため実戦よりも軍政に活躍の場を見いだしていく。明治十五年（一八八二）には閑院宮載仁親王に随行してフランスに留学し、帰国後は陸軍士官学校長、教育総監、参謀本部次長を経て陸軍大臣に就任した。こうして寺内は薩摩藩出身の大山巌や長州藩出身の山県有朋のもと、四年年長の桂太郎や同年の児玉源太郎等とともに日本陸軍の指導者として活躍した。（日比野）

【02】吉田松陰肖像画写

大正六年（一九一七）一月三日

絹本着色掛幅装、一幅

一二八・二×四〇・〇

資料番号：軸巻5

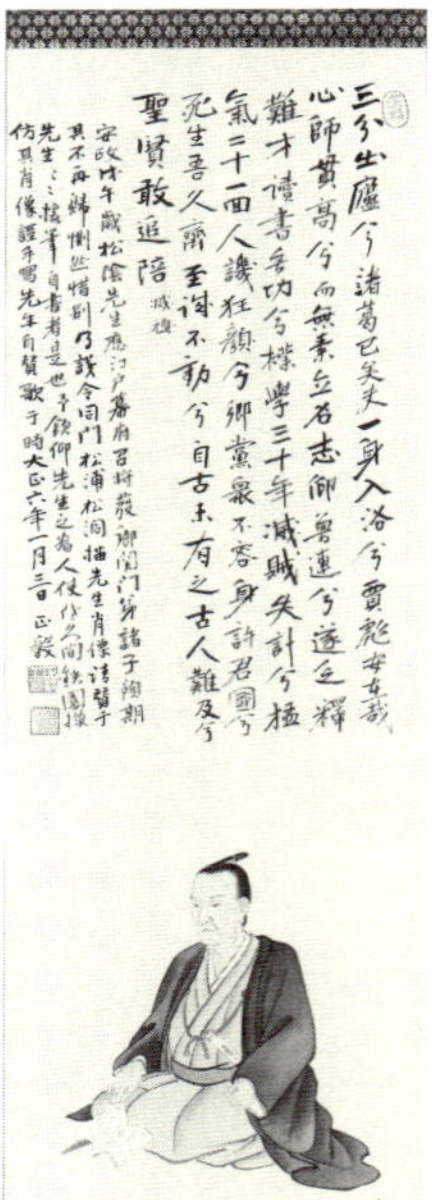

【02】

吉田松陰が安政六年（一八五九）安政の大獄で逮捕される直前、松浦松洞が松陰の肖像をえがき、松陰自ら賛を入れた作品をもとに、寺内正毅が佐久間鉄園に肖像を模作させ、自身が松陰の賛を写し入れたものである。松陰が刑死した際に寺内は満六歳であり、寺内は直接に松陰の指導を受けたわけではない。しかし明治維新を生きた旧長州藩士にとって松陰は精神的支柱であって、寺内にとっても例外ではなかったと思われる。（日比野）

【03】徳川斉昭二行書（志士幽人之書）

年代未詳

絹本墨書掛幅装、一幅

一一八・三×四〇・八

資料番号：軸巻3

志士幽人莫怨嗟　古来財大難為用

【03】

中国唐代の詩人杜甫の「古柏行」の一節を水戸藩主徳川斉昭が書く。「志の高い人びと、世俗を避けて生きる人びとよ。うらんではいけない。昔から大人物ほど世に用いられにくいものだ。」という意。斉昭は幕末の将軍後継問題で井伊直弼に敗れ、安政の大獄で蟄居に処され、間もなく急逝しており、この一節を以て失意を慰めようとしたのだろうか。寺内正毅がかつて水戸学に傾注していたことに関わって収集されたのかもしれない。（日比野）

【04】寺内正毅二行書（七言絶句）

大正四年（一九一五）年二月

絹本墨書掛幅装、一幅

一四四・七×三六・〇

資料番号：軸巻6

少時提剣出郷国　欲為君王捧一身

流水落花志難就　空迎六十四回春

【04】

朝鮮総督として京城（現在のソウル）在任中に六十四歳の誕生日を迎えた寺内正毅が記した漢詩。「少き時剣を提げ郷国を出て、君王の為一身を捧げんと欲す。流水落花志は就り難し。空しく六十四回の春を迎ふ。」と書き下す。「勤王の志士として国のため天皇のために身を捧げようとしてきたが、どれほど実現できたのか」という意になるが、寺内の忸怩たる思いというよりも強烈な自負心の現れと見るべきだろう。（日比野）

【05】〈閑院宮随行仏国留学に関する沙汰書〉

明治十五年（一八八二）十月十二日

紙本墨書巻子装、三通

一紙（二二・五×三〇・三）、一紙二枚継（一七・二×五九・八）、一紙三枚継（二〇・八×一八一・〇）

資料番号：軸巻12―1―1～3

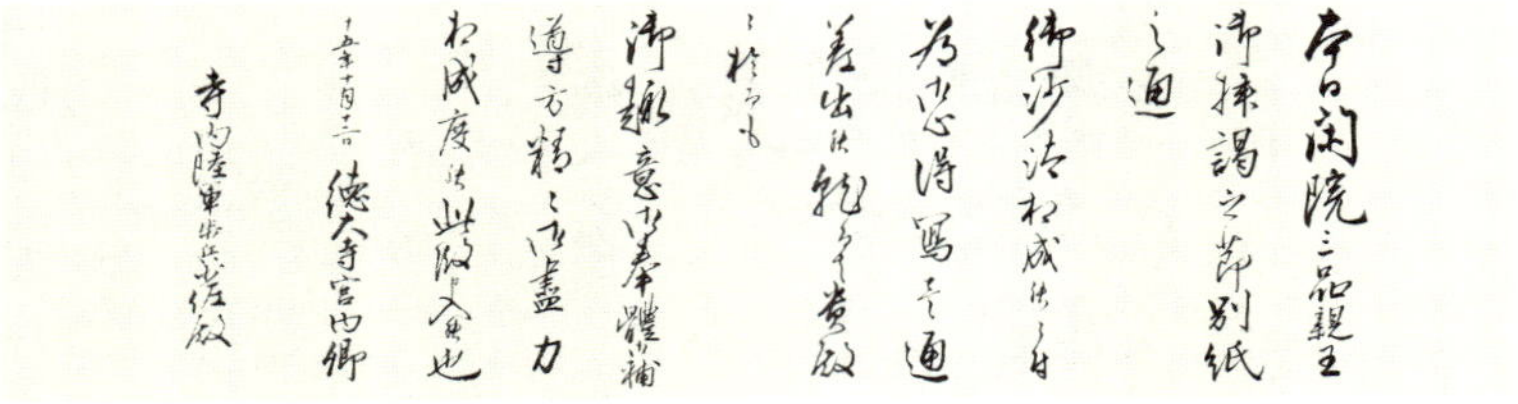

閑院三品親王
御拝謁之節別紙
之通
御沙汰相成候ニ付
為心得写差遣
差出候條可申達候
ニ於テモ
御趣意ニ奉體輔
導方精々注盡力
相成度候此段及申候也
十五年十月十二日　徳大寺宮内卿
寺内陸軍歩兵少佐殿

①

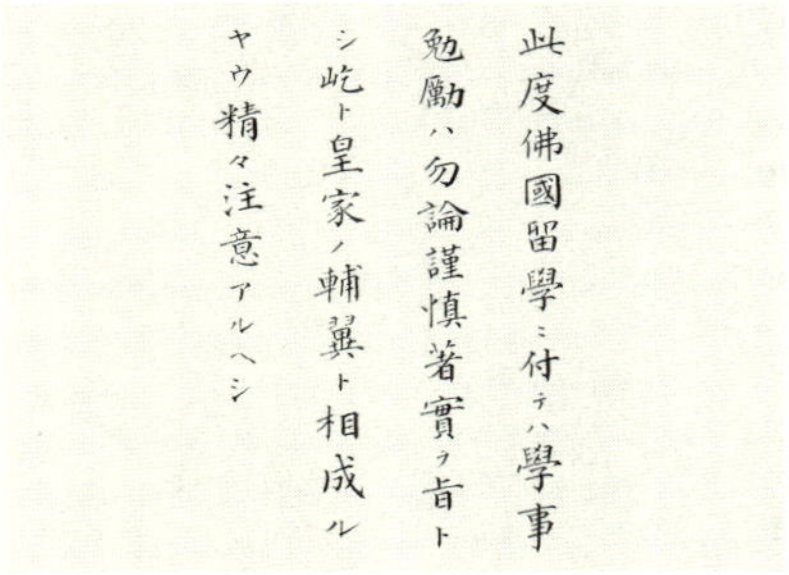

此度佛國留學ニ付テハ學事
勉勵ハ勿論謹慎着實ヲ旨ト
シ屹ト皇家ノ輔翼ト相成ル
ヤウ精々注意アルヘシ

②

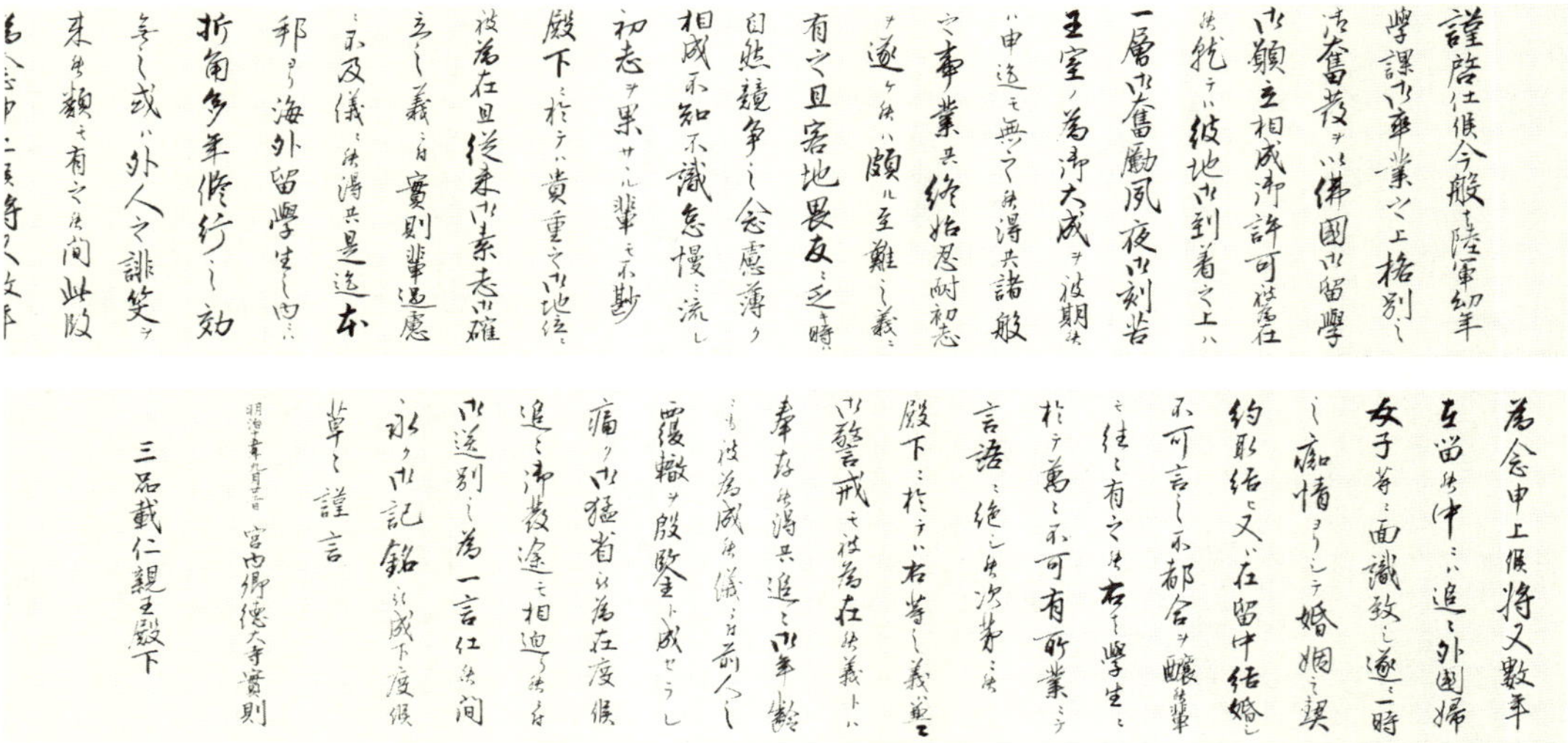

謹啓仕候今般ハ陸軍幼年
学課ニ卒業之上格別ニ
御奮発ヲ以佛國ニ留學
ニ願立相成御許可被為在
候就テハ彼地ニ到着之上ハ
一層ニ奮励夙夜ニ刻苦
王室ノ為御大成ヲ被期候
ハ申迄モ無之候得共諸般
之事業共終始忍耐初志
ヲ遂ケ候ハ頗ル至難之義ニ
自然競争ノ念慮薄ク
相成不知不識怠慢ニ流レ
初志ヲ果サヽル輩モ不尠
有之且客地畏友ニ乏キ時ハ
殿下ニ於テハ貴重之御地位ニ
被為在且従来ニ素志ニ確
立ノ義ニ付實則輩過慮
ニ不及儀ニ候得共是迄本
邦ヨリ海外留學生之内ニハ
折角多年修行之効
等シ或ハ外人之誹笑ヲ
来シ候類モ有之候間此段
為念申上候将又数年
在留候中ニハ追ヽ外國婦
女子等ニ面識致シ遂ニ一時
之痴情ヨリシテ婚姻之契
約取結ヒ又ハ在留中結婚シ
不可言之不都合ヲ醸候輩
モ往ヽ有之候右ハ學生ニ
於テ萬ヽ不可有所業ニテ
言語ニ絶シ候次第ニ候
殿下ニ於テハ右等之義無之
ニ警戒ヲ被為在候義トハ
奉存候得共追ヽ御年齢
ニモ被為成候儀ニ付前人之
覆轍ヲ殷鑒ト成サラレ
痛ク御猛省被為在度候
追ヽ御発途ヲ相迫リ候ニ付
御送別之為一言仕候間
永ク御記銘被成下度候
草ヽ謹言
明治十五年九月廿二日　宮内卿徳大寺實則
三品載仁親王殿下

③

【05】

寺内正毅は明治十五年（一八八二）待望のフランス留学を果たした。閑院宮に随行しての留学だった。それに際して、徳大寺実則宮内卿から閑院宮に出された送辞と明治天皇の御沙汰の写とともに、徳大寺から寺内に示された訓戒。留学生が外国人から誹り笑われたり、外国人女性と交際したりという現状を懸念しており興味深い。

（日比野）

【06】安田之滞穂（写）

慶応三年（一八六七）
竪帳一冊、二五丁、墨書
二四・八×一七・二
資料番号：一紙・冊子14―1

「安田」は安穏に実る田、「滞穂」は落穂の意。男女や夫婦の関係に始まって、尊皇の立場から幕末の情勢について語ったもの。末尾に「岡村先生応宍戸公内室之需作著之」とあるが詳細不明。本資料は十代半ばの寺内正毅による写本で「草莽之上ニ狂鈍如何にせん　長防草莽之臣」と記されている。幕末の長州藩士としての強烈な自意識が現れている。

（日比野）

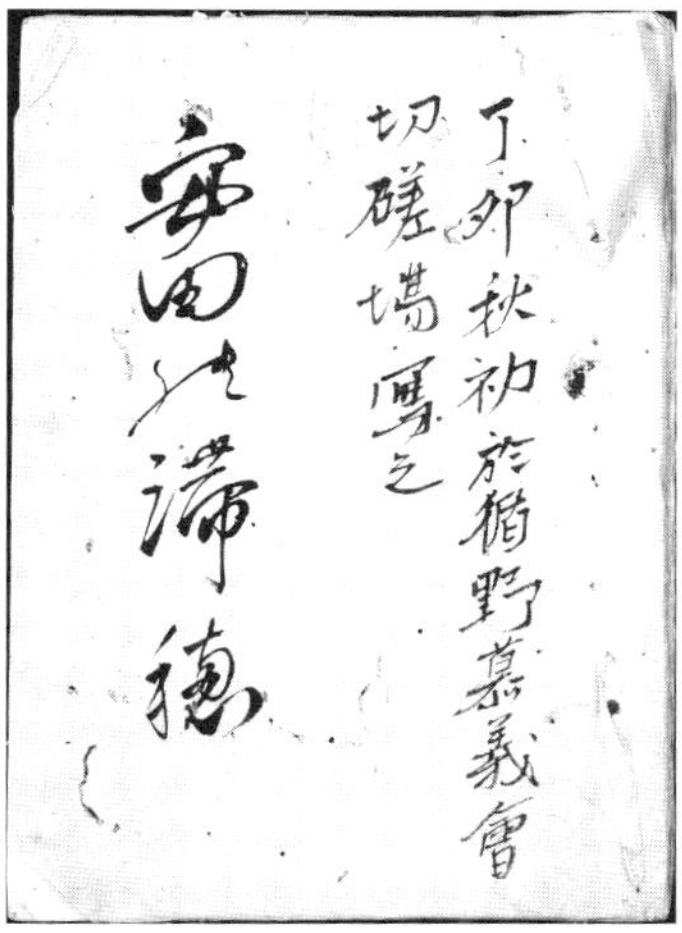
表紙

初頁

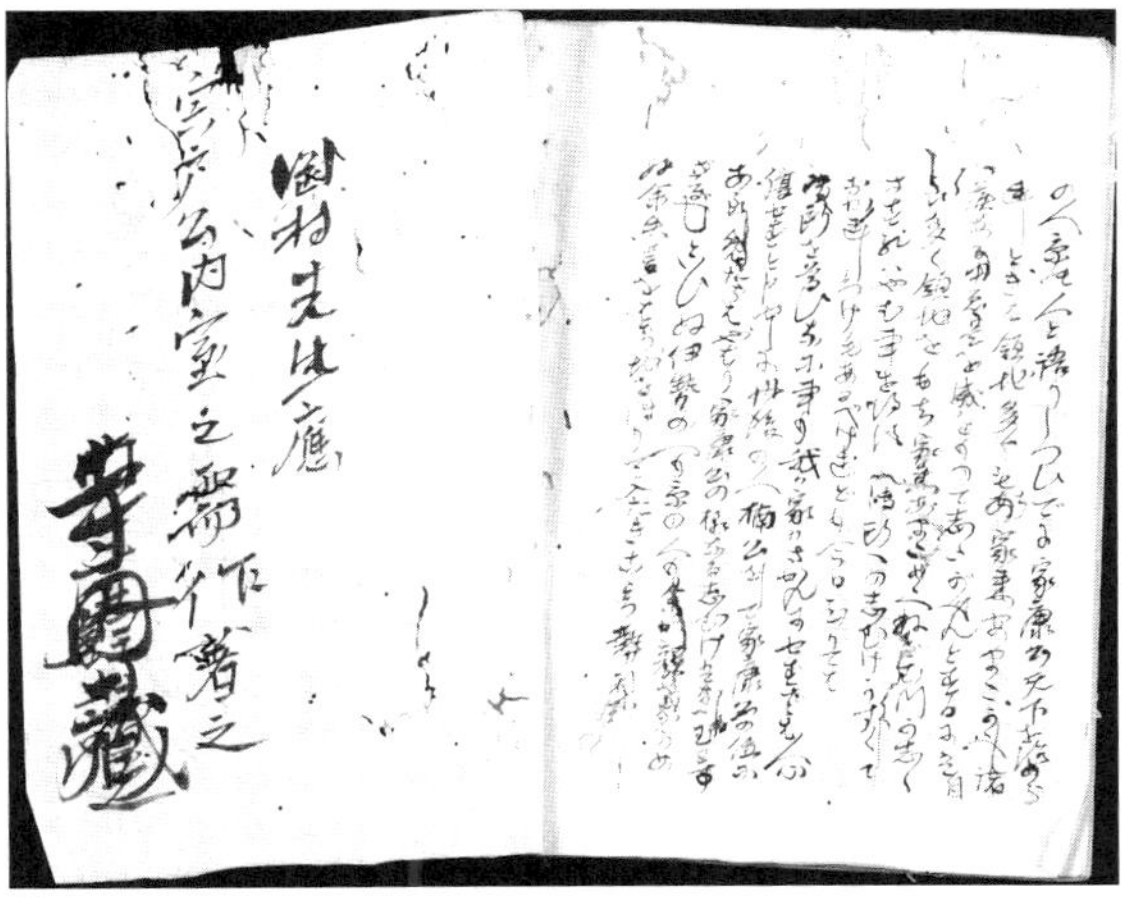
終頁

【06】

【07】〔幕末詩文集〕

慶応二年（一八六六）カ

竪帳一冊、二五丁、墨書

二四・五×一七・〇

資料番号：一紙・冊子14―4

水戸藩士藤田東湖（一八〇六～一八五五）の「正気歌」や長州藩士周布政之助（一八二三～一八六四）の「奉勅始末」など幕末の重要な詩や文章を書写したもの。末尾に「神武即位二千弐百二十六年春　於花浦陣営写之」とあるが、「弐百」は「五百」の誤記で慶応二年（一八六六）に当たる。「花浦」は現在の山口県防府市の地名で、寺内正毅が第二次長州戦争（四境戦争）に従軍した際に書写したと考えられる。（日比野）

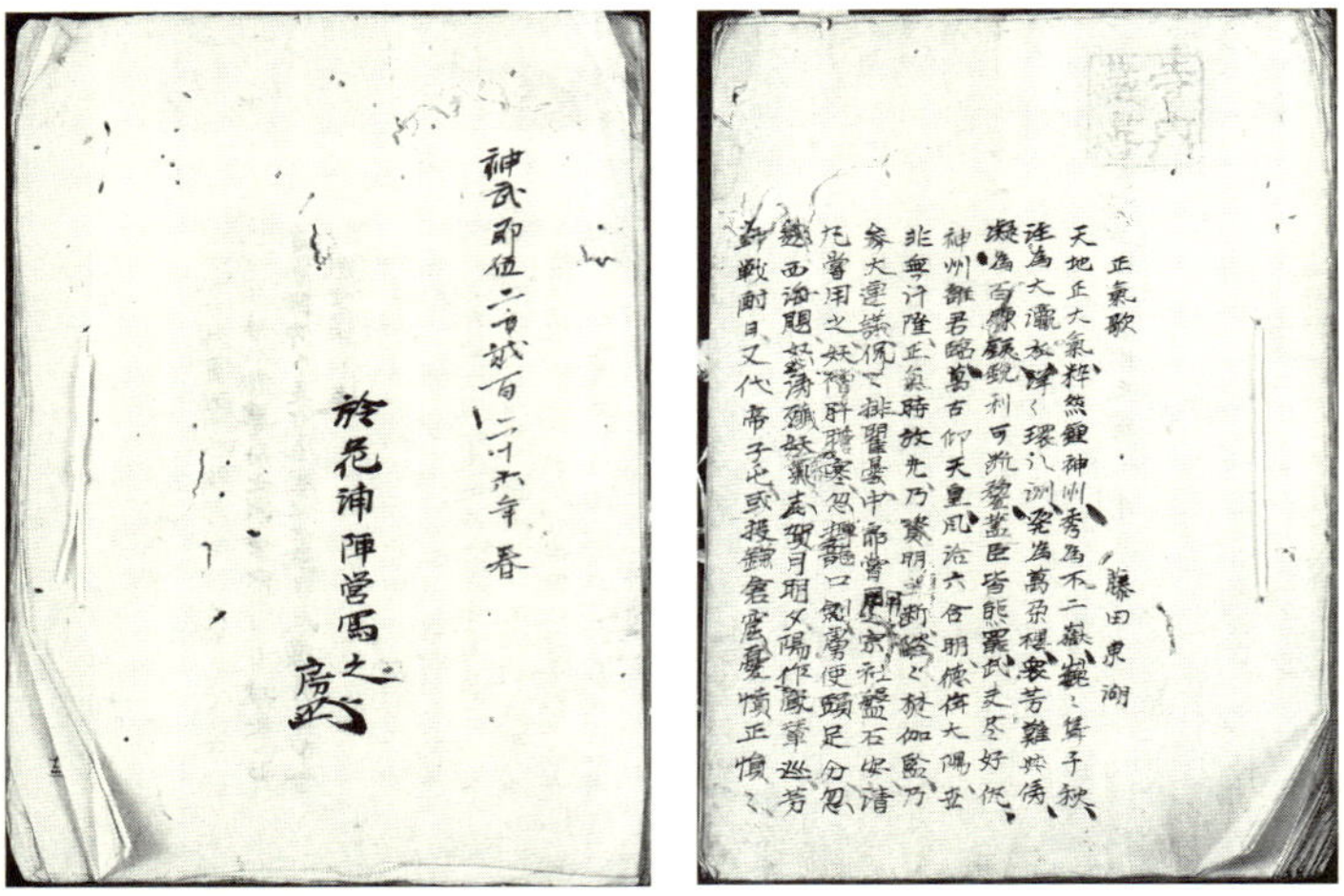

【07】

【08】辞令（陸軍権曹長）

明治四年（一八七一）正月

一紙、墨書

二〇・三×四三・八

資料番号：一紙・冊子4―161

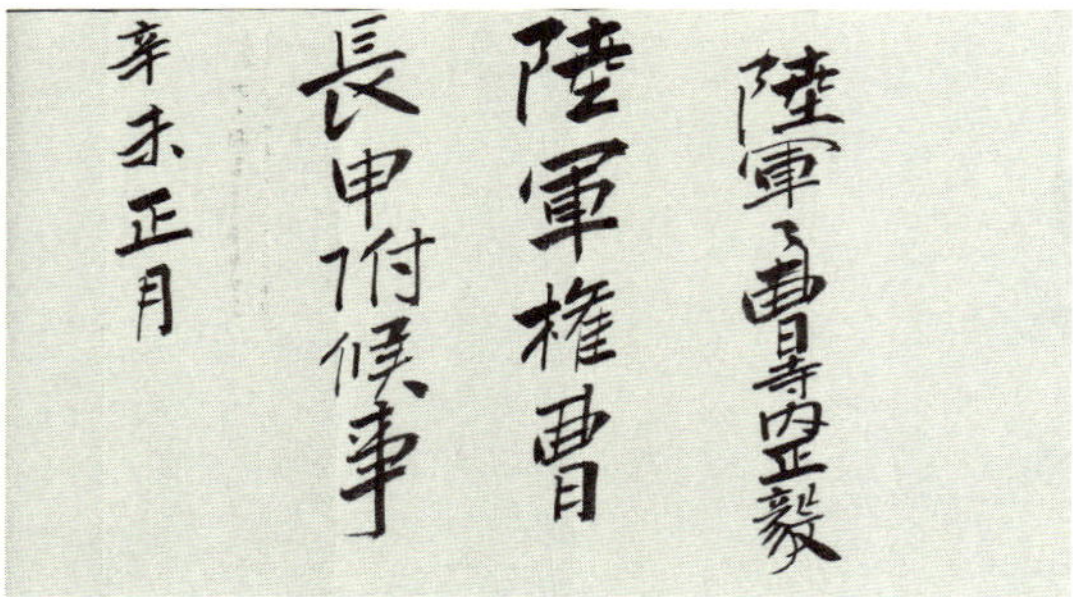

【08】

軍曹寺内正毅を権曹長に任命したもの。前年明治三年（一八七〇）十二月の「各藩常備兵編ノ儀」により、各藩の常備兵は「大隊」を基本としつつ、大隊長を少佐、中隊長を大尉などと改称して近代的軍制をまずは形式的に導入している。後に陸軍大将に昇り詰めた寺内の輝かしい軍歴は軍曹から始まっているが、実物が確認できる辞令ではこの権曹長任命が最古のようである。

（日比野）

【09】辞令写（近衛歩兵第一聯隊第一大隊第一中隊長）

明治十年（一八七七）三月十一日
罫紙一枚、墨書
二六・八×一九・二
資料番号：一紙・冊子4―111

征討総督本営が陸軍大尉寺内正毅を近衛歩兵第一聯隊第一大隊第一中隊長に任命したもの。寺内はこの立場で西南戦争に従軍し、田原坂の戦いで負傷して右手の自由を失った。「近衛」は明治五年（一八七二）「御親兵」を改称して設置された部隊で宮城の警備に当たったが、西南戦争に動員された。

（日比野）

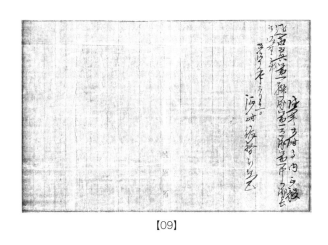

【09】

【10】辞令（臨時陸軍制度審査委員）

明治十九年（一八八六）三月十九日
一紙、墨書
二二・七×三〇・八
資料番号：一紙・冊子4―125

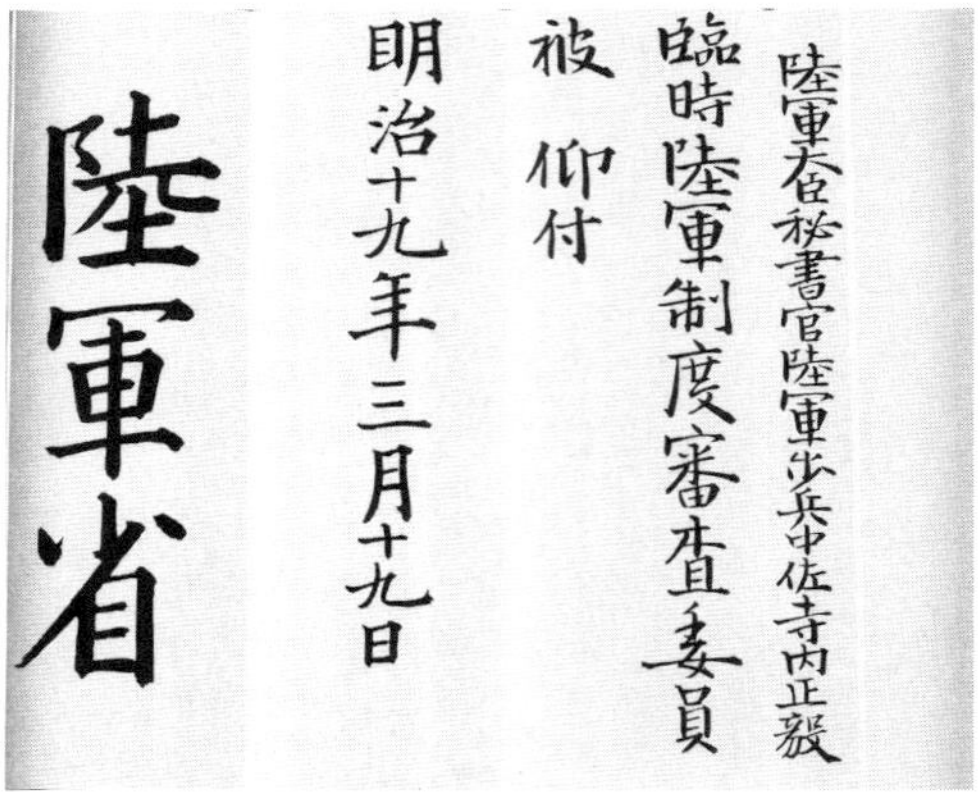

【10】

陸軍大臣秘書官寺内正毅を臨時陸軍制度審査委員に任命したもの。軍制改革が図られる中で、陸軍大臣の権限拡大を図る大山巖など「陸軍主流派」と参謀本部の要職を握った谷干城・鳥尾小弥太・三浦梧楼・曾我祐準の「四将軍派」の対抗は「陸軍紛議事件」に発展、陸軍主流派の勝利に終わった。陸軍大臣秘書官の寺内は主流派の一員で、主流派が設置した臨時陸軍制度審査委員会（児玉源太郎委員長）の委員に抜擢された。

（日比野）

二　日露戦争　陸軍大臣として

寺内正毅は明治三十五年（一九〇二）第一次桂太郎内閣の陸軍大臣に就任、明治三十七〜三十八年（一九〇四〜一九〇五）の日露戦争では陸軍大臣として大本営の戦争指導を担った。戦場で実際の戦闘を指揮した乃木希典などの将軍や参謀次長（満州軍総参謀長）児玉源太郎などと比べて、日露戦争における寺内の活躍が取り沙汰されることは少ないが、桂首相や児玉など陸軍長州閥の盟友たちと連携しながら、作戦や動員計画において重要な役割を果たしたと考えられ、今後の研究が待たれる。

今回の「新規寄贈資料」の中には、乃木希典が寺内正毅に当てた書簡十通が一巻に装幀されて残されている。そのうちの一通が第三軍を率いて旅順要塞の攻略戦を指揮した乃木が、旅順要塞陥落直後に陸軍大臣の寺内に送ったものである。乃木は夥しい犠牲を払った戦闘を振り返り、率直な気持ちを寺内に伝えている。乃木の評価に関わって、きわめて重要な意味を持つ資料として注目される。

（日比野）

【11】辞令（陸軍大臣）

明治三十五年（一九〇二）三月二十七日

一紙、墨書

二二・八×三〇・九

資料番号：一紙・冊子20―4―10

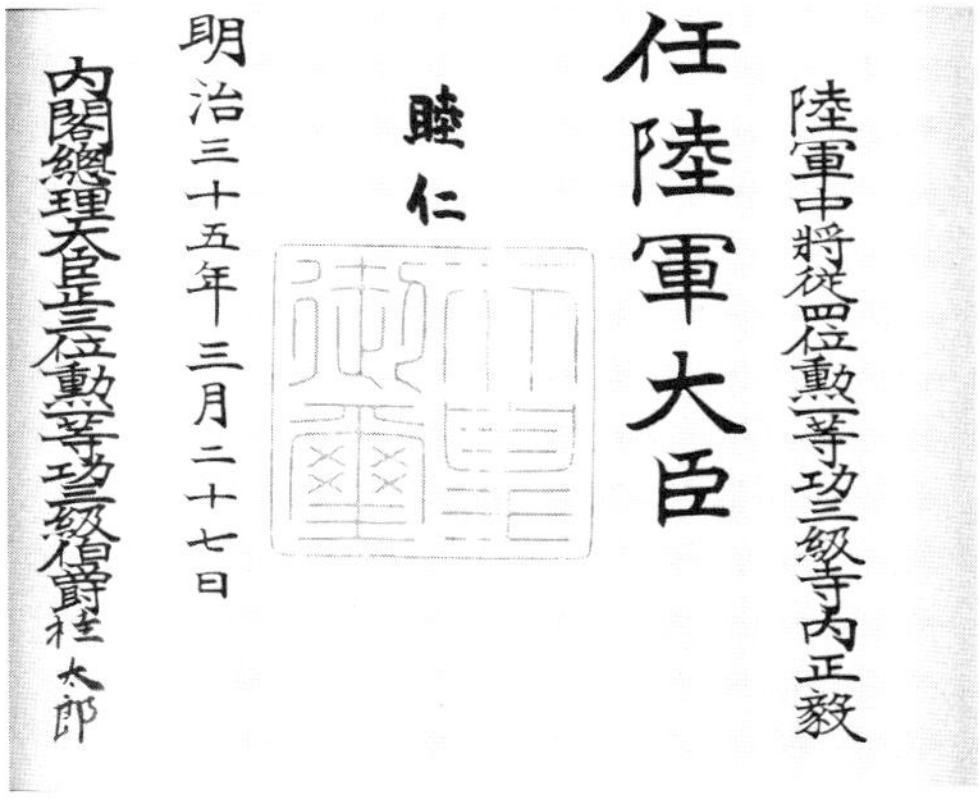
陸軍中将従四位勲三等功三級寺内正毅
任陸軍大臣
睦仁
明治三十五年三月二十七日
内閣総理大臣正二位勲一等功三級伯爵桂太郎

【11】

第一次桂太郎内閣において、陸軍中将寺内正毅は児玉源太郎の後任として陸軍大臣に就任し、次の第一次西園寺公望内閣、第二次桂太郎内閣でも留任、韓国併合後の明治四十四年（一九一一）八月三十日までその任にあった。（日比野）

【12】寺内正毅宛乃木希典書簡

明治三十八年（一九〇五）一月四日

紙本墨書巻子装、一紙二枚継

一七・五×一一七・五

資料番号：軸巻10―7

※後掲の「桜圃寺内文庫の乃木希典書簡」7を参照のこと。

【13】乃木希典和歌

大正元年（一九一二）八月三十日

紙本墨書巻子装

三〇・〇×一〇九・五

資料番号：軸巻14

※後掲の「桜圃寺内文庫の乃木希典書簡」11を参照のこと。

【14】日本帝国明治三十七八年戦役従軍記章之証

明治三十九年（一九〇六）四月一日

一紙、墨書

三六・六×四六・一

資料番号：一紙・冊子10―1―1

日本帝國明治三十七八年從軍記章之證
陸軍中將從三位勲一等功三級寺内正毅
明治三十七八年從軍記章條例ニ依リ
陸軍大臣ノ奏請ヲ經テ明治三十九年三月三十日
勅定ノ從軍記章ヲ授與ス
明治三十九年四月一日
奉勅
賞勲局總裁從二位勲一等子爵大給恒
此證ヲ勘査シ第参九八七〇四参號ヲ以テ
明治三十七八年從軍記章簿冊ニ登記ス
賞勲局書記官從四位勲三等横田香苗
賞勲局書記官正六位勲五等藤井善言

【14】

陸軍中将寺内正毅に対する日露戦争（明治三十七八年戦役）の「従軍」記章を授与した証書。陸軍大臣の寺内は戦地に「従軍」したわけではないが、陸相としての戦争指導の功績が認められての授与であろう。（日比野）

【15】旭日桐花大綬章授章記

明治三十九年（一九〇六）四月一日

一紙、墨書

二二・八×三〇・九

資料番号：一紙・冊子12―11

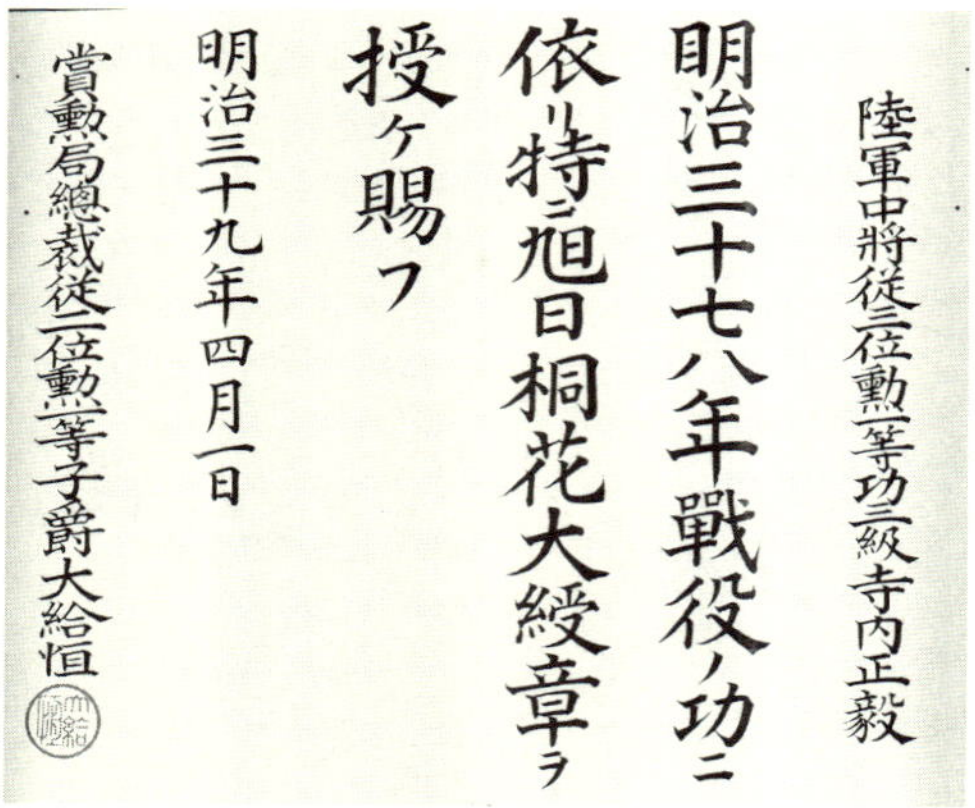
陸軍中將從三位勳一等功三級寺内正毅
明治三十七八年戰役ノ功ニ
依リ特ニ旭日桐花大綬章ヲ
授ケ賜フ
明治三十九年四月一日
賞勳局總裁從二位勳一等子爵大給恒

【15】

従軍記章授与と同時に、寺内正毅は旭日桐花大綬章を受章した。

同章は明治二十一年（一八八八）「勲章制定ノ件」で追加制定された勲章で、「桐花大綬章ハ旭日大綬章又ハ瑞宝大綬章ヲ賜フベキ者ノ中其勲績又ハ功労特ニ優レタルモノニ之ヲ賜フ」と規定されている。同日付で日露戦争で功績の大きい他の軍人にも授章されている。（日比野）

【16】辞令（陸軍大将）

明治三十九年（一九〇六）十一月二十一日

一紙、墨書

二二・九×三〇・八

資料番号：一紙・冊子20―4―8

陸軍中將從三位勳一等功一級寺内正毅
任陸軍大將
睦仁
明治三十九年十一月二十一日
内閣總理大臣正二位勳一等侯爵西園寺公望

【16】

寺内正毅を陸軍大将に任命したもの。同年の児玉源太郎より二年遅い陸軍大将昇進であった。陸軍大将は最上位の陸軍軍人だが、さらにその上に元帥が置かれる場合があり、寺内も大正五年（一九一六）に元帥となっている。（日比野）

【17】北京ドイツ公使館における集合写真

明治四十一年（一九〇八）十二月一日

一枚、台紙あり

三六・七×五一・二

資料番号：写真2―19

【17】

「本写真ハ今春北京独乙使館内ニ於テ撮影セルモノニテ慶親王、澤公、張之洞ヲ除キ殆ント在京ノ諸大官ヲ網羅セリ」との説明書きがあるように、この写真に寺内正毅自身はいない。寺内は明治三十九年（一九〇六）に陸軍大臣として南満洲鉄道株式会社設立委員長に就任しており、中国方面の情報収集の一環としてこの写真を入手したと考えられる。中央付近に袁世凱がいる。（伊藤）

三　韓国併合　初代朝鮮総督として

明治四十三年（一九一〇）八月二十九日、日韓両政府間で締結された「韓国併合ニ関スル条約」が公布された。これにともなって日本政府は大韓帝国を併合するとともに朝鮮総督府を設置し、旧韓国の皇族を「王公族」に冊立した。朝鮮総督府はすでに置かれていた韓国統監府の組織と人員を引き継ぎ、こののち三十五年に及ぶ朝鮮統治の中心となった。

伊藤博文・曾禰荒助という長州出身の政治家の跡を継いで第三代韓国統監、さらに初代朝鮮総督に補職されたのが寺内正毅である。寺内は陸軍大臣を兼任のままで就任しており、寺内以降九代八名の歴代総督も陸海軍大将が任命される歴史的な端緒となった。

寺内は本国政府要人との連絡を密にとり、旧知のジャーナリスト・徳富蘇峰に依頼して任地での周到な言論工作を試みた。その一方、朝鮮各地をくまなく巡視し、目に触れた地方の歴史的な文物・遺物を専門学者に依頼して調査・収集・保存させた。（永島）

【18】寺内正毅宛伊藤博文書簡

明治三十九年（一九〇六）四月一日
一紙二枚継、墨書
一八・九×一三一・二
資料番号：一紙・冊子13―1―1

（封筒表）
寺内陸軍大臣閣下
　　親展

（封筒裏）
緘

（本文）
別後愈御清栄国事御鞅掌遙察仕候、小子赴任以来僅ニ数旬未タ事功之可記もの無之ハ勿論ニ候得共、韓皇及其政府も稍平静之情態ハ表面相顕れ居候、乍然裏面ニハ多少陰謀之形迹非無之、尤其効果ハ可知而已、当国之上下如斯ハ到底所不免ト存候、陳は今般枢要各件事情開陳之為児玉書記官ニ暫時命帰朝候間、詳細同人より御聞取被下、各件善後之手段御講窮又ハ御相談之上可然御指諭相願度候、為其匆々頓首

四月一日　　博文

寺内男爵閣下

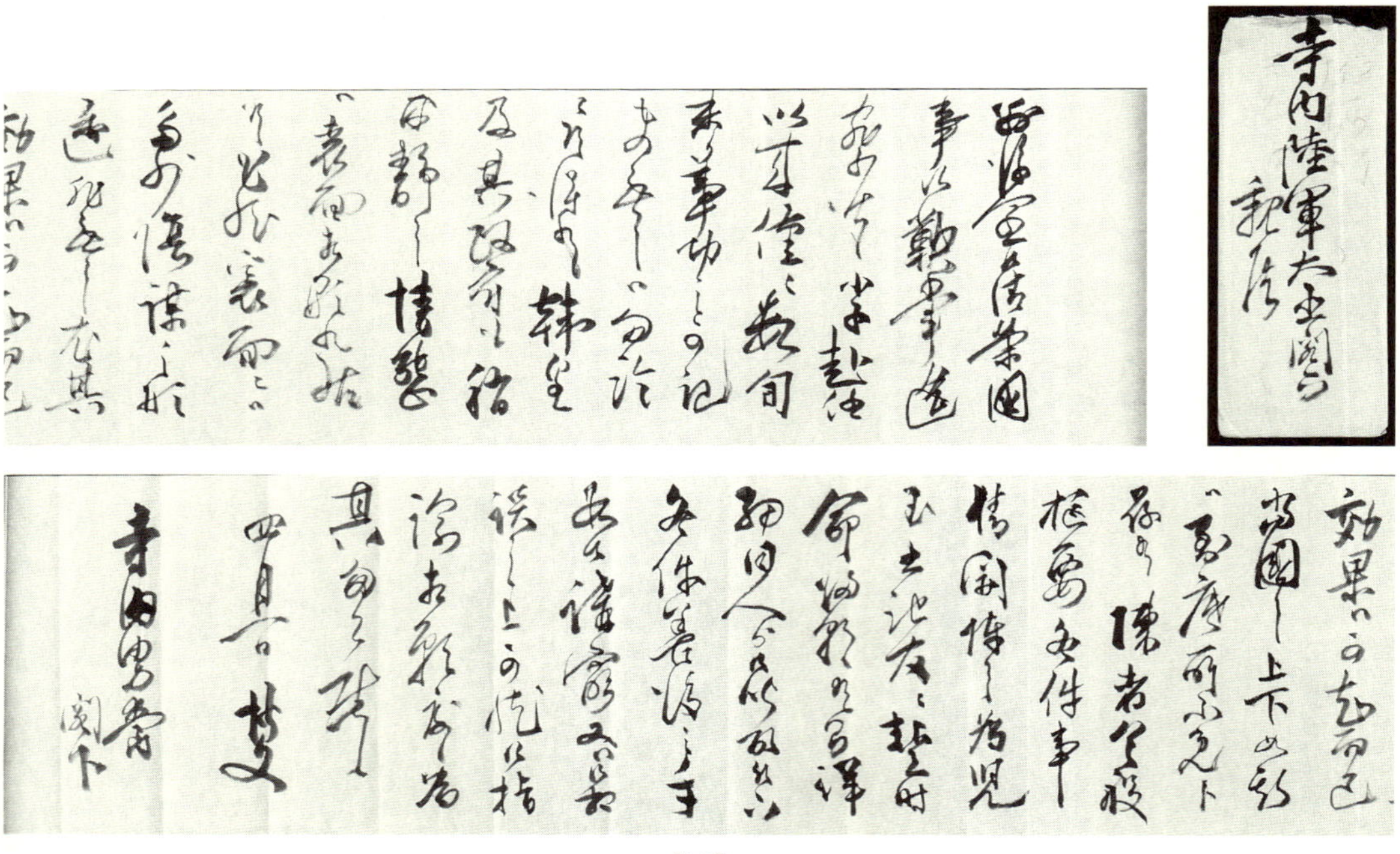

【18】

韓国統監伊藤博文から陸軍大臣寺内正毅にあてられた書簡。伊藤は、前年の第二次日韓協約によって設けられた統監府の長として、三月二日に京城（ソウル）に入った。赴任以降の韓国皇帝（高宗）と同国政府の動静について、表面は平静だが裏面には陰謀の様子があるとの観察を伝え、詳細は児玉秀雄統監府書記官から聞き取るよう指示している。児玉秀雄は源太郎の長男で、寺内の長女・沢子の夫。

（山口）

【19】寺内正毅宛明石元二郎書簡

明治四十二年（一九〇九）十二月二十九日

一紙七枚継、墨書

一九・一×四一四・二

資料番号：一紙・冊子1―5

拝啓、偖

謹て歳暮之御祝詞申納候、年内ハ厚き御薫陶ヲ賜リ幸ニ大過ナク勤務致得タルハ深ク感謝仕在処ニ御座候

又旅順表安重根事件ニ就ては指命ヲ蒙リ光栄ニ奉存候、該事件ハ前書申上候通リ境外之捜査ハ外務省ニ一任スル事と致、統監府ハ之ヲ帮助スルニ必要ノ人物ヲ差遣スルト云フヲ以テ倉知ト相談ノ一段落ト致候、何分境外ノ事トテ捜査上困難ナルノミナラス、其仕組モ韓人的ニテ十分之編成アル仮令ハ露ノ革命党団中のグループ、コンバッタン的之者とハ其性質ヲ異ニシ、寧ロ我大久保侯其他暗殺者之流ト相類似スルモノニ有之ト存候、其韓国内ニ於ケル脈絡ハ案外浅薄ナルモノトノ予想ニ違ハサル事ト存候

又韓国内ニ於ケル合邦問題ハ始メ一進会之作戦計画ニ熟成ヲ欠キシ感ハ有之モ、其反対中殊ニ邦人側ノ論難者ハ多ク感情ヨリ生セシハ実ニ遺憾トスル所ニ御座候、又統監府ハ当時排日親日ヲ併セ押ヘタルノ傾ハ有之、大久保大将帰還ト共ニ下官モ旅順ヨリ帰来致、其命ニ依リ多少ノ奔走ハ相試み、又出来得ル丈ノ力ハ注キ候モ、何分表面上ニ立チ難キ場合不尠、此点ニ就ては大久保大将幷宇佐川中将モ同様之事ト存候、故ニ随分緩慢ト御思召サル丶事モ有之候事ト存候て恐縮ニ不堪候、併し統監ノ御気合十分御進み相成らさる様推想致、大久保大将始メ種々此点ニハ御苦心御尽力ナリシ事ニ御座候、何分統監ノ合邦問題。一進会。内田良平等ニ就ての御感情ハ今ニ十分御乗込トモ存セラレス候故、今後ノ処ハ是非合邦問題ノ前途ニ御尽力希望罷在候、要スルニ一進会ト内田等ハ統監ノ御覚ヘ目出タカラズ、又其直線的行動ハ日本諸新聞ノ嫉妬反感ヲ買ヒシ嫌有之、合邦問題挽回策トシテ日韓人間輿論ノ中堅タル新聞紙ヲシテ先ツ合邦ヲ絶叫セシメ、以テ本邦人ノ歩調ヲ一致セシメ、韓人ノ排日論ヲ圧シ、暗ニ一進会及内田等ノ論系ヲ振興スルノ必要有之、下官ハ大将ノ意図ヲ受ケ専ラ石塚等ヲ刺激シ、石塚モ随分骨折候様ニハ見受け候得共、何分記者団等ガ多少前言ヲ体裁ヨク飜スニハ内田ヲ攻撃シナガラ回転スルヨリ道ナク、殊ニ内田ガ独占的ノ

活動ニ嫌焉タラサルモノ容易ニ内田トノ融解困難ト相成、各新聞各通信員ノ一団ハ動モスレハ内田ノ拠点タル一進会ニ迄モ煩累ヲ及ホサントスルノ事情有候為メ、内田ノ決心ヲ求メ、内田ノ帰国ニ依リ一段落ヲ付ケ候、併し右新聞記者及通信員団ハ今後如何ニ活動可致ヤ、要スルニ彼等ハ近キ将来ニ於テ発展ヲ期居ル事ト存候、何トカ善キ機会ニ於テ内田ト彼等ト握手セシムルニ至ラハ、合邦問題ハ愈円満ナル形体ヲ有スルニ至ルヘク、而シテ邦人ノ体度一定セハ韓人ハ合邦論ニ投スルモノ愈々多ク相成へク存居候

目下ノ処右ノ新聞通信員団モ合邦論ニ就キ演説ヲ統監府ヨリ差止メアル故十分ノ手段モ無之事ト存候

何分此問題ハ曾禰統監ノ気乗リト其手加減ハ最モ必要ノ事ト存居候、今日萌芽ノ合邦問題ニシテ万一有邪無耶ノ間ニ終ル事モアラバ、後来ノ為メ憂フヘキ結果ヲ生スル事ト愚想罷在候、余リ長文ニテ不堪恐縮、先ハ歳暮ノ御礼可申上為メ如斯御座候、

頓首謹言

明治四十二年十二月廿九日

明石元二郎

寺内大臣閣下

執事侍史

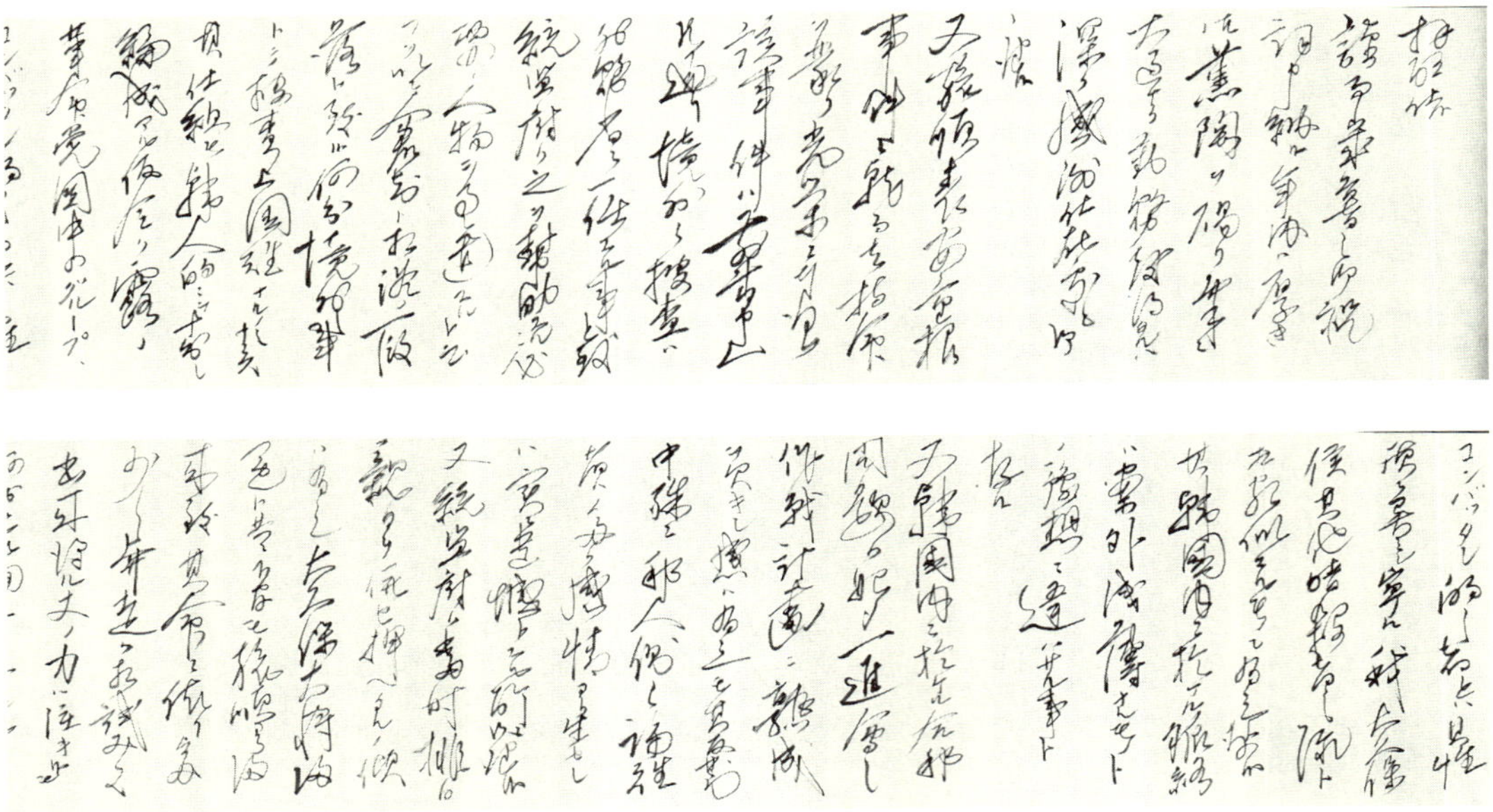

【19】

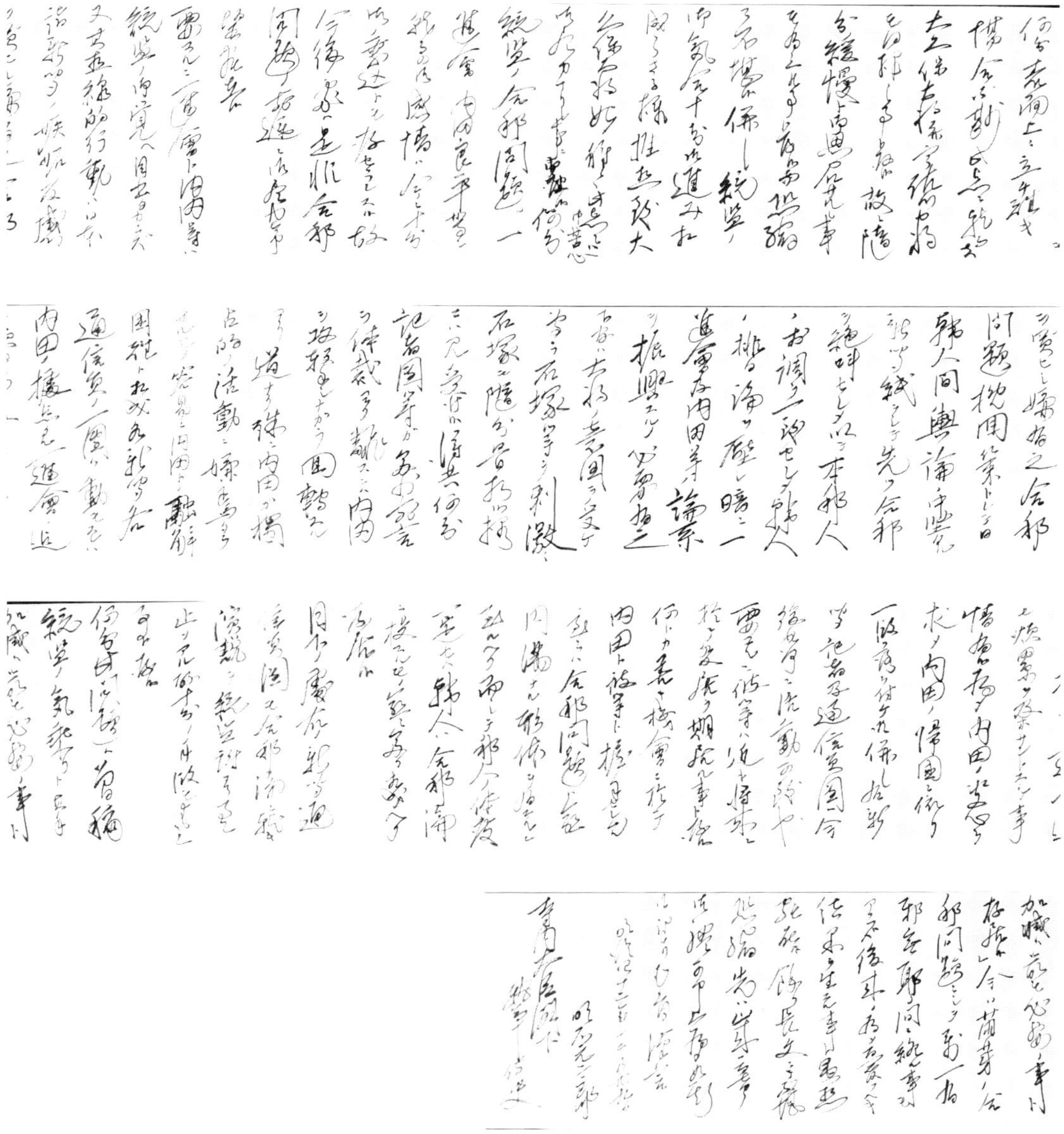

韓国駐箚軍参謀長であった明石元二郎からの書簡。黒龍会の内田良平は韓国の親日派団体である一進会を通じて日韓合邦運動を行っていた。しかし曾禰荒助韓国統監は内田らの行動をよく思わず、在韓の日本人新聞記者らの強い反感も買っていた。そのため合邦問題への悪影響を危惧した統監府により、内田は二十三日に帰国させられた。この書簡で明石はこうした事情を説明したうえで、合邦問題の進展のためには内田らと新聞記者団との融和が必要であると訴えている。（藤岡）

【20】寺内正毅宛徳富蘇峰書簡

明治四十三年（一九一〇）五月六日
一紙三枚継、墨書
一八・六×二〇三・〇
資料番号：一紙・冊子3―3

（封筒表）［　］内陸軍大臣官舎　（鉛筆書）「43・5・7」
子爵寺内大将閣下
親展
（朱印）「書留」
（消印）「43・5・6」
（封筒裏）緘　（朱印）「東京市青山南町六之三十徳富猪一郎」
（消印）「43・5・7」

（本文）
粛啓
令夫人御賢弟御病気ノ旨柴田君より拝承定めし御配慮と奉察候、
小生本日拝趨シタルハ余ノ儀ニアラス、世上伝フル所ニヨレハ、
閣下現職御保留ノ上或ハ韓国方面ヲモ御兼務云々ノ沙汰有之、
固より真否雖不可知、果シテ然ラハ実ニ小生等ニ於テモ理想的
の事と奉存候、過日鄙言披陳仕候は、只タ現職現任ノ重大ナル
コト決シテ国家ノ為メニ即今御離ナキ様祈ル旨ニ外ナラス、御
兼任トアラハ韓国ニテモ台湾ニテモ決シテ意トスル所ニアラス、
特ニ韓国ノ事タル蟠根錯節ヲ所理スル、一ニ閣下ノ力ニ俟つ可
きハ固より疑ヲ容レス、但タ過日申上候言簡ニシテ意或ハ暢ヒ
サルヲ虞リ、聊か前言ヲ補足センカ為メニ有之候
第二ハ若シ万一閣下ノ韓国ノ事ニ膺ラルヽノ日アラハ、小生も
二十年来ノ知己ニ酬ユル為聊か新聞方面ニ於テ貢献スル所アラ
ンコトヲ期ス、小生か此ノ方面ニ於ける経験と能力とハ決して
閣下ノ所期に辜負セサル可キヤ否ヤヲ知ラサレトモ、平昔報効
ノ志黙止スル能ハス、敢テ一言申上候、其ノ方法手段等ニ付て
ハ他日詳精ニ可達貴聴候
以上二項ハ真ニ癡人説夢ノ類ニ過キス候得共、小生ノ閣下ニ於
ける一朝一夕ノ故ニアラサルヲ以テ乍無躾申上候、若シ江海ノ
宏量ヲ以テ大早計ヲ咎メ給フナクンハ幸甚、頓首
四十三
五月六夕　徳富生
寺内大将閣下

御一読ノ上は直ちニ御火中奉願上候

――――

甚た繰言メキ候得共、今日軍政ハ国家安危ノ繋カル所、庸人之ヲ濫リ妄人之ヲ誤ルカ如キアラハ実ニ不測ノ禍害と愚考仕候、小生は此ノ過渡ニ際シテハ尚当分閣下ノ御負担ヲ祈ラサルヲ得ス、是レ決シテ区々ノ私情ニアラス、天地神明之ヲ質スモ敢テ辞セサル所也、此儀可然御賢察ヲ奉仰候、又拝

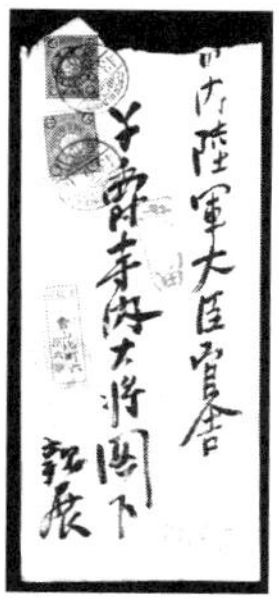

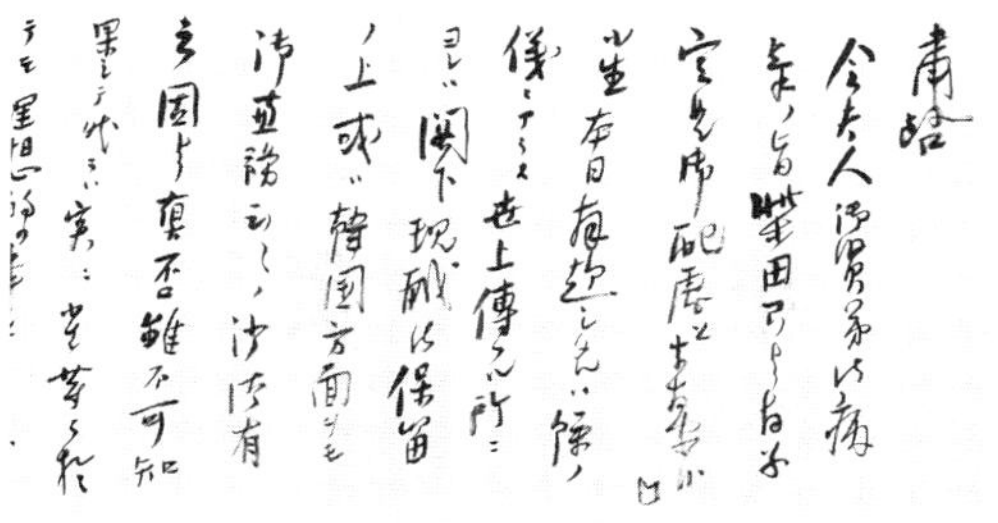

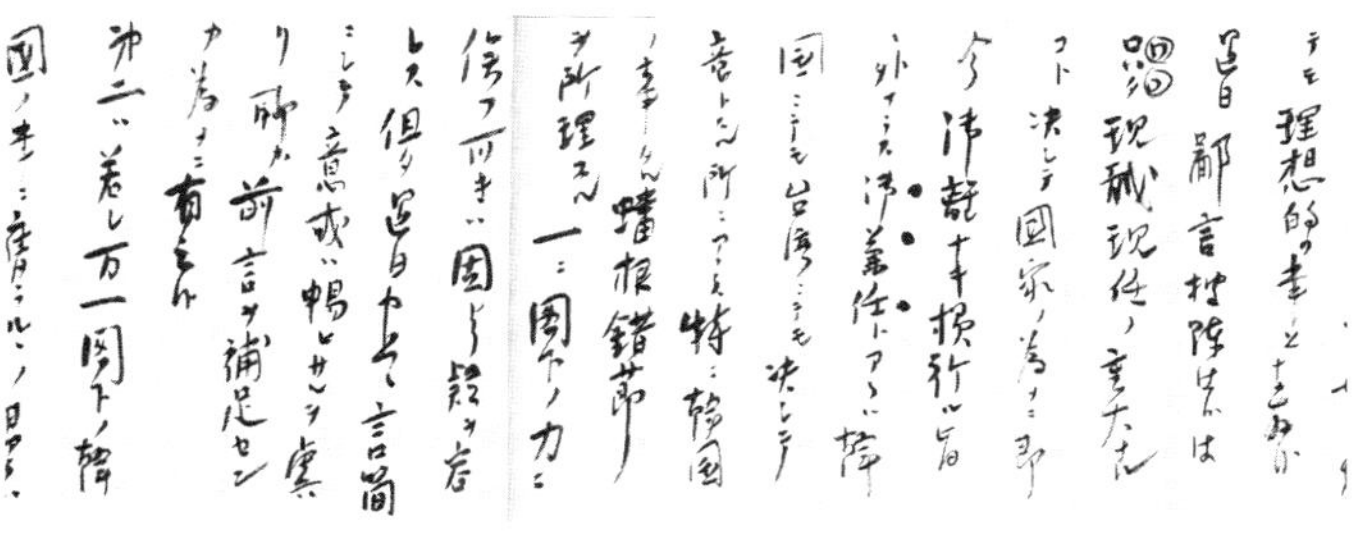

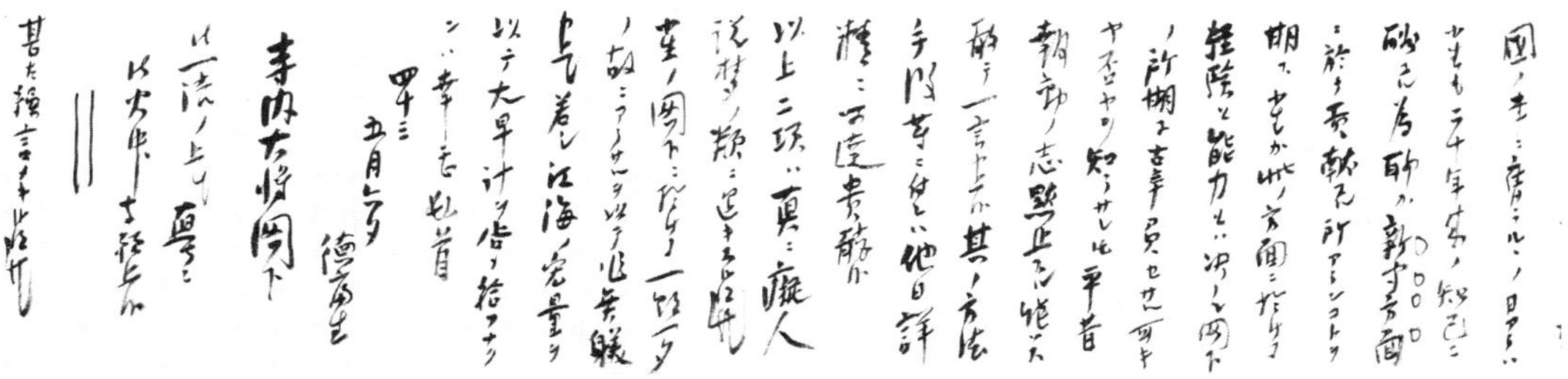

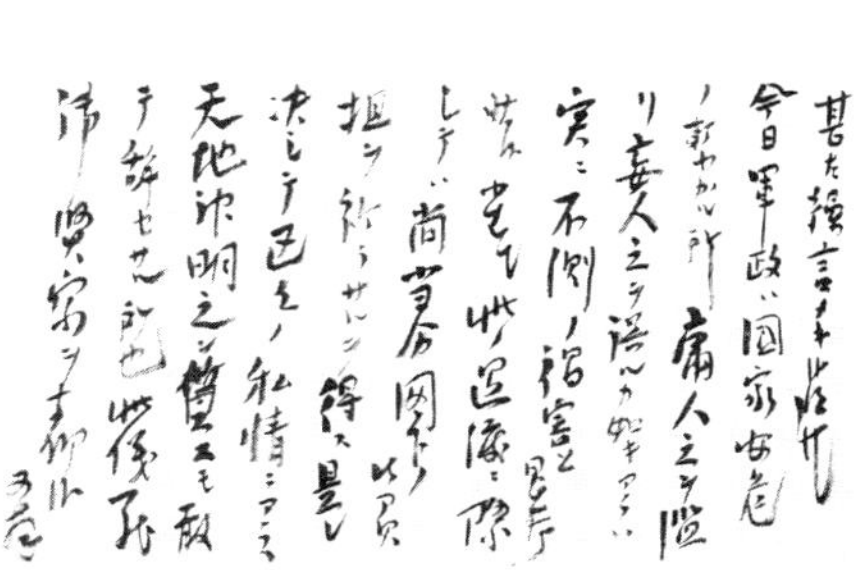

【20】

国民新聞社社長徳富蘇峰が陸軍大臣寺内正毅に宛てた書簡。寺内の韓国統監就任を聞きつけた徳富は陸軍大臣を離任しないよう求め、また統監に就任した場合、新聞方面での貢献を申し出た。徳富が寺内陸相の軍政における能力を高く評価している様子がうかがえる。なお寺内は五月三十日に陸軍大臣兼韓国統監となった。

（赤司）

【21】寺内正毅宛桂太郎書簡

明治四十三年（一九一〇）七月三十日
紙本墨書巻子装、一紙六枚継
一九・〇×二七二・五
資料番号：軸巻9—1—1

（封筒表）[韓]国京城　（鉛筆書）「七月三十日□行」　（赤ペン書）「配達証明」
統監寺内大将閣下　（朱印）「書留通常」　（貼紙）「番号票・三田一・八六□」
必親展
（消印）「43・7・30」（消印）「43・7・30」
（封筒裏）東京
封　桂　総理大臣

（本文）
別後海陸無御滞御壮健御着任被為在遠賀之至ニ候、貴地之近情数度之電信御報道ニて拝承仕候、皇帝へ御謁見皇帝ノ答礼等一応之儀式的御用ハ漸次相済候様遠察仕候、又当地ニて推量仕候ニ、現下朝鮮国内之形勢ハ静謐ナルモノヽ如シ、此人心ヲ利用シ定メシ夫々御配意可有之事ナラント存申候、既ニ小村外相より之極秘書ニテ御承知被為在候通、過日英国政府より合併問題ニ付一問ヲ発シ来候ハヽ、当方ニ於テハ至極之好機ヲ得候次第ニて、直チニ彼地駐在大使ニ命シ意思之アル処ヲ明白ニ答弁セシメ候処、右ニ対シテハ未タ何等之回答モ無之候得共、要スルニ経財問題即チ既ニ当方ニ於テ概〆決意致居候彼ノ関税率改正ヲ直チニ実行スルヤ否ヤノ件ヲ専一ノ問題ト成居候ハヽ、総て之情況ニ於テ明了に有之申候、右ニ付テハ貴見御申越被成御尤ニ存申候、併シ猶予之年限ハ所謂大同小異ニテ、或ハ十年無止ハ十二ヶ年即チ帝国が廿八年ニ法権回復ヲナシタルトキ、爾後十二ヶ年ヲ猶予シテ税権之独立ヲ約束致候例ニ倣ヒ候テモ敢テ（御）無差支無之事ニ被存候、尤モ其年限之短カキハ短カキ程我レニ有利ニ候間、充分注意ハ可致候得共、無止トキハ前陳之場合ニ決意可仕モ難計候ニ付御含置可被下候、日魯協約之対諸外国トノ関係モ清米両国之右発表通知ニ対シ回答延引相成居候処、清国ハ過日通知有之、米国ハ目下国論漸次回復、彼ノ山師的議論、無暗ノ海軍拡張論及ヒ日米戦争論抔ハ自然ニ社界ニ入ラサルヤノ片向ニ相見申候、兎ニ角我カ決心ヲ固メ居候へは、一度顕レ候雲霧モ自然ニ消散可仕候儀ニ有之申候、先ハ御安着之御祝旁得貴意度、其内時下御自愛千万祈上候、敬具

七月卅日　太郎

寺内統監殿　閣下

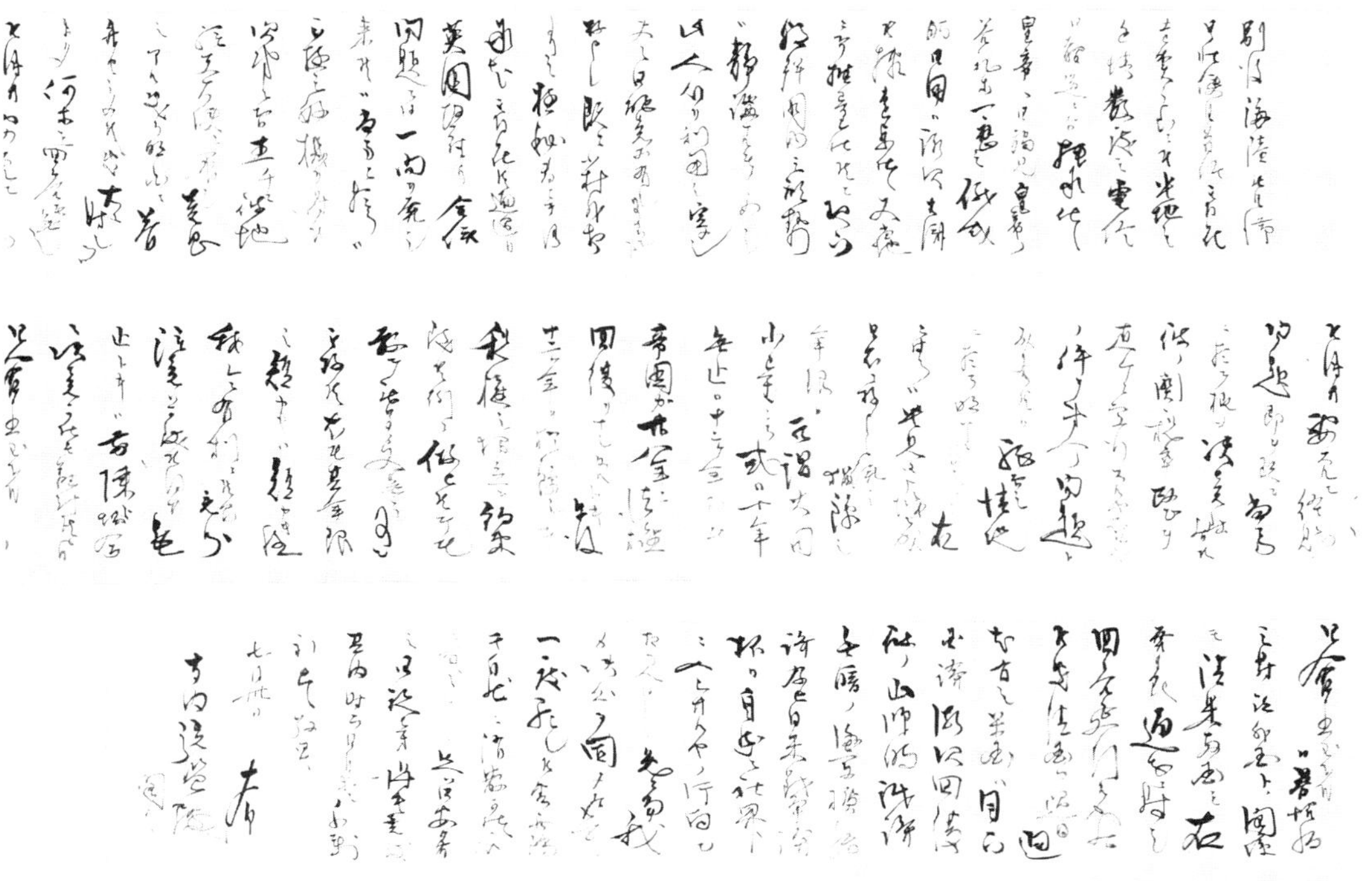

【21】

総理大臣桂太郎から韓国統監寺内正毅に宛てられた書簡。韓国併合の準備がすすめられていた時期のもので、前半部分には、桂が電信・報道で現地の情況を関知していたことや、イギリスから合併に関し疑問が寄せられ回答したことが書かれている。後半部分では、関税率の改正について実行の時期が問題であるという桂の見解が述べられている。（野島）

【22】辞令（韓国統監兼任）

明治四十三年（一九一〇）五月三十日

一紙、墨書

二二・八×三〇・八

資料番号：一紙・冊子4―51

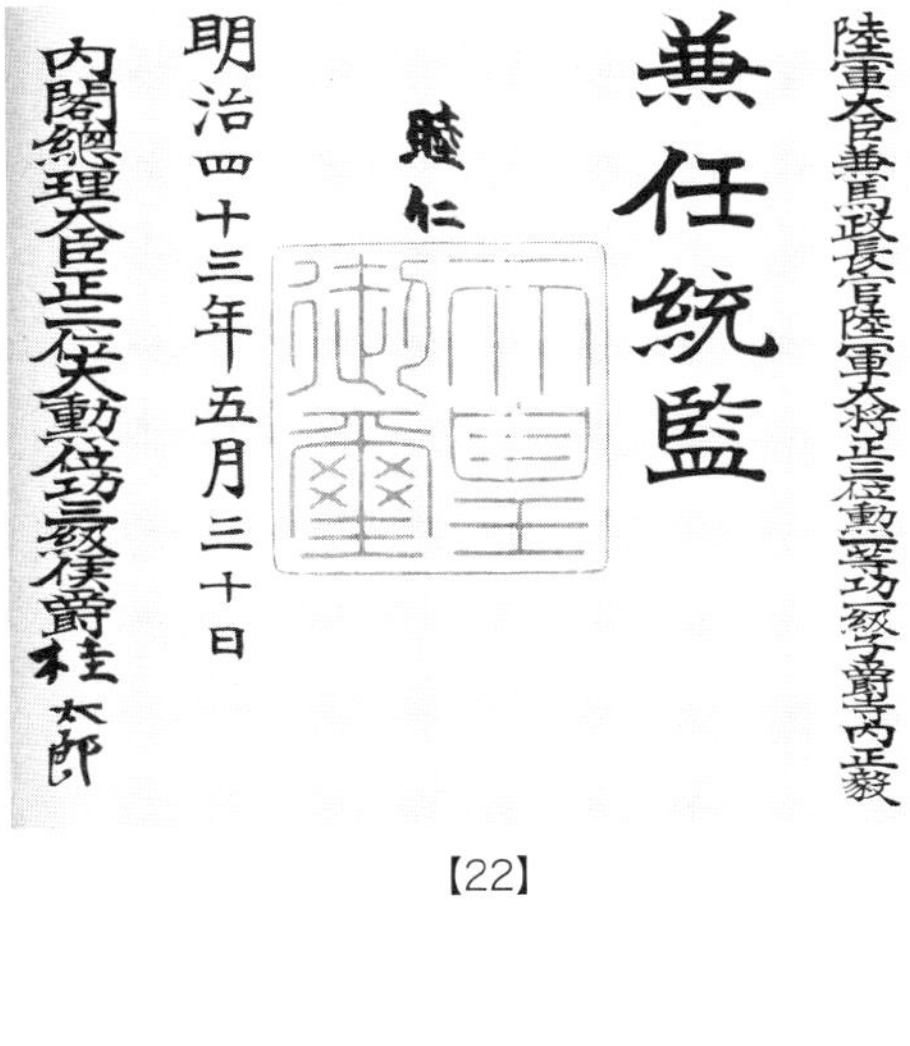

陸軍大臣兼馬政長官陸軍大将正三位勲一等功一級子爵寺内正毅

兼任統監

睦仁

天皇御璽

明治四十三年五月三十日

内閣總理大臣正二位大勲位功三級侯爵桂太郎

【22】

病身ですでに帰国して加療中であった曾禰荒助の辞任（五月一日）を承けて、寺内正毅が第三代の韓国統監に就任した際の辞令書。陸軍大臣・馬政長官との兼任発令であった。寺内の日記に依れば、発令当日に参内し、副統監の山県伊三郎とともに辞令を交付されたという。ただし、すぐに渡韓したわけではなく、桂首相らとともに「併合」後の統治策を国内で構想していた。（永島）

【23】寺内正毅宛桂太郎書簡

明治四十三年（一九一〇）九月二十六日
紙本墨書巻子装、一紙六枚継
一八・七×三五四・五
資料番号、軸巻9―2―2

（封筒表）京城
寺内統監殿
必親展
（封筒裏）東京
封　桂太郎　封
（本文）九月廿一日御認之芳翰荒井参与官より正ニ落手仕候、爾来益御清栄之段奉遠賀候、陳は朝鮮総督府官制其他之諸勅令等御送附已来、柴田翰長ヲ主任トシ関係者共ヲ督励シ夫々調査、本日ヲ以テ無滞枢密院御諮詢モ相済（陛下出御）、御希望通之月日ニ発布之手順仕居申候、御安心可被下候、総督ヲ武官ニ限定ナシタルニハ或ル顧問官ヨリ修正出候得共、多数ハ原案ニ賛成シ無修正ニて通過仕候、其他ハ総て速歩ニて議了相成候、先ツ々々一段落ト御同慶之至ニ候、貴地併合後之形勢明石少将より之報告五日到達、先ツ平静之趣全ク統一之結果ト深ク老閣之御配意ヲ謝申候、且又山県副監之便ニ御送附之宮内省ニ関係之書類モ同省ニて夫々調査、原案之通本日発表之都合ニ有之申候、巨細ハ山県氏帰任之上言上可仕候、予算モ荒井氏携帯説明ヲ承リ安心仕候、実ハ内地モ如御案内水害ハ実際収入ニ大関係ヲ生シ、租税ノ減ト復旧等ニ要スル費用ト相合シテ出入ニ多大ノ減少ヲ来シ随分閉口仕居申候、併シ予算之調製ニハ差支無之見込ニ候へ共、各省之要求ヲシテ満足ヲナサシムルコトハ殆ント望ミ無之有様ニ有之申候、御帰京ハ可成速カナルヲ希望仕候得共、一方貴地之御都合モ可有之、成シ得レハ来月廿日前ニ御帰京被成候半ハ予算会議之為メニモ甚仕合申候、恩賞金授与之件も御同感ニ有之申候、右ハ閣下之御手元ニテ夫々御分与相成候て可然事ト存申候、宋之件拝承仕候、本人之希望ハ授爵之恩典ヲ御辞退候トモ既ニ決定之上ハ御請不仕訳ニモ参る間敷、兎ニ角御意見通発展之覚語（悟）ニ有之候間御含置可被下、又中枢院入院モ致方有之間敷候、若シ此際洩レ候半ハ再ヒ不平之声ヲ聞ク遠キニ非ラサルベク矢張実行可然候、李容九之件拝承仕候、之レハ致方有之間敷、老生之考ニテ充分之賞与ト存申候、国内先ツ無事、各政党政派も色々之事申居候へ共、決定シタル意見ハ未タ判然不仕候、先ハ御答旁得貴意度、山県氏より内地之近況ハ御聞取可被下候、敬具

九月廿六日　　　　太郎

寺内老閣

侍史

【23】

総理大臣桂太郎から韓国統監寺内正毅に宛てられた書簡。朝鮮総督府の官制について、滞りなく手続きが進行していることを連絡するもの。諮問機関である枢密院の審査で、総督を武官（陸海軍大将）に限定することに対して修正意見があったことが述べられている。朝鮮総督府官制は勅令第三五四号として、明治四十三年（一九一〇）九月三十日に公布された。（野島）

【24】辞令（朝鮮総督兼任）

明治四十三年（一九一〇）十月一日

一紙、墨書

二三・九×三〇・九

資料番号：一紙・冊子20―4―11

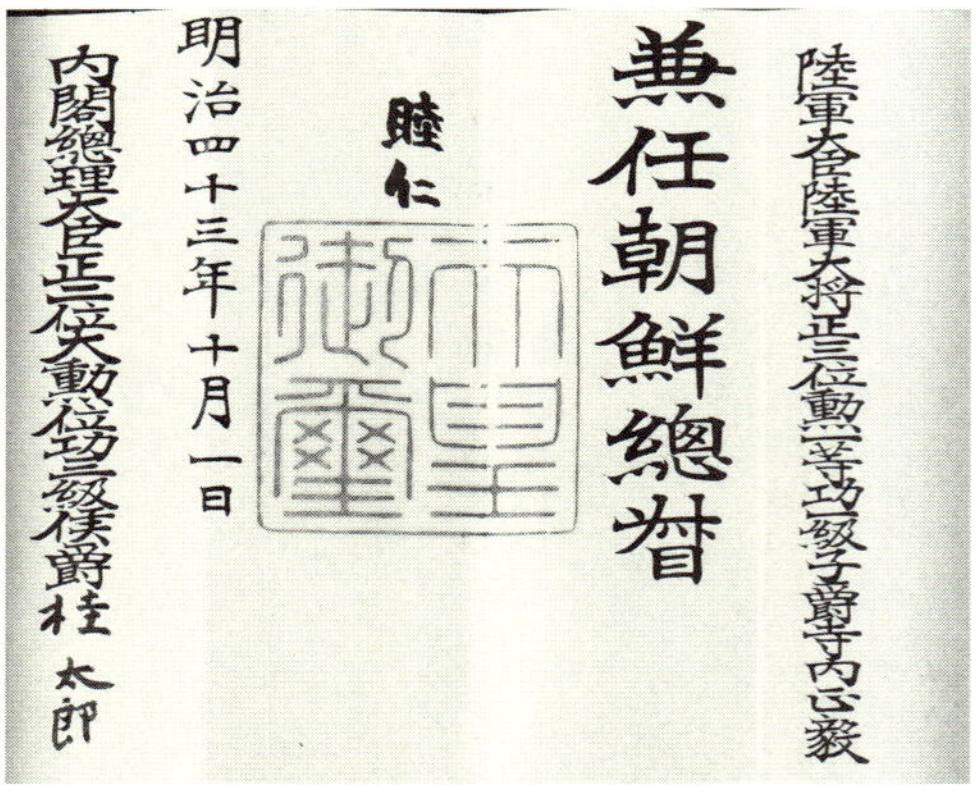

陸軍大臣陸軍大将正三位勲一等功一級子爵寺内正毅
兼任朝鮮總督
睦仁
天皇御璽
明治四十三年十月一日
内閣總理大臣正二位大勲位功三級侯爵桂太郎

【24】

寺内正毅が実際に韓国に赴任・到着したのは明治四十三年（一九一〇）七月二十三日である。日記はこの日付の記事を欠くが、出発十日前である七月十二日の段階で宮中に参内して明治天皇に「暇乞い」を申し出、また夕刻からは山県有朋ら元老と「内談」を行うとともに、送別会が開かれたという（「日記」同日条）。そして八月二十二日には「韓国併合条約」が締結され、同二十九日に条約が公布されるとともに、十月一日をもって朝鮮総督府が開庁する運びとなった。なお、朝鮮総督は陸海軍大将が親補され、天皇に直隷するものとされた。（永島）

【25】寺内正毅宛穂積八束書簡

明治四十四年（一九一一）四月二十七日

一紙二枚継、墨書

一九・二×九〇・二

資料番号：一紙・冊子6―23

（封筒表）［麴］町区永田町陸軍大臣官邸
寺内伯爵閣下
親展　（鉛筆書）「44・4・27」
（消印）「44・4・27」（消印）「44・4・27」

（封筒裏）小石川原町三十四番地
封　四月廿七日　穂積八束　書

（本文）
恭啓春和之候、閣下愈御清康奉大賀候、陳ハ昨二十六日関屋学務局長来訪、総督閣下の御命の由にて朝鮮に施行に相成学制の要目御内示有之、私見を求められ候、是甚重要の事謹て内密ニ拝見可致ト存候、私義ハ教育の本質ニ付てハ従来種々論議致候事も有之候へ共、教育行政の実際にハ頗る不案内に有之候間、右拝見致候とも御参考の万一ニ供する気付も無之哉と存候へ共、熟覧の上気付の義アラハ申出へキ旨右関屋氏へ答置候、閣下御旅行中の赴ニ候間、先以書面右御請致置候、尚御閑暇の際御電話被下候ハヽ、何時にても参上可致候　右　恭具

四月廿七日　　穂積八束

寺内伯爵閣下侍史

明治四十四年（一九一一）四月二十六日に寺内正毅朝鮮総督の指示により朝鮮総督府学務局長関屋貞三郎が朝鮮で施行する教育制度に関する重要書類を持参し、穂積の意見を聴きに来たことがわかる。書類の内容は同年八月に施行される朝鮮教育令を指すと考えられる。同地の私立学校の多くは外国人宣教師によって経営されていた。そのため、総督府にとって「国語（日本語）」教育の実施は重要な政治課題の一つであった。（内山）

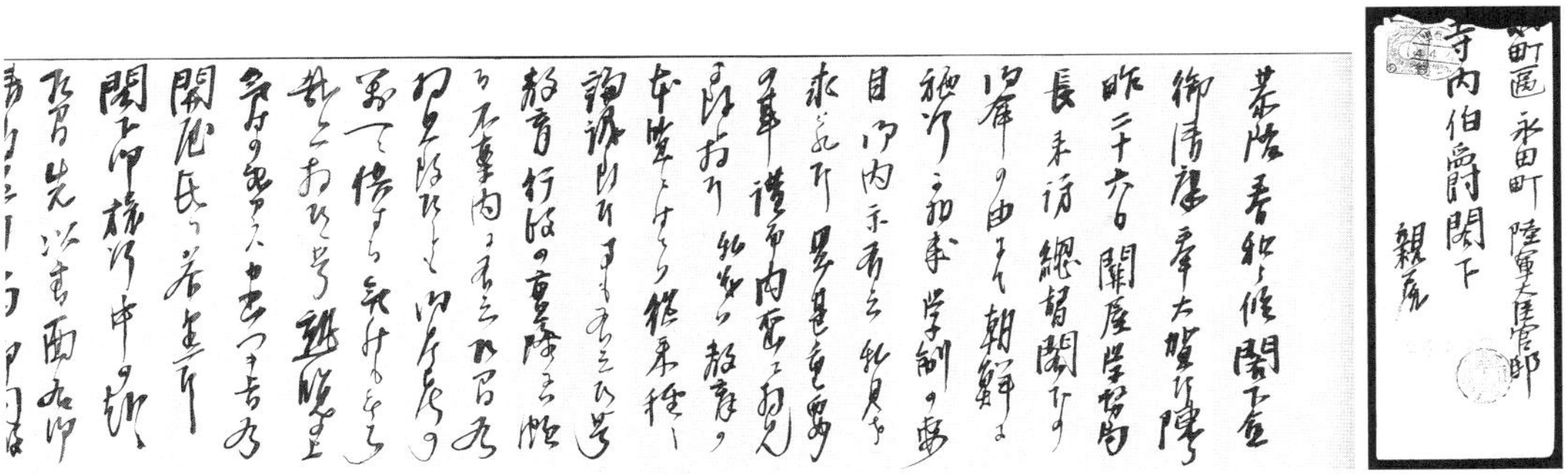

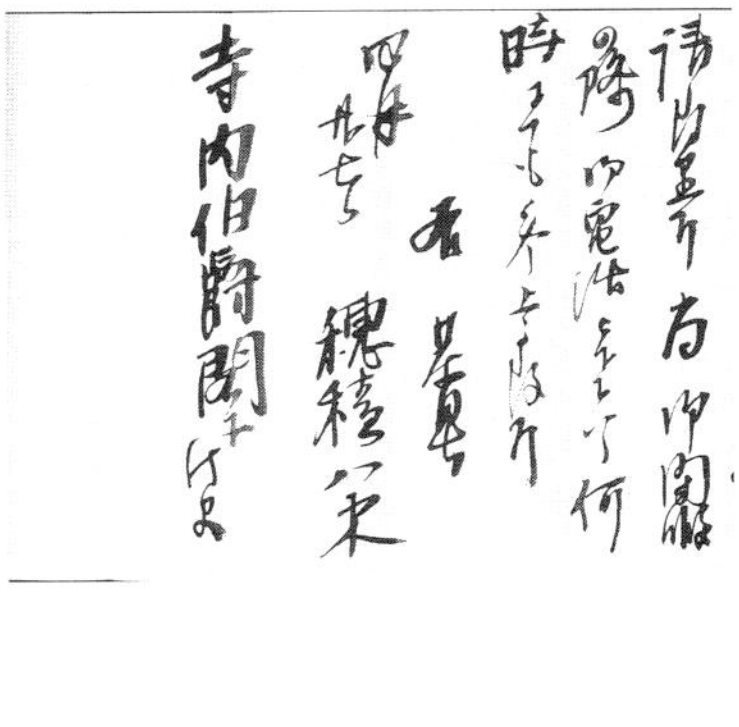

【25】

【26】寺内正毅宛徳富蘇峰書簡

明治四十四年（一九一一）五月八日
一紙三枚継、墨書
一八・八×一一〇・八
資料番号：一紙・冊子3—2

（封筒表）朝鮮京城「書留」
伯爵寺内正毅殿
閣下親報
（消印）「44・5・8」
（封筒裏）明治四四年五月八日
（朱印）「東京市青山南町六之三十徳富猪一郎」
（消印）「44・5・10」

（本文）粛啓　途中無滞御安著と奉恭賀候、却説東都言論界ノ模様ヲ見ルニ、表面総督ノ武断ヲ攻撃シツヽ、内心敬畏ノ念ヲ生シ、流石ニエライ到頭ヤリ附クルダロー申ス情態ニ候間、何卒此際急速ニ御政策ニ変化ナキ様、即チソロ〳〵と手ヲ御緩め被遊候方可然歟と愚考仕候、而シテ若シ偏スルナラハ寧ろ厳ニ偏スル方可然候、輿論抔と申せとも存外薄弱ナルモノニ候間、決シテ御掛念ナク奉願上候、右ハ僭越ニ候得共事情偵察ノ結果として御参考迄右得貴意、匆々頓首

四四
五月八日　徳富生
寺内伯閣下

小生も例ノ施療問題ノ落著と同時ニ参上可仕と奉存候、又拝押収丈ハ左程大ナル効能ナキ歟と奉存候間、御加減可然と奉存候、併シ此レモ只今通リ位か適当かと愚考仕候

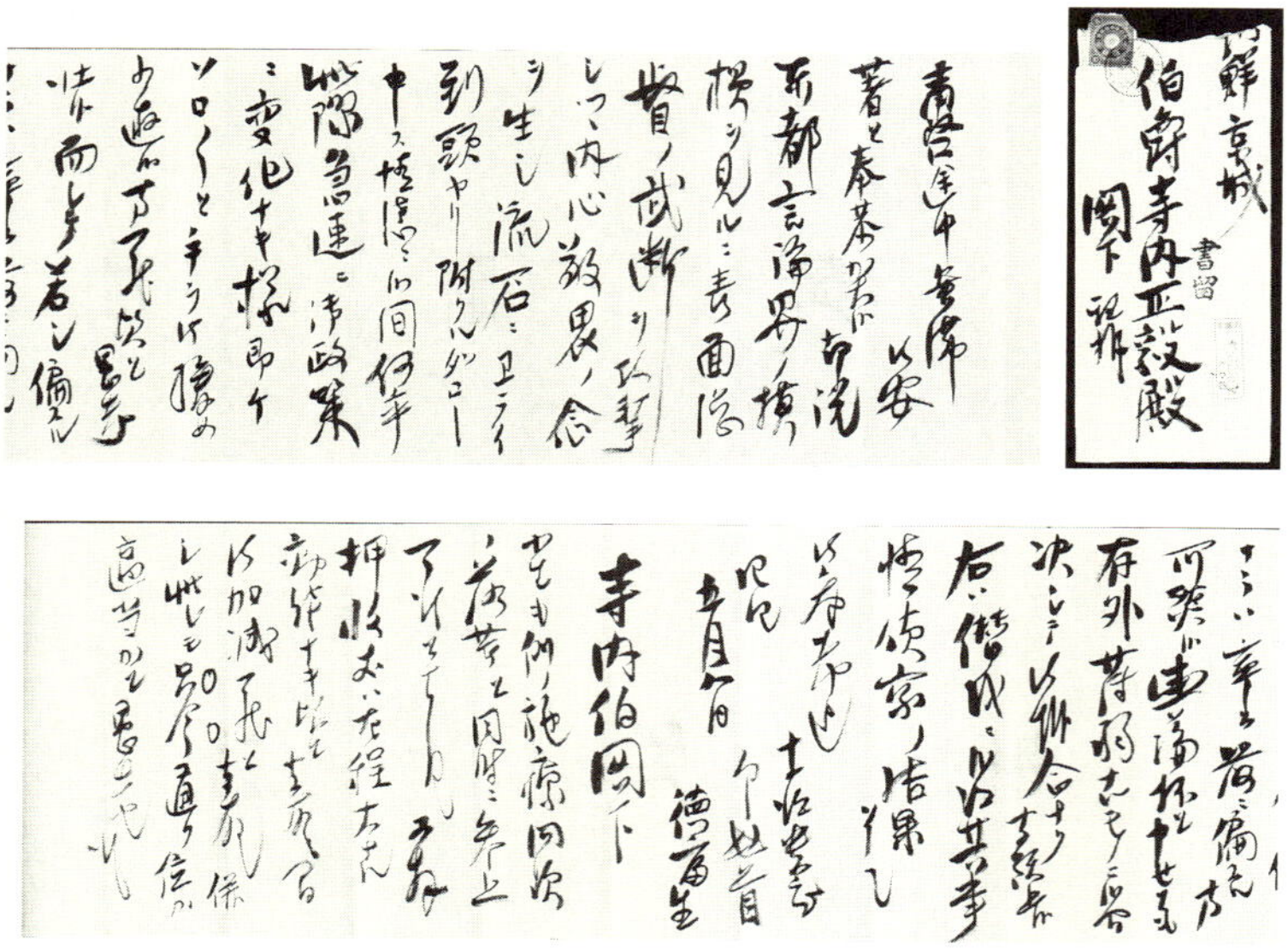

【26】

徳富蘇峰が朝鮮総督寺内正毅に宛てた書簡。徳富は東京の言論界が寺内総督の「武断」を表面では攻撃しているものの、内心では畏敬の念を抱き、総督府の事業完遂の予測を立てていることを伝える。そして徳富は輿論の薄弱さを指摘し、寺内に施政方針の助言を行った。なお徳富はこの当時、『京城日報』の監督をつとめている。

（赤司）

【27】日韓併合紀念トシテ寺内陸軍大臣閣下へ紀念品贈呈者人名

明治四十三年（一九一〇）カ

一紙六枚継、墨書

一九・〇×二一七・一

資料番号：20―3―1

韓国併合に際して、陸軍大臣たる寺内正毅に記念品を贈呈した陸軍関係者たち一一〇人の氏名と肩書・階級が記された一覧となっている。この中には森鷗外（森林太郎）や田中義一など、寺内と近しかった軍人・陸軍省官吏の名前が確認でき、寺内の省内における知己・交友関係を把握する上で貴重な資料である。

（永島）

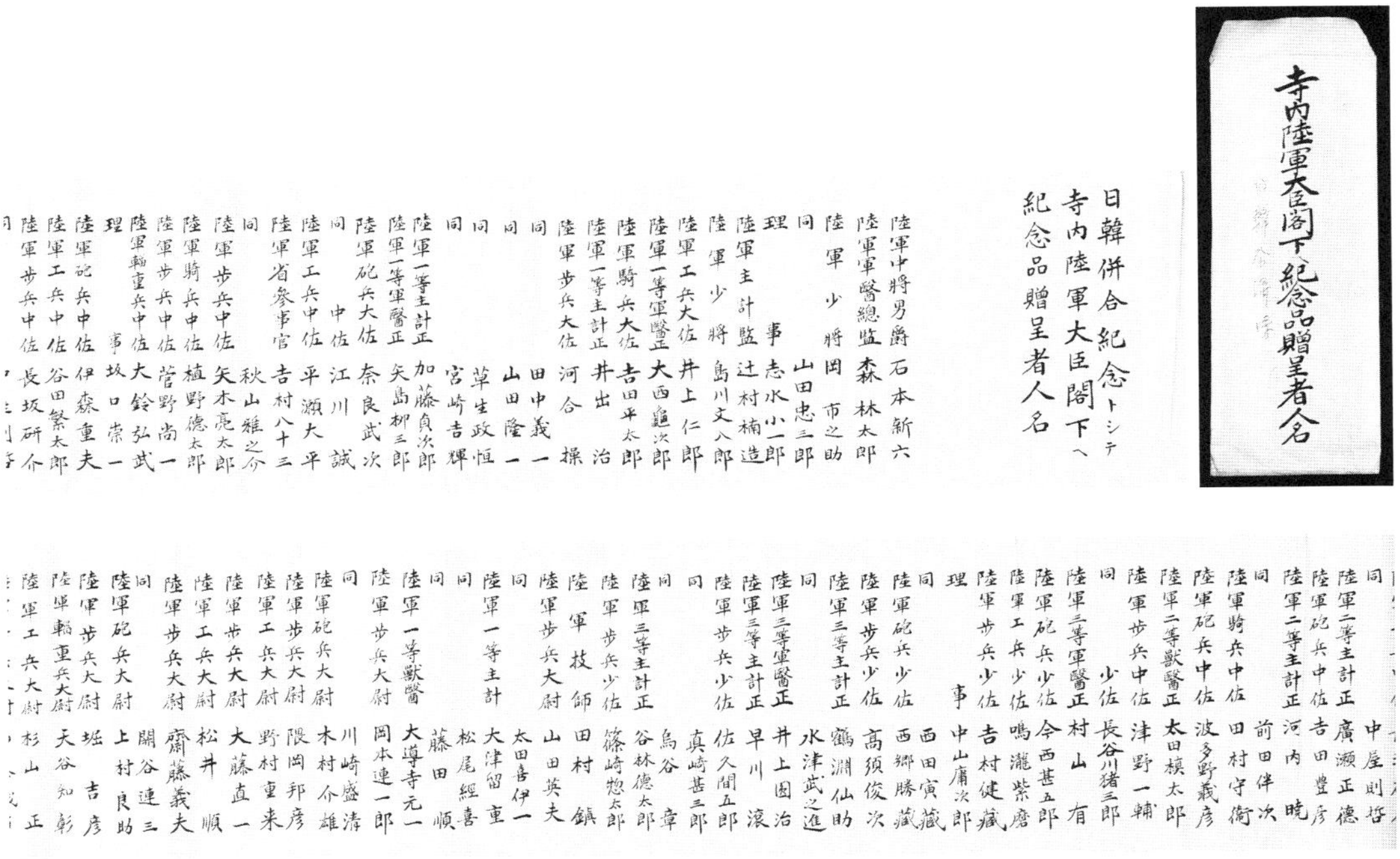

【27】

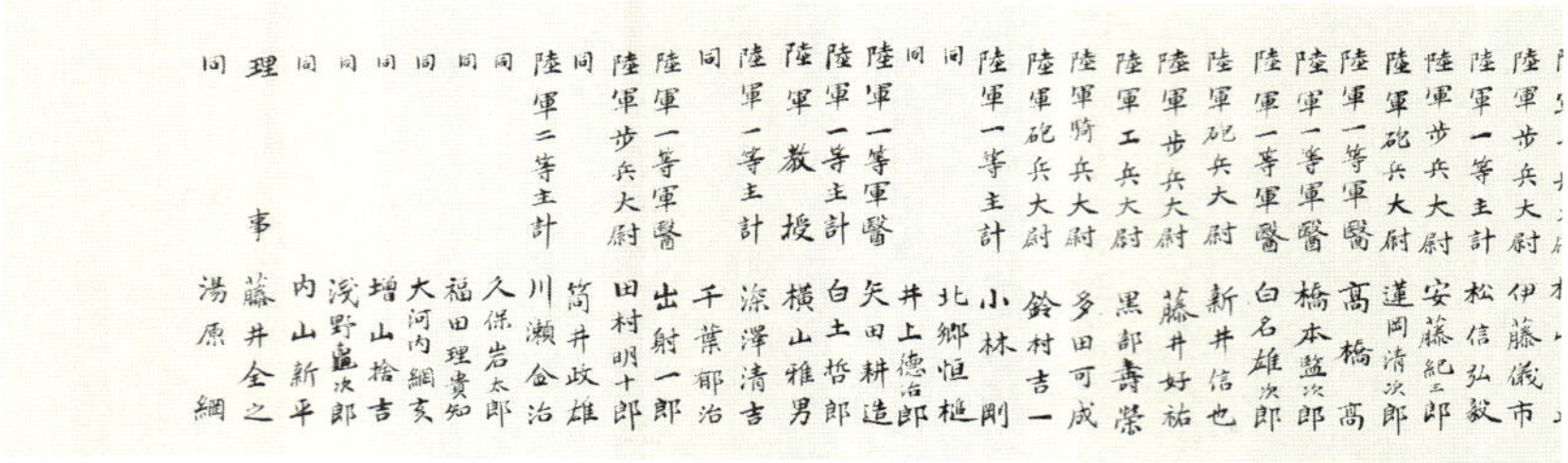

陸軍歩兵大尉　伊藤儀市
陸軍一等主計　松信弘毅
陸軍歩兵大尉　安藤紀三郎
陸軍砲兵大尉　蓮岡清次郎
陸軍一等軍醫　高橋高
陸軍一等軍醫　橋本盤次郎
陸軍一等軍醫　白名雄次郎
陸軍砲兵大尉　新井信也
陸軍歩兵大尉　藤井好祐
陸軍工兵大尉　黒部壽棨
陸軍騎兵大尉　多田可成
陸軍砲兵大尉　鈴村吉一
陸軍一等主計　小林剛
同　北郷恒樾
同　井上德治郎
陸軍一等軍醫　矢田耕造
陸軍一等主計　白土哲郎
陸軍教授　横山雅男
陸軍一等主計　淤澤清吉
同　千葉郁治
陸軍一等軍醫　出射一郎
陸軍歩兵大尉　田村明十郎
同　筒井政雄
陸軍二等主計　川瀬金治
同　久保岩太郎
同　福田理貴知
同　大河内綱亥
同　増山捨吉
同　淺野龜次郎
同　内山新平
理事　藤井全之
同　湯原綱

【27】

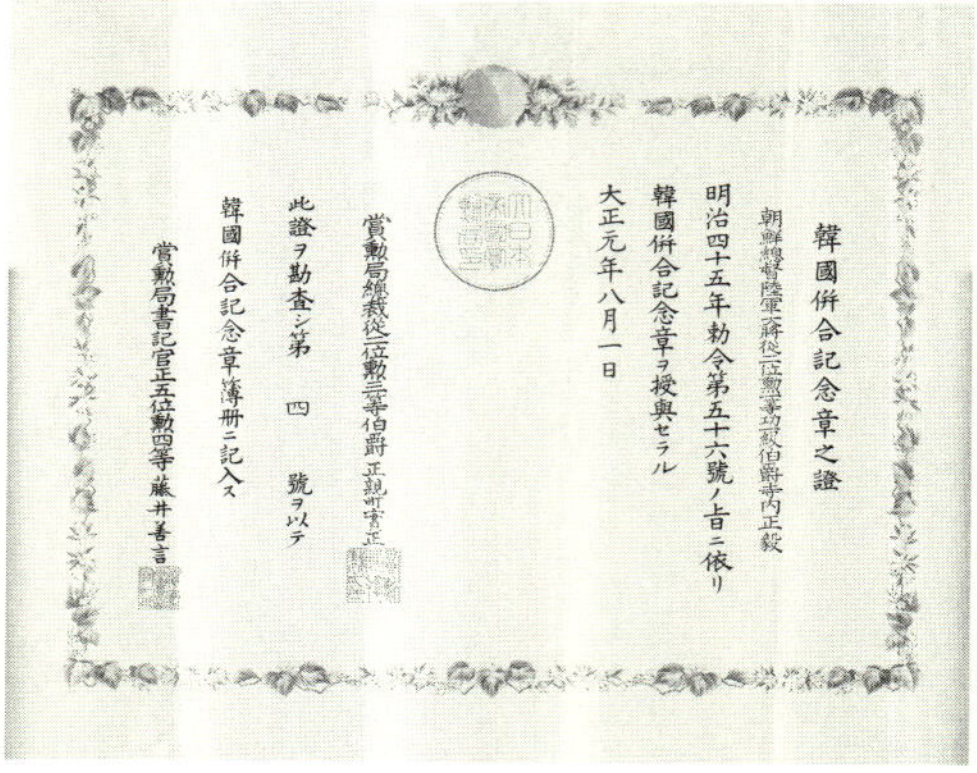

韓國併合記念章之證
朝鮮總督陸軍大將從二位勲一等功一級伯爵寺内正毅
明治四十五年勅令第五十六號ノ旨ニ依リ
韓國併合記念章ヲ授與セラル
大正元年八月一日
賞勲局總裁從二位勲一等伯爵正親町實正
此證ヲ勘査シ第　四　號ヲ以テ
韓國併合記念章簿冊ニ記入ス
賞勲局書記官正五位勲四等藤井善言

【28】

【28】韓国併合記念章之証

大正元年（一九一二）八月一日
一紙、墨書
四〇・六×五〇・六
資料番号：一紙・冊子10―7

韓国併合から二年目にあたる大正元年（一九一二）八月一日付けで日本政府・朝鮮総督府関係の官民に授与された「韓国併合記念章」の配布証書。総督たる寺内正毅には「第四号」が伝達されていたことが分かる。なお記念章そのものは黄銅製で、原型の製作は造幣局技師の佐藤磐である。

（永島）

【29】朝鮮総督府始政五年記念書画帖（乾・坤）

大正四年（一九一五）
折本二冊、墨書（一部着色）
二四・五×一八・〇
資料番号：一紙・冊子17

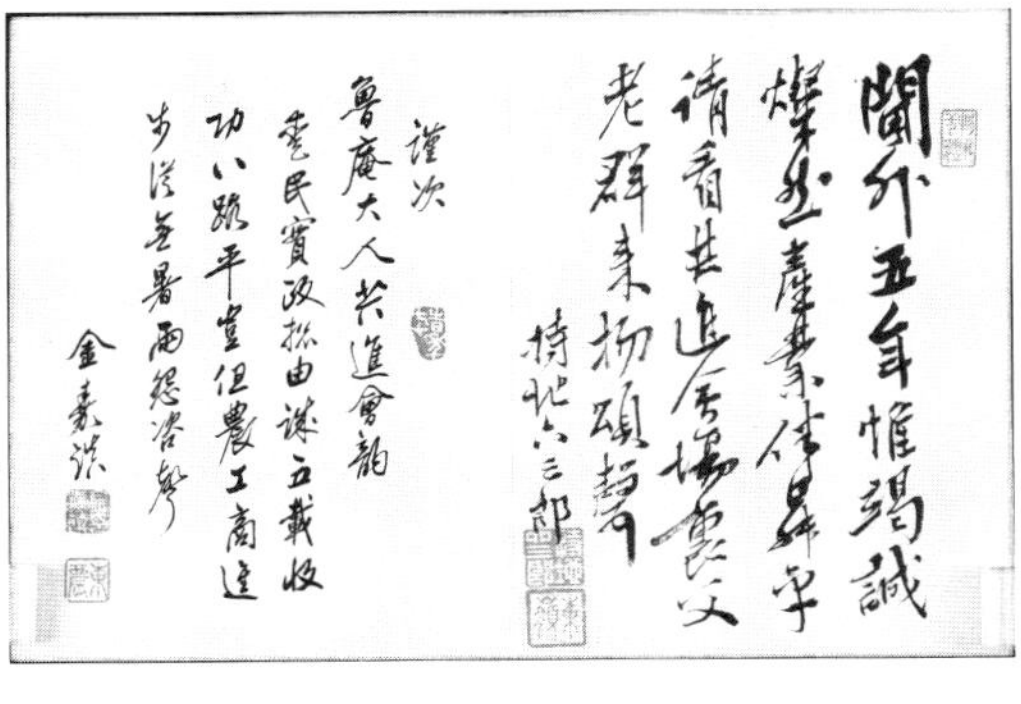

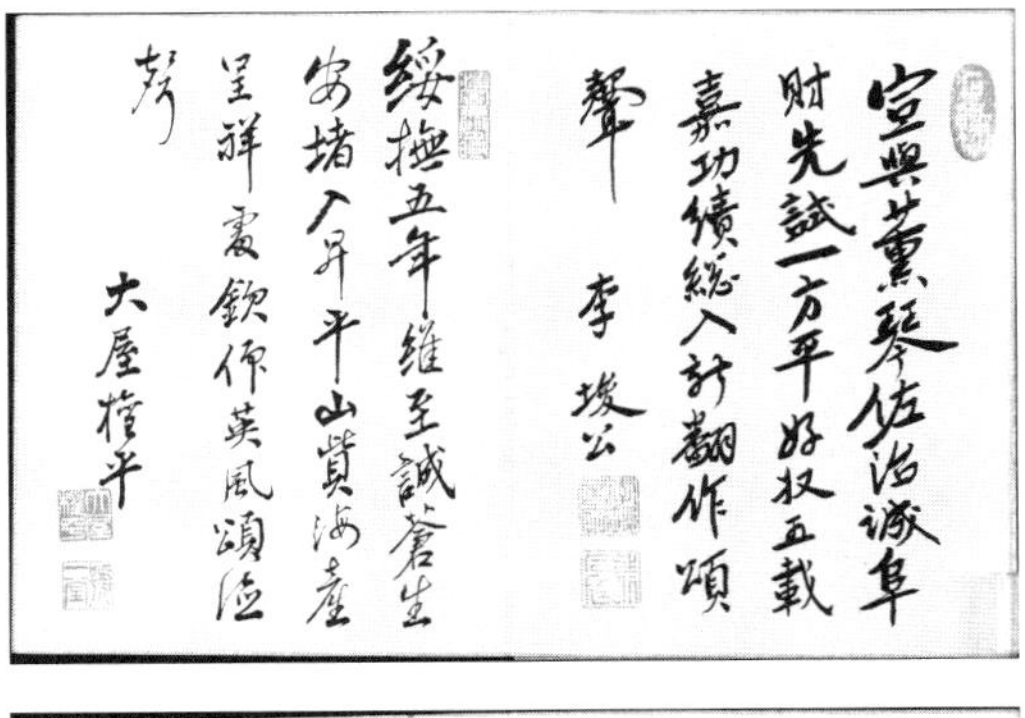

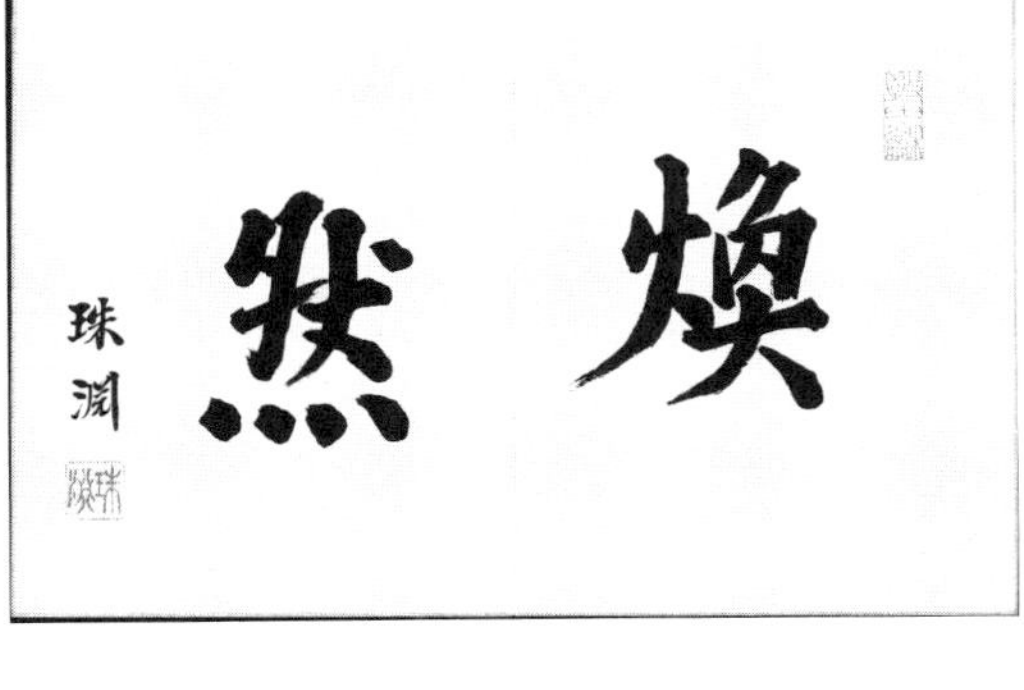

【29】

施政開始五年目を迎えて朝鮮総督府は大正四年（一九一五）秋に「朝鮮物産共進会」を景福宮にて開催するなど、内外にその「治績」をアピールしていた。またその年を賀して朝鮮総督府関係者・李王公族・朝鮮貴族などの高位高官・有力者が寄せ書きした書画帖を作成し、総督の寺内正毅に献呈していた。なお、山口県立山口図書館には大正六年（一九一七）に作成された類似の書画帖が残されており、本来は一緒に保管されていたと考えられる。（永島）

【30】揮毫拓本「鎮護」
年代不明
一鋪（まくり）
七一・五×五八・〇
資料番号：一紙・冊子15

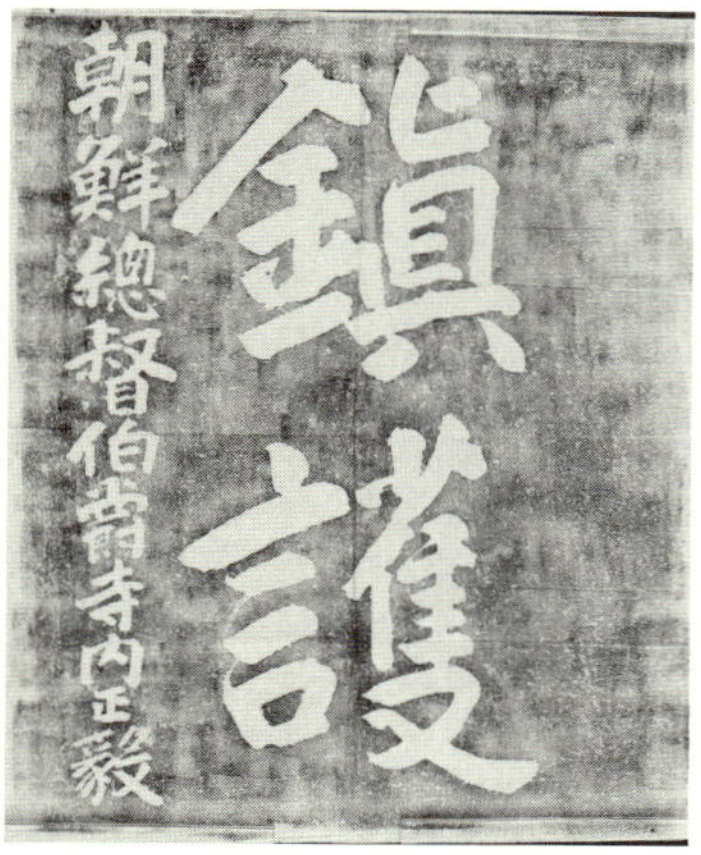

【30】

年代未詳なるも、伯爵を陞授された明治四十四年（一九一一）四月二十一日以降、朝鮮総督在任中（おそらくは朝鮮総督府新庁舎の地鎮祭／一九一五年六月二十五日挙行）に寺内正毅が揮毫した文字を彫り込んだものを再び拓出したものと推測される。西南戦争で右手を負傷した寺内であるが、「細字は右手のみで書かれたが、少し太字になれば左手を以て右手の腕首を握り、両の腕を以て書かれた」（『元帥寺内伯爵伝』）という彼の運筆のほどをうかがうことが出来る。（永島）

四　内閣総理大臣として そして多士済々な交友

寺内正毅は第二次大隈重信内閣の後継として、大正五年（一九一六）十月九日に第十八代内閣総理大臣に就任した。これに先立ち六年間務めた朝鮮総督を辞任した。

寺内内閣はいわゆる「超然内閣」であり、その風貌からついたあだ名である「ビリケン」をもじって「非立憲」内閣と言われた。

寺内内閣は第二次大隈内閣の際の「対華二十一ヶ条要求」により悪化していた対中国政策や、シベリア出兵などの難題を抱えて政治運営に苦心したが、結局米騒動の責任を取って大正七年

（一九一八）九月二十一日に辞表を提出、退任せざるを得なかった。後継として西園寺公望に組閣命令が出されたが西園寺が固持したため、政友会総裁原敬に組閣が命ぜられ、陸海外三相を除く全閣僚に政友会員が任命される政党内閣が誕生した。

寺内は首相在任中から体調不良に苦しんでおり、退陣の翌大正八年（一九一九）十一月三日六十七歳で死去した。児玉源太郎（一九〇六年）、桂太郎（一九一三年）に続いて寺内にまで先立たれた山県有朋が寺内の死を悼んで詠んだ歌が残されている【32】【33】。（日比野）

【31】辞令（内閣総理大臣兼大蔵大臣）

大正五年（一九一六）十月九日

一紙、墨書

二二・八×三〇・九

資料番号：一紙・冊子20—4—9

第二次大隈内閣の退陣に伴って大正五年（一九一六）十月四日、ついに寺内正毅への組閣の大命降下となった。大命拝受は十月九日。政党とは距離を置いたいわゆる「超然内閣」であり、書記官長には女婿の児玉秀雄を据えた。大蔵大臣との兼任は同年十二月十六日付けをもって免ぜられ、その後、米騒動による大正七年（一九一八）九月二十一日の引責辞任まで、約二年間の首班を務めた。長らく体調不良をかこっていた寺内は退任後、急激に病状を悪化させ、同年十一月三日に鬼籍に入る。（永島）

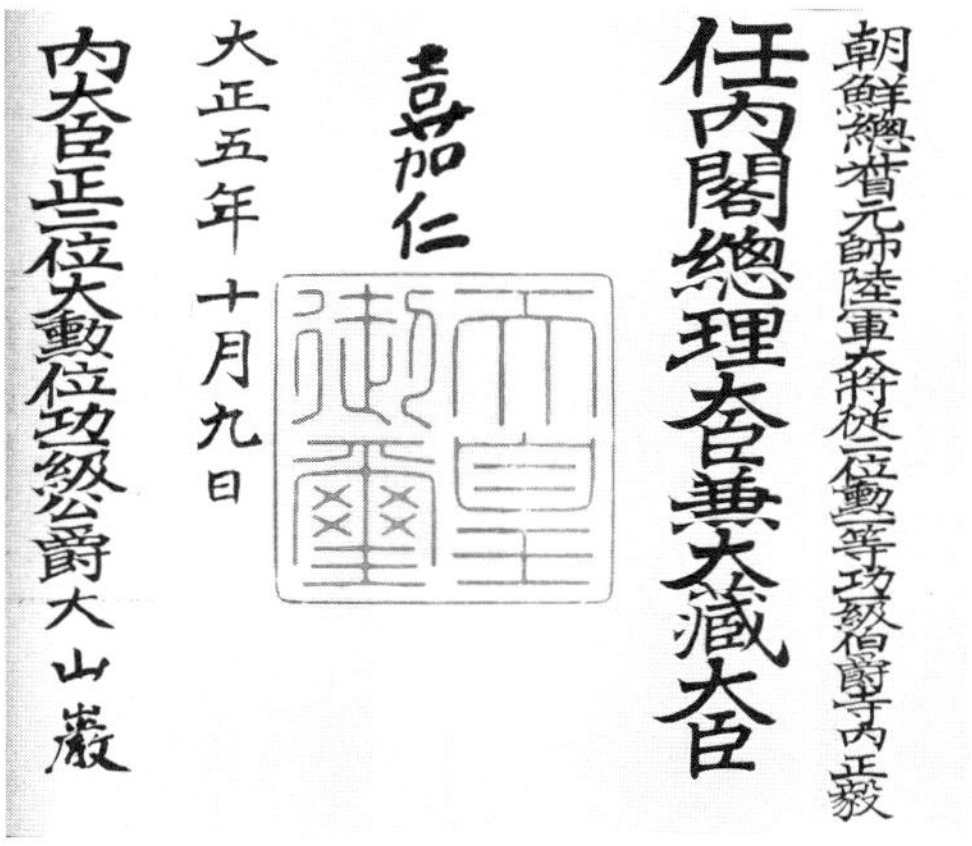
朝鮮總督元帥陸軍大將從二位勲一等功一級伯爵寺内正毅
任内閣總理大臣兼大藏大臣
嘉仁
天皇御璽
大正五年十月九日
内大臣正二位大勲位功一級公爵大山巖

【31】

【32】山県有朋和歌

大正八年（一九一九）カ

絹本墨書巻子装、短冊一枚

（短冊）三五・七×六・〇、七九・七×二二・八

資料番号：軸巻13—1

鷲の山高ねの月や詠《（眺）》むらむ　おくれし老の袖ぞ時雨る

【32】

寺内正毅の死を悼んで山県有朋が詠んだ和歌。後輩に先立たれた悲しみを率直に表現している。「高嶺の月」は功成り名遂げて思い残すことがない様子をいう。（日比野）

【33】山県有朋和歌

大正八年（一九一九）カ
絹本墨書巻子装、短冊一枚
（短冊）三五・七×六・〇、七九・七×二二・八
資料番号：軸巻13—2

誠をば 心としつて ひとすちに くにゝつくして 行し人かも

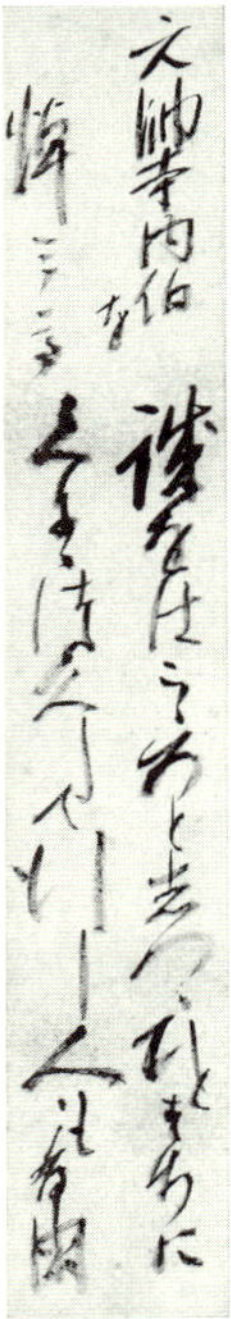
【33】

大正八年（一九一九）十一月三日寺内正毅は世を去った。享年六七。寺内の先輩にあたる山県有朋が後輩の寺内の死を悼んで詠んだ和歌。（日比野）

【34】日英軍人との集合写真

年代不明
一枚
三八・六×五一・六
資料番号：写真3—11

撮影された時期は不明であるが、日本国旗とイギリス国旗を手にする軍人が写っていることから、日英軍人の集合写真とわかる。今回、寄贈された資料には、このほかにも多くの軍人集合写真がある。寺内正毅も写っているが、見つけるのが一苦労である。（伊藤）

【34】

【34】部分拡大

【35】寺内正毅宛西園寺公望書簡

明治四十一年（一九〇八）七月六日
一紙二枚継、墨書
一七・四×五二・〇
資料番号：一紙・冊子2―26

（封筒表）寺内陸相閣下　公望
内啓親展
（封筒裏）緘　（鉛筆書）「四十一年七月六日」

拝啓、昨夜来又々神系痛甚しく、昨日閣議に付帰京仕兼候ニ付、乍御苦労小生代ニプレシデー願度候、又山県伊三郎氏貴族院議員任命の件ハ南書記官長え命じ置候得共、可然御督促願度候、一昨日参内之節小生病気ハ十分ニ養生すると同時ニ、後任出来迄ハ事務ニ滞りなき様にとの拝聖旨候、此段閣下より閣議之席ニて諸公エ御伝言被下度候、右要用而已、草々頓首
七月六日　公望
寺内陸相閣下

総理大臣西園寺公望から陸軍大臣寺内正毅に宛てられた書簡。内容は、病気のため閣議に参加できない西園寺に代わり閣議における司会役をつとめることを寺内に依頼するというもの。後継内閣が決定するまで事務に支障がないようにせよとの明治天皇の聖旨を各大臣に伝言することも依頼されており、内閣における寺内の重要性がうかがえる。（野島）

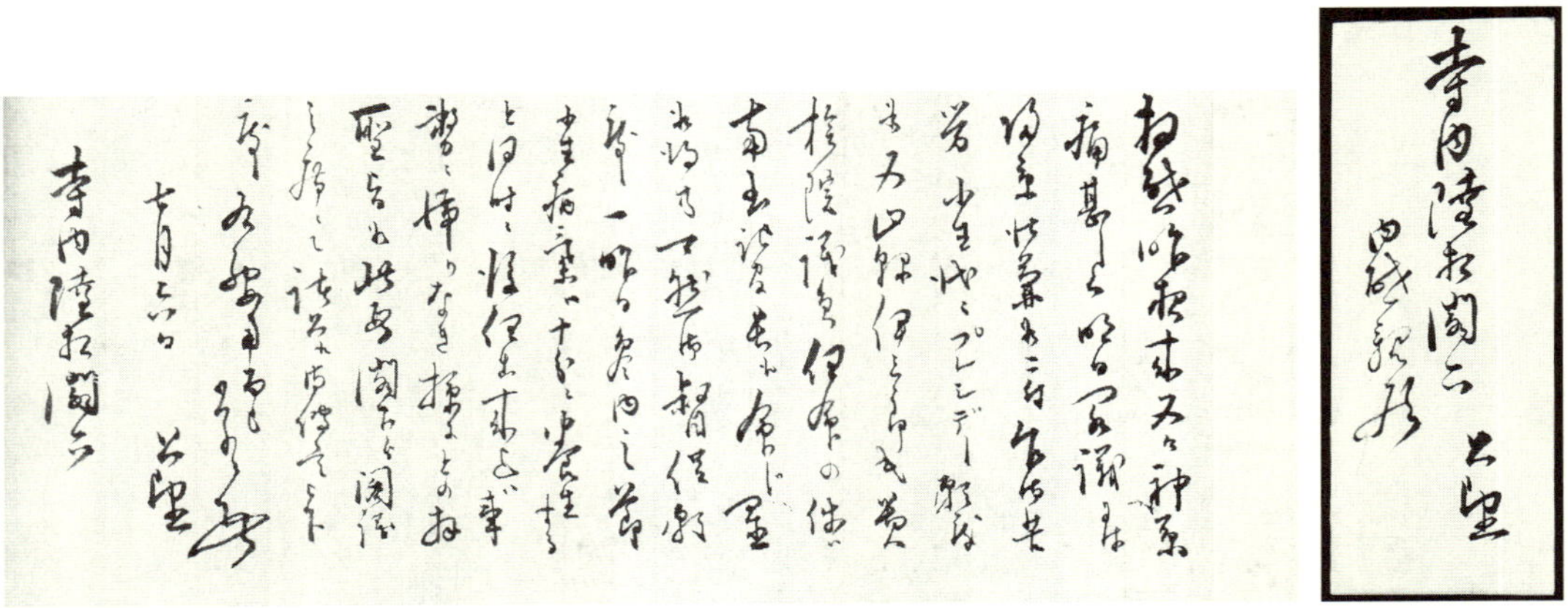

【35】

【36】寺内正毅宛後藤新平書簡

明治四十五年（一九一二）（カ）五月五日

一紙四枚継、墨書

一九・七×二二六・〇

資料番号：一紙・冊子3―7

（封筒表）朝鮮総督府

寺内朝鮮総督閣下

必御親展

（封筒裏）封　男爵後藤新平

（本文）拝啓

益御清康奉敬賀候、先日は老母米寿ニ付御祝として御恵贈を頒し恐縮千万ニ奉存候、深く老母益一同御厚情を感謝し奉り候、愈明日日露協会総会開設可致、其上寄付金並入会之件相運ひ候ハヽ、前日予報申上候資金も得られ、前途の計画も相立可申かと奉存居候

叉て此地総選挙も愈切迫、各党派苦戦之状察するニ余ある次第ニ御座候、小生は幸ニ其災厄を免れ居候へとも、傍観も随分骨の折れるものニ御座候、山県公も前日来極めて時局ニ関し苦辛せられ、老軀を以て上下ニ力所及御奮闘の跡相あらはれ居候、此点は敬服候外無之候、桂公も不相替時局の艱を歎せられ、済

時の策を案せられ候へとも、両公間実は意思疎通せさるものあるニあらさるかと窃かに痛心罷在、此消息禿筆難尽、是非一応拝話ニ悉し度、日露協会の進行ニ熱注し居候も、一方ハ是等事情と纏綿するものなきニあらす、御賢察賜り度候、政府は無策無能唯多数党の勢力ニて横暴をきわめ、御決心の外無之候、行倒れと相成候まて奮闘の覚悟と察せられ候、世間ニて五月後又ハ八九月瓦解なと申居候へとも、是ハ各人自分勝手の解釈ニ御座候、彼等は自己あるを知りて党派あるを知らす、党派あるを知りて国家あるをしらす、憐むへき徒なり、唯此処自ら倒るゝまて静かに傍観して国歩の艱難を救ふの覚悟愈益急要と相成候、迚も禿筆拙文ニて之を縷陳すること能はす、若し当時の実況に徴し将来の策を画せんことニは面聲の一あるのミ、嗚呼拙文禿筆何の力かあらん、草々不尽

五月五日　　　　新平敬具

寺内伯爵閣下

後藤新平が朝鮮総督寺内正毅に宛てた書簡。後藤はロシア情勢の研究と日露間の交誼を推進する日露協会総会の準備に追われていたが、間もなく実施される総選挙の情勢が政府与党に極めて優勢であること、それへの対応に苦心する桂太郎と山県有朋の間で実は十分に意思の疎通が図れていないことを憂慮し、寺内との協議を希望している。（赤司）

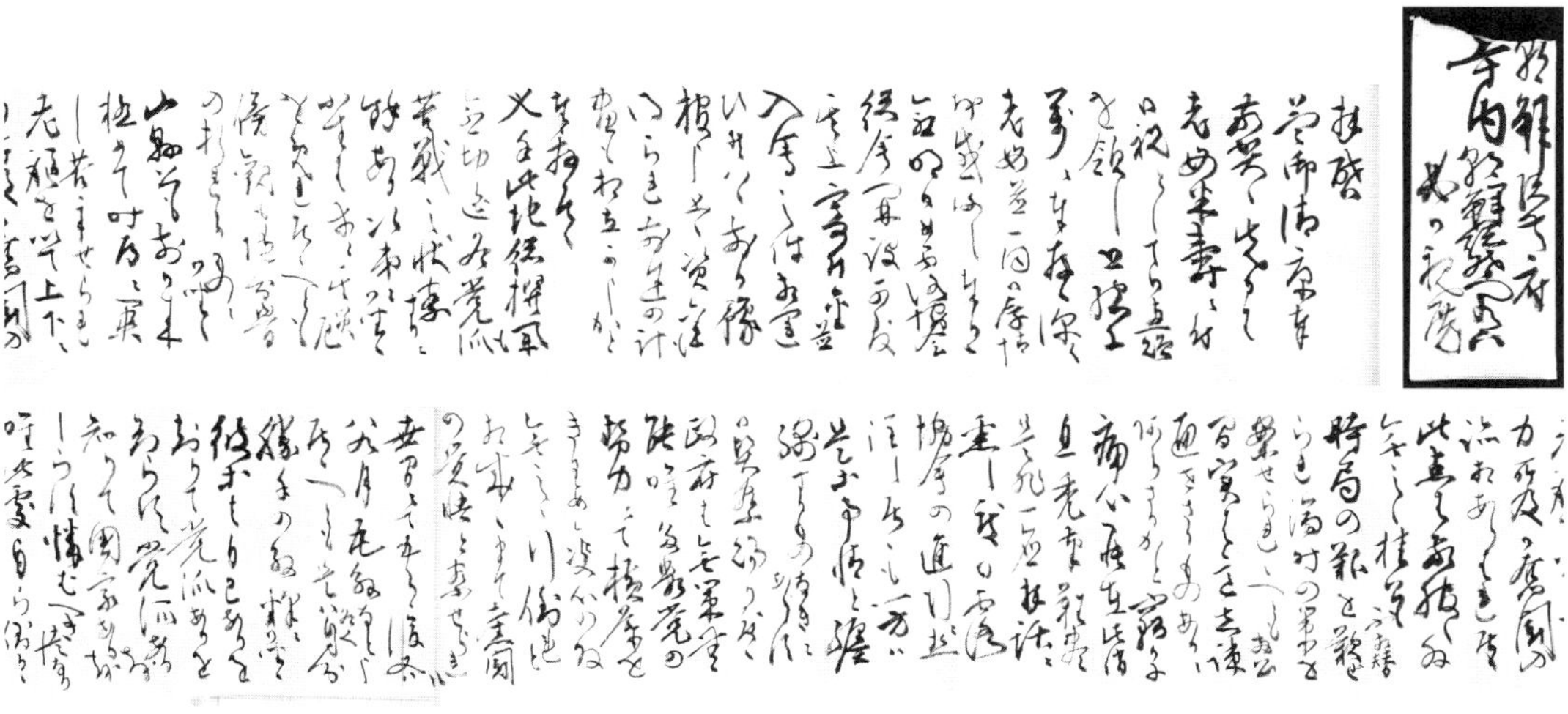

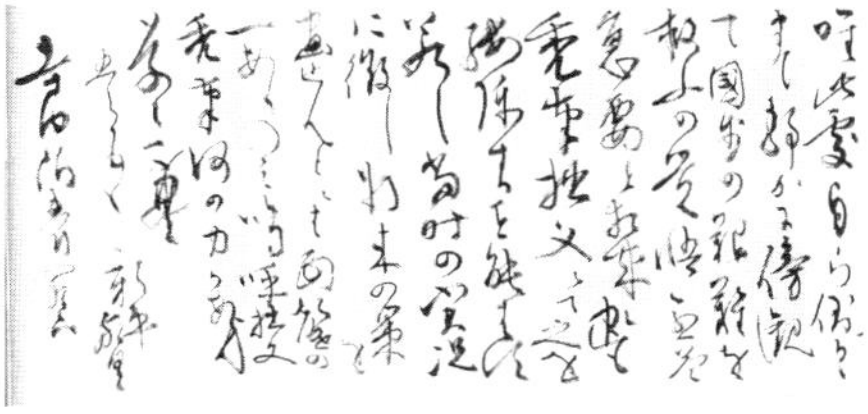

【36】

【37】寺内正毅宛山川健次郎書簡

大正四年（一九一五）九月二十一日
罫紙一枚、墨書
二七・七×一九・八
資料番号：一紙・冊子4―18―2

（封筒表）
伯爵寺内正毅殿

（封筒裏）

（本文）
御所蔵ノ古文書借用致シ、本学史料編纂掛事業上裨益少カラス
候段深謝之至リニ候、今般入用相済返進致シ候ニツキ御挨拶申
進メ候、敬具
大正四年九月廿一日
東京帝国大学総長理学博士　山川健次郎（公印）
伯爵寺内正毅殿

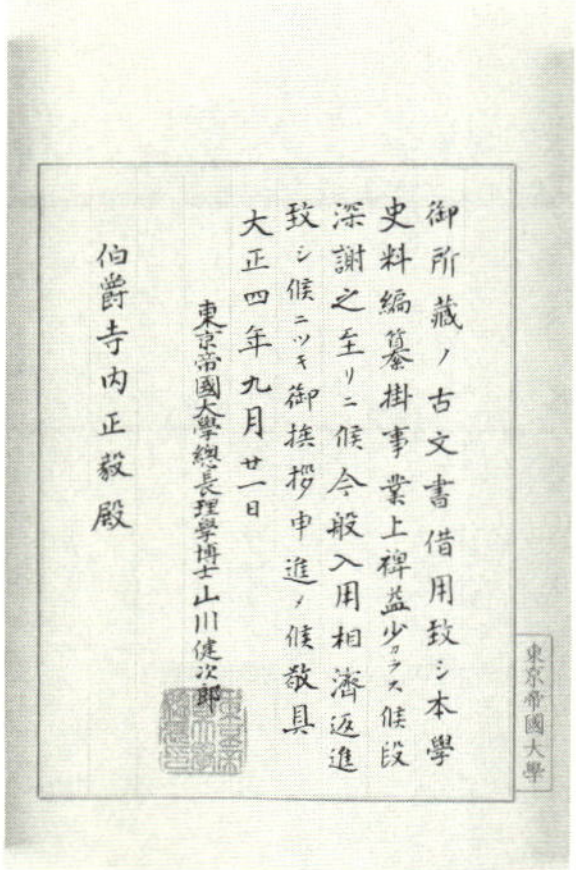

【37】

明治二十八年（一八九五）、帝国大学に史料編纂掛（現在の東京大学史料編纂所）が設置され、明治三十四年（一九〇一）より『大日本史料』の刊行が開始された。寺内正毅は『大日本史料』の参考史料として「明主贈豊太閤書」「高本花伝書」を貸し出しており、これらは史料編纂掛が開催した第七回史料展覧会で展示された。この書簡は両史料の返却に際し、東大総長であった山川健次郎からの感謝状として送られたものである。（藤岡）

【38】寺内正毅宛上原勇作書簡

明治四十五年（一九一二）（カ）六月七日
一紙三枚継、墨書
一九・三×一二〇・〇
資料番号：一紙・冊子5―2

（封筒表）
京城
［　］寺内正毅閣下
御直披
（封筒裏）
東京市
上原勇作

（本文）
御多祥奉祈寿候、陳ハ先度田中少将差遣シ候節ハ諸事御腹蔵ナク懇切ニ御示教被下候ノミナラス、更ニ御芳紙ニテ万々仰下サレ深ク感銘多謝仕候、諸事御示教ニ基キ入念歩ヲ進メ可申候、本月末ニハ御帰京之由ニテ、其節ハ更ニ細事ニ亙リ御意見承リ可申期シ居候、目白・青山之方ハ田中氏より御聞取被下候通ナリシガ、同氏帰京後更ニ三田ニモ同氏ヲ遣りて、二師団云々大体申陳ヘサセ候所、却テ大将より第二案（目的ノモノ）ヲ示サレ候て意外ニ感シ申候

首相之下ニて秘密ニ調査相成候整理案も本月末ニハ各大臣へ明示サレソウノ様子ニ相見得候

部内ハ一般無事御座候、特命検閲も進捗中ニ有之、近々ニ軍馬補充部幷ニ要塞兵器ノ両検査ニ着手ノ手筈御座候、渋谷・島川ノ両将ヲ各首坐ニ命シ申候

実ニ此新職務ニハ大閉口ニ御座候、コンナ事ニ相成ルモノナラバ前以テ御教育下サレザリシハ甚タ御恨ミニ御座候、予算ニ関スル事ニハ目下毎日曜丸潰レニテ其要領会得ニ努力致居候始末ニ有之候、御笑被下候

右御礼申上度旁如此御座候、謹言

六月七日

上原勇作

閣下侍史

第二次西園寺内閣の陸軍大臣上原勇作は、陸軍省軍務局長であった田中義一らとともに二個師団増設を画策していた。この書簡の前半はその件で上原が田中を山県有朋（目白）・大山巌（青山）・桂太郎（三田）ら陸軍有力者の元に派遣したことが述べられている。後半では陸軍大臣としての仕事の状況が述べられており、慣れない軍政の仕事に苦心していること、特に予算について休日返上で勉強せねばならない状況を伝えている。「こんなことになるのだったら、教育しておいてくれればよかったのに」と、寺内正毅への恨み節を綴っているところがおもしろい。

（藤岡）

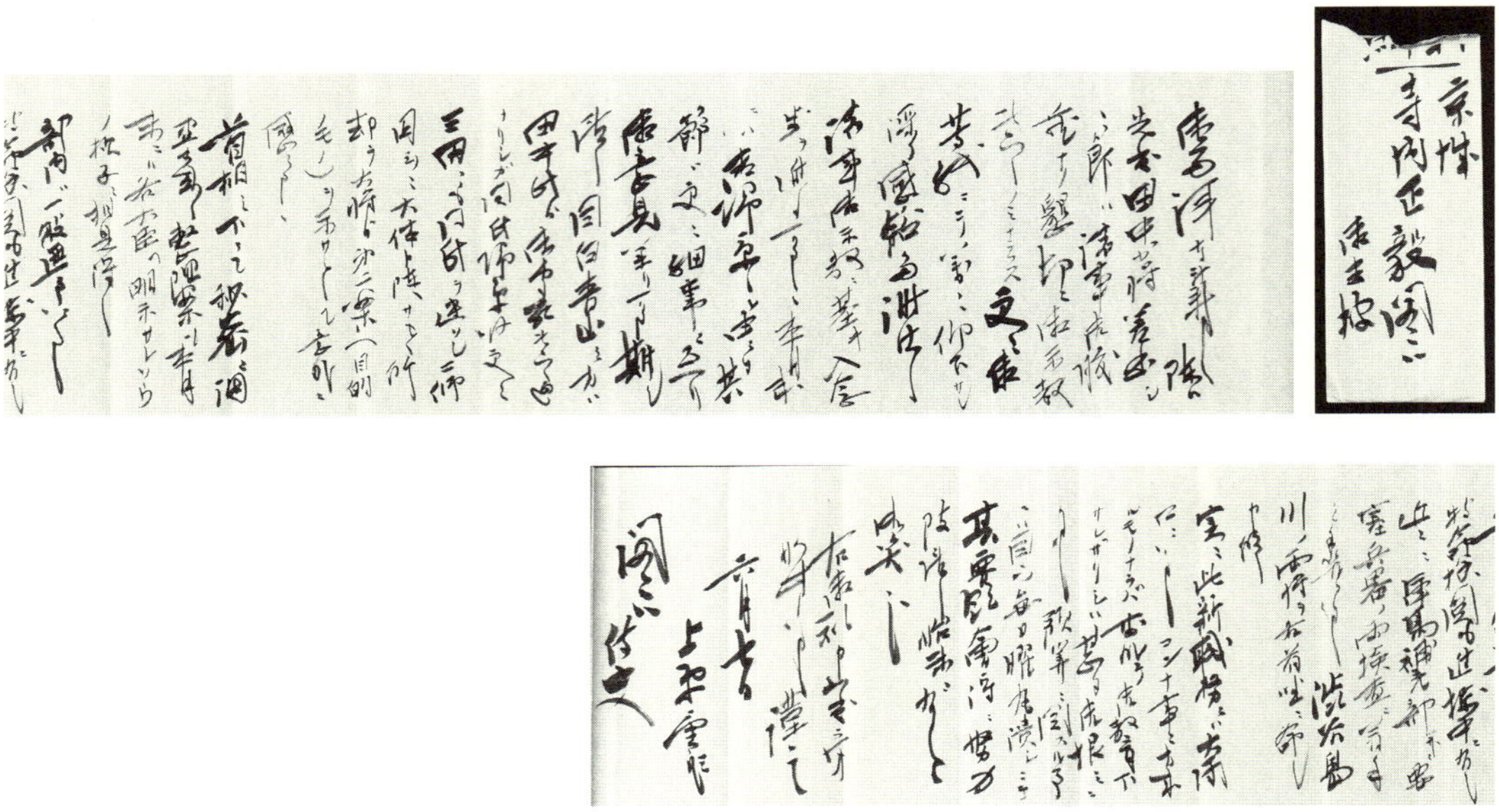

【38】

【39】寺内正毅宛田中義一書簡

明治四十五年（一九一二）年六月八日
一紙四枚継、墨書
一八・五×二三八・〇
資料番号：一紙・冊子5―3

（封筒表）朝鮮京城　（赤鉛筆書）「六月十三日正毅」
陸軍大将寺内正毅殿
親剪
（消印）「45・6・10」（消印）「45・6・10」
（封筒裏）東京陸軍省
田中陸軍少将
（消印）「45・6・12」

（本文）
謹啓
過般ハ種御手厚キ御芳情ヲ辱フシ感銘此事ニ奉存候、降テ小官儀過る五日夕着京仕、早速大臣閣下へも復命致シ、又山県老公へも閣下ノ御所存申上候処、共ニ大安堵被為遊候、其後山県老公之御意見ニ従ヒ、桂公へも極メテ概略ナル意味ヲ摘テ申上、且ツ其レニ対スル閣下御意見ノ要点ヲ述ベ申候処、同公も全然同一ノ意見ヲ抱持スル旨申サレ候、大臣も自信力ヲ増スト共ニ大ニ安心被成候様御見受申上候、桂公ハ最後ニ若シ現政府崩壊之場合ニハ寺内ハ其後ヲ引キ受ケル心組有之様見受ケラレザリシカト御尋ネ有之候ニ付キ、否左様ナル思召有之様ニハ見受ケ不申ノミナラズ、却テ或ハ閣下御自分ニ料理ノ責任ニ立タル丶ナラント考ヘ居ラル丶ヤも不計ト申述置候、何カノ御参考ニもト存シ、此儀添ヘテ申上候、先ハ御礼旁御機嫌相伺候、何レ不遠内ニ御帰京相待居候、其内為邦家千万御自重被遊度候

恐惶敬具

六月八日　義一

寺内閣下

甚タ恐レ入候得共、奥様ヘ宜敷御願申上候、御依托ノ物ハ柴田ヘ確ニ相渡候間、其趣キ御話シ被成下度候

陸軍省軍務局長であった田中義一は朝鮮に赴き、寺内正毅に面会して二個師団増設問題に対する意見を聴取した。寺内の意見を田中が前首相桂太郎に伝え、同意を得たことを報告した書簡である。併せてその際、桂が「もし現在の西園寺内閣が倒れたら、寺内にはその後継を引き受けるつもりはないだろうか」と田中に尋ね、田中が「引き受けないつもりどころか、むしろ自分が責任を持つつもりでいるかもしれません」と答えたことも記されている。（藤岡）

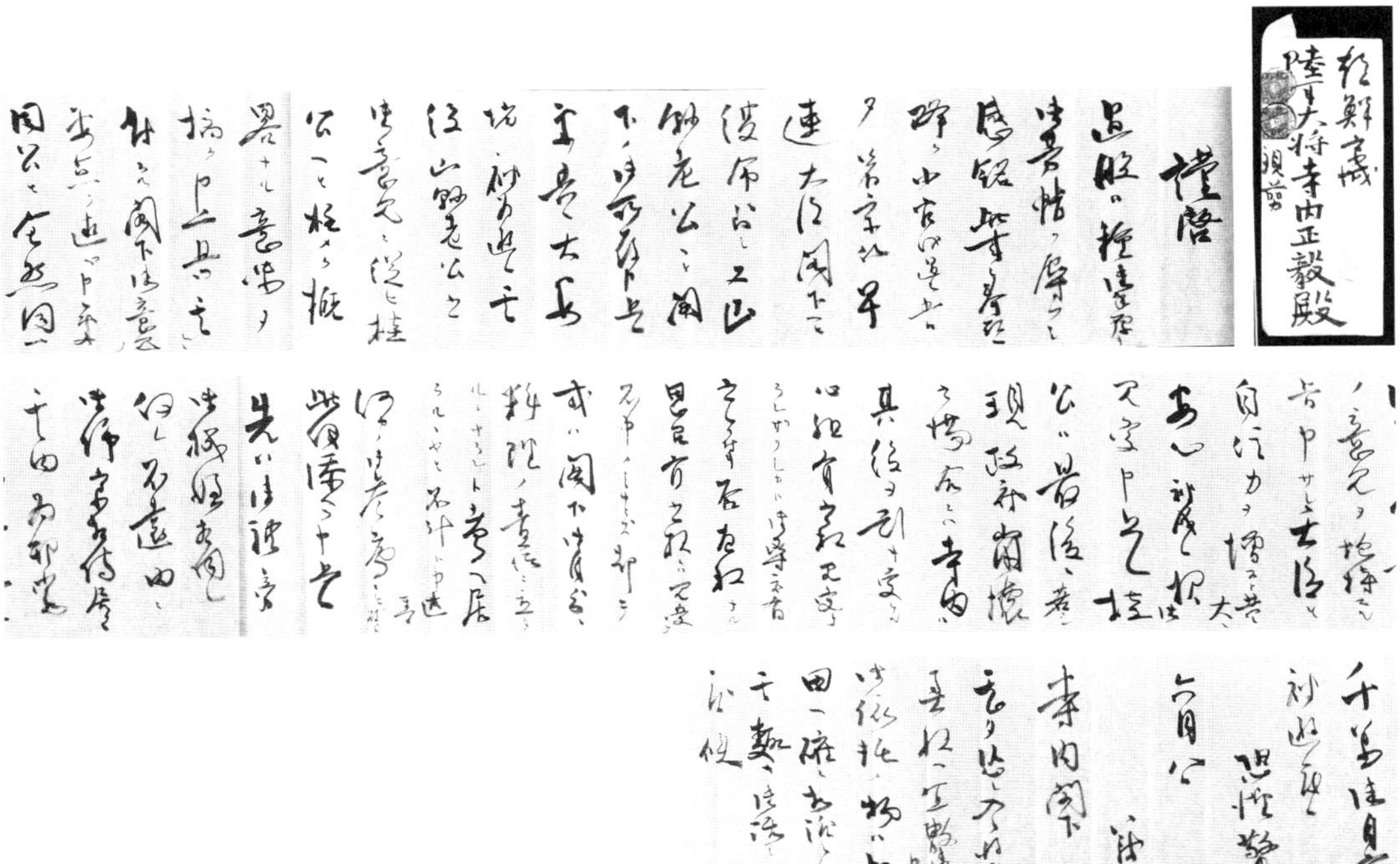

【39】

【40】寺内正毅宛森鷗外書簡

明治四十四年（一九一一）（カ）五月十八日
一紙、ペン書
一八・〇×二八・九
資料番号：6—22

（封筒表）
森軍医総監
寺内陸軍大臣閣下
必親展

（本文）
拝啓益御勇武奉賀候、陳ハ前便御聴ニ達候済生会ノ病院ニ陸軍々医御使用相成度希望ノ件、御内覧ニ供シ候仮印刷物ハ我衛生部ノ内情ニノミ偏シ、趣意書トシテハ公明ノ点ヲ欠キ候ニ付、更ニ別紙ノ通相認メ、表向次官閣下マデ差出可申存候、右申上度、匆々不宣

五月十八日　　森軍医総監

寺内陸軍大臣閣下

森林太郎（鷗外）が陸軍大臣寺内正毅に対し、済生会（明治四十四年（一九一一）五月設立認可）運営の病院で陸軍軍医が勤務できるよう働きかけていたことが本書簡からうかがえる。当時、海軍軍医は市の病院に勤務して研究も行っていたが、陸軍にはそうした施設がなかった。そのため、森は済生会が東京に病院を設立するのを機に、陸軍軍医の研究の場を確保するため関係者に働きかけを行った。（内山）

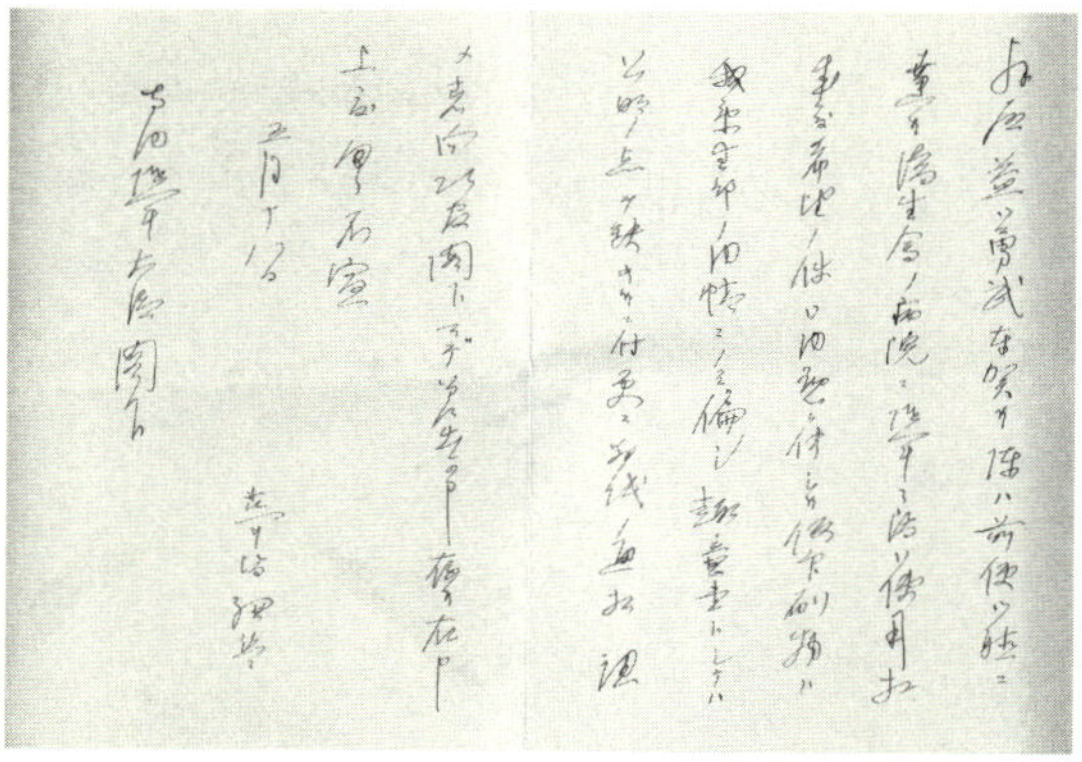
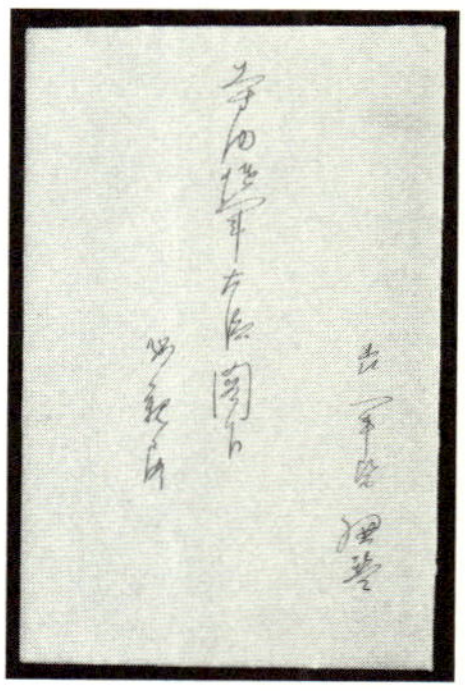

【40】

桜圃寺内文庫の乃木希典書簡

ここでは、桜圃寺内文庫寺内正毅関係資料のなかでも、とくに注目することができる乃木希典の書簡をとりあげて解説する。国立国会図書館憲政資料室所蔵「寺内正毅関係文書」には乃木の書簡はない。

『図書分類目録貴重品（貴重品原簿一）』（一紙・冊子之部23―7）によれば、かつての桜圃寺内文庫には貴重書として「乃木将軍書」（貴／62、大正十年十二月七日受入）、「乃木将軍遺書巻」（貴／77、昭和四年十一月二十日受入）、「乃木将軍尺牘巻」（貴／78、昭和四年十一月二十日受入）という三つの軸巻があった。このうち、「乃木将軍遺書巻」は乃木希典が自決する直前に認めた書簡であり、「乃木将軍尺牘巻」は十通の乃木希典書簡を収載した巻子であることが旧文庫時代に作成された書き上げからわかっている（一紙・冊子之部21―15―21）。貼られた貴重書ラベルや収載書簡の情報から考えると、「乃木将軍遺書巻」は学習院大学に寄贈された「寺内正毅宛乃木希典書簡（大正元年九月十二日付）」であり、「乃木将軍尺牘巻」は山口県立大学に寄贈された軸巻10（10―1～10）にあたる。「乃木将軍書」については、現在、学習院大学と山口県立大学にも当該番号の貴重書ラベルを貼られた資料がないため、よくわからない。ただし、山口県立大学には乃木希典の和歌二首を収載した軸巻14がある。この軸巻14には、現在、貴重書ラベルの貼付がないため「乃木将軍書」との関係は不明であるが、当該資料がかつて文庫に保管されていたことは確実であるため、あるいは軸巻14が「乃木将軍書」であった可能性はある。

このように、現在、桜圃寺内文庫に旧蔵されていた乃木希典書簡は三つの軸巻を確認することができる。このうち、学習院大学にある乃木希典書簡については、すでに千葉功による紹介があるため（千葉功「寺内正毅宛乃木希典書簡（大正元年九月十二日付）」『学習院大学史料館ミュージアム・レター』第二十六号、学習院大学史料館、二〇一四年）、ここでは山口県立大学にある二つの軸巻を紹介することとする。（伊藤）

1　寺内正毅宛乃木希典書簡

（〔明治二十七年〕十二月二十五日付）・軸巻10―1

【翻字】

拝啓

寒気酷烈之時下愈御勇健之段欣賀此事存候、小弟儀唯々頑健ニ弥々罷在候間暫御休意被下度、新紙ニて一見候得は山県大将病気帰朝ノ由、目下如何之容体ニ有之候哉、乍憚尊兄御好序之節見舞之儀宜敷御伝へ被下度奉願候、追々全快被致候て枢軸ヲ握ラレ候儀希望無此上候、小弟儀過日当普蘭店ニ至リ候後、熊岳城迄出ントシ、差止メヲ喰ヒ隣軍ニ応援セサルヲ残念ニ存居候、隣軍ノ働キト他ノ早イノト比較ノ公論ハ如何可有之、実ニ為シ得ルノトキニ無事ニて暮ス程内部ノ患害多キ無限遺憾ニ存候、従来ノ有様ニてモ無益之徒労不利不便苦々敷事ハ沢山ニ候得共、不及是非夢中ニ夢ミル如キ心地被致、戦争ハ実ニ六ヶ敷物ト今更発明仕候、御一笑可被下、唯願フ処ハ一生ノ思ヒ出ニ御坐候、是迄ノ如ク一聯ヤ一大隊ヲ授ケラレス、何卒全旅団ヲ以テ目玉ノ飛ヒ出ル如キ一快戦ヲ一度ナリト致シ度候得共、甚以テ後来無覚束、敵地ノ百姓ヲ苦シメテ冬営ノ安逸何共欝悶至極御憐察可被下、乍序相願度ハ第一聯隊ノ補充隊ニ残シ置キ申候現役大尉蔵田信一儀御都合宜敷節何処ニてモ戦地方へ近ツキ御採用方御心配奉願候、右満腹ノ不平洩ス処ナク愚痴之至ニ候得共、時下御伺旁如此候、御一覧御火中奉願候、頓首

十二月廿五日於普蘭店　　希典拝

寺内賢台尊下

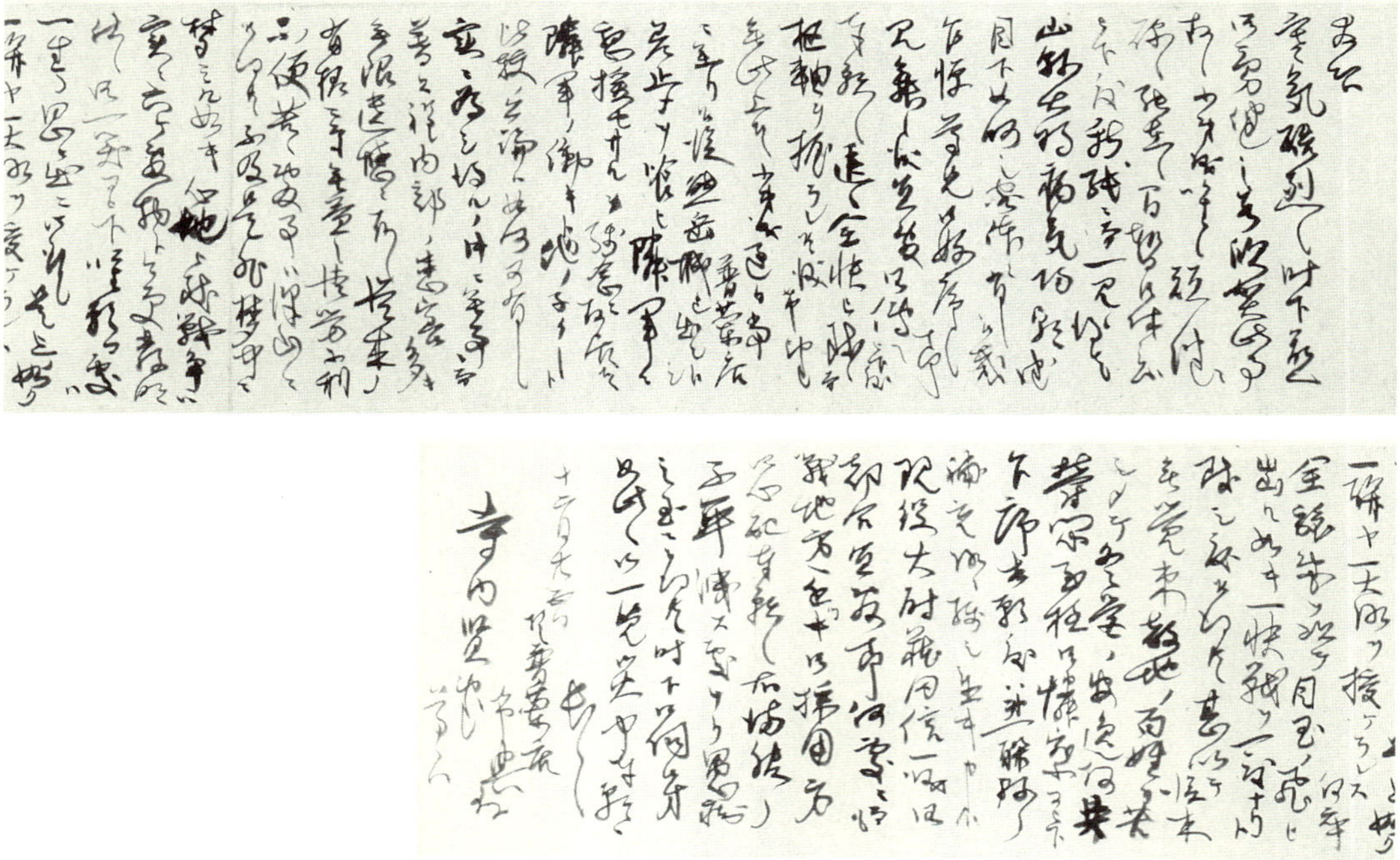

【1】

【解説】

日清戦争において日本陸軍は、朝鮮半島南部から攻め上がる第一軍と遼東半島から上陸する第二軍を派遣した。このうち第二軍は第一、第二、第六師団から成り、乃木希典は第一師団の第一旅団を率いていた。

第一軍の司令官であった山県有朋は朝鮮上陸直後から体調を崩し、明治二十七年（一八九四）十二月九日に日本への帰国の途につき、同月十八日に広島にて司令官の任を解かれた。本書簡からは乃木が山県の容態を案じ、司令官として復帰することを望んでいるように見える。

乃木が属する第二軍は明治二十七年十一月六日に遼東半島の花園口へ上陸し、二十一日に旅順へ侵攻した。第一師団は二十九日に金州城へ移動し、熊岳城方面を警戒するために普蘭店に駐留する支隊を編成する。乃木は十二月五日にこの支隊の隊長となり、七日に金州城を出発する。乃木が普蘭店に到着したのは同日以降のことと推測される。

大本営は冬季作戦の実行を断念し、山東半島の威海衛攻略を決めた。十二月十六日には作戦内容が第二軍へ訓令されている。一方、第一軍は蓋平への進出を試み、第二軍へも援軍を要請する。第二軍はそれを断ったが、大本営は第二軍に対して混成一旅団を編成して第一軍の第三師団を支援するよう打電した。この電報が第二軍に二十一日に届く。二十三日午後六時半に第二軍は第一師団の派遣を決めた。しかし、その三十分後に第三師団が海城付近にて敵を撃破したとの電報に接する。第二軍は状況が一変したという判断から二十五日午後三時二十分に第一師団の前進中止を命じた（参謀本部編『明治二十七八年日清戦史』第四巻、一九〇七年）。書簡中の「熊岳城迄出ントシ差止メヲ喰ヒ隣軍ニ応援セサル」とは右を指すと考えられる。書簡自体はこの時点以降に執筆されたものであろう。

本書簡は乃木の明治二十七年末における日清戦争に対する心情が垣間見える点で興味深いものと言える。小部隊を指揮するのみで戦いの場が十分に与えられないことに対する不満や徒労感、そしてその裏返しとして派手な戦果を挙げることを望んでいた様子が分かる。

なお、寺内正毅はこの時参謀本部第一局長で、大本営運輸通信長官を兼務して、兵馬の動員に関する業務を扱っていた。乃木が蔵田信一の前線への派遣を求めるのも寺内の裁量を期待できたためであろう。

（内山）

2　寺内正毅宛乃木希典書簡

（明治三十三年）一月二十四日付）・軸巻10―2

【翻字】

拝啓

愈御健勝欣賀之至ニ御坐候、過日御詫御願之書翰御連名ニて差出、失礼之至ニ候得共、御覧被下候半、扨今日岡沢老兄より来書有之、小生之身上ハ未定之様子ニ被伺何共歎息之至、実ハ其後今日乎今日乎ト相待、終ニ又十余日ニ及ヒ候段、師団之為メ不幸無此上、大臣閣下ニハ充分御心算モ有之候半ナレトモ、遅クモ今一月中ニハ新団長之就任無之てハ三十三年度之教育ニ於て総て不都合ト存候間、小生ニ対てハ定メ御憤リモ可有之候得共、全一箇師団之上ニ於てハ（何分ニモ活物ノ事故）一ノ器械器具ノ不足ト異リ候儀ハ申迄モ無之、幸ヒニ師団下一般ニハ未タ疑惑中ニ有之、何卒一日モ速カナラサル可ラサル儀ハ教育上ノ儀トシテモ御催促尊台より相願度懇禱之至リニ御坐候、御懇情ニ対シテハ相背キ勝チニテ我儘之願ハ公私ニ付テ申出候段、此際之処ハ暫ク御宥恕被下度、右御願陳情迄如此候、草々頓首、敬具

一月廿四日　　希典拝

寺内賢台侍史下

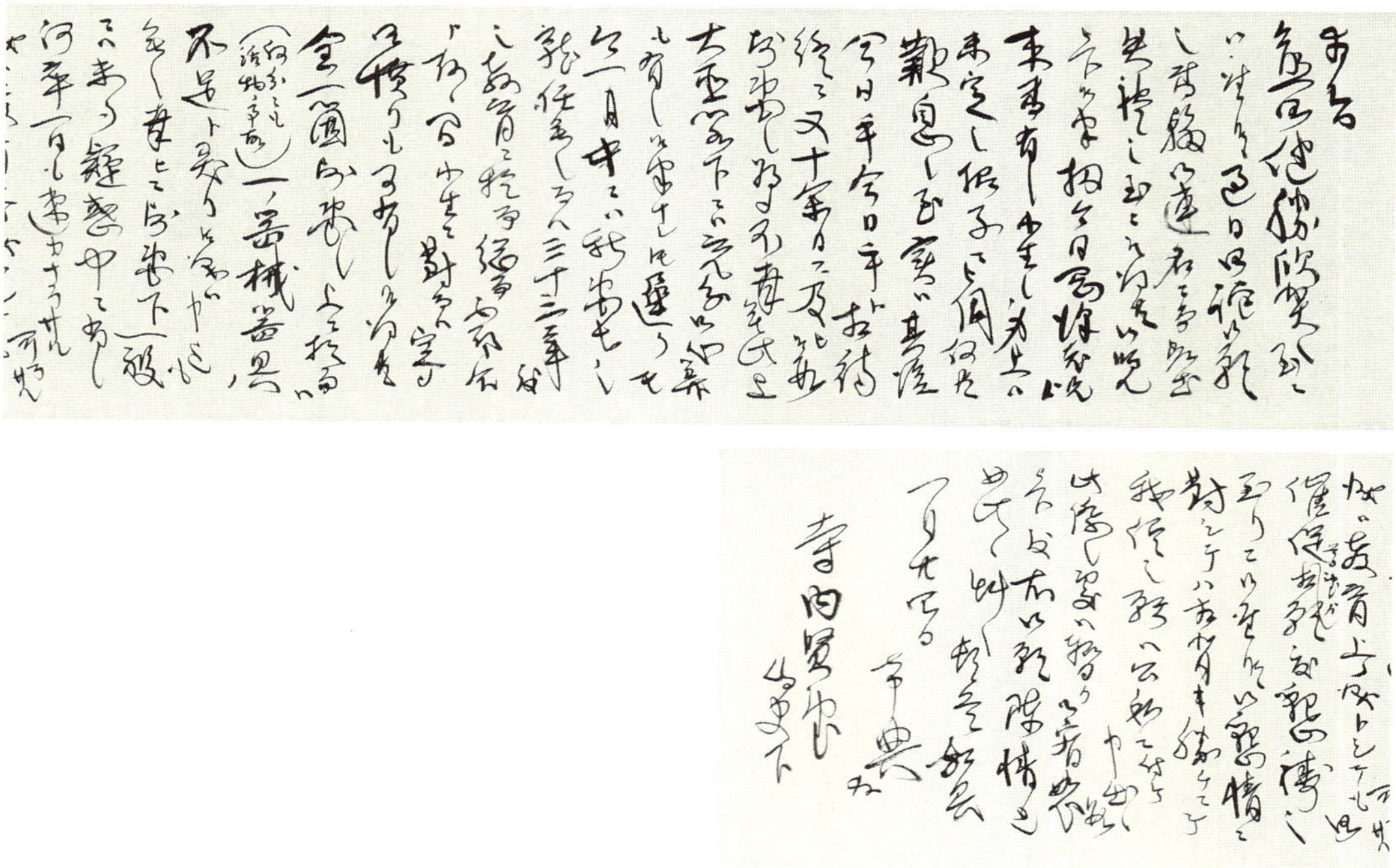

【2】

【解説】

本書簡は乃木希典が新しい師団長の就任を依頼する内容であることは一読してわかる。また、その人事が直接、乃木に関係していることも読み取れよう。問題は年次がいつであり、また、この人事が乃木とどう関係するのかという点になる。

乃木は明治三十一年（一八九八）十月に第十一師団長に就任し、明治三十四年（一九〇一）五月まで在職している。したがって、乃木自身の師団長就任の依頼であるなら、本書簡の年次は明治三十一年以前となる。しかし、本文中で「新団長之就任無之てハ三十三年度之教育ニ於て総て不都合」と記されており、なおかつ乃木の日記の明治三十三年（一九〇〇）一月二十四日条に「書ヲ寺内ニ送リ催促ス」（乃木神社社務所編『乃木希典全集』中巻、国書刊行会、一九九四年、二〇二頁）とあることから、本書簡の年次を明治三十三年と比定するのが妥当であろう。

この点については次の二つの史料も傍証となる。一つは、陸軍大臣の桂太郎が明治三十二年（一八九九）十二月二十六日に乃木に宛てた書簡である。同書簡は国立国会図書館憲政資料室所蔵の「乃木希典宛書簡（伊藤保一氏旧蔵）」の一つで、千葉功編『桂太郎発書翰集』（東京大学出版会、二〇一一年、三二〇頁）にも翻刻がある。同書簡は、乃木からの「申越之趣」は突然のことですぐには「御請求之通」には出来ないこと、そして乃木の病気を見舞うという内容である。また、追伸には本文とは別の封書の中身については推察できるが、開封せずに返すと記されている。明確に述べられてはいないが、乃木は病気を理由に師団長の辞意を桂に示したのではなかろうか。

もう一つは、同じく「乃木希典宛書簡（伊藤保一氏旧蔵）」にある明治三十三年一月二十三日付乃木希典宛岡沢精書簡である。岡沢は長州出身の陸軍軍人で、この時、侍従武官長を勤めている。寺内宛乃木書簡を明治三十三年とするならば、本文に見られる「今日岡沢老兄より来書」とは右のものが相当すると考えられる。岡沢書簡は静岡県の伊豆修善寺で療養中の乃木に対して岡沢や山県有朋と面会するために出京を促す内容である。

以上の二点を書簡を踏まえて、本書簡を明治三十三年と比定すると、明治三十三年一月当時、寺内正毅は教育総監を勤めている。乃木は師団への教育を理由に新たな師団長を就任させるよう寺内へ懇願しているのも、寺内の地位を勘案すれば十分に理に適った依頼と言える。したがって、本書簡は、師団長辞任を決めていた乃木が、その辞任を既成事実化させるために後任のポストを早く埋めるよう教育面から桂陸軍大臣へ促すよう寺内へ依頼したものと読めよう。

（内山）

3　寺内正毅宛乃木希典書簡

（明治二十九年）一月十二日付）・軸巻10―3

【翻字】

拝啓

新年之嘉儀御同慶ニ御坐候、爾後御無音之処、先般比沖原少将

来台、諸兄御様子伝承愈御勇健之段欣賀此事ニ存候、台湾も新年早々御膝元より鳥カ立チ、中々混雑之模様ニ有之候得共、当地ハ未タ流言紛々而已、幕明キニハ不相成候、兎ニ角官吏等ノ懶惰悪行、小商人共ノ悪逆醜業、軍夫ノ乱暴、数フレハ皆日本固有ノ名物ニ有之、台湾出張中相謹ミ可申迚テも到底六ケ敷事ト存候得共、土人等ノ恨怨ヲ買ヒ軽侮ヲ招クノ順序ハ先ツ完備ト申ス有様ニ有之候、右等ノ細件ハ尊兄ニ対シ相洩シ候而已ニ無之、総督迄ハ細縷申入置候事ニ有之候、御一笑可被下候

○新聞紙ニて承知仕候処、尊台ニハ此度被服装具改正委員長御拝命ノ由、御大任御苦労重々之儀奉恐察候、何卒此際上下一様式ノ軍服ヲ制定サレ、晴雨寒暑ノ別ナク将佐尉下士卒ノ見分ケ簡便ニ相付キ、戦時ニハ日本軍ハ服装ノ無茶苦茶ナルガ名物ト不相成様、乍蔭祈念仕候

○七旅団ハ急ニ再発ノ由、此前仙台ノ後備聯ト同発、随分奇怪ナル御処分ト大恐縮仕候、台北ノ大得意大安心ノ反動より気ノ毒千万ニ御座候、新年早々より例ノ苦舌ノミ塊（愧）入候得共、当地ノ情況御報道旁如右艸々頓首、敬具

第一月十二日　　希典拝

寺内賢台尊下内啓

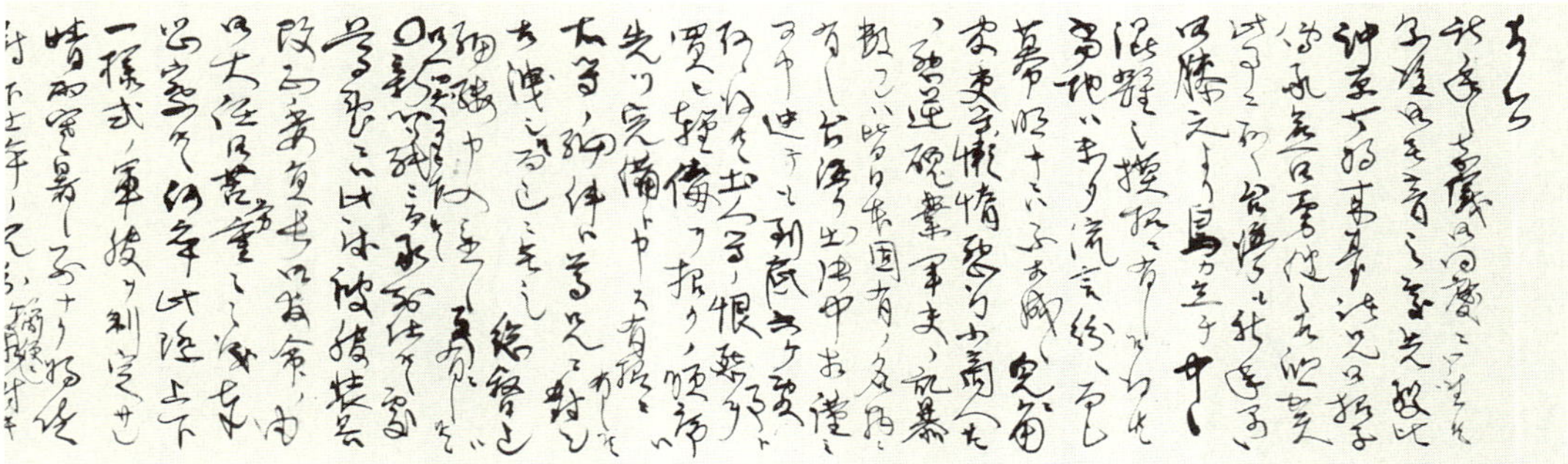
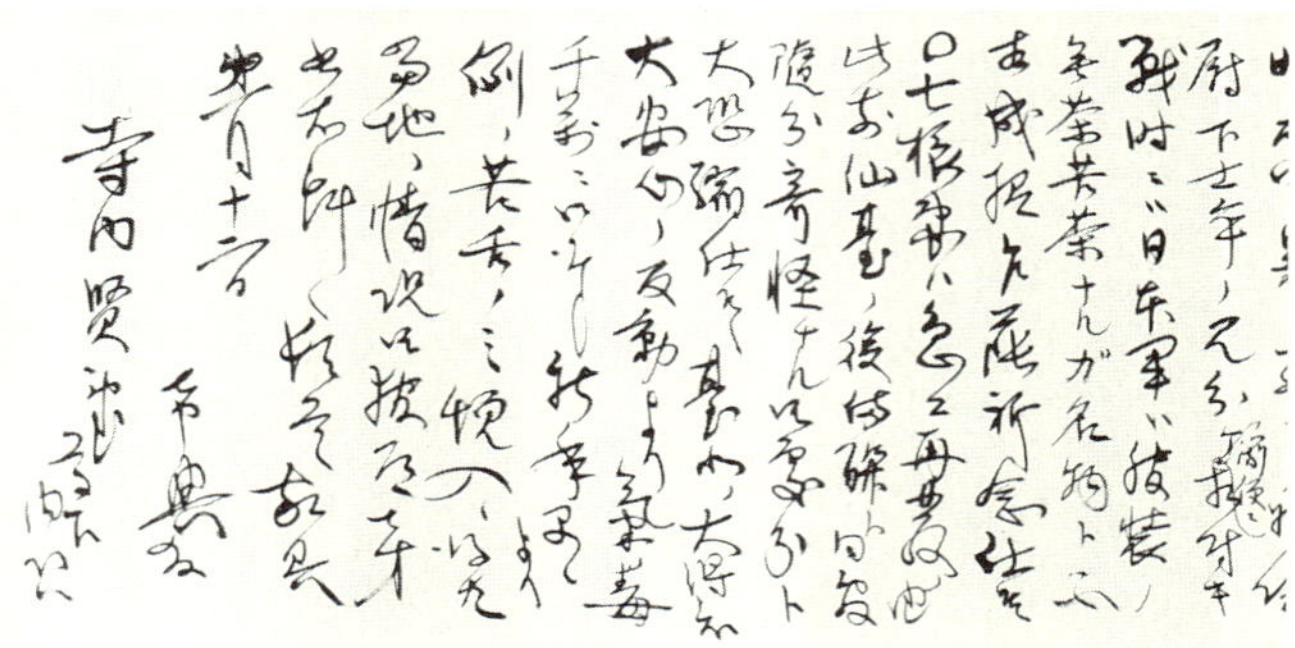

【3】

【解説】

本書簡は月日が記されるのみで年の記載はないが、内容から見て明治二十九年（一八九六）のものである。

台湾征討戦は前年十一月に終結が宣言されたが、これに参加した仙台の第二師団は台湾に残留しており、乃木希典も師団長として残っていた。戦闘終結後の新領土台湾では、日本が新たな統治者として統治の確立・安定を図らねばならなかったが、その障害となったのが新しい支配者としてやって来た日本人の態度である。本書簡の中で乃木は、台湾にやって来た日本人の行状が、軍官民を問わずあまりにも悪いことを指摘し、そうした行状の悪さは「皆日本固有ノ名物」であり、改めさせねば現地住民の「恨怨ヲ買ヒ軽侮ヲ招ク」ことになる、と危機感を訴えている。この件は樺山資紀台湾総督には申し入れていることを伝え、それ以外では寺内にだけこの件を洩らすとしている。なお乃木は、こののち同年十月より台湾総督を務めることとなる。

書簡の最後の部分では、第七旅団の再発に驚いたことが記されている。第七旅団は第四師団（大阪）隷下にあり、日清戦争に従事して前年十二月末に遼東半島から帰還したばかりであったが、休む間もなく一月四日、住民蜂起鎮圧のため台湾への出兵を命ぜられた。前述のように台湾征討戦は十一月に終結宣言が出されており、それをもって「台北ノ大得意大安心」という状態となっていたが、その「反動」として住民蜂起が起き、第七旅団が派遣されることとなった。書簡前半に示された乃木の危機感は、すでに現実化していたわけである。こうした状況を見て乃木は第七旅団が「気ノ毒千万」と述べている。

このほか本書簡では、寺内が「被服装具改正委員長」に就任したことを祝い、軍服の統一を図ってほしいとも述べている。

（藤岡）

4　寺内正毅宛乃木希典書簡

（（明治三十三年）七月二日付）・軸巻10―4

【翻字】

拝啓

愈御勇健御尽瘁之段為邦家大慶此事ニ存候、実ハ御繁忙中ト差控居候処、御投簡之御余地有之候事一段ニ欣悦仕候、此度之開戦ハ邦家之為メ東洋之為メニハ至極面白カラヌ事ト愚考候、白人共ノ相応ニアグミ果テタル一点之好時機ニ投シ、ドシ〳〵ト土匪討伐ナリ北京攻メナリ可致ノカネ合ヒコソ誠ニ今回ノ花ニモ実ニモ可有之カ、兎モ角モ衰眠病ノ醒覚剤トカ防臭剤位ノ功力ハ利用ニ依テ可有之候得共、済ンデノ後ノ腐敗ニ又一層ヲ加ヘン事今ヨリ恐敷御坐候、「悪編制」「下士制度ノ不便不利」又被服制度ノ現悪制ト悪考案ヲ共ニ打破シテ此戦役ノ成リタツ者トスレハ、其際ヨリ初メテ其結局ノ時機ニ投ジ、真ノ改良ヲコソ企望ニ堪ヘス候、当師団も折角心仕度最中ニ有之、甘ク参レハ宜敷候、広島も大分混雑候様子ナレトモ今明日ニハ整頓ト存候、小生も目下「義歯ノ修理」「酒ノ減量」等専ラ用意周到ヲ

発表仕候、乍憚尊体呉々御愛養祈念之至ニ御坐候、右ハ御請且ツハ時下御見舞迄、艸々如此候、頓首、敬具

七月二日

希典拝

寺内賢台尊下

【解説】

義和団事件（北清事変）は日清戦争後、山東半島の農民を中心とした白蓮教系の秘密結社が排外運動を行ったものである。明治三十三年（一九〇〇）六月十日義和団は北京に入城し、これを支持した清国政府は同二十一日に列国に対して宣戦布告を行った。これに対してイギリス、アメリカ、ロシア、フランス、ドイツ、オーストリア＝ハンガリー、イタリアそして日本は鎮圧のため軍隊を派遣した。

日本政府は六月十五日の閣議において、山口素臣（一八四六～一九〇四）中将麾下の第五師団、乃木希典中将麾下の第十一師団からなる臨時派遣隊の編制を決定し、二十二日までに派遣した。続いて二十六日、第五師団は本格的な動員を命じられ、山口中将以下約六五〇〇名が広島の宇品から太沽に向けて出発した。以後も第五師団の出兵は続き、二万人を超える規模となった。

「広島モ大分混雑候様子ナレトモ今明日ニハ整頓ト存候」と第五師団の大規模な派兵直前に認められた本書簡は、参謀本部次長

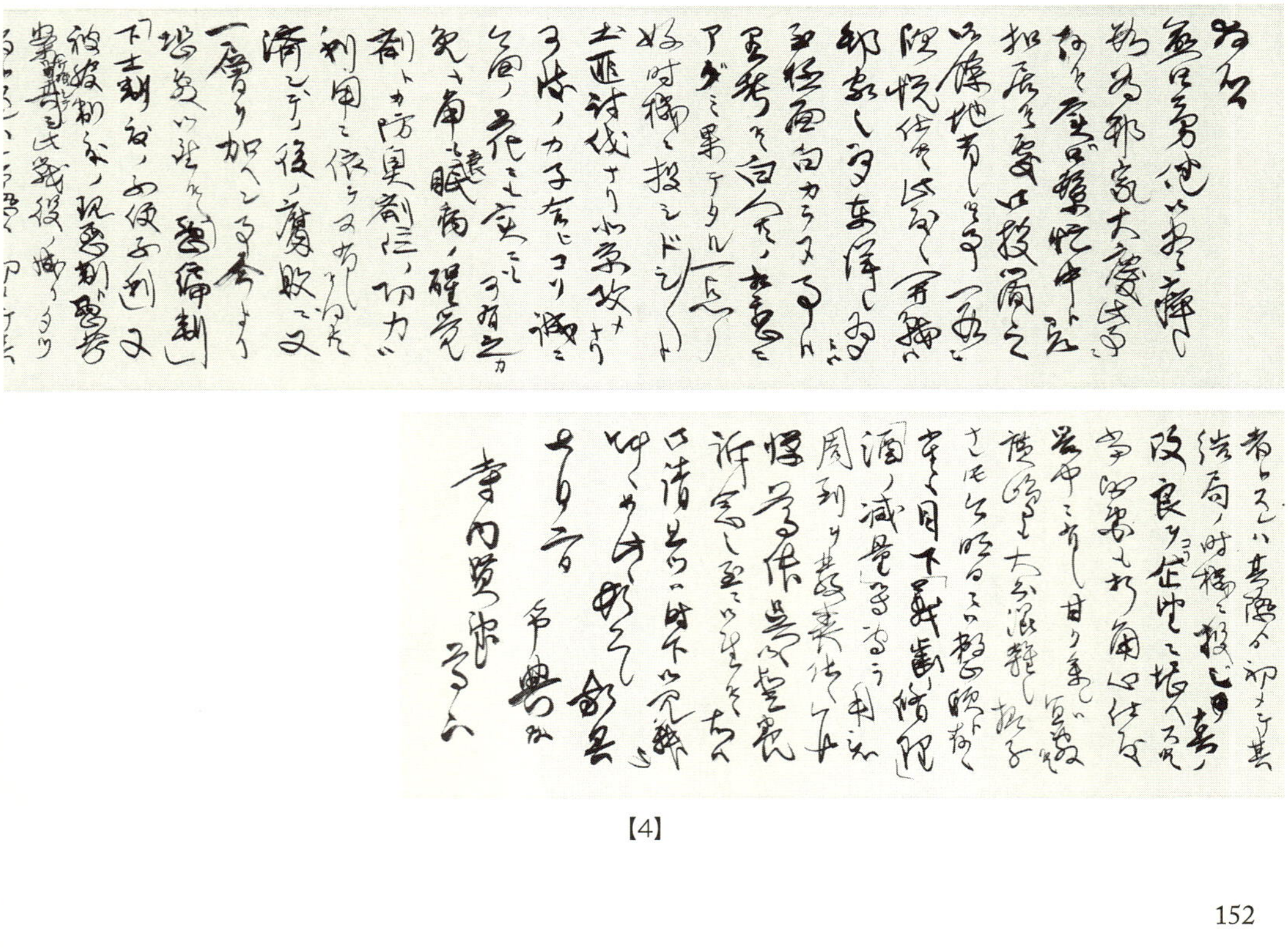

【4】

であった寺内正毅中将に宛てたものである。寺内もまた各国の指揮官と協議を行うため、清国に派遣されようとしていた。

この時、乃木は香川県善通寺の第十一師団師団長であった。乃木は義和団による北京城包囲を「邦家之為メ東洋之為メニハ至極面白カラヌ事」とは言いつつも、他方で「白人共ノ相応ニアグミ果テタル一点之好時機」に「ドシ〳〵ト土匪討伐ナリ北京攻メナリ」を行い、その戦果を得ることを期待していた。乃木は北清事変への参加という奇貨を、陸軍における「悪編制」「下士制度ノ不便不利」「服制度ノ現悪制ト悪考案」などの制度改革にも利用しようと考えていたようである。この服制については、明治三十八年（一九〇五）五月に制定された「戦時服制」で一応の決着を見せるが、乃木が強くこだわった制度改革の一つであった。

（赤司）

5　寺内正毅宛乃木希典書簡

（〔明治三十三年〕八月二十日付）・軸巻10―5

【翻字】

拝啓

愈御勇剛御尽瘁之段為邦家欣賀之至ニ御座候、先般天津附近迄御出馬之赴キ其都新紙上ニて承知ハ仕居候得共、御無音申上候、小弟儀も過日来阿波ノ三好江罷越居一昨夜帰団仕候、尊翰ト同時第五師団も北京城江進入之吉報ニ接シ大慶至極、乍恐大元帥陛下之御満足も難有奉存上候、ワルデル爺抔之参着セサル間ニ、此一段落ハ山口師団ノ大出来愉快千万御同感ト存候、然ルニ過般も申上候如ク、余リ好都合ト好批評ノ重リ候為メ、教育も戦備も軍紀も風紀も編制も何モカモ十ガ十三四分大満足、上下一般大得意、野暮ナコト云フナ「コラサノサ」ト相成候事ハアリヤ無キヤ御判断如何、露独カラ一盌ノ大出兵ハ空敷無事ニ引退スヘキカ、是ハ根強ク据ヘ込ミ候事ト被存候、二十八年ノ例ニ依テ還附ノ関渉ヲ此方より持出シ候得ハ初メテ男も相立チ可申旨、他ノ二三ノ国ヲ得ルノ必要ハ外交官ノ腕前ニ可有之、雲上ノ諸先生如何可被為在事ヤ、閑話休題ト致シ我第十二聯隊ノ上ヨリ思ヒ当リ候得共、当分御真面ノ補充法ハ御見合セ相成、歩兵中隊ニ於テノ百六十位迄ニ被済候事企望仕候、砲兵トカ大小行李ハ荷物ト馬トノ為メ無拠候得共、又々必要ノ節ニ於テ歩兵ノ如キハ補充トシテ出スハ容易ノ事ト存候、如何ノモノニヤ御一考ヲ願度候、

時下尚残暑も烈敷候間、尊体御自重専一に祈念仕候、右ハ御請御見舞旁艸々如此候　頓首、敬具

八月廿日　　讃岐入道典拝具

寺内賢台座下

台啓

追而岡沢兄ニハ御使トシテ渡清之由、長谷川ハ如何、御序ノ節御一声相願候

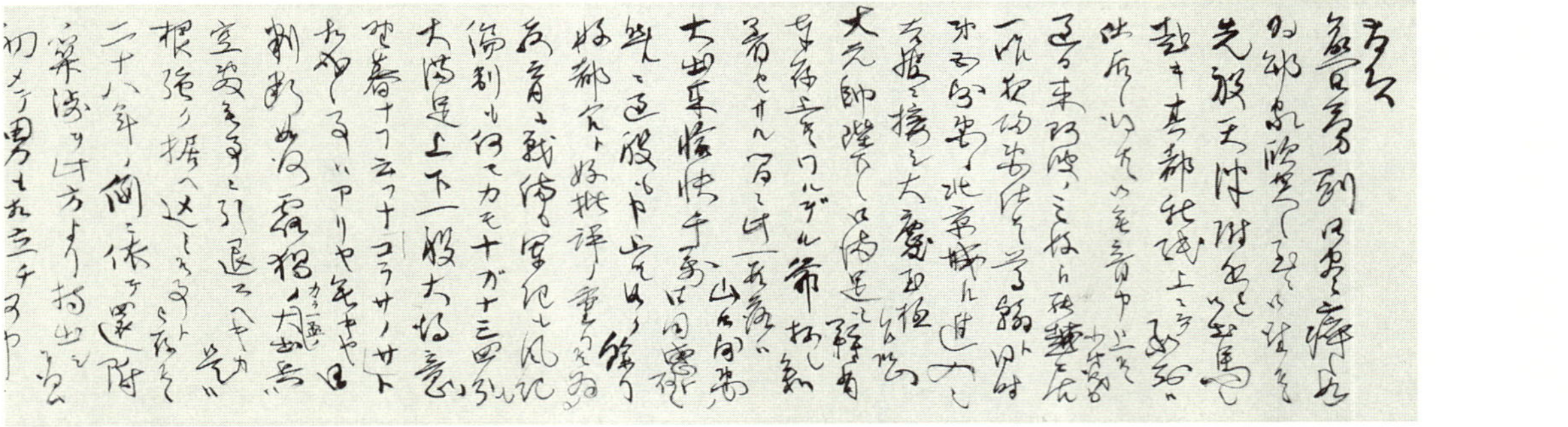

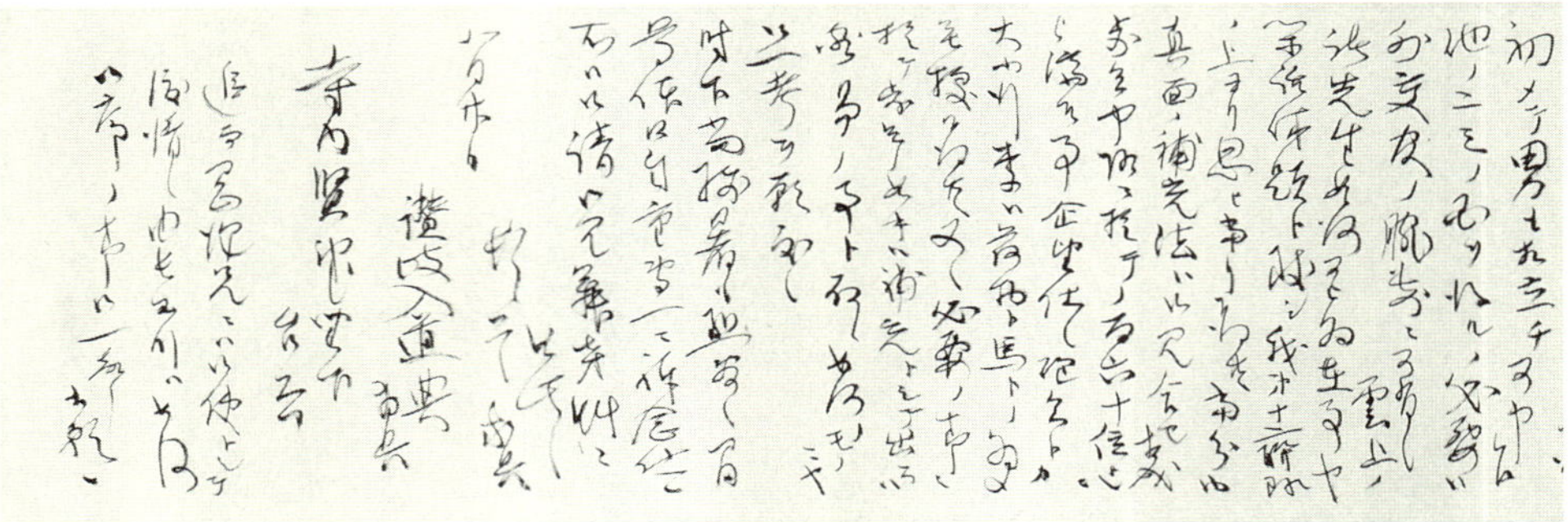

【5】

【解説】

本書簡は、乃木希典が義和団事件に際して、清国へ派遣された寺内正毅参謀本部次長に宛てたものである。乃木は寺内からの書簡と同時に、山口素臣中将率いる第五師団の活躍による北京城攻略の吉報を得て、「乍恐大元帥陛下之御満足」と揣摩憶測するほどの喜びようであった。また「ワルデル」こと、列国連合軍司令官のアルフレート・フォン・ヴァルダーゼー（Alfred von Waldersee、一八三二～一九〇四）が到着する前に、第五師団が北京制圧で活躍したことを「大出来愉快千万」と素直に喜ぶ一方で、「野暮ナコト」と知りつつも、あまりの上首尾に気を引き締めるように釘を刺した。

「二十八年ノ例ニ依テ還附ノ関渉」とあるのは、明治二十八年（一八九五）の三国干渉の件を指すと思われるが、乃木は今回の戦果をもって清国に遼東半島を要求することで「初メテ男も相立」と考えていた。

「閑話休題」後にある「補充法」云々の文脈は判然としないものの、乃木は寺内から兵隊の補充方法について相談を受けていたのかもしれない。なお乃木の隷下「我第十二聯隊」からも一部が派兵され、北京攻略に一役買った。制圧の際、清国の銀貨を横領したことが後に発覚し（馬蹄銀事件）、この事件に責任を感じた乃木は、各方面からの慰留にもかかわらず師団長の職を辞し、下野することとなった。

（赤司）

6　寺内正毅宛乃木希典書簡

（〔明治三十七年〕六月十一日付）・軸巻10―6

【翻字】

謹啓、扨別段愈御健勝御尽瘁、為邦家大慶此事ニ御座候、一昨々夕北泡子崖江着、翌日より両師団守備線ヲ山より山ト巡視仕、両日ニて漸ク見了申候、少敷御待遠ニハ可有之候得共、突破サル丶等ノ儀ハ御安心可被下候、○過日ハ大ノ字ヲ頂戴、何共恐入候次第如此事モ候得ハ預メ内願可仕置候処、実ニ一身ノ苦痛ハ申迄も無之、為国家憂愁ニ不堪候、唯々此上ハ他日ノ患害ヲ減シ度心掛ケ可申迄ニ御座候、且又右ニ比スレハ小事ノ如ク候得共、愚息勝典進級叙勲之御詮議、敵弾ニ中リテ死シサヘスレハ如此事ニ相成ては今後幾回ノ大戦ニてハ勲章雨ノ如ク無之てハ行足リ申間敷慨嘆仕候、如斯嘆息ノミ為御聞申上候は不本意ノ至ニ候得共、現状隊付士官以下ノ元気ハ中々可愛好況ニ有之候、御喜ヒ被下度、其以上ノ処も誠ニ結構ニハ候得共、殿様ノ多キニハ癪ノ種ニ御座候、余情ハ御賢察奉願候、今日ハ初メテノ在宿ニテ、来訪者相問、寸書中前後不揃ニ候得共、積ル御礼ノ為メ近況御内申上度、如此御座候、御一見御火中奉願候、草々頓首、六月十一日

希典敬具

寺内賢兄尊坐下

此度ハ東京出発後初テ今日筆ヲ取リ候得共、筆ノ初物ト御笑覧被下度候、児玉兄江ハ御序ノ節宜敷相願候、以上

【6】

【解説】

六月十一日付で寺内正毅に宛てた乃木希典の書簡である。乃木の大将昇進と、長男乃木勝典の戦死が書簡の主たる内容である。両者はいずれも明治三十七年（一九〇四）の出来事で、前者は六月六日、後者は五月二十七日のことである。したがって、本書簡の作成年は明治三十七年と比定した。

明治三十七年二月、日露戦争が始まると、休職していた乃木は復職し、留守近衛師団長に任じられた。同年五月二日には、旅順

攻略のために創設された第三軍の司令官となる。乃木は同月二十七日に東京を出発し、広島・宇品で部隊の集結を待った。長男勝典が金州郊外の南山で戦死したことを知ったのはこの時である。第三軍は六月一日に宇品港を出発、同六日塩大澳に上陸した。同日、乃木は大将昇進の知らせを受けている。翌七日、乃木は南山に赴き、戦死者の墓標に麦酒を献じ、「山川草木転荒涼　十里風腥新戦場　征馬不前人不語　金州城外立斜陽」という漢詩をつくった。なお、本書簡には、「東京出発後初テ今日筆ヲ取」ったと記されており、本書簡が戦地に渡った乃木の第一信であることがわかる。

本書簡によると、乃木をはじめとする第三軍司令部は六月八日、大連の東部北泡子崖に到着した。ここで、第一・第十一師団が第三軍の隷下に入った。乃木は、翌日から両師団の旅順方面に対する守備線（安子山〜毛頭子峠〜臺子山）を巡視している。

前述の通り塩大澳に上陸した六月六日、乃木は大将に昇進した。これは、陸軍大臣寺内正毅から総理大臣桂太郎に上奏されたことによる。本書簡では、大将昇進の心境を、「実ニ一身ノ苦痛」であるが、「他日ノ患害ヲ減シ度心掛ケ可申迄ニ御座候」と述べている。

ついで、乃木は勝典の進級叙勲について言及している。戦死後、勝典は少尉から中尉に進級された。乃木は広島・宇品に滞在していた五月三十一日に、寺内からこの知らせを受け取っている。書簡中で乃木は、「敵弾ニ中リテ死」んだ者を叙勲することになれば、今後大規模な戦闘が起こるたびに勲章が「雨ノ如ク」必要になると懸念を示した。短文であるが、乃木の叙勲に対する考え方がうかがえる。乃木にとって、叙勲の基準となるのは、戦闘において何をしたかということ、つまり功績であったと考えられる。乃木の懸念の通り、日露戦争に伴う叙勲者は莫大な数にのぼり、陸軍関係者だけでも十万人を超えた。

（野島）

参考文献

大濱徹也『乃木希典』（文庫版、河出書房、一九八八年）
「解題」（乃木神社社務所編『乃木希典全集』下、国書刊行会、一九九四年）
山村健「旧軍の人事評価制度——勲章と武功認定」（『戦史研究年報』九、二〇〇六年）

7　寺内正毅宛乃木希典書簡

（明治三十八年一月四日付）・軸巻10—7

【翻字】

新年之御慶目出度申納候、然ハ久々御無音ニ打過候処、実ハ弾丸ト人命ト時日之多数ヲ消費シツヽ、埒明キ不申候為メ唯々苦悶慚愧之外無之、漸ク須将軍モ根気負ケノ気味ニテ開城致シ呉レ、当方面ノ一段落ヲ得候、無智無策ノ腕力戦ハ上ニ対シ下ニ対シ今更ナカラ恐縮千万ニ候、山元帥より度々懇示も相蒙り候得共、是又御答も不仕多罪至極、且ツ詩ノ次韻モ未タ出来上り不申為メ今日ヘ呈書不仕、乍憚尊台より前件宜敷御取成シ置キ奉願候、明日ニテ人馬諸材料物件受取渡相済、八日ニ戦死者ノ祭典致候テ、直ニも北進可仕事ニ夫々準備罷在候、此次ハ野戦ノ趣味充分賞翫可仕相楽居候

○又々例ノ服制ノ儀申上候ハ御笑ヒニモ可有之候得共、平時ニ於テ無益ノ金ヲ掛ケ不便極ル玩弄品ノ実戦ニ有害ニシテ、終ニハ軍容モ軍紀モメチャ〳〵ナラシムルノ止ムヲ得サル醜体ハ何卒此際御改正相成度、前条余リ過言ノ如ク御怒りも有之可申候得共、精神教育ニも質素ト実用ト又軍紀ヲ維持スルニモ斉一ト申ス事ハ不可欠儀ト存候、今後幾年月ノ戦争ヲ継続スル為トノミ申スハ其意ヲ得ス、砲声ノ一時止ミタルトキハ軍人ノ衣服も諸材料も非軍事精神ト相成ラヌ様無之てハ不便不利益乎ノ様ニ被存候、御参考迄申上置候

○愚息等戦死之際ハ特ニ御懇情被下候由、多謝ノ至ニ御座候、御礼申上候

先ハ久々御無音之謝罪旁例ノ冗言迄不悪御一読奉願候、恐々敬具

三十八年一月四日　希典拝

寺内賢兄閣下几下

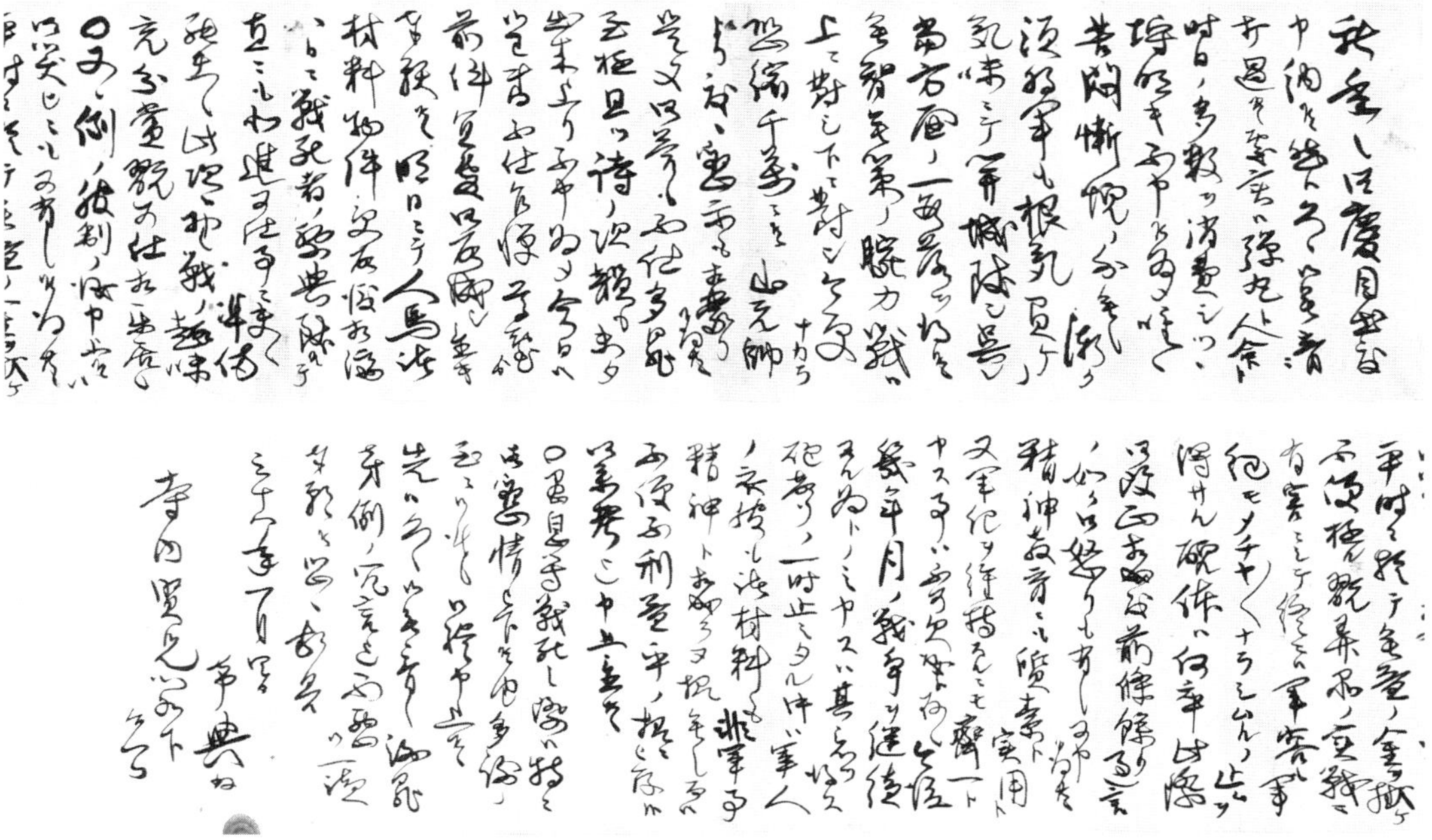

【7】

【解説】

明治三十八年（一九〇五）一月四日付で第三軍司令官乃木希典が陸軍大臣寺内正毅に送った書簡。日露戦争で乃木率いる第三軍により旅順要塞がついに陥落し、ロシアの将軍ステッセル（須将軍）との会見を明日一月五日に控えた心境を綴っている。本書簡は歴史小説作家司馬遼太郎（一九二三〜一九九六）が『殉死』（文春文庫、一九七八年、初出は「要塞」「腹を切ること」『別冊文藝春秋』一〇〇・一〇一号、一九六七年）の中で引用している。すでに宿利重一『乃木希典』（財団法人魯庵記念財団、一九二九年）に収録されており、司馬は同書に拠ったと思われる。司馬のように旅順要塞攻略戦が難航し、甚大な損害を出した要因を乃木や第三軍の「無為無策」にのみ求めることはできず、もとより困難な作戦であり、日本軍全体の戦争指導に無理があったとするのが現在の評価である。

ここで乃木は「苦悶慚愧之外無之」との意を表しているが、すぐに山県有朋との詩作の話題に移り、また「此次ハ野戦ノ趣味充分賞翫可仕相楽居候」と抱負を述べている。一見すれば乃木は「苦悶慚愧」は忘れたかのごとく次の抱負を述べているようである。しかし本書簡が山県参謀総長に伝わることを前提に寺内陸軍大臣に宛てて書かれたものであることを考えると、乃木の中にどうしようもない深い闇があったとしても、それを縷々述べるわけにはいかないだろう。本書簡における乃木の胸中を単純に推し測ることはできない。

乃木が言う「例ノ服制ノ儀」はこの年五月に寺内陸相の「請議」によって制定される「戦時服制」であろう。前年の明治三十七年（一九〇四）二月、日露開戦にあたって、寺内陸相の「請議」により「戦時又ハ事変ノ際ニ於ケル陸軍服制」が制定されていた。これは戦時に限って軍服の仕立てを簡素にし、茶色の生地を使って夏服を作ることを認めたもので、続く三十八年の「戦時服制」では冬服についても茶色の生地の使用が認められた。さらに日露戦争終了後の明治三十九年（一九〇六）三月には陸軍戦時服制を陸軍軍人服制に改称し、戦時だけでなく平時についても夏服・冬服とも茶色の生地を使用すること定め、四十四年（一九一一）十二月の改正により服制の確立を見たのである。乃木は軍服に徹底的にこだわり、自分自身だけでなく制度的にも軍服尊重と服制確立を一貫して主張し続けた。今回紹介した乃木書簡3（明治二十九年）と4（明治三十三年）を見ても、乃木のしつこいまでの服制へのこだわりがうかがわれよう。乃木の主張が陸相の寺内にどのように受けとめられ、服制に反映されたか興味深い課題と言える。（日比野）

8　寺内正毅宛乃木希典書簡

（明治三十九年）十二月七日付）・軸巻10—8

【翻字】

拝啓

検閲復奏之儀、宮中之御都合ニて唯様御延引相成居候処、伊藤統監拝謁等ハ被為行候由、属員一同御陪食之為メ御延引ト申事ニ候てハ不相済候間、復命奏上丈ニても被仰付度事ニ存候、特命検閲ノ重要ナル事、御陪食ノ為メ如斯相成候てハ世間ノ聞へも不宜心痛仕候間、此辺ハ閣下ニ於て宜敷御斟酌被下度、乍略書中得貴意候、余ハ拝趨ニ譲候、艸々敬具

十二月七日

希典拝

寺内閣下

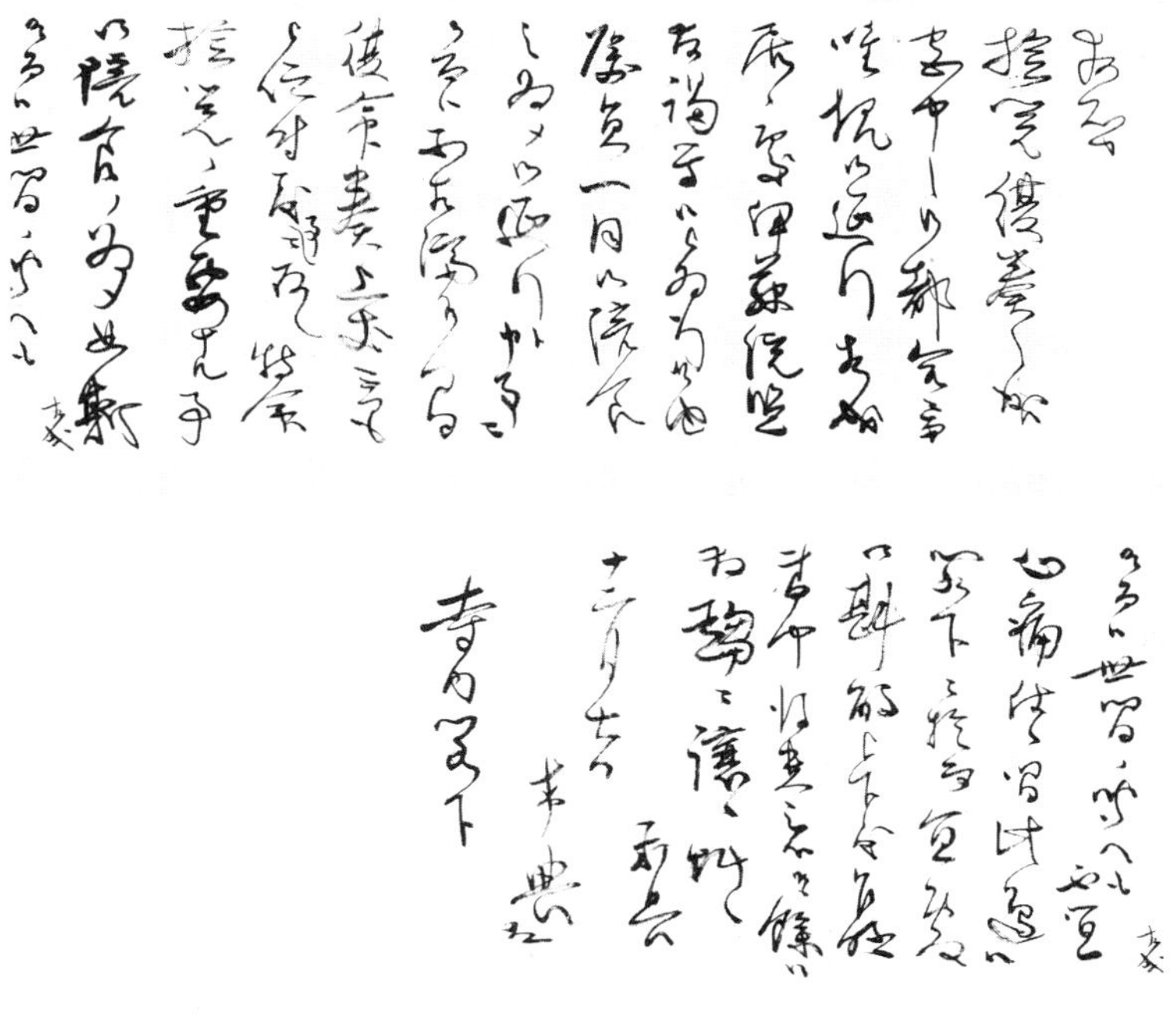

【8】

【解説】

明治三十九年（一九〇六）六月、陸軍省は日露戦後における「軍隊及諸機関ノ整頓ヲ回復シ軍紀ノ緊粛ヲ図ル」ため、「陸軍省参謀本部教育総監部ヲ除クノ外軍隊官衙及学校ニ於ケル軍紀風紀ノ張弛及其ノ整頓、将校以下勤務ノ状態人馬保育ノ良否並ニ経理ノ概況等ヲ実検査閲」することを決定した。六月十一日に裁可された特命検閲使には黒木為楨、奥保鞏、乃木希典、川村景明の陸軍大将四名が任命され、彼らは各師管の検閲に向かうことになった（「軍務局特命検閲施行之件」JACAR（アジア歴史資料センター）Ref. C03022831400、密大日記 明治三十九年（防衛省防衛研究所）、山本四郎編『寺内正毅日記 一九〇〇～一九一八』京都女子大学、一九八〇年、明治三九年七月七日条）。特命検閲とは、明治三十四年（一九〇一）に制定された特命検閲条例によって定められたものであり、勅命により任命された元帥・大将一名と副官一名、各兵科の佐官級の属員数名で構成され、対象師管は国内の全師管と台湾守備隊・関東都督・韓国駐箚軍・樺太守備隊であった。明治三十九年に実行されたこの検閲は、条例制定後初めて行われた検閲である（中村崇高「明治期陸軍の検閲制度」『日本歴史』六五九、二〇〇三年）。乃木は第五（広島）、第六（熊本）、第十二（小倉）師管区の担当となり、視察に赴いた。乃木の日記を読むと、九月上旬に第五師団（広島）を視察し、火薬庫、衛兵の様子を視察していることが分かる（「乃木希典日記」、乃木神社社務所編『乃木希典全集』中、国書刊行会、一九九五年、明治三十九年九月二日～五日、十九日条）。

そして、四名の検閲結果は明治天皇に上奏されることになり、十一月末、山県有朋・大山巌両元帥、寺内正毅陸軍大臣をはじめ、四名の特命検閲使とその属員が「御陪食」を命じられたが（「官房御陪食の件」JACAR Ref.C06084203000、明治三十九年乾「弐大日記十二月」（防衛省防衛研究所））、書簡の通り宮中に「不都合」があり延期される次第となった。この「不都合」の理由は天皇の「軽微の感冒」によるものであった（宮内庁編『明治天皇紀』第十一、吉川弘文館、一九七五年、明治三十九年十一月二十三日条）。その後天皇の体調は回復し、十二月五日、天皇・皇后は帰国した伊藤博文韓国統監やその随員と対面した（『明治天皇紀』第十一、明治三十九年十二月五日条）。それに対する乃木の訴えがよく分かるのがこの書簡である。本書簡において、乃木は、伊藤とその随員が拝謁するために特命検閲の復奏が後回しとなったことを「不相済」とし、せめて復命奏上だけでも果たしたいと憤慨している。なぜなら、特命検閲は陸軍にとって重要な事柄であり、伊藤との御陪食のために陸軍側が日程を延期しなければならないことは「世間の聞へ」に対しても「不宜」と考えていたからであった。そのため、乃木は寺内に対して近日中に特命検閲の復奏ができるように宮中側と折り合うことを依頼した。これが本書簡で乃木が認めた内容である。

乃木の訴えを受けた寺内が宮中に働きかけた結果、十二月十二日、田中光顕宮内大臣より十八日正午十二時に御陪食が催されることが通達され、当日午前十時半より特命検閲使が復奏することに決した（前掲「官房御陪食の件」）。しかし、十四日乃木は「失神」し石黒忠悳（大本営附臨時陸軍検疫本部御用掛）の診察を受け、静養を余儀なくされた（「日記　明治三十九年」国立国会図書館憲政資料室蔵「石黒忠悳関係文書」一八八七、明治三十九年十二月十五日条、以下「石黒日記」と略す）。石黒の診察は連日に及び、乃木は十八日の御陪食に参列することはできなかった。そのため、十八日には乃木以外の三名の特命検閲使が拝謁することとなり、三名は御紋付銀製巻煙草を下賜された（『明治天皇紀』第十一、明治三十九年十二月十八日条）。このことは、特命検閲を重要視していた乃木にとって非常に不本意であったと思われる。その後、二十日には体調も回復した乃木は（「石黒日記」明治三十九年十二月二十日条）、福田彦助陸軍歩兵大尉を介して田中宮相に上奏書を提出し（「乃木日記」明治三十九年十二月二十一日条）、二十四日、漸く天皇に拝謁して、復命を完了した（『明治天皇紀』第十一、明治三十九年十二月二十四日条、「乃木日記」明治三十九年十二月二十四日条）。

（原口）

9　寺内正毅宛乃木希典書簡

（（年不詳）八月五日付）・軸巻10—9

【翻字】

拝啓

爾後愈御多祥奉欣賀候、然者過日出京中ハ御懇情之御来訪奉多謝候、其砌御恵与之三日月汽車中ニ相披キ候処、不覚感涙ヲ催スコト啻ニ一回ノミナラス、五時間之長途其遠キヲ忘レ申候、時下胡乱ノ天候、酒井白須ナクシテ三日月ノ如キ者産出ニ至ラ

ハ尤モ苦々敷事ト終ニハ一大息ヲ発シ申候、マサカ当明世ハ彼
ノ腐敗時代トハ雲泥ナレトモ所感ヲ其侭御礼迄、艸々頓首

八月五日

石林村　希典

寺内賢兄尊下

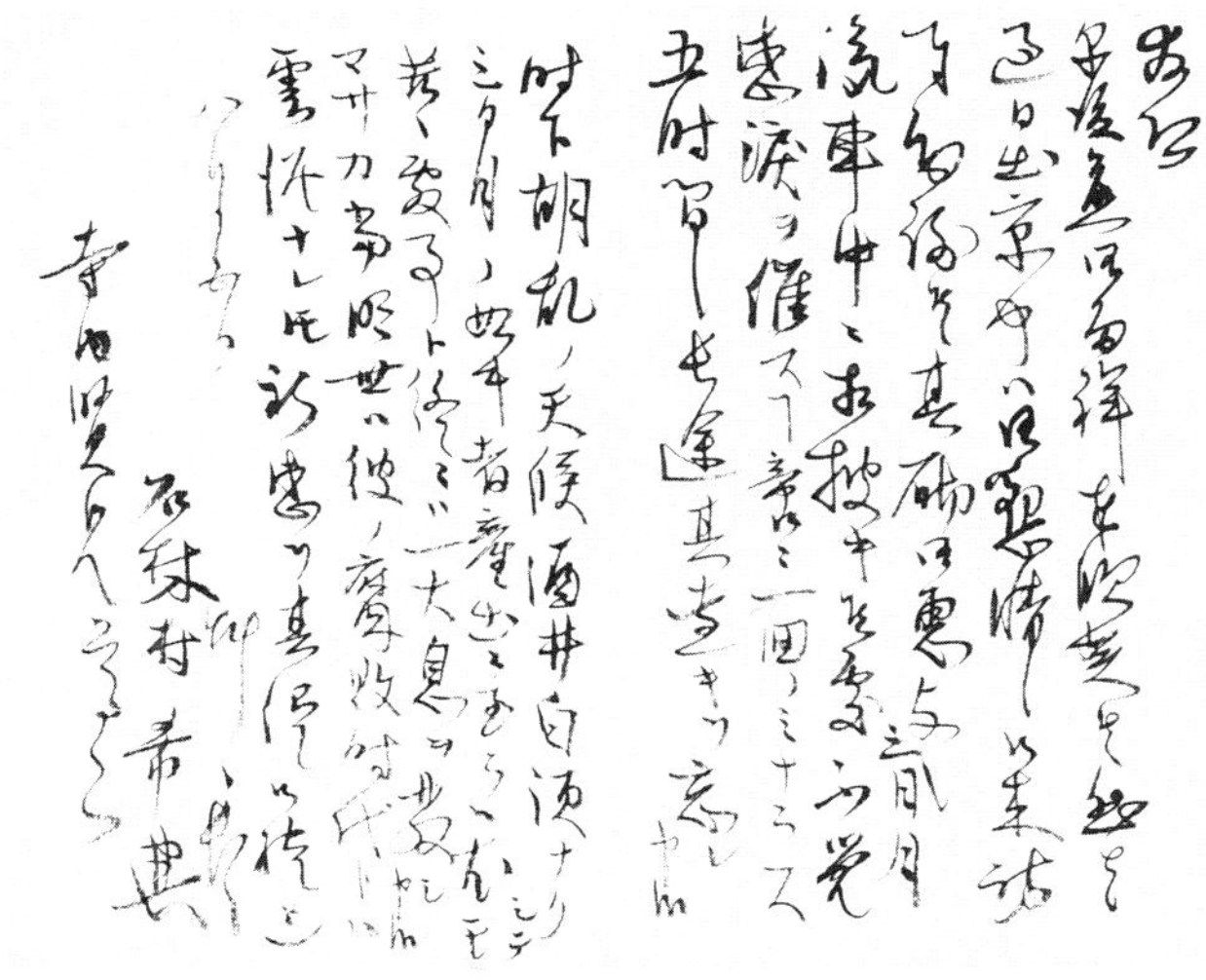

【9】

【解説】

明治二十五年（一八九二）、乃木希典は栃木県狩野村石林（現在、那須塩原市）に別邸を建て、生涯四回の休職のうち三回をそこで過ごした。乃木の死後大正五年（一九一六）、別邸内に乃木神社（現在、栃木県史跡）が建立された（『角川日本地名大辞典　九　栃木県』角川書店、一九八四年）。この別邸は、明治二十四年（一八九一）四月に乃木が妻静子に乞われて叔母である吉田品子から購入したものであった。乃木はこの那須野で「農事」中心の生活を送りつつ、上京して公行事に出席したり、旧知の人物と面会していたという（大濱徹也『乃木希典』講談社学術文庫、二〇一〇年。乃木の那須野生活については「農事日記」（明治三十四年七月～三十六年十二月）『乃木希典全集』中に詳しい）。

本書簡は年次を特定することはできないが、東京から石林に帰ったのち、寺内正毅に書き送ったものと分かる。石林に近い駅は黒磯駅であり、上野駅から特急で約五時間を必要としていた（官報第二三四三号（全国鉄道発車時刻表）」明治二十四年四月二十五日付、鉄道史録会編『史料鉄道時刻表』大正出版、一九八一年、一七九頁、『日本国有鉄道百年史』第二巻、日本国有鉄道、一九七〇年）。これは書簡中に「五時間之長途」と記されていることと一致し、乃木は東北本線を利用して石林に向かう車中で、寺内からもらった「三日月」を「抜キ」、不覚にも涙を流し、長時間の車中を忘れるほどだったと感想を伝えている。

乃木が涙したこの「三日月」とは、明治二十四年に刊行された村上浪六『三日月』（春陽堂、一八九一年）と思われる。村上浪六

（一八六五〜一九四四）は堺出身の大衆小説家で、政界・実業界を志しながらも上手くいかなかった頃、明治二十三年（一八九〇）郵便報知新聞に校正係として入社した。編輯長森田思軒の勧めで書いた小説『三日月』が連載されると、すぐに評判を呼んだという。『三日月』は享保年間を舞台にした時代小説で、両手に三日月の傷痕をもつ治郎吉という町奴の任侠精神を描いたものであった（高橋広満「村上浪六」、宮地正人他編『明治時代史大辞典』第三巻、吉川弘文館、二〇一三年）。つまり、書簡中に登場する「酒井」、「白須」、「三日月」は小説内の登場人物であり、「酒井」は大老・酒井若狭守、「白須」は白須寛斎、「三日月」は主人公である三日月治郎吉を指す。

以上より、本書簡は『三日月』を読んだ乃木が読後の感想を寺内に書き送ったものであり、任侠に共鳴し、江戸時代と今（明治時代）を比較した乃木の所感が分かる貴重な史料と言えよう。

（原口）

10　寺内正毅宛乃木希典書簡

（〔明治四十五年〕二月十四日付）・軸巻10―10

【翻字】

拝啓

其後御疎濶之段多罪ニて、先頃は熱気御悩之趣キ御快方之由奉欣賀候、小弟儀ハ不相変頑健過日越後旅行相企テ、雪中諸況且ハ長岡流軍民へ布及ノ模様一見至極面白折柄、女学部失火之報有之、直ニ帰京不幸中ノ幸も有之トアキラメ、明十五日より授業ヲ始メ申候、早速御見舞被下一同感謝仕候、已ニ御覧済カ別冊進呈仕候、御不要之節ハ図書館へ御投シ可被下候、先ハ御見舞御礼等取束ね如此候、恐々頓首

二月十四日夜　　希典

寺内賢兄尊下

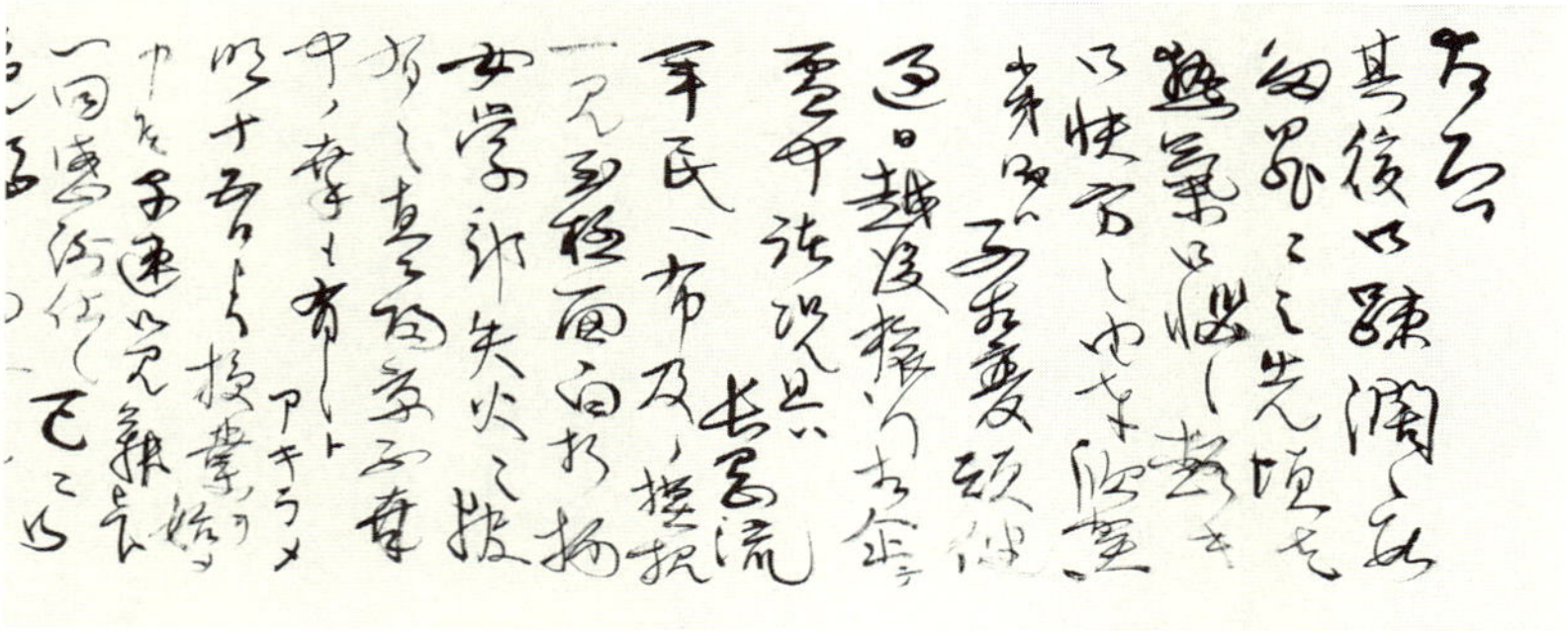

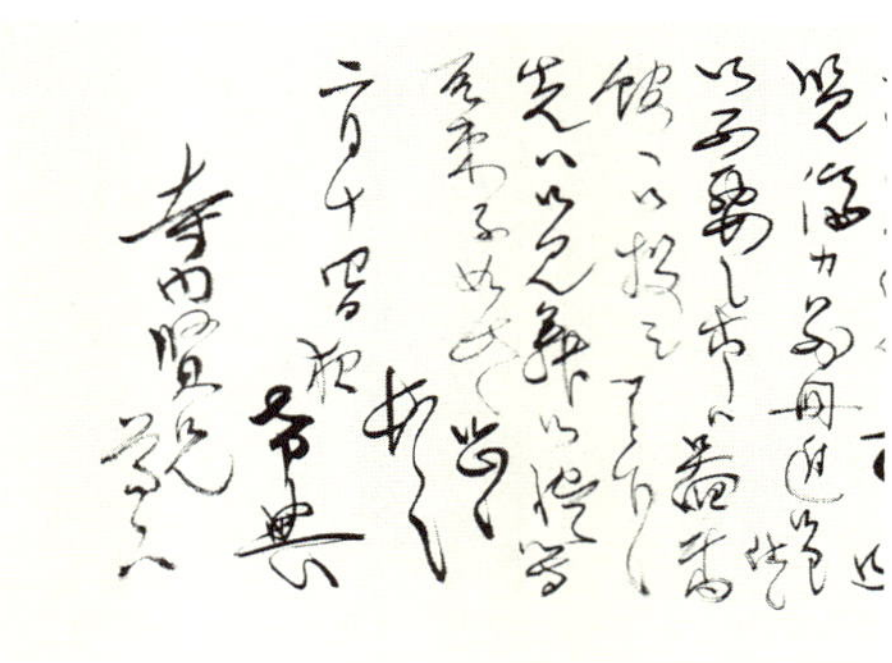

【10】

【解説】

乃木希典は日露戦争後の明治三十九年（一九〇六）九月に宮内省御用掛に任命され、翌明治四十年（一九〇七）一月から学習院院長を兼務した。本文中に「女学部失火」とあり、学習院女学部本館が焼失したのが明治四十五年（一九一二）二月十一日であったことから、本書簡はその直後の明治四十五年二月十四日付で書かれたことがわかる。乃木は「越後旅行」に出かけており、火災の報を受けると急遽東京に戻った。

「長岡流軍民へ布及」とあるが、「長岡」は当時新潟県高田（現在の上越市）の第十三師団長を務めていた長岡外史（一八五八～一九三三、在任期間一九一〇年六月一日～一九一三年一月十五日）である。「長岡流」とは長岡外史が導入したスキーのことを言うと思われるが確言はできない。

また乃木が寺内に「進呈」した「別冊」とは本書簡と同じ明治四十五年二月に刊行された『修養訓』（全二九二頁、吉川弘文館発行）と思われるが、これも確言できない。乃木は「御不要之節ハ図書館へ御投シ可被下候」と述べているが、寺内の没後に子の寺内寿一が正毅故郷の地の宮野に設立した「桜圃文庫」は当然まだ存在しない。この時期の寺内が朝鮮総督だったことを考えると「図書館」は朝鮮総督府の図書室かもしれない。

（日比野）

11　寺内正毅宛乃木希典和歌

（〔大正元年〕八月三十日）・軸巻14

【翻字】

（添文）前夜ハ長座御訪申上候、昨年之此頃ノ事及ひ前夜之帰路の事、
旧愚詠御一笑ニ供候、書外ハ期拝眉候、頓首

典

（和歌）

希典上

たけはやの
たけきみいつに
もろ〳〵の
遠きえみしも
まつろひにけり

思ふとち　語りつくして
かへる夜の
そらには月も
まとかなりけり

（封筒表）麻生区笄町一七二
寺内様　乃木
差上置

（消印）「1・8・30」

（封筒裏）（消印）「1・8・30」

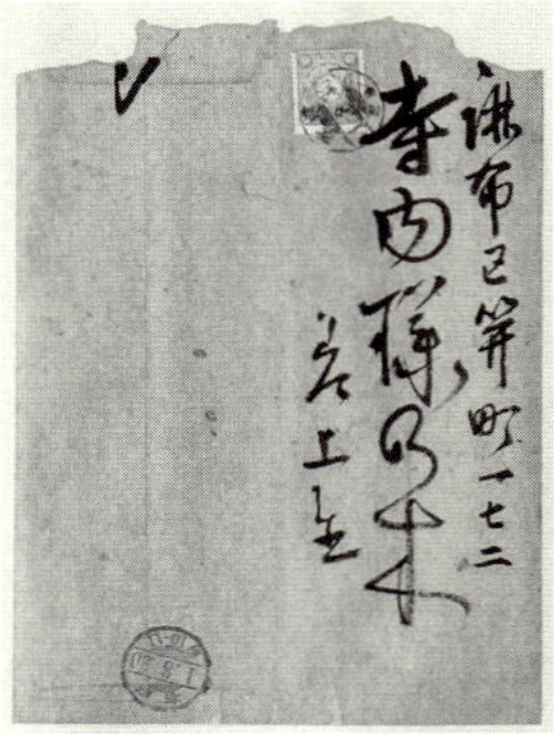

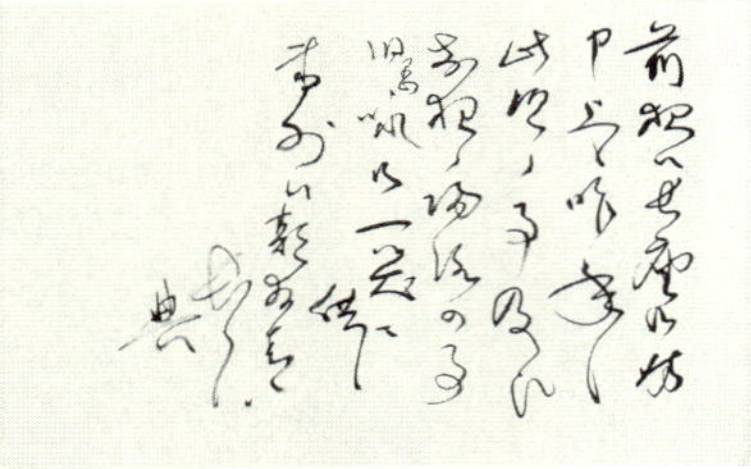

手紙

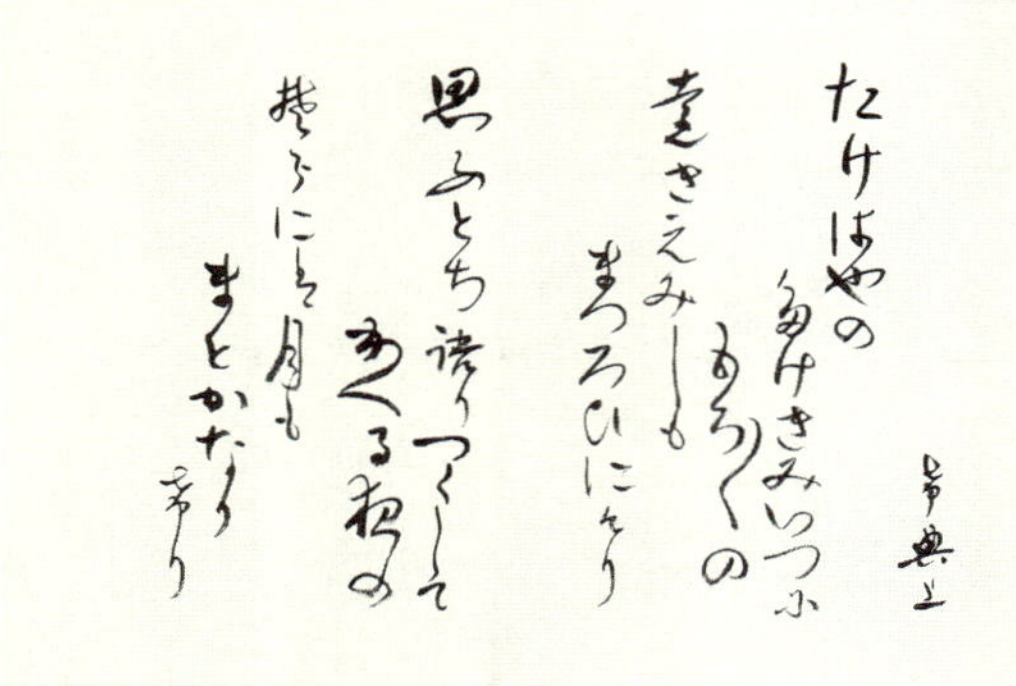

和歌

【11】

【和歌現代語訳】

建速（須佐之男命、転じて明治天皇）の猛々しい御稜威（御威光）により、諸々の遠方の異民族も服従したことだ。

親しい者どうしで語り尽くして帰宅する夜の空にかかる月も円いことだ。

【解説】

明治天皇が亡くなってちょうど一ヶ月後の大正元年（一九一二）八月三十日に乃木希典が寺内正毅に贈った和歌である。この後乃木は九月十二日明治天皇大葬の日に自殺する。

添文によれば、前の和歌は「昨年之此頃ノ事」を詠んでいることになる。記紀神話に天照大神の弟として登場する「建速須佐之男命」（古事記、日本書紀では「素戔嗚尊」）の御威光によって地方土着の人びとが服従したことを讃える歌だが、ここでは一ヶ月前に亡くなった明治天皇の御威光を讃えているといえよう。具体的には日清戦争に勝利し、台湾を獲得、日露戦争に勝利し、南樺太を獲得、さらに明治四十三年（一九一〇）に韓国併合を行ったことを指すと思われるが、韓国併合は一昨年の此頃（八月）であって、「昨年之此頃之事」ではない。なお寺内は韓国併合の立役者であり、初代朝鮮総督に就任していることを考えると、この和歌は寺内の人徳・功績を讃えるものにもなっている。

後者は「前夜之帰路の事」つまり大正元年八月三十日または二十九日夜、乃木と寺内が会った帰り道の夜空に円い月がかかっていたことを詠んだ和歌である。親しい者同士で語り明かしたことに対する喜びや満足感といった心情が夜空を照らす円い月に投影されているのであろう。乃木と寺内の二人はいったい何を「語りつくし」たのだろうか。また明治天皇の大葬の日が近づく中で、乃木の胸中はどのようであったのだろうか。

（日比野）

参考資料

○寺内正毅略年譜

嘉永五年（一八五二）閏二月五日
長州藩の下級藩士宇多田正輔の三男として吉敷郡平川（現山口市）に生まれる。のち宮野村（同）にあった母の生家寺内家の養嗣子となる。

慶応元年（一八六五）
長州藩諸隊の御楯隊《みたてたい》に入り、第二次長州戦争に参加。

明治元年（一八六八）
整武隊の一員として箱館戦争に従軍。

明治四年（一八七一）
陸軍少尉に任官。

明治十年（一八七七）
西南戦争に従軍し、田原坂の戦で右腕に銃創を受け、その自由を失う。

明治十五年（一八八二）
閑院宮載仁親王《ことひとしんのう》の留学に随行してフランスへ留学し、士官養成法などを学ぶ。

明治十九年（一八八六）
フランスから帰国。

明治二十年（一八八七）
陸軍士官学校長となり士官教育上の改革を行う。

明治二十七年（一八九四）
日清戦争で運輸通信長官として兵站部門を担当して功績を上げる。

明治三十一年（一八九八）
教育総監に就任。

明治三十三年（一九〇〇）
参謀本部次長に就任。北清事変（義和団事件）では出兵各国の連合会議に出席し、作戦計画を立案。

明治三十五年（一九〇二）
第一次桂内閣に陸軍大臣として入閣。

明治三十七年（一九〇四）
日露戦争では一時期教育総監も兼任。陸軍大臣として大本営の帷幄に参画し、戦争計画を推進。

明治三十九年（一九〇六）
第一次西園寺内閣に陸軍大臣として入閣（留任）。南満洲鉄道会社設立委員長に就任。陸軍大将に昇進、勲功により子爵を授けられて華族に列せられる。

明治四十一年（一九〇八）
第二次桂内閣に陸軍大臣として入閣（留任）。

明治四十三年（一九一〇）
陸相のまま韓国統監を兼任。八月の韓国併合後、初代朝鮮総督に就任。
明治四十四年（一九一一）
　韓国併合の功により伯爵に陞授。
大正五年（一九一六）
　元帥の称号が授与される。十月第十八代内閣総理大臣に就任。
大正七年（一九一八）
　米騒動の責任をとって内閣が総辞職。
大正八年（一九一九）
　十一月三日病没。六十八歳。
大正十一年（一九二二）
　二月五日に桜圃寺内文庫が開庫。

○寺内正毅をめぐる人びと

閑院宮載仁《かんいんのみやことひと》親王（一八六五～一九四五）
明治～昭和前期の皇族・軍人。伏見宮邦家《くにいえ》親王の第十六王子。明治五年（一八七二）閑院宮家六代をつぎ、十一年親王となる。フランス留学後、騎兵第二旅団長、第一師団長、近衛師団長などをつとめる。大正元年（一九一二）陸軍大将、八年元帥。昭和六年（一九三一）参謀総長。昭和二十年五月二十日死去。八十一歳。寺内正毅は、載仁親王のフランス留学に随行した。

徳大寺実則《とくだいじさねつね》（一八四〇～一九一九）
明治期の政治家。徳大寺公純《きんいと》の長男。西園寺公望《きんもち》の兄。国事御用掛、議奏にすすむが尊攘派として活動し、文久三年（一八六三）罷免される。維新後、宮内省に出仕し、明治天皇の侍従長を長くつとめた。明治二十四年（一八九一）内大臣。貴族院議員。公爵。大正八年六月四日死去。八十一歳。

乃木希典《のぎまれすけ》（一八四九～一九一二）
明治期の陸軍軍人。長門国府中藩士の子。明治四年（一八七一）陸軍少佐となり、西南戦争に従軍。歩兵第一旅団長、台湾総督などをへて、日露戦争では第三軍司令官として旅順攻撃を指揮。三十七年陸軍大将、四十年学習院院長。明治天皇大葬の日の大正元年（一九一二）九月十三日、妻の静子とともに殉死した。六十四歳。

伊藤博文（一八四一～一九〇九）
明治期の政治家。周防国の農民の子で松下村塾にまなび、文久三年（一八六三）渡英し、帰国後に開国をとなえて倒幕運動で活躍。明治四年（一八七一）岩倉遣欧使節団の全権副使となる。大久保利通の没後、内務卿となり、十四年の政変で政府の実権をにぎる。内閣制度を創設して、十八年初代の首相となり、枢密院の設置、大日本帝国憲法の制定など、天皇制近代国家の枠組みをつくった。条約改正を実現し、日清戦争を遂行。三十三年政友会を創立して総裁。三十八年日露戦争後、第二次日韓協約締結により韓国統監府の初代統監となった。辞職後の明治四十二年十月二十六日、日露協商で訪れたハルビン駅で安重根に暗殺された。公爵。六十九歳。

明石元二郎《あかしもとじろう》（一八六四～一九一九）
明治・大正期の軍人。福岡藩士の子。陸軍士官学校、陸軍大学校卒業。明治二十七年（一八九四）ドイツ留学。二十八年日清戦争に従軍、近衛師団参謀として台湾占領に参加。フランス公使館・ロシア公使館付武官などを経て、日露戦争中はストックホルムでロシア国内攪乱を狙った諜報活動を展開。その後、韓国併合の過程で韓国駐箚軍参謀長、韓国駐箚憲兵隊司令官などを歴任。大正七年（一九一八）台湾総督に任ぜられ、大将に昇進。八年台湾軍司令官を兼任するが、在職中の大正八年十月二十六日に病死した。

徳富蘇峰《とくとみそほう》（一八六三〜一九五七）
明治〜昭和前期のジャーナリスト。肥後国の徳富一敬《かずたか》の長男。本名は猪一郎。徳富蘆花《ろか》の兄。同志社英学校中退し、明治十九年（一八八六）『将来之日本』で文名をあげる。二十年民友社を創立、『国民之友』『国民新聞』を創刊し、平民主義を主張。韓国併合で朝鮮総督府が設置されると、日本の植民地最大級の新聞であり総督府の御用紙となった『京城日報』の経営を監督。第二次大戦中は大日本言論報国会会長。昭和十八年（一九四三）文化勲章をうけるが、二十一年に返上。昭和三十二年十一月二日死去。九十四歳。

桂太郎（一八四八〜一九一三）
明治・大正期の軍人・政治家。長州藩出身。山県有朋の直系として陸軍次官、各内閣の陸相を経る間に、陸軍の軍制改革に着手し、ドイツ式兵制の確立、日清戦争に出征、北清事変への出兵などにあたる。明治三十四年（一九〇一）以後三回組閣、西園寺公望と交互に政権を担当。日英同盟を結び、日露戦争を断行。韓国併合を行なったが、第三次内閣は憲政擁護運動の攻撃をうけて崩壊。大正二年十月十日死去。六十七歳。

穂積八束《ほづみやつか》（一八六〇〜一九一二）
明治時代の憲法学者。万延元年（一八六〇）宇和島藩校国学教授穂積重樹の三男に生まれる。明治十六年（一八八三）東大文学部政治学科卒。ドイツ留学後の二十二年帝国大学教授となり憲法学を担当。君権絶対主義にたち、民法典論争では実施延期派の中心として、二十四年論文「民法出デテ忠孝亡《ほろ》ブ」（『法学新報』）を発表。のち貴族院議員、宮中顧問官。大正元年十月五日死去。五十三歳。

山県有朋《やまがたありとも》（一八三八〜一九二二）
明治・大正期の軍人・政治家。長州藩士として松下村塾にまなび奇兵隊を組織し、幕末動乱に活躍。維新後、陸軍大輔として徴兵令を施行。軍制の確立につとめ、参謀本部初代本部長に就任、軍人勅諭発布に参画。伊藤内閣の内相などを歴任後、明治二十二年（一八八九）第一次山県内閣を組織、藩閥政府に指導的位置を占めた。日清戦争を指導後、第二次内閣を組織、伊藤博文死後、軍事・政治の絶対的権力を握り、元老政治を行なった。大正十一年（一九二二）二月一日死去。八十五歳。

西園寺公望《さいおんじきんもち》（一八四九〜一九四〇）
明治〜昭和前期の政治家。嘉永二年（一八四九）、徳大寺公純《きんいと》の次男として生まれ、西園寺師季の養子となる。王政復古に参与、戊辰戦争にも参加。フランス留学後、明治十四年（一八八一）明治法律学校（現在の明治大学）を設立。伊藤内閣の文相などを歴任。三十六年政友会総裁、三十九年と四十四年に首相。パリ講和会議の首席全権をつとめ、最後の元老となった。昭和十五年（一九四〇）十一月二十四日死去。九十二歳。

後藤新平（一八五七～一九二九）
明治～昭和前期の政治家。安政四年（一八五七）陸奥胆沢郡出身。須賀川医学校卒。内務省に入り、明治三十一年台湾総督府民政局長、三十九年満鉄初代総裁。四十一年第二次桂内閣の逓信相兼鉄道院総裁。大正七年（一九一八）寺内内閣の外相となりシベリア出兵を推進。東京市長をへて、十二年第二次山本内閣の内相兼帝都復興院総裁となり、関東大震災後の東京の都市計画を指導した。伯爵。昭和四年（一九二九）四月十三日死去。七十三歳。

山川健次郎（一八五四～一九三一）
明治・大正期の物理学者・教育者。嘉永七年（一八五四）生まれ。陸奥会津出身。山川浩の弟。大山捨松の兄。エール大にまなび、東京開成学校教授補をへて明治十四年（一八八一）東京大学教授。日本初の理学博士のひとり。東京帝大、九州帝大、京都帝大の総長を歴任。貴族院議員。枢密顧問官。昭和六年（一九三一）六月二十六日死去。七十八歳。

上原勇作（一八五六～一九三三）
明治～昭和前期の軍人。安政三年（一八五六）生まれ。日向国出身。明治十四年（一八八一）フランスに留学。帰国後参謀本部員などをへて、三四年工兵監となる。日露戦争で第四軍参謀長。四十五年第二次西園寺内閣の陸相に就任。二個師団増設を要求して単独辞職し、大正政変のきっかけをつくった。のち教育総監、参謀総長。陸軍大将、元帥。陸軍の薩摩閥の長老として重きをなした。昭和八年（一九三三）十一月八日死去。七十八歳。

田中《たなか》義《ぎ》一《いち》（一八六四～一九二九）
明治～昭和前期の軍人・政治家。元治元年（一八六四）生まれ。長門国出身。陸軍大学校卒。大正十年（一九二一）陸軍大将。十四年政友会総裁、昭和二年（一九二七）首相兼外相となり、山東出兵を断行、東方会議で対支政策綱領を決定するなど、中国に対する強硬外交を展開。また治安維持法を改正、コミンテルン運動に強い態度で臨んだ。張作霖爆殺事件の責任をとって四年総辞職。昭和四年九月二十九日死去。六十六歳。

森鷗外（一八六二～一九二二）
明治・大正期の軍人・小説家。文久二年（一八六二）生まれ。石見国出身。本名は林太郎。東京大学卒業後、軍医となり、ドイツに留学。陸軍軍医学校教官などをへて明治四十年（一九〇七）陸軍軍医総監として衛生の向上につくす。帝室博物館総長、帝国美術院長なども歴任。留学中、西欧文学の素養を深め、帰国後、公務のかたわら訳詩集「於母影」、評論雑誌「しがらみ草紙」を出す。「舞姫」等の小説を発表。以後、翻訳、評論、創作に旺盛な活動を示し、浪漫主義的立場に立ち日本近代文学の形成に大きく関与した。明治四十年代には「スバル」に拠り反自然主義の雄として活躍、晩年は歴史小説、史伝に健筆をふるった。

第三部

桜圃寺内文庫寺内正毅関係資料目録

凡　例

一、本目録は、平成二十六年（二〇一四）一月二十八日に寺内多恵子氏から山口県立大学に寄贈された寺内正毅関係資料の総目録である。

一、本目録は、資料の形態によって、一紙・冊子之部、軸巻之部、写真之部、にわけて作成している。

一、一紙・冊子之部は、寺内家で保存されていた資料群の状態を活かしつつ、全体を二十四に分類して資料番号を提示し、その細目として①表題（〔　〕以外は資料に記載される表記）、②年代（〔　〕表記は推測による）、③作者、④宛先、⑤内容、⑥形態（罫紙等は製品が判明するものについては丸括弧書きで表記した）、⑦法量（縦×横、単位は糎）、⑧備考、を記している。

一、一紙・冊子之部の資料整理カードは、赤司友徳、伊藤幸司、内山一幸、都留慎司、永島広紀、野島義敬、原口大輔、日比野利信、藤岡健太郎、水野哲雄、山口輝臣、ヤン・シュミットが作成した（以上、五十音順）。なお、ロシア語資料については加藤絢子の協力を得た。

一、軸巻之部は、木箱ごとに資料番号を提示し、その細目として①名称、②年代（〔　〕表記は推測による）、③作者／宛先、④内容、⑤形態、⑥法量（縦×横、単位は糎）、⑦点数、⑧備考、を記している。

一、軸巻之部の資料整理カードは日比野利信が作成した。

一、写真之部は、資料番号を提示し、その細目として①表題、②年代、③内容、④形態、⑤法量（縦×横、単位は糎）、を記している。

一、写真之部の資料整理カードは伊藤幸司が作成した。

一紙・冊子之部

	資料番号	表題	年代	作者	宛先	内容	形態	法量（縦×横）	備考
1	1-0	〔包紙〕					封筒	30.0 × 22.0	資料群1を一括「明治四十二、三年」とあり
	1-1	〔封筒〕	〔消印:40.9.28/40.9.30〕	多々良準見	寺内正毅殿		封筒、墨書	19.3 × 7.6	封筒のみ
	1-2	〔書簡〕	〔消印:1.10.19/1.10.21〕	高木龍渕	〔寺内〕総督閣下	大恵書一本送呈の件	一紙、墨書	7.3 × 73.0	封筒あり
	1-3	〔書簡〕	七月十九日	〔多々良〕春み	〔寺内〕瀧子様	正毅諸国出張中の慰め、寿一任官の祝いなど	一枚2枚継、墨書	18.0 × 77.6	封筒あり、封筒の差出人は多々良準見
	1-4-0	〔封筒〕				「黒岩之書翰及返信」とあり	封筒	9.5 × 25.9	1-4-2~4を一括
	1-4-1	〔封筒〕	八月八日	黒岩周六	伯爵寺内正毅殿閣下		封筒、墨書	21.2 × 7.6	1-4-2の封筒か
	1-4-2	〔書簡〕	〔大正元年〕八月八日	黒岩周六	伯爵寺内正毅殿閣下	春秋会委員より拝謁願の件	原稿用紙1枚、ペン書	24.4 × 16.6	
	1-4-3	〔書簡〕	〔大正元年〕八月九日	〔寺内〕正毅	黒岩周六殿	春秋会役員面会の件、今回は一個人の資格で面会されたいこと	一紙3枚継、墨書	19.1 × 118.7	1-4-2への返信下書きか
	1-5	〔書簡〕	明治四十二年十二月廿九日	明石元二郎	寺内大臣閣下執事	日韓合邦問題に関し、一進会・内田良平と新聞通信員団の対立が悪影響を及ぼしているため、対策をとる必要の件など	一紙7枚継、墨書	19.1 × 414.2	
	1-6	〔書簡〕	六月十日	石本新六	寺内大臣閣下	別子銅山暴徒は出兵により鎮静化した件報告	一紙2枚継、墨書	18.2 × 54.4	
	1-7	〔書簡〕	七月二日	長谷川泰	寺内陸軍大臣閣下	「補衲ノ画」に記載する内容の件	一紙4枚継、墨書	18.1 × 161.2	
	1-8	〔書簡〕	明治四十三年元旦〔消印:42.12.31/43.1.1〕	有馬太郎	寺内陸軍大将閣下	年賀状	一紙、墨書	19.1 × 32.8	封筒あり
	1-9	〔書簡〕	七月十四日	〔中山〕寛六郎	寺内大人閣下	先般招待の御礼	一紙2枚継、墨書	17.4 × 58.3	封筒あり
	1-10	〔書簡〕	隆熙四年五月三十一日〔1910年〕	鄭萬朝	子爵寺内統監閣下	統監兼任の祝い	一紙2枚継、墨書	19.3 × 71.9	封筒あり
	1-11	〔書簡〕	七月十四日	下田歌子	子爵寺内統監様	明日の統監赴任見送り欠礼の詫び	一紙2枚継、墨書	18.9 × 68.7	封筒あり

資料番号	表題	年代	作者	宛先	内容	形態	法量(縦×横)	備考
1-12	〔書簡〕	明治四十一年元旦 〔消印:41.1.1〕	有馬太郎	寺内陸軍大将閣下	年賀状	一紙、墨書	19.3×31.4	封筒あり
1-13	〔書簡〕	〔明治43年〕十一月一日 〔消印:43.11.1/43.11.3〕	武田範之	寺内家御執事	昨夕帰山の報告	一紙、墨書	17.9×60.2	封筒あり
1-14	〔書簡〕	〔明治43年〕庚戌十月十九日 〔消印:43.10.21/43.10.22〕	湯村行作	子爵寺内閣下	韓国併合の祝い	一紙2枚継、墨書	18.6×42.8	封筒あり
1-15	〔書簡〕	〔明治42年〕六月二十日 〔消印:42.6.20/42.6.21〕	緒方惟準	寺内子爵殿	病状快方に向かっていることの報告	一紙2枚継、墨書	17.7×77.9	封筒あり
1-16	〔書簡〕	〔明治43年〕十一月二十五日 〔消印:43.11.25/43.11.26〕	武田範之	寺内正毅閣下	「聖徳太子五憲法ノ精神ヲ本義トシテ」仏教の振興による朝鮮の同化を建言	原稿用紙5枚、墨書	32.4×24.5	封筒あり
1-17-0	〔封筒〕	〔消印:43.9.11/43.9.11/43.9.14〕	塚原周造	朝鮮京城統監官舎子爵寺内正毅		封筒、墨書	21.3×8.4	1-17-1~2を一括
1-17-1	〔讃文〕	〔明治43年〕	夢舟 塚原周〔造〕		韓国併合を祝う讃文(漢文)	絹　布1点、墨書	39.4×35.4	1-17-2と同折
1-17-2	〔讃文〕	〔明治43年〕	夢舟 塚原周〔造〕		韓国併合を祝う讃文(漢文)	色紙、墨書	31.8×16.4	1-17-1と同折
1-18	〔書簡〕	〔昭和3年〕三月十四日 〔消印:3.3.14〕	渡邊彰	寺内文庫主事宇佐川〔三郎〕賢兄	別便で送付の総督府上棟札拓本を文庫内に収蔵されたいこと	一紙2枚継、墨書	19.5×105.7	封筒あり
1-19	〔書簡〕	明治三十九年七月五日	釋雲照	陸軍大臣寺内正毅殿	満韓各戦場追吊法会の件	一紙2枚継、墨書	19.4×55.9	封筒あり
1-20	〔書簡〕	〔明治〕三十三年九月十三日	柴五郎	寺内中将閣下	慰問状・贈り物に対する礼状	罫　紙1枚、墨書	23.4×31.3	封筒あり
1-21	〔書簡〕	四月六日	丸山正彦	寺内閣下	代々木で掘った筍の送り状、丸山の詠んだ歌あり	一　紙2枚、墨書	18.2×50.9/ 18.2×47.6	封筒あり
1-22	〔書簡〕	〔明治43年〕七月二日 〔消印:43.7.2/43.7.3〕	〔古谷〕安民	寺内〔正毅〕閣下	朝鮮赴任途中山口へ立寄る際の伺候者の件および旅館部屋割の件	一紙3枚継、墨書	18.0×130.2	封筒あり
1-23	〔書簡〕	〔大正2年〕八月二十二日 〔消印:2.8.23〕	日置黙仙	寺内正毅殿	二十五日両国回向院講習会の件ほか	一紙2枚継、墨書	18.1×109.2	封筒あり
1-24	〔書簡〕	九月二日	高杉政子	寺内毅[77]	諸事御礼と欠礼の詫び	一紙2枚継、墨書	18.7×129.8	封筒あり

	資料番号	表題	年代	作者	宛先	内容	形態	法量（縦×横）	備考
	1-25	〔書簡〕	〔大正2年〕八月八日〔消印:2.8.9/2.8.9〕	三浦謹之助	寺内伯爵殿	尿検査の結果の報告	一紙2枚継、墨書	17.5×50.8	封筒あり
	1-26	〔書簡〕	大正二年八月廿一日〔消印:2.8.22〕	東福寺井山九峰	伯爵寺内殿家扶御中	朝鮮木到着の御礼	一紙、墨書	19.7×52.3	封筒あり
	1-27	〔書簡〕	明治四十年一月十五日	楫取素彦	寺内正毅	山陰線終点変更の噂についての確認の問合せ	一紙2枚継、墨書	18.0×92.3	封筒あり
	1-28	〔書簡〕	〔大正元年〕九月廿六日〔消印:1.9.26/1.9.27〕	穂積八束	寺内朝鮮総督閣下	21日参上の際の御高話の御礼など	一紙2枚継、墨書	19.4×117.5	封筒あり
	1-29	〔書簡〕	〔大正4年〕六月六日〔消印:4.6.6/4.6.9〕	西寛二郎	伯爵寺内閣下	忰の就職についての感謝、廃嫡から復籍の運びとなったことの報告	一紙、墨書	18.2×99.3	封筒あり
	1-30	〔書簡〕	十二月五日	穂積八束	寺内子爵閣下	自著『憲法提要』の「小引」公刊の件	一紙2枚継、墨書	19.7×45.4	封筒あり
	1-31	〔書簡〕	五月廿二日	石本〔陸軍〕次官	寺内大臣閣下	陸軍省参事官昇任等人事の件	一紙2枚継、墨書	17.6×64.5	封筒あり
	1-32	〔書簡〕	〔明治43年〕三月十日〔消印:43.3.11/43.3.12〕	藤田伝三郎	寺内子爵閣下	阿里山を総督府に譲渡する件についての挨拶	一紙2枚継、墨書	18.2×117.2	封筒あり
	1-33	〔書簡〕	〔明治37年〕三月廿八日〔消印:37.4.2〕	多々良準見	寺内正毅	日露開戦の感想、寿一出征の件など	一紙2枚継、墨書	16.4×52.0	封筒あり
	1-34	〔書簡〕	〔明治41年〕一月八日〔消印:41.1.8〕	多々良準見	寺内正毅殿	贈物への御礼	一紙、墨書	18.1×34.9	封筒あり
	1-35	〔書簡〕	〔大正元年〕十月十一日〔消印:1.10.11/1.10.1〕	多々良準見	寺内正毅殿	波多野定助開業のことなど	折　紙1枚、墨書	33.0×23.9	封筒あり
	1-36	〔書簡〕	〔大正2年〕一月一日〔消印:2.1.3〕	多々良準見	正毅様	年賀状、旧年中の芳志に対する御礼など	一紙2枚継、墨書	18.2×54.5	封筒あり
	1-37	〔書簡〕	〔明治42年〕七月十日〔消印:42.7.11/42.7.12〕	多々良準見	正毅様	家に関する約定書、弁護士と相談、封筒有	罫　紙1枚、墨書	24.7×34.4	封筒あり
2	2-0	〔包紙〕				「正毅様宛書簡」とあり	一紙、ペン書	30.4×37.7	
	2-1-0	軸物ノ伝記					封筒、墨書	22.0×7.6	
	2-1-1	〔覚〕				河震という人物について、字長郷・号雪漠、篆・隷書家で、明石暦年間の人	一紙、墨書	18.7×23.7	

資料番号	表題	年代	作者	宛先	内容	形態	法量（縦×横）	備考
2-1-2	石陽正事略	五月廿六日	鄭萬朝氏調査		石陽正の事蹟・詩などを調査したもの	罫紙堅帳8丁、墨書	27.2×19.3	表紙に正毅の花押あり
2-1-3	梅竹双幅画先伝記				梅竹双幅の作者石陽正の伝記	一紙、墨書	24.4×20.4	
2-2-1	大蔵経ニ関スル調書					封筒、鉛筆書	22.6×8.9	
2-2-2	〔書簡〕	昭和七年十月五日	黒田甲子郎	寺内寿一伯閣下	寺内文庫所蔵の朝鮮一切経残本の調査についての返事	罫紙(寺内元帥伝記編纂用)4枚、墨書	27.8×20.2	
2-2-3	大蔵経調書	昭和九年一月三十一日			大蔵経関係の調書	罫紙2枚、綴、墨書	25.0×17.1	
2-3	〔書簡〕	〔大正3年〕十月八日〔消印:3.10.8/3.10.11〕	斯波淳二郎	寺内総督閣下	物品の取引について、掛軸の写真1枚同封	一紙、墨書	書簡:18.0×119.7 写真:15.1×11.4	封筒あり
2-4	〔書簡〕	七月十三日	熊谷直之	伯爵寺内閣下	遠藤殿御携帯の掛軸四幅落掌のこと	一紙2枚継、墨書	18.7×112.1	封筒あり
2-5-1	〔封筒〕	〔消印:3.6.11/3.6.12〕	守田利遠	伯爵寺内正毅閣下		封筒、墨書	22.3×8.9	
2-5-2	〔書簡〕	〔大正3年〕六月十一日	守田利遠	伯爵寺内閣下	蒙古犬が手に入った由、飼育上の注意は藤田副官に送付したので御一覧下されたい	一紙3枚継、墨書	19.9×116.6	
2-5-3	〔書簡〕	五月十日	川上久輔	守田利遠様	蒙古猟犬の件	罫紙(盛進商行印行)2枚、墨書、ピン止め	24.0×16.5	
2-6	〔書簡〕	〔大正4年〕八月卅日〔消印:4.8.31〕	〔久保田〕天南	寺内総督閣下	御尊像描出の件	一紙2枚継、墨書	18.2×112.9	封筒あり
2-7	〔書簡〕	四月十日	〔下條〕正雄	寺内閣下	茶掛の件	一紙、墨書	18.4×46.4	封筒あり
2-8	〔書簡〕	六月二日	〔下條〕正雄	寺内伯閣下	伺うのため電話を掛けたところ不在であった件	一紙2枚継、墨書	19.5×56.5	封筒あり
2-9	〔書簡〕	七月十六日	〔下條〕正雄	寺内伯閣下	山縣総監御出京にて時々出会の件	一紙2枚継、墨書	18.3×61.8	封筒あり

資料番号	表題	年代	作者	宛先	内容	形態	法量（縦×横）	備考
2-10	〔書簡〕	〔大正10年〕四月九日〔消印:10.4.9〕	熊谷直之	寺内閣下	却説御甲し越の設計図加封したが、見積書は前年御先考閣下が該素図を見る際に渡しているので当方にはないということ	一紙2枚継、墨書	18.9×70.8	設計図（①80.0×53.0、58.0×54.8、45.3×24.0、8.5×30.0）4枚同封、①朝鮮館平面図、調度品3枚
2-11-1	〔封筒〕	〔大正4年〕六月十一日〔消印:4.6.11/4.6.12〕	古竹堂岸本休治（下関市）（朱印）	寺内総督閣下		封筒、墨書	21.4×8.4	
2-11-2	〔書簡〕	〔大正4年〕六月十一日	岸本休治	寺内閣下御執事	大幅購入の書留拝受、別紙領収書拝送	一紙、墨書	18.0×50.5	
2-11-3	領収証	〔大正4年〕六月十一日	古竹堂岸本休治（下関市）（朱印）	寺内様	黄慎の「月下獨酌」の掛軸の代金350円の領収書	一紙、印刷、墨書	23.9×16.8	
2-11-4	〔記〕		安太郎		黄慎の字・号、書画について	一紙、墨書	20.9×12.1	
2-11-5	〔記〕				詩人黄慎の経歴や、李太白の詩を書き写したもの	①②罫紙（千葉文稿）2枚、③罫紙1枚、④一紙、すべて墨書	①28.0×17.0、②28.0×40.0、③28.0×40.0、④24.3×33.1	
2-12	〔書簡〕	〔明治35~44年〕	鉄良	寺内大臣閣下	凸花白磁樽、水晶八方印盒を贈る	一紙3枚、墨書	23.6×12.6	目録2枚（20.7×10.0、25.0×12.0）（封筒あり、25.5×12.8）
2-13	〔書簡〕	大正四年一月廿三日	〔下條〕正雄	寺内伯閣下	山縣総監昨日午後御出発、福禄寿、政界総選挙の件	一紙、墨書	24.0×32.8	封筒あり
2-14	〔書簡〕	如月朔	〔股野〕琢	寺内伯閣下	仏画について	一紙、墨書	18.7×74.7	封筒あり
2-15	〔書簡〕	八月六日	下條正雄	寺内伯爵閣下	刀1本の預りを願う	一紙、墨書	18.0×55.7	封筒あり
2-16	〔書簡〕	〔大正2年〕二月五日〔消印:5.2.5〕	〔今井〕天禄	総督府副官 大藤貫一	双幅2点を貴官より閣下へ差し上げ願う。	一紙2枚継、墨書	18.2×132.0	封筒あり

資料番号	表題	年代	作者	宛先	内容	形態	法量(縦×横)	備考
2-17	〔書簡〕	〔大正6年〕十一月三日〔消印:6.12.31/7.1.1〕	〔今井〕天禄	池邊秘書官	該画留め置き受納くださり光栄	一紙2枚継、墨書	18.5×117.9	出品願同封、封筒あり、綴(罫紙×5)、27.0×20.0
2-18	〔書簡〕	明治四十四年一月	子爵 高永喜	総督子爵寺内大人閣下	祝文	一紙、墨書	24.5×42.0	封筒あり
2-19-0	〔封筒〕	〔消印:8.7.25〕	東京府荏原郡大崎町大字白金猿町九十八番地向井巌	相州大磯伯爵寺内閣下侍曹	赤鉛筆にて「蘇山禅師ノ件」とある	封筒、墨書	21.8×8.3	
2-19-1	〔書簡〕	〔大正8年〕七月二十五日〔消印:8.7.25/8.7.26〕	〔向井〕巌	伯爵寺内閣下侍史	暑中御機嫌うかがい、蘊山禅師の件、別紙の通り申し来り	一紙2枚継、墨書	18.2×74.1	
2-19-2	〔書簡〕	〔大正8年〕七月二十二日	見性宗般	上巌殿賢台	蘊山禅師の説明、50年以前の故人	一紙、墨書	16.0×134.8	
2-19-3	〔断簡〕	〔大正8年7月〕	〔向井巌ヵ〕		紫賜と蘇山禅師が同一であることを説明	一紙、墨書	16.3×13.3	
2-20	〔書簡〕	大正六年九月八日〔消印:6.9.8/6.9.11〕	慶尚南道統営工業伝習所	伯爵寺内正毅殿閣下	螺鈿細工御配慮により盛況、記念のため机一脚贈呈	一紙3枚継、墨書	19.4×204.8	封筒あり
2-21-1	〔書簡〕	〔大正4年〕乙卯四月廿九日	〔村田峰次郎〕	伯爵寺内公閣下	武芸伝授書の編纂経費に対する保助を願う	一紙5枚継、墨書	17.8×226.1	封筒あり
2-21-2	〔書簡〕		〔村田夆次郎〕	桜圃将軍閣下	勤王諸公偉蹟の件	一紙3枚継、墨書	18.0×95.4	2-21-1と同封
2-21-3	名物墨蹟目録	〔大正4年〕乙卯四月二十九日			武芸伝授書類等、署名を列記	罫紙(六角堂印行)竪帳8丁、墨書	16.9×24.5	封筒あり
2-22-0	〔封筒〕		〔宮内省〕侍従長官府	伯爵寺内元帥閣下	「毛利公邸ニ於テ聖上へ御説明相成候維新史料遺墨筆者調ノ原稿御返却仕候」と朱筆あり	封筒、墨書、朱筆	21.9×9.3	
2-22-1	〔書簡〕	〔大正7年〕十一月二十四日	侍従武官府	伯爵寺内元帥閣下	防府町毛利公爵邸に於て聖上へ説明された維新史料遺墨筆者稿の件、当府に於て浄書したので原稿を返納	一紙、墨書	18.7×57.2	

資料番号	表題	年代	作者	宛先	内容	形態	法量（縦×横）	備考
2-22-2	維新史料遺墨筆者稿				毛利家藩主・家臣らへの贈位一覧、人物評など	罫紙(山口県) 竪帳8丁、墨書	28.0 × 20.2	
2-23-0	〔封筒〕	〔消印:7.12.2/7.12.5〕	元朝鮮総督府臨時土地調査局	伯爵寺内正毅		封筒、墨書	22.3 × 8.9	
2-23-1	〔書簡〕	大正七年十一月廿日	元朝鮮総督府臨時土地調査局	伯爵寺内正毅殿	土地調査記念品贈呈	一紙、ガリ版、墨書	24.0 × 16.7	
2-23-2	〔目録〕	大正七年十一月二日	朝鮮総督府臨時土地調査局	伯爵寺内正毅殿	朝鮮総督府土地調査記念として青銅製漢鼎式香炉一箇を贈呈	罫紙(朝鮮総督府)1枚、墨書	26.7 × 19.2	
2-24	〔書簡〕	三月九日〔消印:3.7.24/3.7.26〕	熊谷直之	伯爵寺内閣下	蘇老泉の審勢論細書大幅、拝見、一驚	一紙3枚継、墨書	18.3 × 88.7	封あり
2-25	〔書簡〕	八月十三日	〔下條〕正雄	寺内閣下	扇子七本送付	一紙2枚継、墨書	19.7 × 64.7	封筒あり
2-26	〔書簡〕	〔明治41年〕七月六日	〔西園寺〕公望	寺内陸相閣下	健康状態について、山県伊三郎の貴族院入りについて	一紙2枚継、墨書	17.4 × 52.0	封筒あり
2-27-1	〔書簡〕	〔大正6年〕一月二十一日	〔寺内〕正毅	〔児玉〕秀雄殿	伯爵議員選挙の件、寿一の妻の件	一紙2枚継、墨書	19.3 × 69.1	封筒あり
2-27-2	〔書簡〕	〔大正8年〕一月十七日〔消印:8.1.17〕	〔一戸〕兵衛	寺内伯爵閣下	山本一家について	一紙3枚継、墨書	19.4 × 131.8	封筒あり
2-27-3	〔記〕				山本勝子、山本家について	一紙3枚継、墨書	18.0 × 83.2	2-27-2と同封
2-28-1	〔書簡〕	八月十二日	母〔寺内多喜〕	毅雄殿	暑中見舞、父上も元気、世界大戦争はじまり壮快	一紙3枚継、墨書	18.7 × 111.5	
2-28-2	〔書簡〕	四月三十日	母〔寺内多喜〕	毅殿	馬関・釜山経由で京城着、近況報告	一紙5枚継、墨書	17.8 × 191.3	
2-28-3	〔書簡〕	十月卅一日	母〔寺内多喜〕	毅雄殿	父上様来月10日過御帰京、近況報告	一紙、墨書	18.9 × 108.9	
2-28-4	〔書簡〕	十一月十五日〔消印:3.11.15〕	母〔寺内多喜〕	毅雄殿	父上大演習参加、兄上ペトログラード安着、本月末当京城に参るよし	一紙3枚継、墨書	18.7 × 107.6	封筒あり
2-28-5	〔電報〕	〔消印:44.7.20〕	テラウチ〔寺内〕	テラウチタケオ〔寺内毅雄〕	士官学校に行くのか高等学校に行くのかを決した上で返事を	電報3枚、墨書	24.0 × 16.5	

	資料番号	表題	年代	作者	宛先	内容	形態	法量(縦×横)	備考
	2-29	〔書簡〕	明治四十二年八月十五日	外松孫太郎	寺内子爵閣下	在職中の庇護に感謝、結描御幅ありがたし	一紙3枚継、墨書	18.2×126.1	封筒あり
3	3-1	〔書簡〕	〔明治44年〕四四　七月廿八日 〔消印:44.7.31〕	徳富生〔蘇峰〕	寺内伯閣下	関東地方の暴風雨被害状況について 桂、西園寺、原らの東京不在と政界の状況を概報 米価高騰に触れ、また朝鮮牧師団の入京観迎準備のこと〔原文まま〕	一紙2枚継、墨書	18.7×116.0	封筒あり
	3-2	〔書簡〕	〔明治44年〕四四　五月八日 〔消印:44.5.8/44.5.10〕	徳富生〔蘇峰〕	寺内伯閣下	東都言論界の情勢は、寺内の武断を表面的に批判しているにすぎないこと、輿論も案外薄弱であるため、そのまま政策を推し進める様進言	一紙3枚継、墨書	18.8×110.8	封筒あり
	3-3	〔書簡〕	〔明治43年〕四十三　五月六日 〔消印:43.5.6/43.5.6/43.5.7〕	徳富生〔蘇峰〕	寺内大将閣下	寺内陸軍大将の韓国方面兼任の噂を聞き現職を離れるべきでないこと.また兼任の場合韓国方面において新聞上で貢献するとのこと	一紙3枚継、墨書	18.6×203.0	封筒あり
	3-4	〔書簡〕	〔明治45年〕四十五　五月十九日 〔消印:45.5.19/45.5.22〕	徳富生〔蘇峰〕	寺内伯閣下	選挙の結果、政友現状維持などと伝え党派の地盤がますます強固になること、しかし政府や該大臣も満足現状を憂ひ、一刻も早く帰京を願う旨	一紙2枚継、墨書	18.8×101.9	封筒あり
	3-5	〔書簡〕	〔明治44年〕四四　五月十二 〔消印:44.5.12〕	徳富生〔蘇峰〕	寺内伯閣下	本日正午首相官邸にて同業者招かれ懇談会.その後馬関に向かい17日晩には京城着のこと、朝鮮に関する物論は一切鳴りをひそめた旨	一紙3枚継、墨書	18.7×102.8	封筒あり
	3-6	〔書簡〕	〔明治45年〕四十五　六月十一日 〔消印:45.6.11/45.6.14〕	徳富生〔蘇峰〕	寺内伯閣下	後藤男との面会、毎日申報紙面改良、東京の各政党の情勢、政友会の人数などを伝える	一紙2枚継、墨書	18.8×86.7	封筒あり

資料番号	表題	年代	作者	宛先	内容	形態	法量（縦×横）	備考
3-7	〔書簡〕	五月五日	〔後藤〕新平	寺内伯爵閣下	近々総選挙につき、各党派苦戦の模様、山県公、桂公も時局に苦心の由、両公の意志疎通しないことを痛心し寺内との相談を願う、また日露協会の件	一紙4枚継、墨書	19.7×226.0	封筒あり
3-8-0	〔封筒〕	〔消印:45.3.28/45.3.31〕	外務省　石井菊次郎	朝鮮京城　寺内総督閣下　親展		封筒、墨書	20.9×8.3	封筒裏に「小松局長済ミ」と赤鉛筆書あり
3-8-1	〔書簡〕	〔明治45年ヵ〕三月廿八日	石井菊次郎	寺内伯閣下	太皇に対する訴訟事件に関し、在横浜米国状師マカイバーが大使らと共に石井の元を訪れ、事情を述べそれを寺内へ伝えるよう申したとのこと	一紙3枚継、墨書	19.4×168.1	
3-8-2	追啓				昨夜英大使より朝鮮米輸出税廃止の件につき来電、内容を報告	一紙2枚継、墨書	19.2×66.2	3-8-1の追啓ヵ
3-9	〔書簡〕	五月廿四日〔消印:45.5.26/45.5.29〕	長岡外史	寺内伯爵殿虎皮下	動員演習、石本中将死去の件を報告	一紙4枚継、墨書	18.1×177.9	封筒あり
3-10	〔書簡〕	〔明治45年〕四五　六月十一日午後〔消印:45.6.11/45.6.14〕	〔石黒忠悳〕恐智	寺内伯爵閣下	宇佐川一正を赤十字病院に見舞い病状を報告、桂公欧行の件	一紙、墨書	18.5×92.3	封筒あり
3-11-0	〔封筒〕	〔消印:45.6.12/45.6.15〕	東京牛込中町十四　井上仁郎	朝鮮京城総督官邸　寺内大将閣下　御直披		封筒、墨書	20.4×8.4	
3-11-1	仁郎ノ受ケタル訓示ノ写		第一特命検閲使		第一特命検閲使により、旅団長の各部下各隊統率に関する方針が適切であること。検閲成績が良好であることが訓示される。	一紙、墨書	18.8×19.2	
3-11-2	〔書簡〕	六月十二日	井上仁郎	寺内閣下	記念品拝受のお礼、また業務報告(進歩の状況)と特命検閲使より訓示の好結果を伝える旨	一紙2枚継、墨書	18.5×112.5	
3-12-0	〔封筒〕	三月十三日	岡崎邦輔	寺内総督閣下　親展		封筒、墨書	21.2×8.7	

資料番号	表題	年代	作者	宛先	内容	形態	法量（縦×横）	備考
3-12-1	〔書簡〕	三月十三日	〔岡崎〕邦輔	寺内総督閣下	平安北道金鉱の件につき、古河会社々員佐々木信綱が鉱務当局へ委細上陳に出向く旨	一紙3枚継、墨書	18.7×20.7	
3-12-2	追啓		〔岡崎〕邦輔		清国事変勃発につき情勢を考察 袁世凱の動向、清の変乱は彼の国人の手に余る、今後の対清国策について高教を仰ぎたいなどとある	一紙2枚継、墨書	18.6×84.8	3-12-1の追啓ヵ
3-13	〔書簡〕	〔明治45年〕五月十日 〔消印:45.5.14/45.5.17〕	藤井茂太	寺内大将閣下	砲兵隊での馬の保育及び馬術、狙撃に関して良好であること、また実弾射撃天覧の模様を報じる旨	一紙2枚継、墨書	18.0×78.4	封筒あり
3-14	〔書簡〕	〔明治〕四十五年三月卅一日 〔消印:45.3.31〕	〔石黒忠悳〕	寺内総督閣下	石本陸将辞表の件、将校らの病状を報告	一紙2枚継、墨書	18.3×108.5	封筒あり
3-15	〔書簡〕	〔明治45年〕四月十九日 〔消印:45.4.19/45.4.22〕	穂積八束	寺内伯爵閣下執事	拙著小冊子二種送付の旨	一紙3枚継、墨書	19.6×107.0	封筒あり、封筒表に「返信済」と墨書あり
3-16	〔書簡〕	〔明治45年〕三月二十二日 〔消印:45.3.25〕	秋山雅之介	総督閣下	官制其他法令に関し、小松長官代・児玉秘書官などに当地の模様を通知、法制当局者も此度の改正には賛成、安住書記官も尽力、大きな反対もなく原案の通り運ぶなどとある	一紙3枚継、墨書	18.8×191.8	封筒あり
3-17	〔書簡〕	〔明治45年〕六月九日 〔消印:45.6.10/45.6.10〕	〔児玉〕如忠	寺内老大人閣下	病気中の見舞に対して謝辞、現在の経過状況を知らせる、 宇佐川氏快方の様子に付心配無用のこと	一紙3枚継、墨書	17.8×139.5	封筒あり
3-18	〔書簡〕	〔明治45年〕四五　五月廿五日 〔消印:45.5.25/45.5.27〕	〔石黒忠悳〕	寺内伯爵閣下	宇佐川男の儀は、真の癌との情報を得、近々見舞いに向う旨	一紙、墨書	18.4×48.2	封筒あり
3-19	〔書簡〕	〔明治45年〕六月九日 〔消印:45.6.12〕	立花小一郎	寺内大将閣下侍史	藤田少佐への揮毫に対する謝辞	一紙2枚継、墨書	18.2×112.7	封筒あり

	資料番号	表題	年代	作者	宛先	内容	形態	法量（縦×横）	備考
	3-20	〔書簡〕	〔明治45年〕三月八日〔消印:45.3.8/45.3.11〕	〔大城戸〕宗重	寺内伯爵閣下	議会情勢とともに荒井氏の議会での活躍、官制改革における秋山氏の苦労などを伝える旨	一紙5枚継、墨書	18.8×275.0	封筒あり
	3-21-0	〔封筒〕	〔消印:45.2.28/45.2.29〕	岡陸軍中将	朝鮮京城　伯爵寺内大将閣下		封筒	23.4×9.6	裏に「三月十六日返済」と墨書あり
	3-21-1	石本閣下病況概要	明治四十五年三月十二日	主任医陸軍三等軍医正橋本監次郎(印)		石本閣下の病状を二医師が診断、経過とともに報告	罫紙(陸軍)竪帳2丁、ペン書	27.9×20.0	
	3-21-2	石本閣下現在病況ノ概要	明治四十五年二月二十二日	陸軍三等軍医正　橋本監次郎(印)		橋本軍医の診断を報告	罫紙(陸軍)1枚、墨書	28.3×20.2	
	3-21-3	〔書簡〕	二月二十八日	岡市之助	寺内大将閣下	進級のお礼、挨拶及び石本閣下病状を報知し寺内の判断を仰ぎ度旨	一紙6枚継、墨書	18.6×226.4	封筒あり
	3-22	〔書簡〕	〔明治45年〕四五　四月六日〔消印:45.4.6/45.4.10〕	〔石黒〕忠悳	寺内伯爵閣下侍史	石本陸相死去、労働者同盟罷業の必要などについて	一紙2枚継、墨書	18.4×104.0	封筒あり
4	4-0	〔辞令包み布〕					白木綿布	49.0×46.0	寺内家で辞令書を整理するために使われていた布、「正毅様辞令」付箋あり
	4-1	〔賞状〕	明治廿三年七月一日	賞勲局総裁従二位勲一等伯爵柳原前光(印)、賞勲局副総裁従三位勲一等子爵大給恒(印)男爵	正六位勲四等寺内正毅	明治15年中東京麹町区虎列拉病予防費として金2円寄付の段奇特の事	一紙、墨書	22.6×30.7	
	4-2	〔目録〕	大正五年七月七日	宮内大臣男爵波多野敬直	朝鮮総督伯爵寺内正毅殿	天皇皇后からの下賜品目録	一紙3枚継、墨書	22.8×96.3	封筒あり
	4-3	〔賞状〕	明治三十三年十一月一日	賞勲局総裁正三位勲一等子爵大給恒(印)	従四位勲二等功三級寺内正毅	東京市養育院感化部基本金として金5円寄付の段奇特の事	一紙、墨書	22.8×30.8	

資料番号	表題	年代	作者	宛先	内容	形態	法量（縦×横）	備考
4-4	〔委嘱状〕	明治二十九年三月六日	私立防長教育会長公爵毛利元徳(印)	寺内正毅殿	防長人士の武育のための資金募集に付き陸軍部内募集金委員委嘱の件	一紙2枚継、墨書	19.4×26.8	
4-5	〔賞状〕	明治三十四年六月廿二日	賞勲局総裁正三位勲一等子爵大給恒(印)	従四位勲二等功三級寺内正毅	明治29年12月宮野尋常高等小学校建築費として金50円寄附に付き木杯を下賜	一紙、墨書	22.8×30.7	
4-6	〔賞状〕	〔明治後期〕	〔明治天皇〕		大本営設置以来の精勤・好成績を嘉す	一紙、石版	36.2×26.0	菊紋入り
4-7	允許状	明治十九年二月五日	賞勲局総裁従三位勲二等柳原前光(印)、元老院議官兼賞勲局副総裁正四位勲二等大給恒(印)	歩兵中佐正六位勲四等寺内正毅	仏国勲章受領、佩用允許	一紙、墨書	22.8×31.0	
4-8	〔認定状〕	明治廿九年六月卅日	日本赤十字社長伯爵佐野常民(公印)	正社員寺内正毅氏	終身社員資格認定	罫紙1枚、印刷	27.8×20.0	封筒あり、宛名のみ墨書
4-9	〔賞状〕	明治廿四年六月廿六日	賞勲局副総裁従三位勲一等子爵大給恒	従五位勲四等寺内正毅	明治15年東京府麹町区虎列拉病予防費2円寄付に付	一紙、墨書	22.8×30.8	差出人のみ印刷
4-10	領収証	明治三十六年二月廿八日	総裁伯爵桂太郎(公印)、副総裁男爵有地品之允(公印)	寺内正毅殿	「忠愛公御銅像」建設寄付金50円の領収	一紙、印刷	19.5×24.1	金額、宛名、日付のみ墨書
4-11	〔目録〕	大正三年九月二十日	宮内大臣男爵波多野敬直	朝鮮総督伯爵寺内正毅殿	帰京に付天皇・皇后より下賜品目録	一紙2枚継、墨書	21.8×92.0	封筒あり、「九月廿日発」「御礼ヲ要ス」と赤鉛筆書あり
4-12-0	〔封筒〕		宮内大臣伯爵渡辺千秋	朝鮮総督伯爵寺内正毅殿		封筒、墨書	23.8×8.9	4-12-1･2を入れる
4-12-1	〔目録〕	大正二年四月六日	宮内大臣伯爵渡辺千秋	朝鮮総督寺内正毅殿	赴任に付天皇・皇后より下賜品目録	一紙2枚継、墨書	21.8×82.0	
4-12-2	〔目録〕	大正二年九月三日	宮内大臣伯爵渡辺千秋	朝鮮総督伯爵寺内正毅殿	帰任に付天皇・皇后より下賜品目録	一紙2枚継、墨書	21.8×86.7	
4-13	〔社員証〕	明治二十年五月二日	博愛社社長一品大勲位熾仁親王(公印)(印)	寺内正毅氏	博愛社社員に列す	専用紙1枚	20.1×28.3	日付の数字と宛先のみ墨書

資料番号	表題	年代	作者	宛先	内容	形態	法量（縦×横）	備考
4-14-1	〔指令〕	明治十年十一月二十二日	陸軍卿山県有朋		勲章・従軍記章佩用に関する節目	罫紙（陸軍省）1枚、活版	24.3×32.2	
4-14-2	叙勲者履歴届出心得	明治十一年十一月	太政官賞勲局		履歴書雛形と変更届出要領	一紙、活版	22.5×38.1	
4-15	綵花ヲ綬面ニ附着スル法	明治十九年十月	内閣賞勲局		勲四等旭日小授章の附着次第	一紙、活版	23.0×31.0	
4-16-1	領票	〔明治時代〕	官位勲章姓名印	賞勲局正副総裁姓名宛	叙勲に際しての宣誓書式	一紙、活版	28.0×40.3	朱印「写」
4-16-2	叙勲者履歴届出心得	明治十一年十一月	内閣賞勲局		4-14-2と同一	一紙、活版	22.5×38.1	
4-17	推嘱状	明治三十六年十一月三日	財団法人私立成城学校理事男爵児玉源太郎（代表者印）	寺内正毅殿	協議員への推嘱状	罫紙（成城学校）1枚、墨書	27.8×20.0	
4-18-0	〔封筒〕		東京帝国大学文科大学史料編纂掛事務主任史料編纂官文学博士三上参次	伯爵寺内正毅殿		封筒（三上参次専用）、墨書	25.5×9.0	4-18-1・2を入れる
4-18-1	〔返納書〕	大正四年九月廿一日	東京帝国大学文科大学史料編纂掛事務主任史料編纂官文学博士三上参次	伯爵寺内正毅殿	「明主贈豊太閤書」「高本家伝書」の返納に付（史卯第五八九号）	罫紙（史料編纂掛）、墨書	27.8×20.0	「明主贈豊太閤書」にかかる写真および釈文が21-15-15-1~3にあり
4-18-2	〔礼状〕	大正四年九月廿一日	東京帝国大学総長理学博士山川健次郎（公印）	伯爵寺内正毅殿	古文書返納に付謝辞	罫紙（東京帝国大学）1枚、墨書	27.7×19.8	
4-19	〔受領証〕	明治卅六年七月一日	京都帝国大学総長法学博士木下広次（公印）	寺内正毅殿	「藤本鉄石遺墨」寄贈に付	一紙、墨書	23.0×38.2	
4-20	〔賞状〕	大正元年八月二十二日	賞勲局総裁従二位勲三等伯爵正親町実正（公印）	従二位勲一等功一級伯爵寺内正毅	明治43年8月水害賑恤金100円寄付に付	一紙、墨書	22.8×31.0	

資料番号	表題	年代	作者	宛先	内容	形態	法量（縦×横）	備考
4-21	日本体育会会員徽章贈呈証状	明治二十七年三月三日	日本体育会副会長従三位勲二等子爵海江田信義(公印)	寺内正毅君	特別賛成会員	一紙、印刷	23.5 × 28.5	
4-22	謝状	明治卅五年五月廿八日	早稲田大学校長鳩山和夫(公印)	寺内正毅殿	基本資金15円寄贈に付	一紙、印刷	24.3 × 36.2	
4-23	〔賞状〕	明治四十二年五月五日	統監代理副統監従二位勲一等子爵曾禰荒助(公印)	東京府華族正三位勲一等功一級子爵寺内正毅	咸興尋常小学校新築基金70円寄付に付	一紙、墨書	22.9 × 31.0	
4-24	〔送付状〕	明治四十二年五月十二日	元山理事庁(公印)	寺内正毅殿	咸興尋常小学校新築基金寄付に付賞状・木杯下賜伝達の送り状(4-23と一連)	罫紙(元山理事庁)1枚、謄写版	28.2 × 20.0	宛名、発行番号は墨書
4-25	〔賞状〕	明治四十二年四月十三日	賞勲局総裁従二位勲四等伯爵正親町実正(公印)	正三位勲一等功一級子爵寺内正毅	明治38年宮城県他2県凶作の際救恤金200円寄付に付	一紙、墨書	22.7 × 31.0	
4-26	〔賞状〕	明治十七年五月二日	宮内省(公印)	従六位勲五等寺内正毅	明治6年皇城火災の際金6円献金に付	一紙、墨書	23.5 × 30.7	
4-27	〔通達〕	明治四十五年五月三十一日	宗秩寮総裁侯爵久我通久	従二位伯爵寺内正毅殿	従二位宣下位記の伝達	罫紙(宮内省)、印刷	28.3 × 20.8	位階、日付、宛名、発行番号は墨書
4-28	〔委嘱状〕	明治四十三年五月九日	公爵毛利元昭(印)	子爵寺内正毅殿	毛利家家政相談人	罫紙1枚、墨書	28.0 × 40.3	封筒あり、「毛利家依頼書」と赤鉛筆書あり
4-29	〔賞状〕	明治廿六年五月八日	賞勲局総裁正三位勲二等侯爵西園寺公望(印)、賞勲局副総裁従三位勲一等子爵大給恒(印)	従五位勲三等寺内正毅	明治24年10月濃尾大震災被害者救助金5円施与に付	一紙、墨書	22.8 × 30.8	
4-30	〔賞状〕	大正三年三月廿七日	東京府知事正四位勲二等宗像政(公印)	従二位勲一等功一級伯爵寺内正毅	明治44年12月東京帝室博物館陳列用に「唐平百済碑拓本」献納に付	一紙、墨書	22.8 × 30.8	
4-31	〔賞状〕	大正四年十月十九日	賞勲局総裁従二位勲三等伯爵正親町実正(公印)	従二位勲一等功一級伯爵寺内正毅	大正2年北海道他6県凶作賑恤金300円寄付に付	一紙、墨書	22.7 × 31.0	

資料番号	表題	年代	作者	宛先	内容	形態	法量(縦×横)	備考
4-32	〔賞状〕	大正二年一月二十七日	賞勲局総裁従二位勲三等伯爵正親町実正(公印)	従二位勲一等功一級伯爵寺内正毅	明治43年5月青森市火災罹災民賑恤金100円寄付に付	一紙、墨書	22.7×31.0	
4-33	〔賞状〕	明治四十年九月三十日	賞勲局総裁従二位勲一等伯爵大給恒(公印)	正三位勲一等功一級子爵寺内正毅	明治39年3月4月台湾嘉義地方震災賑恤金200円寄付に付	一紙、墨書	22.7×31.0	
4-34	〔賞状〕	明治四十三年三月十六日	賞勲局総裁従二位勲四等伯爵正親町実正(公印)	正三位勲一等功一級子爵寺内正毅	明治三十七八年戦役恤兵・従軍者家族扶助金100円寄付に付	一紙、墨書	22.7×31.0	
4-35	官報号外	明治四十三年七月十三日	印刷局		日露協約締結	一紙、活版	30.7×22.2	
4-36	〔賞状〕	明治四十四年四月廿六日	東京府知事従三位勲二等阿部浩(公印)	正三位勲一等功一級伯爵寺内正毅	東京府立第一中学校奨学資金10円寄付に付	一紙、墨書	22.9×31.0	
4-37	〔賞状〕	明治四十三年六月五日	山口県知事従三位勲二等渡辺融(公印)	正三位勲一等功一級子爵寺内正毅	宮野村貧民救助金70円寄附に付	一紙、墨書	23.0×31.1	
4-38	〔賞状〕	大正元年十月十五日	賞勲局総裁従二位勲三等伯爵正親町実正(公印)	従二位勲一等功一級伯爵寺内正毅	明治42年7月大阪市北区火災罹災窮民救恤金100円寄付に付	一紙、墨書	22.8×31.0	
4-39	〔受領証〕	明治三十五年三月廿八日	京都帝国大学総長法学博士木下広次(公印)	寺内正毅殿	青龍刀・帽・旗寄贈に付	一紙、墨書	24.1×39.3	
4-40	〔賞状〕	明治四十三年五月十日	賞勲局総裁従二位勲四等伯爵正親町実正(公印)	正三位勲一等功一級子爵寺内正毅	明治43年4月廃兵院へ100円寄附に付、木杯1組下賜	一紙、墨書	22.8×31.0	
4-41	〔辞令〕	大正五年十一月二十一日	御璽/内閣総理大臣伯爵寺内正毅奉	内閣総理大臣兼大蔵大臣外務大臣伯爵寺内正毅	外務大臣兼任を免ずる	一紙、墨書	23.0×30.8	
4-42	〔辞令〕	大正五年十二月十六日	御璽/内閣総理大臣伯爵寺内正毅奉	内閣総理大臣兼大蔵大臣伯爵寺内正毅	兼官を免ずる	一紙、墨書	22.9×30.9	
4-43	〔辞令〕	大正七年九月二十九日	御名御璽(嘉仁)/内閣総理大臣正三位勲一等原敬	従二位勲一等功一級伯爵寺内正毅	特に前官の礼遇を賜う	一紙、墨書	22.9×31.0	

資料番号	表題	年代	作者	宛先	内容	形態	法量（縦×横）	備考
4-44	〔辞令〕	大正七年九月二十九日	御璽/海軍大臣加藤友三郎奉	内閣総理大臣伯爵寺内正毅	依願免本官	一紙、墨書	22.8×30.9	
4-45	〔辞令〕	大正七年十月十六日	御名御璽（嘉仁）/内閣総理大臣原敬	臨時外交調査委員会委員従二位勲一等功一級伯爵寺内正毅	特に国務大臣の礼遇を賜う	一紙、墨書	22.8×30.9	
4-46	〔叙位記〕	大正八年十月二十日	宮内大臣従二位勲一等子爵波多野敬直奉	従二位勲一等功一級伯爵寺内正毅	正二位に叙す	一紙、墨書	22.8×30.0	
4-47	〔賞与記〕	大正八年十一月三日	陸軍省	元帥陸軍大将伯爵寺内正毅	多年在職に付1500円賞与	罫紙（陸軍省）1枚、墨書	27.8×20.0	陸軍人事局恩賞課付箋あり
4-48	〔勲記〕	大正八年十一月三日	賞勲局	従一位勲一等功一級伯爵寺内正毅	大勲位に叙し菊花大綬章を授与、仮記	一紙、墨書	22.8×31.0	
4-49	〔叙位記〕	大正八年十一月三日	宮内省	元帥陸軍大将正二位勲一等功一級伯爵寺内正毅	特旨により位一級進めらる	一紙、墨書	22.8×31.0	
4-50	〔辞令〕	明治廿七年八月廿七日	内閣	陸軍少将寺内正毅	運輸通信長官に任ずる	一紙、墨書	22.5×30.8	
4-51	〔辞令〕	明治四十三年五月三十日	御名御璽（睦仁）/内閣総理大臣正二位大勲位功三級侯爵桂太郎奉	陸軍大臣兼馬政長官陸軍大将正三位勲一等功三級子爵寺内正毅	統監兼任を命ずる	一紙、墨書	22.8×30.8	
4-52	〔辞令〕	明治四十一年八月二十七日	御璽/内閣総理大臣従二位大勲位功三級侯爵桂太郎奉	陸軍大臣兼外務大臣子爵寺内正毅	兼官を免ずる	一紙、墨書	22.8×30.7	
4-53	〔辞令〕	明治四十一年十月八日	御璽/内閣総理大臣従二位大勲位功三級侯爵桂太郎	陸軍大臣陸軍大将正三位勲一等功一級子爵寺内正毅	馬政長官兼任を命じ、高等官一等に叙す	一紙、墨書	22.8×30.7	
4-54	〔辞令〕	明治四十一年七月十四日	御名御璽（睦仁）/内閣総理大臣従二位大勲位功三級侯爵桂太郎	陸軍大臣陸軍大将正三位勲一等功一級子爵寺内正毅	功一級子爵外務大臣臨時兼任を命ず	一紙、墨書	22.7×30.7	

資料番号	表題	年代	作者	宛先	内容	形態	法量（縦×横）	備考
4-55	〔辞令〕	明治四十一年十月八日	御名御璽(睦仁)/内閣総理大臣従二位大勲位功三級侯爵桂太郎	馬政長官正三位勲一等功一級子爵寺内正毅	特に親任官の待遇を賜う	一紙、墨書	22.7×30.7	
4-56	〔命令書〕	明治四十四年一月二十七日	内閣	陸軍大臣子爵寺内正毅	除服出仕を命ずる	一紙、墨書	22.7×30.9	
4-57	〔辞令〕	明治三十五年四月二十三日	内閣	陸軍中将寺内正毅	陸軍勲功調査委員を免ずる	一紙、墨書	22.8×30.9	
4-58	〔辞令〕	明治廿八年十二月十九日	内閣	参謀本部第一局長事務取扱陸軍少将寺内正毅	陸軍省所管事務政府委員に任ずる	一紙、墨書	22.7×30.8	
4-59	〔辞令〕	明治三十五年十二月二日	内閣	陸軍中将寺内正毅	鉄道会議議長を免ずる	一紙、墨書	22.8×30.8	
4-60	〔辞令〕	明治廿六年八月十四日	陸軍省	参謀本部第一局長陸軍歩兵大佐寺内正毅	澳国フランツ、フエルヂナンド親王殿下観兵式御同覧の際の諸兵参謀長に任ずる	一紙、墨書	22.8×30.9	
4-61	〔辞令〕	明治廿六年三月廿二日	内閣	陸軍歩兵大佐寺内正毅	鉄道会議議員に任ずる	一紙、墨書	22.8×30.9	
4-62	〔辞令〕	明治四十年一月十四日	内閣	陸軍大将寺内正毅	鉄道会議議長に任ずる	一紙、墨書	22.8×20.1	
4-63	〔辞令〕	明治廿八年六月十八日	内閣	陸軍少将寺内正毅	鉄道会議議員に任ずる	一紙、墨書	22.8×31.0	
4-64	〔授与記〕	大正六年六月十一日	賞勲局総裁従二位勲二等伯爵正親町実正(公印)	従二位勲一等功一級伯爵寺内正毅	靖国神社遊就館への軍事参考品寄附に付	一紙、墨書	22.6×31.0	
4-65	〔辞令〕	明治廿九年三月三日	内閣	陸軍省御用掛陸軍少将寺内正毅	台湾事務局委員に任ずる	一紙、墨書	22.8×30.9	
4-66	〔辞令〕	明治三十三年十一月十五日	内閣	陸軍中将寺内正毅	鉄道会議議長に任ずる	一紙、墨書	22.8×30.8	
4-67	〔辞令〕	明治廿九年三月三十一日	陸軍省	参謀本部第一局長事務取扱陸軍少将寺内正毅	陸軍召集条例改正案審査委員長を免ずる	罫紙(陸軍省)1枚、墨書	27.8×19.8	
4-68	〔命令書〕	明治廿一年九月廿一日	将校学校監	士官学校長陸軍歩兵大佐寺内正毅	第五第六両師団へ差遣を命ずる	一紙、墨書	22.8×31.0	
4-69	〔辞令〕	明治廿七年九月一日	内閣	陸軍少将寺内正毅	参謀本部御用掛兼勤を命ずる	一紙、墨書	22.8×31.0	

資料番号	表題	年代	作者	宛先	内容	形態	法量（縦×横）	備考
4-70	〔叙位記〕	明治二十七年十月十日	宮内大臣従二位勲一等子爵土方久元宣（公印）	従五位勲三等寺内正毅	正五位に叙する	一紙、墨書	22.8×31.0	
4-71	〔辞令〕	明治廿九年二月廿九日	内閣	陸軍省御用掛陸軍少将寺内正毅	陸軍省軍務局長陸軍少将男爵児玉源太郎病気引籠中同局長事務取扱を命ずる	一紙、墨書	22.8×30.9	
4-72	〔辞令〕	明治廿八年十二月廿四日	内閣	参謀本部第一局長事務取扱陸軍少将寺内正毅	陸軍省御用掛兼勤を命ずる	一紙、墨書	22.8×30.8	
4-73	〔命令書〕	明治二十九年五月二十日	内閣	参謀本部附陸軍少将寺内正毅	欧洲へ差遣を命ずる	一紙、墨書	22.8×30.9	
4-74	〔辞令〕	明治廿九年三月三十一日	内閣	陸軍少将寺内正毅	参謀本部附を命ずる	一紙、墨書	22.8×31.0	
4-75	〔辞令〕	明治廿八年六月十八日	内閣	陸軍少将寺内正毅	参謀本部第一局長事務取扱を命ずる	一紙、墨書	22.8×31.0	
4-76	〔辞令〕	明治二十九年十月十四日	内閣	陸軍少将寺内正毅	参謀本部附を免ずる	一紙、墨書	22.8×30.9	
4-77	〔辞令〕	明治二十九年十月十四日	内閣	陸軍少将寺内正毅	歩兵第三旅団長に補する	一紙、墨書	22.8×30.8	
4-78	〔辞令〕	明治三十年七月六日	内閣	歩兵第三旅団長陸軍少将寺内正毅	陸軍省御用掛兼勤を免ずる	一紙、墨書	22.8×30.8	
4-79	〔辞令〕	明治三十一年二月十八日	内閣	教育総監陸軍少将寺内正毅	士官学校長事務取扱を命ずる	一紙、墨書	22.6×30.8	
4-80	〔辞令〕	明治三十一年一月二十二日	内閣	歩兵第三旅団長陸軍少将寺内正毅	本職を免じ教育総監に補する	一紙、墨書	22.7×30.9	
4-81	〔叙位記〕	明治三十一年十月三十一日	御璽/宮内大臣正三位勲一等子爵田中光顕奉	正五位勲三等功三級寺内正毅	従四位に叙する	一紙、墨書	22.7×31.0	
4-82	〔辞令〕	明治三十一年十二月二十三日	内閣	教育総監陸軍中将寺内正毅	士官学校事務取扱を免ずる	一紙、墨書	22.8×30.8	
4-83	〔辞令〕	明治三十三年四月二十五日	内閣	教育総監陸軍中将寺内正毅	本職を免じ参謀本部次長に補する	一紙、墨書	22.7×31.0	
4-84	〔辞令〕	明治三十四年二月十八日	内閣	参謀本部次長陸軍中将寺内正毅	陸軍大学校長事務取扱を命ずる	一紙、墨書	22.8×30.8	

資料番号	表題	年代	作者	宛先	内容	形態	法量(縦×横)	備考
4-85	〔辞令〕	明治三十五年三月二十七日	内閣	陸軍中将寺内正毅	陸軍大学校長事務取扱を免ずる	一紙、墨書	22.8 × 30.9	
4-86	〔辞令〕	明治三十五年三月二十七日	内閣	参謀本部次長陸軍中将寺内正毅	本職を免ずる	一紙、墨書	22.8 × 31.0	
4-87	〔辞令〕	明治三十五年四月一日	宮内省	陸軍中将寺内正毅	彰仁親王殿下大不列顛国皇帝皇后両陛下戴冠式参列随行を免ずる	一紙、墨書	22.8 × 30.8	
4-88	〔叙位記〕	明治三十五年四月十一日	御璽/宮内大臣従二位勲一等子爵田中光顕奉	従四位勲一等功三級寺内正毅	正四位に叙する	一紙、墨書	22.8 × 31.0	
4-89	〔辞令〕	明治三十七年三月十七日	御璽/内閣総理大臣従二位勲一等功三級伯爵桂太郎奉	陸軍中将正四位勲一等功三級寺内正毅	教育総監に補する	一紙、墨書	22.8 × 31.0	
4-90	〔叙位記〕	明治三十七年四月二十日	御璽/宮内大臣従二位勲一等子爵田中光顕奉	正四位勲一等功三級寺内正毅	従三位に叙する	一紙、墨書	22.8 × 30.8	
4-91	〔辞令〕	明治三十八年五月九日	内閣	教育総監陸軍中将寺内正毅	本職を免ずる	一紙、墨書	22.8 × 30.8	
4-92	〔辞令〕	明治三十九年七月二十五日	内閣	陸軍大臣寺内正毅	南満洲鉄道株式会社設立委員長に任ずる	一紙、墨書	22.8 × 31.0	
4-93	〔辞令〕	明治三十九年十二月十二日	内閣	陸軍大臣寺内正毅	南満洲鉄道株式会社設立委員長を免ずる	一紙、墨書	22.8 × 30.9	
4-94	〔叙位記〕	明治四十年五月十日	御璽/宮内大臣正二位勲一等子爵田中光顕奉	従三位勲一等功一級寺内正毅	正三位に叙する	一紙、墨書	22.8 × 31.0	
4-95	〔辞令〕	明治三十三年五月七日	内閣	参謀本部次長陸軍中将寺内正毅	陸軍勲功調査委員に任ずる	一紙、墨書	22.8 × 30.9	
4-96	〔命令書〕	明治三十三年七月十二日	内閣	参謀本部次長陸軍中将寺内正毅	清国へ差遣を命ずる	一紙、墨書	22.8 × 31.0	
4-97	〔辞令〕	明治四十二年七月二十六日	内閣	馬政長官子爵寺内正毅	臨時馬疫調査委員会委員長に任ずる	一紙、墨書	22.7 × 30.8	
4-98	〔辞令〕	明治廿八年十二月七日	陸軍省	参謀本部第一局長事務取扱陸軍少将寺内正毅	被服装具陣具及携帯糧食改良審査委員長に任ずる	罫紙(陸軍省)1枚、墨書	27.5 × 19.8	

資料番号	表題	年代	作者	宛先	内容	形態	法量（縦×横）	備考
4-99	〔命令書〕	明治四十三年三月一日	内閣	陸軍大臣寺内正毅	除服出仕を命ずる	一紙、墨書	22.8×31.0	
4-100	〔辞令〕	明治廿九年六月廿六日	内閣	陸軍少将寺内正毅	鉄道会議議員を免ずる	一紙、墨書	22.8×30.9	
4-101	〔賞状〕	大正六年十一月二十九日	賞勲局総裁従二位勲二等伯爵正親町実正（公印）	内閣総理大臣従二位勲一等功一級伯爵寺内正毅	経済調査会会長奉職に付金杯下賜	一紙、墨書	22.6×30.9	
4-102	〔辞令〕	大正四年十二月廿九日	宮内省	陸軍大将伯爵寺内正毅	露国皇族ジョールジュ、ミハイロウイッチ太公殿下来航に付接伴員に任ずる	一紙、墨書	22.8×30.9	
4-103	〔辞令〕	大正二年二月十三日	内閣	陸軍大将伯爵寺内正毅	鉄道会議議長を免ずる	一紙、墨書	22.5×30.7	
4-104	〔辞令〕	明治三十五年二月一日	宮内省	陸軍中将寺内正毅	彰仁親王殿下大不利顚国皇帝皇后両陛下戴冠式参列に付随行を命ずる	一紙、墨書	22.8×30.9	
4-105	〔辞令〕	大正七年十月十六日	内閣	従二位勲一等功一級伯爵寺内正毅	臨時外交調査委員会委員に任ずる	一紙、墨書	23.0×31.0	
4-106	〔辞令〕	明治廿二年一月廿八日	陸軍省	士官学校長陸軍歩兵大佐寺内正毅	陣中軌典草按審査委員に任ずる	一紙、墨書	22.8×30.9	
4-107	〔辞令〕	明治廿五年十月四日	陸軍省	参謀本部第一局長陸軍歩兵大佐寺内正毅	天長節観兵式諸兵参謀長に任ずる	一紙、墨書	22.8×30.9	
4-108	〔辞令〕	明治廿五年九月廿日	陸軍省	参謀本部第一局長陸軍歩兵大佐寺内正毅	戦用器材審査委員を命ずる	罫紙（陸軍省）1枚、墨書	27.2×19.8	
4-109	〔辞令〕	明治廿六年四月十一日	陸軍省	参謀本部第一局長陸軍歩兵大佐寺内正毅	戦用器材審査委員を免ずる	罫紙（陸軍省）1枚、墨書	28.3×20.3	
4-110	〔戒告〕	明治九年一月十四日	陸軍士官学校	陸軍大尉寺内正毅	軍規違反兵卒の罰目を誤り謹慎5日を命ずる	一紙、墨書	20.8×27.3	
4-111	〔辞令〕	明治十年三月十一日	征討総督本営	陸軍大尉寺内正毅	歩兵第一聯隊第一大隊第一中隊長を命じる	罫紙（陸軍省）1枚、墨書	26.8×19.2	
4-112	〔辞令〕	明治十九年二月三日	陸軍省	陸軍大臣官房副長歩兵中佐寺内正毅	服制取調掛に任ずる	罫紙（陸軍省）半折1枚、墨書	28.3×20.5	

資料番号	表題	年代	作者	宛先	内容	形態	法量(縦×横)	備考
4-113	〔辞令〕	明治九年六月一日	陸軍省	陸軍大尉寺内正毅	歩兵操法改正掛兼勤を命ずる	一紙、墨書	22.0 × 29.0	
4-114	〔命令書〕	明治十年三月六日	大坂鎮台	陸軍大尉寺内正毅	神戸港至急出張を命ずる	一紙、墨書	21.8 × 28.3	
4-115	〔命令書〕	明治十三年六月廿八日		陸軍歩兵少佐寺内正毅	勢州亀山駅対抗運動実地見学のため差遣を命ずる	罫紙(陸軍士官学校)半 折1枚、墨書	28.0 × 20.0	
4-116	〔命令書〕	明治七年十一月十八日	陸軍省	陸軍大尉寺内正毅	士官学校生徒検査のため東京鎮台宇都宮・佐倉・高崎各営所へ差遣を命ずる	一紙、墨書	21.5 × 28.1	
4-117	〔辞令〕	明治廿九年六月廿六日	陸軍省	参謀本部附陸軍少将寺内正毅	被服装具陣具及携帯糧食改良審査委員長を免ずる	一紙、墨書	20.7 × 31.0	
4-118	〔辞令〕	明治二十年一月廿五日	陸軍省	陸軍大臣秘書官兼戸山学校次長陸軍歩兵中佐寺内正毅	改正兵語字書審査委員に任ずる	一紙、墨書	22.8 × 31.0	
4-119	〔辞令〕	明治十九年三月十一日	陸軍省	陸軍大臣秘書官陸軍歩兵中佐寺内正毅	歩兵操典並鍬兵操典取調委員に任ずる	一紙、墨書	22.8 × 31.0	
4-120	〔命令書〕	明治廿三年八月廿八日	将校学校監	士官学校長陸軍歩兵大佐寺内正毅	高崎・佐倉並国府台へ差遣を命ずる	罫紙(監軍部)1枚、墨書	27.6 × 19.8	
4-121	〔命令書〕	明治廿二年十月廿一日	将校学校監	士官学校長陸軍歩兵大佐寺内正毅	栃木・福島両県下へ差遣を命ずる	一紙、墨書	22.8 × 30.9	
4-122	〔辞令〕	明治廿二年九月七日	陸軍省	士官学校長陸軍歩兵大佐寺内正毅	陣中軌典草按審査委員を免ずる	一紙、墨書	22.8 × 31.0	
4-123	〔命令書〕	明治十九年三月十七日	陸軍省	陸軍歩兵中佐寺内正毅	習志野原へ差遣を命ずる	一紙、墨書	22.8 × 31.8	
4-124	〔辞令〕	明治二十年五月十六日	陸軍省	陸軍大臣秘書官兼戸山学校次長陸軍歩兵中佐寺内正毅	歩兵野外演習軌典審査委員に任ずる	一紙、墨書	22.8 × 31.0	
4-125	〔辞令〕	明治十九年三月十九日	陸軍省	陸軍大臣秘書官陸軍歩兵中佐寺内正毅	臨時陸軍制度審査委員に任ずる	一紙、墨書	22.7 × 30.8	
4-126	〔辞令〕	明治廿八年二月廿三日	内閣	陸軍少将寺内正毅	参謀本部御用掛兼勤を免ずる	一紙、墨書	22.7 × 30.9	
4-127	〔辞令〕	明治廿六年一月廿三日	陸軍省	参謀本部第一局長陸軍歩兵大佐寺内正毅	陸軍召集条例改正案審査委員長に任ずる	罫紙(陸軍省)1枚、墨書	28.0 × 20.3	

資料番号	表題	年代	作者	宛先	内容	形態	法量（縦×横）	備考
4-128	〔辞令〕	明治廿六年八月廿九日	陸軍省	参謀本部第一局長陸軍歩兵大佐寺内正毅	輜重車輛審査委員に任ずる	罫紙（陸軍省）1枚、墨書	27.5×19.9	
4-129	〔辞令〕	明治廿八年八月卅日	陸軍省	参謀本部第一局長事務取扱陸軍少将寺内正毅	出師準備品々目数量取調委員を免ずる	一紙、墨書	22.8×31.0	
4-130	〔辞令〕	明治廿七年六月九日	陸軍省	参謀本部第一局長陸軍歩兵大佐寺内正毅	運輸通信長官に任ずる	一紙、墨書	22.7×30.9	
4-131	〔辞令〕	明治廿七年二月廿四日	陸軍省	参謀本部第一局長陸軍歩兵大佐寺内正毅	来3月9日天皇皇后両陛下御結婚満25年御祝義観兵式諸兵参謀長に任ずる	一紙、墨書	22.8×31.0	
4-132	〔辞令〕	明治廿六年十月廿一日	陸軍省	参謀本部第一局長陸軍歩兵大佐寺内正毅	天長節観兵式諸兵参謀長に任ずる	一紙、墨書	22.8×30.9	
4-133	〔辞令〕	明治廿六年五月二日	陸軍省	参謀本部第一局長陸軍歩兵大佐寺内正毅	出師準備品品目数量取調委員を命ずる	罫紙（陸軍省）1枚、墨書	28.1×20.3	
4-134	〔辞令〕	明治廿五年九月八日	陸軍省	第一師団参謀長陸軍歩兵大佐寺内正毅	本職を免じ参謀本部第一局長に補する	一紙、墨書	22.7×30.9	
4-135	〔辞令〕	明治廿四年六月十三日	陸軍省	士官学校長陸軍歩兵大佐寺内正毅	本職を免じ第一師団参謀長に補する	一紙、墨書	22.7×30.9	
4-136	〔辞令〕	明治十一年五月廿一日	陸軍省	陸軍大尉寺内正毅	士官学校生徒司令副官を免じ同校生徒少尉附に任ずる	一紙、墨書	21.6×28.3	
4-137	〔辞令〕	明治十一年五月廿一日	陸軍省	陸軍大尉寺内正毅	士官学校生徒大隊副官兼勤を命ずる	一紙、墨書	22.0×28.5	
4-138	〔命令書〕	明治十八年七月十七日	太政官	歩兵中佐寺内正毅殿	帰朝を命ずる	一紙、墨書	22.8×30.9	
4-139	〔叙位記〕	明治十七年十月二十日	太政大臣従一位大勲位公爵三条実美宣、内閣大書記官従五位勲五等金井之恭奉（公印）	従六位勲五等寺内正毅	正六位に叙する	一紙、墨書	22.7×30.9	
4-140	〔辞令〕	明治十六年五月十五日	陸軍省	歩兵少佐寺内正毅	仏国留学生徒取締兼勤を命ずる	一紙、墨書	22.8×31.0	
4-141	〔辞令〕	明治十六年五月七日	太政官	歩兵少佐寺内正毅	仏国公使館附に任ずる	一紙、墨書	22.7×31.0	

資料番号	表題	年代	作者	宛先	内容	形態	法量（縦×横）	備考
4-142	〔命令書〕	明治十五年九月十九日	太政官	陸軍歩兵少佐寺内正毅	仏国へ差遣を命ずる	一紙、墨書	22.8 × 30.8	
4-143	〔辞令〕	明治十五年九月十六日	陸軍省	陸軍歩兵少佐寺内正毅	士官学校生徒司令官を免じ総務局出仕を命ずる	一紙、墨書	22.9 × 31.0	
4-144	〔辞令〕	明治十四年九月廿日	陸軍省	陸軍歩兵少佐寺内正毅	士官学校生徒司令官に任ずる	一紙、墨書	22.8 × 31.0	
4-145	〔叙位記〕	明治十二年十二月廿日	太政大臣従一位勲一等三条実美宣、内閣書記官長従五位中村弘毅奉（公印）	正七位勲五等寺内正毅	従六位に叙する	一紙、墨書	22.7 × 30.7	
4-146	〔辞令〕	明治十二年二月廿五日	陸軍省	陸軍少佐寺内正毅	士官学校生徒大隊司令官に任ずる	一紙、墨書	21.8 × 29.3	
4-147	〔辞令〕	明治十一年十二月十四日	陸軍省	陸軍大尉寺内正毅	士官学校生徒少尉附兼同校生徒大隊副官を免じ同大隊司令官心得を命ずる	一紙、墨書	21.7 × 28.5	
4-148	〔辞令〕	明治十九年一月七日	陸軍省	歩兵中佐寺内正毅	陸軍大臣官房副長に補する	一紙、墨書	21.8 × 31.2	
4-149	〔辞令〕	明治十九年一月九日	内閣	歩兵中佐寺内正毅	仏国公使館附を免ずる	一紙、墨書	22.8 × 31.0	
4-150	〔辞令〕	明治十九年三月一日	陸軍省	歩兵中佐寺内正毅	陸軍大臣秘書官に補する	一紙、墨書	22.8 × 32.0	
4-151	〔辞令〕	明治二十年六月十五日	陸軍省	陸軍大臣秘書官兼戸山学校次長陸軍歩兵中佐寺内正毅	兼職を免ずる	一紙、墨書	22.8 × 31.0	
4-152	〔辞令〕	明治二十年六月十五日	陸軍省	陸軍大臣秘書官陸軍歩兵中佐寺内正毅	士官学校長心得兼勤を命ずる	一紙、墨書	22.9 × 31.0	
4-153	〔辞令〕	明治二十年十二月十七日	陸軍省	陸軍歩兵大佐寺内正毅	士官学校長に補する	一紙、墨書	22.8 × 31.0	
4-154	〔叙位記〕	明治二十三年一月十七日	宮内大臣従二位勲一等子爵土方久元宣（公印）	正六位勲四等寺内正毅	従五位に叙する	一紙、墨書	22.7 × 30.8	
4-155	〔辞令〕	明治四十四年八月三十日	御璽/内閣総理大臣正二位勲一等侯爵西園寺公望奉	陸軍大臣兼朝鮮総督伯爵寺内正毅	本官を免じ朝鮮総督専任を命ずる	一紙、墨書	22.7 × 30.8	
4-156	〔辞令〕	明治四十四年九月六日	内閣総理大臣正二位勲一等侯爵西園寺公望奉	陸軍大将正三位勲一等功一級伯爵寺内正毅	軍事参議官に補する	一紙、墨書	22.8 × 30.8	

資料番号	表題	年代	作者	宛先	内容	形態	法量（縦×横）	備考
4-157	〔叙位記〕	明治四十五年五月三十一日	御璽/宮内大臣従二位勲一等伯爵渡辺千秋	正三位勲一等功一級伯爵寺内正毅	従二位に叙する	一紙、墨書	22.8×30.8	
4-158	〔辞令〕	大正五年十月	御名御璽(嘉仁)/海軍大臣正三位勲一等功二級加藤友三郎	内閣総理大臣兼大蔵大臣元帥陸軍大将従二位勲一等功一級寺内正毅	外務大臣臨時兼任を命ずる	一紙、墨書	22.8×30.8	
4-159	〔叙位記〕	明治七年三月八日	太政大臣従一位三条実美宣、大内史正五位土方久元奉(公印)	寺内正毅	正七位に叙する	一紙、墨書	22.6×30.5	
4-160	〔辞令〕	明治六年八月二十七日	陸軍兵学寮	陸軍大尉寺内正毅	学生として富山出張所入舎を命ずる、入舎中は鎮台歩兵科隊附の給料を支給	一紙、墨書	21.3×28.6	
4-161	〔辞令〕	〔明治4年〕辛未年正月		陸軍々曹寺内正毅	陸軍権曹長に任ずる	一紙、墨書	20.3×43.8	
4-162	卒業証牒　第八号	紀元二千五百三十四年明治七年六月廿五日	陸軍少将兼兵学頭曾我祐準(印)、検査官戸山学校教頭陸軍中佐長坂昭徳(印)(公印)	山口県士族　陸軍大尉寺内正毅	戸山学校卒業証書	一紙、墨書	21.0×32.3	
4-163	〔辞令〕	明治七年七月九日	陸軍省	陸軍大尉寺内正毅	兵学寮附を命ずる	一紙、墨書	21.7×28.7	
4-164	〔辞令〕	明治七年七月十三日	陸軍兵学寮	陸軍大尉寺内正毅	士官学校附を命ずる	一紙、墨書	21.7×28.7	
4-165	〔辞令〕	明治七年十一月十五日	陸軍省	陸軍大尉寺内正毅	士官学校生徒検査官に任ずる	一紙、墨書	21.5×28.0	
4-166	〔辞令〕	明治八年一月十八日	陸軍士官学校	陸軍大尉寺内正毅	生徒司令副官に任ずる	一紙、墨書	21.3×28.5	
4-167	〔辞令〕	〔明治5年〕壬申三月十三日	陸軍省	陸軍大尉寺内正毅	教導団附を命ずる	一紙、墨書	21.0×28.0	
4-168	〔辞令〕	明治八年八月五日	陸軍省(公印)	陸軍大尉寺内正毅	一等給下賜	一紙、墨書	22.0×29.2	
4-169	〔辞令〕	明治十年十一月九日	陸軍省	陸軍大尉寺内正毅	近衛歩兵第一連隊第一大隊第一中隊附を免ずる	一紙、墨書	21.5×27.8	
4-170	〔辞令〕	明治十年三月七日	征討総督本営	陸軍大尉　寺内正毅	後備歩兵第六大隊長心得を免じ、征討軍団附を命ずる	一紙、墨書	19.8×26.2	

	資料番号	表題	年代	作者	宛先	内容	形態	法量(縦×横)	備考
	4-171	〔辞令〕	明治十年二月廿八日	陸軍省	陸軍大尉寺内正毅	後備歩兵第六大隊長心得兼勤を命ずる	一紙、墨書	21.5×28.6	
	4-172	〔辞令〕	明治十九年四月十九日	陸軍省	陸軍大臣秘書官陸軍歩兵中佐寺内正毅	戸山学校次長兼任に補する	一紙、墨書	22.9×32.0	
	4-173	〔辞令〕	明治廿六年十二月廿六日	陸軍省	参謀本部第一局長陸軍歩兵大佐寺内正毅	明治27年陸軍始観兵式諸兵参謀長に任ずる	一紙、墨書	22.8×30.9	
5	5-0	〔封筒〕					封筒、ペン書、鉛筆書	32.0×22.5	封筒表に「明治四十五年」と青鉛筆書、「○田中義一」「○後藤新平」「○徳富猪一郎」とペン書あり
	5-1	〔書簡〕	〔明治45年〕四月三日〔消印:45.4.3/45.4.6〕	〔長谷川〕好道	寺内総督閣下侍史	国防に関する御指示敬承、田中局長に研究させるよう提案、石本陸相昨日死去、後任上原中将	一紙4枚継、墨書	17.8×167.5	封筒2点あり
	5-2	〔書簡〕	〔明治45年〕六月七日〔消印:45.6.10/45.6.12〕	上原勇作	〔寺内正毅〕閣下侍史	二個師団云々、秘密調査の整理案各大臣へ明示の予定、馬車補充部、要塞兵器両検査着手など	一紙3枚継、墨書	19.3×120.0	封筒あり
	5-3	〔書簡〕	〔明治45年〕六月八日〔消印:45.6.10/45.6.12〕	〔田中〕義一	寺内閣下	大臣へ復命、山県老公・桂公に報告、現政府崩壊後任に付寺内引受の意向を問う桂の発言を報知云々	一紙4枚継、墨書	18.5×238.0	封筒あり、「六月十三日正毅」と赤鉛筆書あり
	5-4	〔書簡〕	〔明治44年〕四四　七月七日〔消印:44.7.7/44.7.10〕	徳富生〔蘇峰〕	総督閣下	故テフレスト翁記念会堂建立につき寄付依頼、東鉄買収も多分成功	一紙3枚継、墨書	19.0×100.0	封筒(国民新聞社)あり
	5-5	〔書簡〕	〔明治45年〕三月卅日〔消印:45.3.31/45.4.2〕	〔大城戸〕宗重	寺内総督閣下	官制改正および各僚任命もまもなくの今、併せて服務要領の件も履行すべきと追言、犬養毅・袁世凱批判	一紙3枚継、墨書	19.0×161.0	封筒あり

資料番号	表題	年代	作者	宛先	内容	形態	法量(縦×横)	備考
5-6	〔書簡〕	〔1911年〕十月十日〔消印:SEOUL COREA 29.10.11〕	在瑞典三浦弥五郎	寺内伯爵閣下	京城在職中御命名の毅事亥月十日を以て誕生一週年の報告、スウェーデンの水力電気事情	罫紙半折4枚、墨書、ピン綴留め	24.8×16.5	封筒あり、欄外に「(正毅花押)十月三十日接」とあり
5-7-1	〔書簡〕	〔明治45年〕七月十五日午後一時半〔消印:45.7.15/45.7.21〕	本多熊太郎	東京寺内伯爵大人閣下御内様	桂公爵一行、警衛・見送、秘翰転送	罫紙(在哈爾賓日本帝国総領事館)半折2枚、墨書	28.0×20.5	封筒あり、5-7-2も同封
5-7-2	〔書簡〕	〔明治45年〕七月十三日	後藤新平・桂太郎	寺内総督閣下	朝鮮人秘密結社国民会の動向と対応、85名拘禁、押収書類は我領事館に引渡し、満州渡航経過	洋紙8枚、ペン書、クリップ留め	22.8×18.0	封筒あり、本多総領事経手、封筒とも5-7-1に同封
5-8	〔書簡〕	〔明治45年〕四十五　五月念九日	徳富生〔蘇峰〕	寺内伯閣下	京城日報紙上の御高話は多大の感触、毎日申報も漸次発展、近藤佐五郎が国民新聞後援で入札会	一紙3枚継、墨書	19.0×117.0	
5-9	〔詩歌〕	〔明治末~大正初期〕	直右(印)		総督主催の会にて	便箋2枚、墨書	24.0×12.5	
5-10	〔書簡〕	四月廿一日夜	〔後藤〕新平	寺総督閣下侍史	日露協会落着、各地における招宴資金調達状況、東京政界の近況、原敬の人物評	一紙7枚継、墨書	18.7×401.0	
5-11	時局ニ関シ帝国政府ノ方針実行ニ関スル意見	〔明治末大正初〕			支那の動乱に対し帝国政府の採りつつある方針、君主立憲政体を確立せしむべし、草稿	罫紙(陸軍省)竪帳(8丁)、謄写版	25.0×17.0(8丁)	
5-12-1	朝鮮総督閣下衛成病院御巡視ニ対スル感想	〔明治末大正初〕	入院患者歩兵特務曹長佐宗善太郎	〔寺内正毅〕	慰問に対する感謝文	半折2枚(こよりにて一括)、鉛筆書	24.4×16.8	5-12-1~6は同折
5-12-2	〔感謝状〕	〔明治末大正初〕		〔寺内正毅〕	寺内総督の負傷兵病室見舞に対する感謝をつづったもの	一紙、墨書	24.2×32.2	5-12-1~6は同折
5-12-3	〔感謝状〕	〔明治末大正初〕		〔寺内正毅〕	負傷兵慰問に対する感謝	一紙、墨書	24.3×16.6	5-12-1~6は同折
5-12-4	〔感謝状〕	〔明治末大正初〕		〔寺内正毅〕	入院兵見舞に対する兵からの感謝	一紙、鉛筆書	23.5×32.3	5-12-1~6は同折

	資料番号	表題	年代	作者	宛先	内容	形態	法量(縦×横)	備考
	5-12-5	〔感謝状〕	〔明治末大正初〕	吉谷覚一	〔寺内正毅〕	寺内慰問に対する感謝状	一紙、墨書	24.3×16.6	5-12-1~6は同折
	5-12-6	〔感謝状〕	〔明治末大正初〕	第一号内科室佐藤要蔵	〔寺内正毅〕	寺内慰問に対する感謝状	罫紙半折1枚、墨書	23.8×16.2	5-12-1~6は同折
6	6-0	御書簡類	〔明治〕四十四年中			「四十四年中、友人書翰」(朱書)、徳富猪一郎、大島義昌、後藤新平	封筒、墨書、ペン書	33.4×23.1	
	6-1	〔書簡〕	五月初一日	〔石塚〕英蔵	〔寺内〕総督閣下御侍史	別紙、地方制度改正案に対する経費調の大要と水道管轄区域につき御調査を仰ぎ奉る	一紙2枚継、墨書	20.7×64.8	
	6-2	〔書簡〕	〔明治44年〕六月一日〔消印:44.5.7/44.5.12〕	〔大島〕義昌	寺内閣下坐下	小生欧州行につき随員に関する相談	一紙3枚継、墨書	19.1×179.6	封筒2点あり
	6-3	〔書簡〕	〔明治44年〕五月七日〔消印:44.5.7/44.5.12〕	〔大島〕義昌	寺内総督閣下坐下	白仁民政長官転任につき後任人事の相談、万一内閣更迭の際は小生に対し御配慮を得たし	一紙3枚継、墨書	19.7×142.0	封筒あり
	6-4	〔書簡〕	明治四十四年六月六日	内地視察団朝鮮総督府郡守甑山在勤金璉植等一百三十人	朝鮮総督伯爵寺内正毅閣下	漢文.東洋拓殖株式会社主催の内地視察の感想を述べる	一紙、墨書	39.4×53.5	封筒あり、表に「六月九日書翰来謁」と墨書あり
	6-5	〔書簡〕	〔明治44年〕六月一日夜〔消印:44.6.4〕	〔川上〕善兵衛	寺内将軍閣下	武田和尚への御見舞金200円本人へ交付す	一紙2枚継、墨書	18.7×108.7	封筒あり
	6-6	〔書簡〕	〔明治44年〕七月廿九日〔消印:44.7.29/44.7.31〕	〔二宮〕新一郎拝	寺内閣下座前	桂首相も内閣投出につき小生山県元帥と面会	一枚5枚継、墨書	17.9×242.3	封筒あり
	6-7	〔書簡〕	五月三十日	〔真鍋〕斌拝	寺内老大兄梧皮下	高杉東行の墓畔の建碑除幕式の模様について	一紙4枚継、墨書	17.6×106.8	封筒あり
	6-8	〔書簡〕	〔明治44年〕四四　七月七日午前角口より帰りて直く〔消印:44.7.7/44.7.9〕	况翁拝〔石黒忠悳〕	寺内伯爵閣下	男爵議員選挙における同志会投票順について　朝鮮から帰国した者より同地の近況の報告	一紙3枚継、墨書	18.9×208.5	封筒あり
	6-9	〔書簡〕	〔明治44年〕四四年五月廿二日〔消印:44.5.23/44.5.26〕	石黒忠悳	寺内総督閣下	軍医ならびに施療事業について	一紙2枚継、墨書	18.7×138.8	封筒あり
	6-10	〔書簡〕	〔明治44年7月1日ヵ〕〔消印:44.7.1/44.7.3〕	対州厳原ニ於テ少将宇都宮太郎	寺内閣下侍史	将校、兵卒の様子について一昨年の比較	一紙5枚継、墨書	18.2×218.3	封筒あり

資料番号	表題	年代	作者	宛先	内容	形態	法量（縦×横）	備考
6-11	〔書簡〕	〔明治44年〕七月十二日〔消印:44.7.12/44.7.14〕	勝田四方蔵	伯爵寺内正毅閣下侍史	今回貴族院男爵議員当選には今後滞京中は万端御指導を仰ぎ度	一枚2枚継、墨書	19.4×84.5	封筒あり
6-12	〔書簡〕	明治四十四年六月三日〔消印:44.6.4/44.6.7〕	石黒忠悳	寺内伯爵閣下侍曹	男爵軍人同志会全員中の予選について	一紙2枚継、墨書	18.7×135.5	封筒あり
6-13	〔書簡〕	〔明治44年〕六月十一日〔消印:44.6.11〕	大蔵平三拝	寺内陸軍大正閣下御侍史	小生病気昨今は稍快方に向かう	一紙2枚継、墨書	18.3×49.1	封筒あり
6-14	〔書簡〕	〔明治44年6月〕六日〔消印:44.6.6/44.6.7〕	〔武田〕範之和尚	寺内総督閣下侍史	内田、300円を小衩に、他の金額は杉山と小衩	折　紙1枚、墨書	31.3×40.7	封筒あり
6-15	〔書簡〕	〔明治44年4月〕二十九日〔消印:44.4.29/44.4.30〕	〔武田〕範之和尚	寺内総督閣下侍史	川上、内田を通じてのお見舞のお礼、本日、杉山と医師と相談の結果、手術を見合わす。六諦論は朝鮮僧の心得のため直に印刷頒布す	折　紙1枚、墨書	31.3×40.7	封筒あり
6-16	〔書簡〕	〔明治44年〕五月三日〔消印:44.5.3/44.5.3〕	長谷川泰	寺内伯爵閣下	昇爵お祝い	一紙、墨書	17.3×58.3	封筒あり
6-17-1	〔書簡〕	〔明治44年〕九月十八日〔消印:44.9.18/44.9.18〕	大久保春野	寺内賢台	来る20日出発、麻布邸に落付くつもり	一紙2枚継、墨書	18.1×85.8	封筒あり、「不及返事」と青鉛筆書あり
6-17-2	〔書簡〕	四日	〔大久保〕春野	寺内様	人生回顧、長谷川家の件	一紙2枚継、墨書	18.2×93.0	
6-18	〔書簡〕	六月廿五日	後藤新平	寺内伯爵閣下侍史	首相は来8月に内閣更迭の件を内奏する由	一紙6枚継、墨書	19.1×274.0	封筒あり
6-19	〔書簡〕	六月十四日	後藤新平	総督閣下侍史	男爵議員・伯爵議員選挙の件	一紙2枚継、墨書	20.6×141.3	封筒あり
6-20	〔書簡〕	五月十九日	〔後藤〕新平	寺内仁兄大人閣下侍史	政府は病人の切迫同様、転地療養、日英同盟延長の意見、別封処世訓箒級	一枚5枚継、墨書	19.1×172.8	封筒あり
6-21	〔書簡〕	〔明治〕四十四年六月十二日〔消印:44.6.12〕	大谷中将〔大谷喜久蔵〕	寺内大臣閣下	去月下旬に各隊一順視察した際の所感	一紙4枚継、墨書	18.2×150.0	封筒あり
6-22	〔書簡〕	五月十八日	森軍医総監〔森鷗外〕	寺内陸軍大臣閣下	済生会運営の病院で陸軍軍医が勤務できるよう提言	一紙、ペン書	18.0×28.9	封筒あり

資料番号	表題	年代	作者	宛先	内容	形態	法量(縦×横)	備考
6-23	〔書簡〕	〔明治44年〕四月廿七日〔消印:44.4.27/44.4.27〕	穂積八束	寺内伯爵閣下侍史	朝鮮に施行予定の学制の要目御提示にて私見問いあわせにつき閣下御閑暇後に御回答のこと	一紙2枚継、墨書	19.2×90.2	封筒あり
6-24	〔書簡〕	〔明治44年〕四十四　六月廿二日〔消印:44.6.22/44.6.22〕	石黒忠悳	寺内伯爵閣下	軍人同志会男爵議員選挙の結果九名決定す	一紙、墨書	18.8×93.5	封筒あり
6-25	〔書簡〕	明治四十四年七月六日〔消印:44.7.7/44.7.9〕	古谷久綱	寺内伯爵閣下	王世子邸事実上皇族同様無税、殿下学習院中学二年第一期試験、厳柱明は医者と成りたく	一紙4枚継、墨書	19.8×206.7	封筒あり
6-26	〔書簡〕	〔明治44年〕六月廿二日〔消印:44.6.23/44.6.25〕	〔山中〕信儀	寺内大将閣下侍史下	阿武素行の病状および家庭の内情報知	一紙4枚継、墨書	18.5×163.4	封筒あり
6-27-1	〔書簡〕	〔明治44年〕七月十一日〔消印:44.7.11/44.7.13〕	〔三好〕成行	寺内様閣下	阿武素行死去につき後始末の件	一紙3枚継、墨書	18.0×86.2	封筒あり
6-27-2	〔誓約書〕	明治四十四年七月十日	阿武登、阿武二郎、三好成行、山中信儀、岡沢精一、八木又次郎、森清右衛門		すべて阿武素行の遺志に違背せざる様受行することを誓約	罫紙1枚、墨書	23.4×32.8	6-27-1に同封
6-27-3	遺言証書	明治四十二年五月九日	阿武素行、寺内正毅、越智通、八木又次郎、森清右衛門、岡沢精一		阿武素行は完全なる能力を有した遺言をなす(全7条)	罫紙竪帳3丁、墨書	23.4×16.2	6-27-1に同封
6-28	〔書簡〕	明治四十四年七月廿四日	〔山根〕正次	寺内伯爵閣下	清州の衛生状態について、山猫一疋送付	一枚5枚継、墨書	18.0×270.4	封筒あり
6-29	〔書簡〕	〔明治44年〕七月十九日〔消印:44.7.19/44.7.21〕	旅行中〔高橋〕作衛拝	寺内伯爵閣下	病気見舞、月末には帰東の由を後藤男より承る	一紙3枚継、墨書	16.4×74.2	封筒あり
6-30	〔書簡〕	〔明治44年〕五月九日	野田〔卯太郎〕拝	伯爵寺内総督閣下	一昨夜より風邪で発熱、渡鮮できず	一紙2枚継、墨書	19.1×51.0	封筒あり
6-31	〔書簡〕	〔明治44年〕四月二十八日〔消印:44.4.28/44.5.10〕	鋳方徳蔵拝	寺内閣下	別紙は哈爾濱の出田より郵送の鮮人情況、在外鮮人の懐抱せる意図を知るべし	一紙2枚継、墨書	17.7×67.5	封筒あり
6-32	〔書簡〕	〔明治44年〕五月十七日〔消印:44.5.17/44.6.2〕	〔大城戸〕宗重	寺内伯爵閣下	新版図に対する勝手な批判は将来に影響あり	一紙4枚継、墨書	17.9×232.5	封筒あり

	資料番号	表題	年代	作者	宛先	内容	形態	法量（縦×横）	備考
	6-33	〔書簡〕	六月五日夜	〔山縣〕伊三郎	寺内総督閣下	来意の次第を老父・萩原夫人に伝えた件、老父の風邪の件など近況の報告	一紙4枚、墨書	17.5×193.3	封筒あり
	6-34	〔書簡〕	六月五日	内田良平	寺内総督閣下侍曹	武田範之の余命3~4日であること、見舞いの御礼等の件	一紙2枚継、墨書	18.4×119.6	封筒あり
	6-35	〔書簡〕	〔明治44年〕七月十二日〔消印:44.7.12〕	〔二宮〕熊次郎	寺内閣下座前	山縣公の病状が快方に向かっている件など	一紙3枚、墨書	18.1×109.0	封筒あり
	6-36	〔書簡〕	〔明治〕四十四年六月二日〔消印:44.6.2/44.6.5〕	古谷久綱	寺内総督閣下	李王世子の修学旅行宿泊場所の件、幼年学校寄宿舎設備の件報告	一紙4枚継、墨書	18.7×210.0	封筒あり
	6-37	〔書簡〕	〔明治44年〕七月六日〔消印:44.7.6/44.7.8〕	〔一戸〕兵衛拝	寺内大将閣下侍史	去月の各歩兵旅団臨時検定成績の件報告等	一紙5枚継、墨書	18.1×255.1	封筒あり
	6-38	〔書簡〕	〔明治44年〕六月八日〔消印:44.6.8〕	上原勇作	〔寺内正毅〕閣下侍史	北海道招魂社完成の報告	一紙2枚継、墨書	18.2×92.2	封筒あり
	6-39	〔書簡〕	〔明治44年〕五月四日〔消印:44.5.4/44.5.5〕	〔藤田〕平太郎	後藤〔猛太郎〕老兄侍史	釜山に計画中の港湾設備計画を釜山鎮に変更すべきことを建言	一紙3枚継、墨書	18.5×113.7	封筒あり
	6-40	〔書簡〕	五月十日	〔杉山〕茂丸	伯爵寺内総督閣下	神戸鈴木商店の金子直吉・依岡省輔を「釜山一件」の攻略に使うべきことを建言	一紙6枚継、墨書	17.5×365.9	封筒あり　依岡省輔の名刺2枚同封
	6-41	〔書簡〕	〔明治〕四十四年五月七日	独逸ニテ佐藤安之助	寺内大臣閣下	ヨーロッパ各国の情勢に関する報告	罫紙竪帳7丁、ペン書	27.5×21.3	「正毅五月廿四日閲」との書入れあり
7	7-1-0	〔封筒〕	18 Oct.18〔1918年10月18日〕〔消印:18.OC.18/28. 11. 18/7.11.28〕		To His Exellency count TERAUCHI PRIME Minister JAPAN		封筒、ペン書	12.4×18.9	「寺内前首相」とある、作者住所:West VensiNoTon/LONDON、7-1-1、7-1-2を同封
	7-1-1	〔英文書簡〕		E.G.GORDON, LONDON, ENGLAND	His EXCELLENCY. Count TERAUCHI	大道寺裁許状をA.Villon牧師より紹介され、その写(7-1-2)を送るとともに山口において保存するように勧める旨	一紙、ペン書	17.8×26.4	

資料番号	表題	年代	作者	宛先	内容	形態	法量（縦×横）	備考
7-1-2	〔大道寺裁許状写〕				天文廿一年八月毛利周防介裁許状写ゴードン氏知人女性が写したものか	一紙、墨書	24.0×36.7	
7-2	〔英文書簡〕	Dec.13th 1918 〔1918年12月13日〕	W.H.Hardy	His EXCELLENCE COUNT.TERAUCHI JAPAN	寺内に世話になったお礼及び出国の挨拶　また「イケベ」氏によるHardy氏書簡の要約メモあり	一紙、ペン書	24.7×20.0	
7-3	〔書簡〕	大正八年三月十日 〔消印:8.3.10/8.3.12〕	小原〔新三〕農商工部長官	寺内伯爵閣下	昌城鉱山用国有林産物貢却代金の件で、サルタレル嬢が手紙を送ってきたが誤解があるので、寺内から本人へ説明をお願いしたい	一紙3枚継、墨書	19.9×109.3	封筒あり、中に別紙の話が出ている、包紙内に書簡1枚のみ
7-4-0	〔封筒〕	〔大正8年〕七月廿二日 〔消印:8.7.23/□《(8)》.7.25〕	仏国人ビリヨン〔A.Villion〕長門国萩平安胡町	神奈川県大磯寺内侯爵別荘　関谷副官大尉殿親展		封筒、墨書	21.0×8.0	7-4-1、7-4-2を同封
7-4-1	〔書簡〕	七月廿二日	萩平安胡町 ビリヨン 〔A.Villion〕	関谷大尉殿	ビリヨンが山口で中島と会い、フランシスコ・ザビエルの記念碑を建てることについて話し合ったことの報告と取り次ぎの依頼	一紙2枚継、墨書	18.2×149.8	仏文あり
7-4-2	〔名刺〕				表:ビリヨン　長門萩平安古　天主教会、裏:A.Villion	一紙、活版	9.0×5.4	
7-5-0	〔封筒〕	〔大正8年〕2月22日 〔消印:8.2.22/8.2.23〕	〔山口防長新聞社〕原田尽次郎	〔東京市麻布区笄町寺内伯爵邸〕関谷達三様		封筒、墨書	23.1×9.0	「山口大道寺に関する書類」「ゴルドン夫及びビリヨン来信入」と朱書あり
7-5-1-0	〔封筒〕			A SON Excellence MARICHAL COMTE TERAUCHI TOKIO 寺内閣下		封筒、ペン書	11.4×14.3	

資料番号	表題	年代	作者	宛先	内容	形態	法量(縦×横)	備考
7-5-1-1	〔書簡〕	18.Dec.1918	A.Villion〔ビリヨン〕	S.(son)E.(exellence) MARECHAL Cte (COMTE)TERAUCHI	大道寺でのザビエル記念碑に関連して、寺内のサポートするお願いなど、寄付金もお願いしている、そしてビリヨンが東京帝大の渡邊世祐を会いに行って、大道寺とザビエルの歴史的詳細を今度連載で防長新聞に載せてくれるようにお願いしている	洋罫紙1枚、ペン書	20.9×27.0	仏語手紙
7-5-1-2	訳文	大正7年12月18日			内容は仏語のビリヨンの手紙と同じ(7-5-1-1)	罫紙(陸軍省)4枚、鉛筆書	24.6×16.5	ビリヨンの仏語文手紙(7-5-1-1)の日本語訳、訳文の作者不明
7-5-2	山口史上重要の古跡-西洋文明の接觸と山口と題する文学士渡邊世祐氏の論説に答ふ				大正6年10月28日、11月4日付「防長新聞」に掲載された渡邊世祐(東京帝国大学史料編纂官)の「西洋文明の接触と山口」という論文に対するビリヨンの論文	冊子9枚、活版	21.3×13.3	裏に仏語にて「寺内伯爵元帥殿　東京」(原文は「A Son excellence MARECHAL Cte TERAUCHI TOKIO」)とあり
7-5-3	〔記〕				大道寺に関スル件/宣教師ヴイリオン/記念碑建設寄付の件	罫紙(山口県)2枚、ペン書	16.9×24.9	
7-5-4	〔英文書簡〕		M.A.GORDON/129 OAKWOOD court. ENSING-TON W.〔WEST〕14, LONDON ENGLAND	To His excellency Count TERAUCHI	ゴルドン夫人の寺内宛の手紙(英文)内容は7-1-1の英文書簡とほぼ同じ、寺内に付いている裁許状写を山口のどこかの適切な場所に展示するようにお願いしている、最後にザビエルの引用を借りて日本人はいかに素晴らしいと	罫紙(山口県)2枚、一紙1枚、ペン書、墨書	24.6×17.3	「ゴルドン夫人書簡写」と記されている、裁許状合綴
7-5-5	〔書簡〕	二月二十一日	尽次郎	関谷老兄　研北	先日ビリオン氏来訪、ゴルドン老夫人の来る3月再来日を聞き、関谷及び寺内伯に報告の旨	便箋(防長新聞合資会社便箋用紙)2枚、墨書	24.1×16.2	

資料番号	表題	年代	作者	宛先	内容	形態	法量(縦×横)	備考
7-6	A POEM PRAYER	copy Right 1918			1917年11月18日　に64年ぶりに来日していたW.H.HARDY氏(当時ペリーと一緒に来日した人)がペリーのために久里浜に作られた記念碑を訪問したささげた祭文	冊子半折、活版	23.9×20.3	手書きで「CART.W.H. HARDY DEC. 13th1918」とあり
7-7	〔書簡〕	大正八年四月二十六日〔消印:8.4.23/8.4.26/8.4.29〕	長谷川好道	伯爵寺内正毅閣下	昌城鉱山用材売却出願の件につき現在調査中との報告	一紙5枚継、墨書	18.6×248.9	封筒あり
7-8-0	〔封筒〕				7-8-1~7-8-6を一括、「不分明又ハ不用の分」とあり	封筒、墨書	31.4×13.3	こよりあり
7-8-1	譯[　]諸料稽古之規則				訳書稽古の手順についての定め	一紙、墨書	23.9×34.2	後欠か
7-8-2	〔覚〕				吉田松陰「丙辰幽室文稿」七言説の抜き書きか、「天下茫々有之一理存」とあり	一紙、墨書	24.8×33.4	
7-8-3	〔書簡〕	八月廿五日		柳井甚八郎様	「珍物」受納の御礼	一紙、墨書	15.2×35.9	
7-8-4	松上霜		さち子		「いろかへぬ松のみとりもすかえりのものとや見む庭の朝霜」とあり	一紙2枚、墨書	16.2×33.4	
7-8-5	〔書簡〕	六月十六日	片桐玄理	星野孝太郎様・松村文次郎様	戊辰戦争前後の藩内(藩名不詳)の状況についての説明	竪帳4丁、墨書	24.3×16.3	
7-8-6	勝安房守来者ニ示ス草稿				勝海舟による強兵策の主張	竪帳4丁、墨書	24.9×17.3	
7-9-1	〔書簡〕	大正四年四月廿一日〔消印:4.4.23〕	郇埜山人〔村野山人〕	伯爵寺内大将閣下	乃木神社奉納の太刀ほかの礼状	一紙2枚継、墨書	18.8×84.6	7-9-1~3、こよりで一括(過去)
7-9-2-0	〔封筒〕	〔大正5年〕九月二十六日〔消印:5.9.26/5.9.27〕	伏見桃山乃木神社	東京市麻布区笄町伯爵寺内正毅殿尊下		封筒、墨書	21.2×18.3	中身は7-9-2-1、7-9-2-2、裏に「謝状二通」と朱書あり、7-9-2-1~2を一括

資料番号	表題	年代	作者	宛先	内容	形態	法量（縦×横）	備考
7-9-2-1	謝状	大正五年九月廿五日	伏見桃山乃木神社神職総代社掌可児鶴二(印)	伯爵寺内正毅殿尊下	太刀ほかの奉納に対するもの	一紙、墨書	20.0×54.0	
7-9-2-2	謝状	大正五年九月廿五日	乃木神社神職総代社掌可児鶴二(印)	伯爵寺内正毅殿・児玉如忠殿尊下	神饌料金壱万疋に対するもの	一紙、墨書	9.1×52.0	
7-9-3	仮受領書	大正四年四月十二日	村野山人代理木下立安(印)	伯爵寺内正毅閣下	乃木神社奉納品太刀ほかに対するもの	一紙、墨書	7.9×34.8	封筒あり
7-10-0	〔封筒〕				「金員達へき」との朱書あり	封筒、墨書	23.3×8.5	7-10-1~3を一括
7-10-1	目録	大正五年十月三十一日	全州春州会員崔炳檜ほか49名会老李建鎬　監督伊東四郎(印)	前朝鮮総督内閣総理大臣元帥陸軍大将寺内正毅閣下	全州製生絹蚊帳ほか追慕記念品	絹布、墨書	45.8×131.2	
7-10-2	〔書簡〕	大正五年丙辰十月三十一日	朝鮮全州春秋会	前朝鮮総督内閣総理大臣元帥陸軍大将寺内正毅閣下	朝鮮併合とその後の朝鮮統治に対する感謝状	罫紙(内閣)2枚、墨書	27.9×40.0	
7-10-3	〔書簡〕	大正六年二月	伯爵寺内正毅	全州春秋会各位	7-10-1、2に対する返礼、下書きか	罫紙(内閣)、墨書	27.9×40.0	
7-11	〔覚〕				「平松参議時方卿」とあり、付箋か	一紙、墨書	8.2×1.4	
7-12	〔書簡〕			総督	別紙昌城鉱山用木材価格の件につき、価格を低減するように詮議の願	罫紙(大礼使)竪帳3丁、墨書	28.2×20.2	
7-13-1	〔書簡〕	千九百十八年十月二十八日	デ、サルタレル	元帥寺内伯爵	京城の慈善事業が資金減少のため中止に至る可能性についての注意喚起、7-12の別紙	罫紙(外務省)竪帳2丁、ペン書	27.0×19.5	7-13-1~3は同折
7-13-2	小原長官ノ調査書	〔1918年〕			「サルタレル嬢」の主張する尺締価格は不当とする報告、「別紙」とあり	罫紙(朝鮮総督府)竪帳2丁、ペン書	25.2×17.8	
7-13-3	〔覚〕	〔1918年〕			昌城鉱山に対する木材売却価格を1915年と同一価格にするよう要求、「別紙」との朱書あり	罫紙(外務省)竪帳6丁、ペン書	27.0×19.5	

	資料番号	表題	年代	作者	宛先	内容	形態	法量（縦×横）	備考
	7-14	〔覚〕	〔1918~1919年頃〕			知事の一覧、政官界要人の住所書き上げ	一紙2枚継、墨書	18.1×118.2	
	7-15	〔書簡〕	28 october 1918	P.Saltarel	le marechal Comte TERAUCHI	大楡洞鉱山に関し、同封書類を読んで御配慮をいただきたいこと	一　紙2枚、活版	27.9×21.4	
	7-16	米亜協会 American Asians Association ニ付テ				米亜協会から寺内への入会勧誘について、同会につき精査したうえで諾否決定すべきと報告	罫紙2枚、墨書	28.0×40.7	封筒あり(寺内元帥宛、「仏国サルタレル嬢昌城鉱山ノ件」とあり、内容物とは無関係
8	8-0	〔包紙〕				「正毅様関係祝辞」	一紙、ペン書	36.2×13.9	「祝赴任　日置黙仙」の紙背を利用
	8-1	頌徳文	明治四十一年二月十日	養元寺住持　村上織江敬白		寺内正毅の祖先の霊に書く	一紙、墨書	32.7×46.1	包紙(38.0×32.5)あり、「頌徳文」と墨書あり
	8-2	〔和歌〕		直右		歳晩たきのこる　しつの男の子も□人も心せはしき年のくれかな	短冊、墨書	36.3×6.0	
	8-3	〔和歌〕		直右		歳晩雪　年のうちにふりつもりぬる白雪はこんとよ秋のしるしなりけり	短冊、墨書	36.3×6.0	
	8-4	〔俳句〕				寺内家の御祝言の式を奉き侍りてふりそうていよいよしろし富士の雪	一紙、墨書	18.0×18.0	
	8-5	〔七言絶句〕	三月三日	元謹草(落款)		「奉供御笑鑿」と題す	一紙、墨書	41.3×41.1	
	8-6	In Memoriam Ducis Nogi	sept,16,1912	F.SCHROEDER		乃木希典に対する追悼文	一紙、印刷	32.0×18.6	
	8-7	御製				わか心及はぬ國の果まても夜晝神は護りますらむ　わか国は神のすゑなり神祭るむかしの手ふり忘るゝなゆめ	罫紙1枚、半折、墨書	26.0×35.5	右端欠損

資料番号	表題	年代	作者	宛先	内容	形態	法量（縦×横）	備考
8-8	〔書簡〕	〔消印:10.9.10 (TSURUGA)/43.9.19 (京城)〕		Herru Generalgouverneur Terautschi Korea	寺内正毅朝鮮総督の肖像画掲載新聞切抜を貼付	洋罫紙1枚、ペン書	22.6×16.0	封筒あり
8-9	弔旅順戦場　未定稿				詩文.後に和歌1首尋ね来てすきしいくつのあとゝへはなみたにむせふはかりなりけり	一筆箋2枚、墨書	23.0×12.6	
8-10	送別	五月十六日	陸軍中将男爵飯田俊助		出京ニ付伺候　和歌1首なみ風もおたやかなれといのるかなふたゝひ君のかへりますまて	名刺、鉛筆書	9.8×6.2	
8-11	〔和歌二首・漢詩七言絶句〕		鯖州狂史		和歌「総督東上」「帰雁」、漢詩「蒼生」指折りて君の帰りを待たん哉　千よろつ人の焦かれ慕へば	一紙、墨書	19.4×44.0	
8-12	詩文	明治戊申春日〔明治41年〕	雨田左衲			一鋪、墨書	137.9×69.8	
8-13-1	〔和歌〕				病蓐中の苦吟、寺内大臣へ御見せ被下度　喰ふこともまたすることもできざるはしすぎたからと人はいふらん	一紙、墨書	18.0×15.3	8-13-1~4は同折
8-13-2	〔断簡〕		文次郎拝	寺内閣下	前欠「閣下よりの御教訓を中央ニて実行致度」として「東京へ御呼び被下度」と願う　梅咲けと筑紫の野辺は風寒し東の空の君をしそ思ふ	一紙2枚継、墨書	18.0×38.5	
8-13-3	立花少将近詠	大正三年一月三日			「社頭松」「甲寅新年」	罫紙1枚、半折、墨書	24.2×33.0	
8-13-4	上山溝之進君詠作	一月二日			「歳月如梭去不留…」	罫紙(朝鮮總督府)、半折、墨書	24.0×32.8	
8-14	〔漢詩七言絶句一篇、和歌一首〕	一月十日夜			漢詩「月下歩湘南海濱」、和歌「月下湘南の海邊を歩して	罫紙(朝鮮總督府)2枚、半折、墨書	24.0×32.7	

資料番号	表題	年代	作者	宛先	内容	形態	法量(縦×横)	備考
8-15	〔和歌〕				社頭杉　神垣に初日を拝む松の山お杉も玉の春を迎へて	一紙4枚継、墨書	18.0×49.1	
8-16	〔高輪小集會寄書〕				「櫻嶋大噴火是何之兆し」ほか多数	一紙(築地精養軒ホテル用箋)、墨書	20.3×25.6	
8-17	〔中国哲学研究メモ〕				烏鳥に関する引用	洋罫紙竪帳7枚、ペン書	17.0×21.0	
8-18	〔漢詩七言絶句二篇〕	大正之元十一月念九	利□〔郡利〕	土元幕下〔明石元二郎〕	後年(青鉛筆)「郡利氏の明石少将ニ宛処書輸」七言絶句「坐談半刻接風姿…」「松風颯爽起高桜…」二篇「寺督府至自東賽我八幡祠老愚参其式場且得賜謁面一見如旧因…」と序す	一紙2枚継、墨書	17.7×63.0	
8-19	官民同楽歴史	〔大正3年〕	平壌箕老社		大正元年から3年までの箕老社と長官閣下との宴会を編年でまとめたもの	一紙4枚継、墨書	24.7×137.9	
8-20	〔覚〕				「箕老亭額面特以親筆書下刻板高懸万世流芳伏乞下念焉」	一紙、墨書	24.7×13.1	8-19と関係ヵ
8-21	〔覚〕				「列郡々庁及郷校頒送之新年祝賀詩謄本二度茲敢上送入鑑伏望耳」	一紙、墨書	24.9×13.3	8-19、20と関係ヵ
8-22	旧整武隊志士の遺墨	〔明治24年〕			桑山招魂場に奉納された整武隊士の遺墨36点と山田顕義の所感を述べた漢文の写真、桑山招魂場の説明文有	一紙、印刷	37.4×27.0	
8-23	〔名刺〕		第八師団長陸軍中将小泉正保		「冬されは都の空は村時雨風もさわかむ心せられよ」	一紙、印刷、鉛筆書	10.0×6.2	
8-24	〔一行書〕		東福管長九峰澄		今上皇帝聖躬萬歳	一紙、墨書	138.8×34.8	白文方印「一精印章」、朱文方印、落款あり

資料番号	表題	年代	作者	宛先	内容	形態	法量(縦×横)	備考
8-25-0	〔封筒〕	12月5日	久芳〔直介〕			封筒(朝鮮総督府封筒第一号)、墨書	22.0×7.9	表「慶州懐古詩批評在中」と墨書あり、8-25-1~3を一括
8-25-1	総督閣下帰東途次至慶州随従乃詩				総督が慶州に来て作った七言絶句とその解説、未定稿	洋罫紙1枚、墨書	20.9×26.6	
8-25-2	〔七言絶句〕		〔久芳〕直介カ		「千年勲業一朝空、残累古墳四顧中、栄枯盛衰非偶爾、山河寂寞冷秋風」	便箋1枚、墨書、朱筆	22.7×12.6	「魯庵写慶州覚古」とあり
8-25-3	〔漢詩批評〕		裳川岩渓晋		第三句は「立馬夕陽慶尚道」としたほうがよい	便箋1枚、墨書、朱書	22.6×12.5	
8-26	〔覚〕		徽潭生		富中華民国総領事らが以文会に入会したことを喜ぶ	一紙、墨書	24.4×15.1	
8-27	〔三行書〕		正次		伯爵寺内総督閣下の誕辰を祝う	一紙、墨書	48.6×19.1	
8-28	〔和歌〕		大枝亀蔵		「大臣の耳にもひゞくなぎれの手打」	一紙、墨書	22.5×31.1	包紙あり、「御大将の御祝」「大枝亀蔵ト申ス農夫」と墨書あり 23.0×4.9
8-29	〔祝詞〕		白上乾輔		寺内の家運進長を祝うもの	一紙、墨書	24.6×34.5	包紙(18.0×6.7)あり、「白上乾輔」と墨書あり
8-30	〔祝詞〕				寺内大臣の昇進を祝うもの	一紙、墨書	24.7×33.7	包紙(25.2×5.8)あり、「法明院」と墨書あり
8-31	〔和歌〕	〔明治40年〕	泰隆		寺内大臣の受爵を祝った和歌、「正榊の花や今年も咲そへて栄幾重も尚寿之嘉礼」	短冊、墨書	35.6×6.9	包紙(35.7×8.5)あり、表「上」、裏「山嵜庵　泰隆拝」

資料番号	表題	年代	作者	宛先	内容	形態	法量（縦×横）	備考
8-32	〔祝詞〕		小田耕岳　拝	陸軍大臣寺内大将閣下		一紙、墨書	26.7×39.6	包紙(17.9×6.6)あり、「巴辞」と墨書あり、「小田耕岳和尚賜り十二月四日」と赤鉛筆書あり
8-33	〔和歌〕	〔明治40年〕	〔杉山〕介一		寺内陸軍大将閣下の受爵の祝いの和歌	一紙、墨書	39.5×52.0	包紙(39.5×6.3)あり、「上　杉山介一」とあり
8-34	〔和歌〕	〔明治40年〕	多々良隼見(包紙による)	、	寺内授爵に対する祝辞、「梅薫る中に目立や松の花」	短冊、墨書	36.3×6.0	包紙(34.8×6.2)あり、「祝辞　多々良隼見」と墨書あり
8-35	〔書簡〕	〔大正2年11月〕露《(ママ)》月過旬〔消印:2.11.27〕	参天貢鐵生	寺内総督閣下	京師北野辺で回天策を語っている由	絵葉書、ペン書	14.0×9.0	消印あり、裏面写真「京師北野神社苑紙屋川梅林」
8-36	〔巴調〕		〔横井〕忠直		寺内統監閣下の韓国に赴任するのを送る和歌、「是れもまたわか大君のわく子そとこまをは君の撫てひたすらむ」	一紙2枚継、墨書	19.2×32.9	封筒(21.6×9.1)あり、「巴調　横井忠直呈上」と墨書あり
8-37	箱崎祠延喜帝一遍額榻本歌	文久元年	橙兼崎昌司		箱崎宮の神威について述べる	罫紙(大阪野田製)1枚、墨書	26.4×37.4	封筒(25.3×9.4)あり、表「上」と墨書、裏「合資会社高田商会門司出張所」「兼崎茂樹」印あり
8-38	〔詩の草案〕				「豊坂のぼる日の御渡」で始まる「愚案」と「志野の山のさくら花」で始まる「別案」の2案	罫紙(南満洲鉄道株式会社)1枚、墨書	23.3×16.3	封筒(23.2×8.7)あり、表「御閲草在中」と墨書あり

資料番号	表題	年代	作者	宛先	内容	形態	法量（縦×横）	備考
8-39	〔詩〕				「登る旭のはた風をうけてこぎ出す真帆片ふ御国に功をたつるのも彼地の野外に幕張るも心はおなじやまとひとやぼに見せてもすいな人」	一紙、墨書	24.6×33.7	
8-40	〔書簡〕				「退屈之余り一筆啓上候、御反辞願上候」、男性・女性が乗る人力車2台を洋装の男性が追いかける絵	一紙、墨書	24.6×34.1	
8-41	〔詩〕				「惣得かつ下の御心をおもひやりて」作られた詩、作者知れず	一紙、墨書	18.0×19.0	
8-42	〔記〕	十二月十四日	鶴立次	寺内賢台閣下	朝鮮への帰途には釜山浦に立寄り、同地にある老松保存の支持を願いたい由	一紙2枚継、墨書	17.7×84.2	
8-43-0	〔包紙〕					一紙	45.6×6.9	8-43-1~3を一括
8-43-1	〔和歌〕		直右		「心なき草木も今日はほゝえみていかに憘しく君を迎へつ」寺内を迎えたことを喜ぶ和歌	短冊、墨書	36.4×6.0	
8-43-2	〔和歌〕		直右		「けふこそは官も民ももろともに御旗かかけて君を迎へき」寺内歓迎の和歌	短冊、墨書	36.3×6.0	
8-43-3	〔和歌〕		直右		「待おしい君を迎へて千萬のこま人いかに嬉しかるらむ」寺内歓迎の和歌	短冊、墨書	36.3×6.0	
8-44	〔名刺〕		男爵眞鍋斌	寺内総督閣下	病気全快を祝し面会の積りであったが、その機会を得ず、病気全快を祝一句、「国の為実にそうとくと人はいふ君が病のいえにしからは」	一紙、印刷、ペン書	9.0×5.3	
8-45	〔感謝状〕	大正三年二月二日	平壌箕老社々長　金建㷓　ほか101名	朝鮮総督寺内伯爵閣下	平壌箕老社への金壱百円恵下に対する感謝状	一紙、墨書	43.1×65.1	

	資料番号	表題	年代	作者	宛先	内容	形態	法量(縦×横)	備考
	8-46	〔記〕				「清津中城津尓二人面哈郷主人石見好公似短銃咸興警戒厳重不関主人北咸風物箴部内鮮人民交帖親喜見殖産恰即績更近皇猷冨此哉」	一紙、墨書	24.1×33.1	
	8-47-1	郡廳新年祝賀詩	大正三年一月一日	平壌箕老社　張憲植ほか104名		新年を祝う漢詩(七言絶句)17編	一紙、墨書	39.5×54.8	8-47-2と同折
	8-47-2	郷校新年祝賀詩	大正三年一月一日	平壌箕老社　張憲植ほか104名		新年を祝う漢詩(七言絶句)17編	一紙、墨書	39.5×54.6	8-47-1と同折
9	9-0	正毅様関係弔辞					包紙	40.2×10.9	9-1~6を一括、ペン書
	9-1	〔追悼歌四首〕	〔大正8年11月〕	慎〔高田慎蔵〕	〔寺内家〕	・寺内元帥をいたみまつりて、国のためみ霊はとはにとゝまりて、やまとも高麗も、まもりますらむ ・あさなゆふは、神にいのりしを、ふたゝひは、よみかへりまさす、なりし悲しさ ・大磯なる元帥の別墅をお訪ひ侍りて、三日前にかたりしことは夢ときこえて君いまさすとおもふ悲しさ ・きのふましいませし君はいまさすて、そのゝち前もさひしけにみゆ	短冊4枚		包紙(36.4×6.0)表に「御たむけ□高田慎蔵」と墨書あり、短冊はすべて墨書、包紙内に底敷あり
	9-2	〔追悼句〕	〔大正8年11月〕		〔寺内家〕	きく紅葉しぐる雨さえも天人の真	短冊	36.2×6.0	包紙あり、墨書
	9-3	〔和歌三首〕		叙運		・春曙　斯なからわか世のかよにつくしてもあかぬなかめや春のあけぼの ・乃木将軍　大君の終のみゆきにおくれしとみともつかへしいさをたかしも ・葵　千代経てもちよにかはらぬ葵草きみとおみとの二葉なるらむ	短冊3枚	36.3×6.0	包紙あり、墨書

	資料番号	表題	年代	作者	宛先	内容	形態	法量（縦×横）	備考
	9-4	〔和歌〕		俊頼		・月夜舩　漕きいてゝさはるかたなて見つるかななんはの浦の秋の夜のつき	短冊	36.4×6.1	墨書
	9-5	〔和歌〕		直右		御題寒月照梅花 夜をうみさし入る月の影さえてかほりもしるし軒の梅か枝	短冊	36.5×6.1	墨書
	9-6	〔和歌三首〕		貞雄		・夕紅葉　夜にあひてにほひもことに深からめ外やまのゆふ日峯のもみち葉 ・某の賀莚に寄花視といふことを　彦はえに花さくはかり年を経しふる木のさくら猶盛りなり ・水辺花　すみた川花さく頃はゆきかよふねこそ雲のたえ間なりけれ	短冊3枚	36.3×6.0	包紙あり（連歌反故紙）、墨書
10	10-1-1	日本帝国明治三十七八年従軍記章之証	明治三十九年四月一日	賞勲局総裁従二位勲一等子爵大給恒（印）	陸軍中将従三位勲一等功三級寺内正毅	明治三十七八年戦役（日露戦争）	一紙、印刷、墨書	36.6×46.1	「明治三十七八年従軍記章簿冊ニ登記ス　賞勲局書記官従四位勲三等横田香苗（印）　賞勲局書記官正六位勲五等藤井善言（印）」とあり
	10-1-2	日本帝国明治三十三年従軍記章之証	明治三十五年五月十日	賞勲局総裁正三位勲一等子爵大給恒（印）	陸軍大臣陸軍中将正四位勲一等功三級寺内正毅	明治三十三年戦役（北清事変）	一紙、印刷、墨書	36.6×46.1	「明治三十三年従軍記章簿冊ニ登記ス　賞勲局書記官従四位勲三等横田香苗（印）　賞勲局書記官正六位勲六等藤井善言（印）」とあり

資料番号	表題	年代	作者	宛先	内容	形態	法量(縦×横)	備考
10-1-3	日本帝国明治二十七八年従軍記章之証	明治二十八年十一月十八日	賞勲局総裁正三位勲一等子爵大給恒(印)	陸軍少将正五位勲三等功三級寺内正毅	明治二十七八年戦役(日清戦争)	一紙、印刷、墨書	36.6×46.1	「明治二十七八年従軍記章簿冊ニ登記ス 賞勲局書記官正五位勲四等横田香苗(印) 賞勲局書記官正七位藤井善言(印)」とあり
10-2	大正三年乃至九年戦役従軍記章之証	大正八年十一月三日	賞勲局総裁正四位勲二等伯爵児玉秀雄(公印)	元師陸軍大将従一位大勲位功一級伯爵寺内正毅	大正三年乃至九年戦役(第一次世界大戦)	一紙、墨書	29.2×38.0	「大正三年乃至九年戦役従軍記章簿冊ニ記入ス 賞勲局書記官従五位勲四等横田郷助(公印)」とあり
10-3	戦利兵器奉納ノ記	明治四十年三月	陸軍大臣　寺内正毅(花押)		「明治三十七八年役」戦利品の奉納次第	一紙、墨書	40.0×54.6	
10-4-1	大礼記念章之証	大正四年十一月十日	賞勲局総裁従二位勲三等伯爵正親町実正(公印)	朝鮮総督従二位勲一等功一級伯爵寺内正毅	大正4年の大礼記念章	一紙、墨書	32.5×41.9	「大礼記念章簿冊ニ記入ス 賞勲局書記官正五位勲四等藤井善言(公印)」とあり
10-4-2	大礼記念章之証	大正四年十一月十日	賞勲局総裁従二位勲三等伯爵正親町実正	寺内多喜子	大正4年の大礼記念章	一紙、墨書	32.5×41.9	「大礼記念章簿冊ニ記入ス 賞勲局書記官正五位勲四等藤井善言(公印)」とあり
10-5	戦利兵器ヲ頒付スルノ趣旨	明治四十年三月	陸軍大臣　寺内正毅(花押)		鹵獲兵器(日露戦争)を全国の学校に配布する旨趣旨書	一紙、墨書	40.2×55.3	

	資料番号	表題	年代	作者	宛先	内容	形態	法量（縦×横）	備考
	10-6	大日本帝国憲法発布記念章授与之証	明治二十二年十一月廿九日	賞勲局総裁従三位勲一等伯爵柳原前光(印) 賞勲局副総裁従三位勲二等子爵大給恒(印)	陸軍歩兵大佐正六位勲四等寺内正毅	明治憲法発布記念章の授与記	一紙、墨書	40.3×51.7	「大日本帝国憲法発布記念章簿冊ニ登記ス 賞勲局書記官正五位勲四等平井希昌(印) 賞勲局書記官従五位勲四等横田香苗(印)」とあり
	10-7	韓国併合記念章之証	大正元年八月一日	賞勲局総裁従二位勲三等伯爵正親町実正(公印)	朝鮮総督陸軍大将従二位勲一等功一級伯爵寺内正毅	韓国併合記念章(第4号)	一紙、墨書	40.6×50.6	「韓国併合記念章簿冊ニ記入ス 賞勲局書記官正五位勲四等藤井善言(公印)」とあり
	10-8	詔書	明治四十三年八月二十九日	朝鮮総督伯爵寺内正毅謹書	〔明治天皇〕	韓国併合にあたっての天皇詔書を頒布用に印刷したもの(『京城日報』1913年8月29日付・第216号付録)	一紙、印刷	40.8×56.0	
11	11-0	朝鮮人ヨリ総督へ呈出セシ賀表頌徳表其他ノ書翰類					封筒、墨書	80.7×21.4	
	11-1	慶祝	明治四十四年八月十九日 〔消印:44.7.22〕	全羅南道綾州郡吾道面周道里九統五戸朱大采稽首拝首(印)	朝鮮総督府伯爵寺内正毅閣下	「合邦一周年ニ当リ慶祝ノ詞ヲ呈ス」との朱書付箋(「藤波」の朱印)付き	折紙、墨書	72.9×45.1	封筒をピンで留める、表「朝鮮総督府伯爵寺内正毅閣下」、裏「全羅南道綾州郡吾道面周道里朱大采慶祝」
	11-2	〔記〕				(京畿道)水原郡風化堂の所属員人名一覧	罫紙1枚、墨書	23.9×32.8	封筒あり、表「朝鮮総督閣下」、裏「水原郡風化堂々員」
	11-3	慶尚北道大邱府民会々員名簿	明治四十三年十二月二十三日		寺内総督閣下	慶尚北道大邱府民会の会員名簿	罫紙(鎌田製)1枚、墨書	26.7×39.0	封筒あり、表「歓迎」、裏「慶尚北道大邱府民会」

資料番号	表題	年代	作者	宛先	内容	形態	法量（縦×横）	備考
11-4	慶尚北道大邱府民会々員名簿	明治四十四年一月十五日		寺内総督閣下	慶尚北道大邱府民会の会員名簿	罫紙(鎌田製)1枚、墨書	26.7×39.0	封筒あり、表「歓迎」、裏「慶尚北道大邱府民会」
11-5-0	金東弼等ノ挨拶状 郡守李興雨ノ書信	〔明治43〜44年〕				封筒、墨書	21.8×8.2	11-5-1~3を一括
11-5-1	〔新年の挨拶〕	一月三日		〔寺内正毅〕	寺内帰任に際し報春の賀を表する	罫紙(朝鮮総督府)1枚、墨書、朱書	27.8×20.0	11-5-1~3はピン留め綴り、虫ピンにて一括
11-5-2	〔書簡〕	明治四十三年十二月三十一日	金東弼(印)東部於義洞三十四統七戸以下6名	総督府秘書官殿	寺内帰任に際し感謝の意を表す、新年の挨拶	罫紙1枚、墨書	27.2×19.4	11-5-1~3はピン留め綴り、虫ピンにて一括
11-5-3	〔書簡〕	明治四十四年一月一日	平安南道永柔郡守李興雨	朝鮮総督寺内子爵閣下	新年に際してお祝いを奉ずる	折紙1枚、墨書	13.9×40.2	11-5-1~3はピン留め綴り、虫ピンにて一括
11-6	〔総督閣下奉迎人名簿〕	明治四十三年十二月日	漢城府民会本部	総督閣下	漢城府民会の会長代弁以下33名の姓名一覧	一紙、墨書	28.2×51.2	封筒あり
11-7	孔子教会奉餞	明治四十三年十月	〔孔子教会〕	子爵寺内総督閣下	孔子教会の幹部名簿(「明治四十三年十月総督此地へ帰還ノ際、南大門停車場ニテ呈出セシモノ」の書入れあり)	一紙2枚継、墨書	28.9×102.2	封筒あり
11-8-0	〔封筒〕				総督に対する鮮人崔百榮の頌徳文、朴在舜の天長節にあたり総督に献品せし添書	封筒、墨書	25.7×9.5	
11-8-1-1	〔賀表〕	明治四十三年十一月二日	慶尚北道清道郡染織工場主務朴在舜	総督子爵寺内正毅閣下	染織工場の操業開始にともなう初製品(国旗一組)を、天長節に際し贈呈(漢字ハングル混じり)	罫紙半折1枚、墨書	22.8×15.8	欄外に「秘書課」、「朝丙受イ明治四三年一一月五日第一六〇〇号」の朱印あり
11-8-1-2	〔賀表の訳文〕	明治四十三年十一月二日	慶尚北道清道郡染織工場主務朴在舜	総督子爵寺内正毅閣下	11-8-1-1を漢字カナ混じりに書き下したもの	罫紙(朝鮮総督府)半折1枚、墨書	27.5×20.0	11-8-1-1と紐で一束

資料番号	表題	年代	作者	宛先	内容	形態	法量（縦×横）	備考
11-8-2	〔頌徳文〕	明治四十四年一月　日	忠清南道公州郡正安面山水里居正三品通政年八十一崔百榮百(印)		天皇と総督の治世を寿ぐ頌徳文	罫紙、墨書	47.5×66.1	欄外右上に「秘書課」の朱印、同じく右横に文書課の接受印(「朝丙受イ明治四十四年一月廿日第四九六三号」)及び荻田文書課長の印あり
11-9	敬白	明治四十四年一月十日	忠清南道公州郡新上面錦川里沈永燮(印)	朝鮮総督府総督閣下	統治に対する感謝文	一紙、墨書	52.8×56.2	封筒あり、封筒に同人に面会し金50円を遣ったとの墨書あり
11-10	敬頌	明治四十四年一月十四日	李熹公	寺内総督閣下	李熹公から寺内に送った「勲安古磬」の来歴(高麗・恭愍王代)を記す	一紙2枚継、墨書	19.6×69.2	封筒あり
11-11	目録	明治四拾四年一月拾五日	慶北大邱木工組合徐相燉他2名	寺内総督閣下	蓮花台銀盃他の献品一覧	一紙、墨書	37.9×56.3	封筒あり
11-12	〔敬祝単子〕		商務組合本部長　崔永年　他15名	朝鮮総督閣下	新年賀	一紙、墨書	40.8×52.2	封筒あり
11-13	〔歓迎単子〕		商務組合本部長　崔永年他15名	朝鮮総督閣下	商務組合の姓名を連記	一紙、墨書	40.6×56.7	封筒あり
11-14	日鮮合併紀念箋	明治四十四年八月二十九日	朝鮮京城西大門外阿峴車子里一百二十統一戸宋鍾洙他17名	朝鮮総督勲一等功一級伯爵寺内正毅閣下	慶祝文(朝鮮十三道儒代表　宋鍾洙他17名の姓名を連記(有印))	一紙2枚継、墨書	60.7×151.8	封筒あり
11-15	上謝箋	大正五年十月十七日	前朝鮮漢城府民会長子爵趙重応等	総理大臣伯爵寺内正毅閣下	寺内総督離任後に送られた感謝文	一紙、墨書	52.1×133.3	封筒あり
11-16	歓迎書	明治四十三年十二月二十三日	朝鮮十三道前儒約所儒生代表金東弼　他104名	総督子爵　寺内正毅閣下	儒生姓名の連記による歓迎書	一紙、墨書	58.4×148.8	封筒あり

	資料番号	表題	年代	作者	宛先	内容	形態	法量(縦×横)	備考
	11-17	〔祝賀文〕	明治四十四年一月一日	朝鮮十三道前儒約所儒生代表金東弼　他32名	総督子爵寺内正毅閣下	姓名連記による新年祝賀の上呈文	一紙2枚継、墨書	47.1×119.7	封筒あり
	11-18	祝賀去思表	大正五年十月十一日	朝鮮儒生代表宋鍾洙　他19名	内閣総理大臣兼大蔵大臣外務大臣陸軍元帥伯爵寺内正毅閣下	寺内の総督退任に際しての儒生の賀文(包紙には「紀念祝賀書」と墨書)	一紙3枚継、墨書	60.8×193.8	包紙および封筒あり
	11-19	天地大統論	明治四十四年三月二十四日	微臣　宋鍾洙他13名	天皇陛下	朝鮮側儒生による経世論	一紙4枚継、墨書	60.1×267.5	包紙および封筒あり
12	12-0	〔包紙〕				表書「賞勲局関係正毅様」	包紙、油性ペン書	25.2×14.9	「目録」の紙背を利用
	12-1	〔露文勲記〕 БОЖIЕЮ МИЛОСТIЮ МЫ, НИКОЛАЙ ВТОРЫЙ, ИМПЕРАТОРЪ и САМОДЕРЖЕЦЪ ВСЕРОССЙСКЙIИ, ЦАРЬ ПОЛЬСКIЙ ВЕЛИКIИЙ КНЯЗЬ ФИНЛЯНДСКIЙ, И ПРОЧАЯ, И ПРОЧАЯ, И ПРОЧАЯ. 〔神の恵みの下に、我がニコライ2世、皇帝であり全ロシアの君主である、ポーランド皇帝、フィンランド大公　等々〕	〔1907年2月26日〕	〔賞勲局事務主任　某、賞勲局文書課　Ф.某〕	〔日本軍務副司令官、第一近衛旅団、二等大尉　寺内殿〕	皇帝より聖アンナ第3等級を寺内に授与	一紙、ペン書	35.4×22.3	寺内寿一への叙勲(1906年当時、近衛歩兵第一旅団副官)、24-9に外務省による訳文が同封される「天佑ニ依リ全露西亜国皇帝独裁君主波蘭国王及芬蘭国侯タル朕ニコライ二世」
	12-2	〔授与記〕	大正五年四月一日	賞勲局総裁従二位勲三等伯爵正親町実正(公印)	朝鮮総督陸軍大将従二位勲一等功一級伯爵寺内正毅	金杯一組ヲ授賜	一紙、墨書	22.7×30.8	合紙、挟み込みあり
	12-3	〔授与記〕	明治二十八年八月二十日	賞勲局総裁正三位勲一等子爵大給恒(公印)	陸軍少将正五位勲三等寺内正毅	明治二十七八年戦役の功に依り功三級金鵄勲章並に年金700円及旭日中授章を授賜	一紙、墨書	22.8×30.8	
	12-4	〔授与記〕	明治三十九年四月一日	賞勲局総裁従二位勲一等子爵大給恒(公印)	陸軍中将従三位勲一等功三級寺内正毅	明治三十七八年戦役の功に依り功一級金鵄勲章並に年金1500円ヲ授賜	一紙、墨書	22.8×30.8	
	12-5	〔授与記〕	大正元年十月十二日	山口県知事従四位勲三等馬淵鋭太郎(公印)	従二位勲一等功一級伯爵寺内正毅	平川村小学校へ20円寄付に付木杯下賜	一紙、墨書	23.0×31.0	

資料番号	表題	年代	作者	宛先	内容	形態	法量（縦×横）	備考
12-6	〔授与記〕	大正八年三月廿五日	明治神宮奉賛会総裁大勲位功二級貞愛親王(公印)/明治神宮奉賛会会長正二位勲一等公爵徳川家達(公印)	伯爵寺内正毅氏	明治神宮外苑経営協賛金献納に付特別会員に列する	一紙、墨書	22.0×29.5	
12-7	〔感謝状〕	大正二年八月十日	恩賜財団済生会会長正二位大勲位功三級公爵桂太郎(公印)	伯爵寺内正毅殿	2000円寄付に付	一紙、墨書	21.8×30.4	
12-8	〔授与記〕	明治四十年九月廿一日	宮内省	子爵寺内正毅	金3万円を授賜	一紙、墨書	22.8×31.2	
12-9	〔授与記〕	明治三十四年十二月廿七日	賞勲局総裁正三位勲一等子爵大給恒(公印)	陸軍中将従四位勲二等功三級寺内正毅	明治33年清国事変の勲功により勲一等旭日大綬章及び金3000円を授賜	一紙、墨書	22.8×30.8	
12-10	〔授与記〕	大正七年九月十九日	賞勲局総裁正四位勲三等伯爵児玉秀雄(公印)	従二位勲一等功一級伯爵寺内正毅	大正6年東京府外風水害罹災民救恤金に付銀杯下賜	一紙、墨書	22.7×30.8	
12-11	〔授与記〕	明治三十九年四月一日	賞勲局総裁従二位勲一等子爵大給恒(公印)	陸軍中将従三位勲一等功三級寺内正毅	明治三十七八年戦役の功により旭日桐花大綬章を授賜	一紙、墨書	22.8×30.9	
12-12	〔授与記〕	大正八年十一月三日	賞勲局総裁正四位勲二等伯爵児玉秀雄(公印)	従一位大勲位功一級伯爵寺内正毅	大正四年乃至九年事件の功に依り金4000円を授賜	一紙、墨書	22.8×30.8	
12-13-1	〔領収証〕	明治四十年十二月二日	賞勲局物品会計主務属近藤政美(公印)	陸軍大将寺内正毅殿	勲参等旭日中綬章還納の領収証	専用紙1枚、墨書	23.8×18.5	
12-13-2	〔領収証〕	明治四十年十二月二日	賞勲局物品会計主務属近藤政美(公印)	陸軍大臣寺内正毅殿	功三級金鵄勲章還納の領収証	専用紙1枚、墨書	23.7×18.2	
12-13-3	〔領収証〕	明治四十年十二月二日	賞勲局物品会計主務属近藤政美(公印)	陸軍大臣寺内正毅殿	勲一等旭日大綬章還納の領収証	専用紙1枚、墨書	23.5×18.0	
12-14	〔招待状〕	大正元年十一月十五日	宮内大臣伯爵渡辺千秋	朝鮮総督伯爵寺内正毅殿	来19日埼玉県所沢にて特別大演習後に午餐下賜	専用紙1枚、印刷	19.5×13.8	宛名のみ墨書

	資料番号	表題	年代	作者	宛先	内容	形態	法量（縦×横）	備考
	12-15	〔招待状〕	大正三年三月廿四日	宮内大臣伯爵渡辺千秋	陸軍大将伯爵寺内正毅殿	来4月1日御陪食を命ず	専用紙1枚、墨書	18.7×13.1	宛名のみ墨書
	12-16	〔招待状〕	大正五年十二月二十三日	宮内大臣男爵波多野敬直	内閣総理大臣伯爵寺内正毅殿	大正6年1月5日宮中新年宴会への招待	専用紙1枚、墨書	19.2×13.7	宛名のみ墨書
13	13-1-0	〔封筒〕				伊藤公書簡2通	封筒、青鉛筆書	21.5×8.5	東京榛原製
	13-1-1	〔書簡〕	〔明治39年ヵ〕四月一日	〔伊藤〕博文	寺内男爵閣下	赴任以来数旬、韓皇及その政府は表面平静、裏面陰謀、枢要の各件は児玉書記官より聞取を、各件善後手段御指諭を願う	一紙2枚継、墨書	18.9×131.2	封筒あり、13-1-0の中に13-1-2とともに封入、墨書で封筒表に「寺内陸軍大臣閣下」、朱鉛筆で封筒表に「伊藤公青木子三島子ノ分」とあり
	13-1-2	〔書簡〕	十一月三日	〔伊藤〕博文	寺内少将殿	今朝御談話の土佐丸使用の件、外務大臣回答、野田監督長へ御転覧を願う	一紙2枚継、墨書	18.7×71.1	封筒あり、13-1-0の中に13-1-1とともに封入、ただし13-1-1とは本来関係なし
	13-2	〔書簡〕	昭和八年八月十三日	財団法人同仁会会長伯爵内田康哉(公印)	伯爵寺内寿一閣下	本会創立30年を機に、寺内内閣の国庫補助に感謝し、別紙目録の通り献灯	一紙4枚継、墨書	19.6×171.4	貼紙、墨書で別に三十年史を贈呈するとのこと
	13-3	〔書簡〕	三月廿四日	〔杉ヵ〕孫七郎	寺内賢台	田崎草雲摹文昆仙人爛柯図幅一見、落款文章甚だ不面白、所謂五に疵と記す	一紙2枚継、墨書	18.9×57.8	
	13-4	〔書簡〕	七月十三日	瀬名義利(印)	藤田副官殿	総督指示の日本刀・景光折紙等預り証	一紙2枚継、墨書	17.8×67.7	
	13-5	〔書簡〕	八月十三日	〔杉ヵ〕孫七郎	寺内賢台　梧右	古川瀑布梅花図幅拝受御礼など	一紙、墨書	18.8×50.3	
	13-6	〔書簡〕	六月三十日	下条正雄	寺内元帥閣下侍曹	最高府元帥御重職、祝いとして拙画松竹二葉送付	一紙2枚継、墨書	19.1×52.4	端裏「下条先生松竹」と鉛筆書あり

	資料番号	表題	年代	作者	宛先	内容	形態	法量(縦×横)	備考
	13-7	〔書簡〕	八月四日	趙義淵	寺内総督閣下	本国書画有名家申紫霞申靄春父子の作品について	一紙、墨書	19.7×85.9	
	13-8	〔書簡〕	一月十六日	喜八郎	寺内尊台梧右	日露戦役平和祝賀記念の刀剣贈呈を希望	一紙2枚継、墨書	18.8×77.0	
	13-9	〔書簡〕	〔大正4年5月〕二日〔消印:4.5.2〕	〔吉田〕庫三	寺内伯爵閣下	昨日柴田君宅で寺内預託書類中に松陰関係文書を発見、伝記作成のため借用を願う、前原一誠遺族より流出したものかと推察、また令息の好配候補について相談	一紙2枚継、墨書	18.9×107.8	封筒あり
	13-10	〔書簡〕	〔明治43年〕臘月二日〔消印:43.12.2〕	春永良雄	寺内相公閣下	『大和人物志』に後醍醐天皇の忘伝がない旨を報告	一紙3枚継、墨書	18.7×134.3	封筒あり
	13-11	〔書簡〕	〔大正8年〕六月十一日〔消印:8.6.12〕	熊谷直之拝具	伯爵寺内閣下侍側	寺内新邸落成祝として「小大由之」の彫刻額贈呈の件	一紙2枚継、墨書	19.4×67.6	封筒あり
	13-12	〔書簡〕	〔大正7年〕十二月廿九日〔消印:7.12.29〕	〔杉山〕茂丸	魯庵老伯閣下	布袋の掛物一幅捧呈の件	一紙3枚継、墨書	19.7×102.8	封筒あり
	13-13	〔書簡〕	〔大正3年〕六月十日〔消印:3.6.10〕	斯波淳六郎	寺内総督閣下乞御親展	不動画幅代金受領に付謝辞	一紙、墨書	18.2×71.6	封筒あり
	13-14	記	〔消印:4.4.20〕	〔吉田久兵衛〕	〔寺内正毅〕	「写本部目録」、写本作成の書名と金額を書上、全156件	罫紙竪帳9丁、墨書	24.6×17.3	封筒あり
14	14-0	〔袋〕				「正毅父上青少年時代の学習帳在中　大切に保存され度し」	袋(SEMBIKIYA包装紙を利用)	29.8×21.6	14-1~7を入れる、表書きは墨書
	14-1	安田之滞穂	〔丁卯秋〕〔慶応3年〕	長防草莽之臣布衣狂鈍写〔寺内正毅〕		「安田之滞穂」一~十の写本、(表紙)「丁卯秋初於楯野慕義会切磋場写文」、(裏表紙裏)「岡村先生応宍戸公内室之需作著之〈岡村謹識之〉寺内蔵」、(裏表紙)「草莽之上に狂鈍如何にせん、長防草莽之臣布衣狂鈍写」	竪帳25丁、墨書	24.8×17.2	「安田のおちば」

	資料番号	表題	年代	作者	宛先	内容	形態	法量（縦×横）	備考
	14-2	枝折山道		房景		水戸以下諸藩の特徴を記載、幕府・佐幕藩批判	堅帳10丁、墨書	25.2×17.3	表紙に「寺内蔵書」印
	14-3	〔詩文集〕	〔幕末明治初期〕	房景写之		黒船来航時に村田松斉翁に贈った詩文などを集めたもの	罫紙堅帳23丁、墨書	22.3×16.3	1丁目に「寺内蔵書」印
	14-4	〔幕末詩文集〕	神武即位二千弐百二十六年春〔紀元二千五百二十六年=1866年の誤りヵ〕	於花浦陣営写之房〔景〕(花押)		藤田東湖「正気歌」ほかを書写	堅帳25丁、墨書	24.5×17.0	1丁目に「寺内蔵書」印
	14-5	願書雛形控	明治五申ノ年	宇多田正		寺内正毅関係の願書の草案または控、改名願など、明治12年1月まで	小横帳11丁、墨書	24.8×17.3	
	14-6	史畧　支那二				写本	堅帳15丁、墨書	25.0×17.3	
	14-7	洋外記略	嘉永戊甲荷月/今上元年写	艮斉安積信識/樵夫寿三蔵(写)		裏表紙「今上元年於周南花浦写之　樵夫寿三蔵房賀毛蔵書」	堅帳32丁、墨書	25.0×17.3	2丁目に「寺内蔵書」印
15	15	〔拓本〕	〔明治後期~大正期〕			「鎮護　朝鮮総督寺内正毅」拓本2枚	一鋪(まくり)2枚	71.5×58.0	
16	16	〔書状〕	八月十五日	村田織部(花押)	国友半右衛門様、永島三平様、末松孫太郎様、佐分利定之助様人ゝ御中	諸国紀行の詩文と報告	彩色紙11枚継、墨書	17.4×340.7	
17	17	朝鮮総督府始政五年記念書画帖　乾坤	〔1915年〕			正軒〔寺内正毅〕、心田安中植、李埈公、大屋権平、朴泳孝、朴齊純、荒井賢太郎、関丙奭、国分三亥、李容植、宇佐美勝夫、権重顕、小湖金応元、国分象太郎、/珠淵〔李太王〕、素空〔山県伊三郎〕、李完用、直右、小宮保、金元植、尹徳栄、小松緑、持地六三郎、金嘉鎮、石塚蕃、趙重應、李載崐、〔徳富〕蘇峯正敬、趙錫晋	折本2冊	24.5×18.0	表紙ラベル「貴/361/貴」、「桜圃寺内文庫」印

	資料番号	表題	年代	作者	宛先	内容	形態	法量（縦×横）	備考
18	18-1	ORDRE NATIONAL DE LA LEGION D` HONNEUR	15 September 1884〔1884年9月15日〕	Le Chef du jer Bureau	M,le Commandant Teraoutsi ,Attache Militaire a la Legation du Japon〔公使館付陸軍武官〕	レジオンドヌール5等勲章授与証(Chevalier)	専用紙、ペン書	43.5×54.4	明治19年2月5日允許(『元帥寺内伯爵伝』より)
	18-2	ORDRE NATIONAL DE LA LEGION D`HONNEUR	9　Janvier 1897〔1897年1月9日〕	Le Chef du jer Bureau	Mr. le General de Brigade Teraoutsi〔旅団長〕	レジオンドヌール3等勲章授与証(Commandeur)	専用紙、ペン書	43.8×54.8	明治30年6月18日允許(『元帥寺内伯爵伝』より)
	18-3	ORDRE NATIONAL DE LA LEGION D`HONNEUR	21 Juillet 1891〔1891年7月21日〕	Le Chef du jer Bureau	Monsieur le Colonel Teraoutsi Directeur de l'Ecole Speciale Militaire de Tokio〔第一師団参謀長〕	レジオンドヌール4等勲章授与証(Officier)	専用紙、ペン書	43.6×54.4	明治23年10月7日允許(『元帥寺内伯爵伝』より)
	18-4	ORDRE NATIONAL DE LA LEGION D`HONNEUR	26　November 1901〔1901年11月26日〕	Le Chef du jer Bureau	M.Masakata Terauchi, Lieutenant General, Souschef de l`tat Major General de l`armee Japonaise〔参謀本部次長〕	レジオンドヌール2等勲章授与証(Grand Officier)	専用紙、ペン書	43.6×54.8	明治35年3月5日允許(『元帥寺内伯爵伝』より)
19	19	官報号外　大日本帝国憲法	明治二十二年二月十一日　月曜日	内閣官報局		条文全文	冊子4丁、印刷	33.6×24.2	
20	20-1	〔戸籍謄本〕	大正八年拾壱月弐拾四日	山口県吉敷郡宮野村村長代理助役古屋忠吉(公印)		寺内正毅の死去に伴う除籍証明	罫紙竪帳2丁、ペン書	27.8×20.1 封筒23.3×8.3	封筒(23.3×8.3)あり、表に「大正八年十一月廿四日　戸籍謄本」と鉛筆書あり、裏に「陸軍者」の朱印あり
	20-2	〔勅語令旨写〕	明治二十九年六月	日本赤十字社長従二位勲一等伯爵佐野常民		日清戦争時の赤十字活動に対する勅語と令旨を謄本して社員に領布したもの	一紙、墨書	31.0×45.5	

資料番号	表題	年代	作者	宛先	内容	形態	法量(縦×横)	備考
20-3-1	日韓併合紀念トシテ寺内陸軍大臣閣下へ紀念品贈呈者人名	〔1910年ヵ〕			韓国併合に際しての記念品贈呈者の氏名(官職等)の一覧(110名)	一紙6枚継、墨書	19.0×217.1	封筒あり、「寺内陸軍大臣閣下紀年品贈呈者人名」(墨書)「日韓合併時」(ペン書)とあり、紐あり
20-3-2	〔感謝状〕	明治四十四年九月	東京偕行社偕行社義助会	陸軍大将伯爵寺内正毅閣下	韓国赴任に伴う幹事長退任に際しての感謝状	一紙、墨書	38.8×52.4	裏に「M.44/偕(ママ)行社幹事長辞任」とペン書あり
20-3-3-0	〔封筒〕					封筒、鉛筆書	11.4×25.9	封筒あり、表に「SOCIETE JAPONAISE DE LA CROIX-ROUGE TOKIO」(印刷)、「日本赤十字社」(鉛筆書)とあり
20-3-3-1	〔社員証〕	明治卅八年十二月廿六日	日本赤十字社総裁大勲位功四級載仁親王(印)日本赤十字社長正二位勲一等伯爵松方正義(印)	〔寺内正毅〕	特別社員に列する旨の証書	専用紙、墨書	21.2×30.1	
20-3-3-2	〔封筒〕			寺内正毅殿	表に「賞記」とあるが、中は何も入っていない	封筒、墨書	21.7×8.6	
20-3-3-3	日本赤十字社定款		〔日本赤十字社〕			一紙、印刷	21.6×44.5	
20-3-3-4	日本赤十字社条例 日本赤十字社有功章社員章条例 日本赤十字社有功章社員章佩用者心得書 日本赤十字社年醵金納付手続	明治三十四年十二月二日	〔日本赤十字社〕			一紙、印刷	20.4×38.8	勅令第223号

資料番号	表題	年代	作者	宛先	内容	形態	法量（縦×横）	備考
20-3-3-5	〔通知〕	明治卅八年十二月廿六日	日本赤十字社		有功章を佩用した写真を一葉送付依頼	一紙、印刷	15.5×12.4	
20-3-3-6	〔有功章贈与証〕	明治卅八年十二月廿六日	日本赤十字社総裁大勲位功四級載仁親王(印)日本赤十字社長正二位勲一等伯爵松方正義(印)	寺内正毅	有功章の贈呈	専用紙、墨書	21.2×30.2	
20-3-3-7	祝詞	大正四年十月十七日	伯爵李完用		朝鮮統治の進展を賀す祝文	一紙、墨書	26.0×40.0	
20-3-3-8	祝辞	大正四年十月十七日	貴族院議員従四位勲二等木内重四郎		朝鮮総督府設置五年紀年共進会開催、此盛事を観るに褒賞授与の式に列し祝辞を呈す旨	一紙4枚継、墨書	19.7×205.6	
20-3-3-9	〔下賜品目録〕	大正七年三月二十七日	宮内大臣子爵波多野敬直	内閣総理大臣伯爵寺内正毅殿	帝国会議開会につき下賜品(清酒1樽・交魚1折)	一紙、墨書	21.9×81.9	封筒あり、封筒表に「内閣総理大臣伯爵寺内正毅殿」(墨書)、「大正七年議会閉会」(ペン書)、裏に「宮内大臣子爵波多野敬直」(墨書)とあり
20-3-3-10	感謝状	大正三年三月日	臨時馬疫調査委員会委員長浅川敏靖ほか委員9名	陸軍大将伯爵寺内正毅閣下	馬疫に関する研究支援について	竪　帳4丁、墨書	27.7×19.8	表に「十月十七日正毅」と青鉛筆書あり、内部赤鉛筆による書き込みあり、金具留め
20-3-3-11	〔感謝状〕	明治二十九年六月四日	偕行社長彰仁親王	陸軍少将寺内正毅殿	寺内の偕行社編纂部長辞任にあたって	折紙、墨書	19.6×52.4	
20-4-0	〔包紙〕	〔大正3年11月3日以降〕			「御真筆入辞令(五)故正毅元帥ノ分」	包紙、墨書	25.8×10.9	紐あり

資料番号	表題	年代	作者	宛先	内容	形態	法量（縦×横）	備考
20-4-1	〔辞令〕	辛未八月	兵部省	寺内権曹長	「任陸軍少尉」	一紙、墨書	21.2 × 62.2	裏左下に「少尉」とペン書あり
20-4-2	〔辞令〕	辛未十一月廿三日	兵部省	陸軍少尉寺内正毅	「任陸軍中尉」	一紙、墨書	20.9 × 56.6	裏左下に「寺内」（朱書）、「中尉」（ペン書）あり
20-4-3	〔辞令〕	壬申二月二十七日	兵部省	陸軍中尉寺内正毅	「任陸軍大尉」	一紙、墨書	20.9 × 39.2	裏左下に「寺内」（墨書）、「大尉」（ペン書）あり
20-4-4	〔辞令〕	明治十七年九月十九日	太政官従一位大勲位公爵三條実美宣内閣大書記官従五位勲五等作間一介奉（太政官印）	歩兵少佐従六位勲五等寺内正毅	「任歩兵中佐」	一紙、墨書	23.1 × 31.1	裏左上に「少佐」とペン書あり
20-4-5	〔辞令〕	明治二十年十一月十六日	内閣総理大臣従二位勲一等伯爵伊藤博文宣（太政官印）	陸軍歩兵中佐正六位勲四等寺内正毅	「任陸軍歩兵大佐」	一紙、墨書	22.9 × 30.8	裏左上に「大佐」とペン書あり
20-4-6	〔辞令〕	明治廿七年八月廿七日	御璽/内閣総理大臣従二位勲一等伯爵伊藤博文奉	陸軍歩兵大佐従五位勲三等寺内正毅	「任陸軍少将」	一紙、墨書	22.8 × 30.7	裏右上中に「少将」とペン書あり
20-4-7	〔辞令〕	明治三十一年十月一日	御璽/内閣総理大臣正二位勲一等伯爵大隈重信奉	陸軍少将正五位勲三等功五級寺内正毅	「任陸軍中将」	一紙、墨書	22.9 × 30.8	裏左上に「正タケ様　中将任官」とペン書あり
20-4-8	〔辞令〕	明治三十九年十一月二十一日	御名（睦仁）御璽/内閣総理大臣正二位勲一等侯爵西園寺公望	陸軍中将従三位勲一等功三級寺内正毅	「任陸軍大将」	一紙、墨書	22.9 × 30.8	裏左上に「陸軍大将」と鉛筆書あり
20-4-9	〔辞令〕	大正五年十月九日	御名（嘉仁）御璽/内大臣正二位大勲位功一級公爵大山巌	朝鮮総督元帥陸軍大将従二位勲一等功一級伯爵寺内正毅	「任内閣総理大臣兼大蔵大臣」	一紙、墨書	22.8 × 30.9	裏右上中に「総理大臣」と鉛筆書あり

	資料番号	表題	年代	作者	宛先	内容	形態	法量(縦×横)	備考
	20-4-10	〔辞令〕	明治三十五年三月二十七日	御名(睦仁)御璽/内閣総理大臣正三位勲一等功三級伯爵桂太郎	陸軍中将従四位勲一等功三級寺内正毅	「任陸軍大臣」	一紙、墨書	22.8×30.9	
	20-4-11	〔辞令〕	明治四十三年十月一日	御名(睦仁)御璽/内閣総理大臣正二位勲一等功三級侯爵桂太郎	陸軍大臣陸軍大将正三位勲一等功一級子爵寺内正毅	「兼任朝鮮総督」	一紙、墨書	22.9×30.9	
	20-4-12	〔辞令〕	大正五年六月二十四日	御名(嘉仁)御璽/内閣総理大臣正二位勲一等伯爵大隈重信	陸軍大将従二位勲一等功一級伯爵寺内正毅	「元帥府ニ列セラレ特ニ元帥ノ称号ヲ賜フ」	一紙、墨書	22.9×31.0	
21	21-0	子爵拝受時関連調査資料				子爵拝受付関連調査資料	包紙、鉛筆書	31.4×25.7	「桜圃文庫」とペン書された一紙(18.3×6.2、表に輪ゴム溶着)あり
	21-1-1	族称変更届	明治四拾年九月弐拾八日	寺内正毅	東京市麹町区戸籍吏古本崇殿	子爵を授けられたことにともなう族称変更	一紙	25.2×17.0	21-1-1~2は綴、ステープルにて一括
	21-1-2	〔授爵記〕	明治四十年九月二十一日	宮内大臣正二位勲一等子爵田中光顕奉	正三位勲一等功一級寺内正毅	「依勲功特授子爵」	一紙、墨書	24.8×17.0	21-1-1~2は綴、ステープルにて一括
	21-2	華族令	明治四十年五月七日	〔宮内省〕		華族令・華族懲戒委員互選規定・華族令施行規則・戸主ニ非サル者爵ヲ授ケラレタル場合ニ関スル法律	冊子26頁、印刷	24.6×17.0	
	21-3	中嶋系譜				中嶋家の家系譜	竪帳11丁、墨書	24.5×16.9	
	21-4	〔戸籍謄本〕	明治四拾年拾壱月弐拾五日	山口県吉敷郡宮野村戸籍吏桑原熊太(公印)		寺内正毅の戸籍謄本	竪帳2丁、ペン書	28.0×20.5	
	21-5	〔戸籍謄本〕	大正八年拾壱月拾弐日	宮野村長長井徳次郎(公印)		寺内正毅除籍後の謄本	竪帳2丁、ペン書	27.8×20.3	
	21-6	〔戸籍謄本〕	明治四拾年拾月壱日	山口県吉敷郡宮野村戸籍吏桑原熊太(公印)		中嶋丹一家の戸籍謄本(同一物2枚)	同　折2枚、ペン書	28.0×40.0	

資料番号	表題	年代	作者	宛先	内容	形態	法量（縦×横）	備考
21-7	親族書				養父故寺内勘右衛門以下の親族名書き上げ	竪　帳6丁、墨書	38.8×20.0	表右上に「扣」とあり
21-8	華族懲戒委員互選規程 華族懲戒委員会規則	〔明治40年〕			華族懲戒に関する規程・規則集	冊　子5枚、印刷	22.5×15.0	
21-9	通達	大正八年十一月二十日	宗秩寮総裁侯爵井上勝之助	従五位寺内寿一殿	系譜未届による督促	一紙、謄写刷、墨書	26.7×19.1	本文青焼き、宛名墨書
21-10-1	〔届様式〕	〔明治期〕	〔宮内省〕		親族書、履歴書、系譜、印鑑の届出に関して	一紙、謄写刷	28.1×40.1	21-10-2と同封
21-10-2	〔覚〕	〔明治期〕	〔宮内省〕		親族書等の書き方について、21-10-1の別紙	一紙、謄写刷	28.5×20.0	21-10-1と同封
21-11	〔戸籍謄本〕	明治四拾年拾月壱日	山口県吉敷郡宮野村戸籍吏桑原熊太（公印）		宇多田義三一家の戸籍謄本	同　折2枚、ペン書	28.0×39.8	同一のものが同折される
21-12	〔住所届雛形〕	〔明治年間〕	〔宮内省〕		住所届の様式書、21-10-1、2に関連か	一紙、謄写刷	28.2×20.0	
21-13	勅書写	明治十七年七月七日			華族授爵について	一紙、印刷	27.9×21.4	
21-14-0	寺内家譜　先考履歴書					封筒、青鉛筆書	32.4×23.0	
21-14-1-0	〔包紙〕		宇多田丹	寺内正毅殿親展	「書類在中」とある	包紙、墨書	35.6×13.0	表下に「寺内家家系」と鉛筆書あり
21-14-1-1	〔書簡〕	八月十四日認 〔消印:41.9.8〕	〔中島〕丹	御兄上様	家譜作成にあたっての家伝事項	一紙4枚継、墨書	18.0×156.5	封筒あり
21-14-1-2	〔書簡〕	九月六日	〔中島〕丹	御兄上様	寺内家の祖先について	一紙2枚継、墨書	18.0×79.8	
21-14-1-3	〔書簡〕	七月廿五日	〔中島〕丹	御兄上様	藩政時代の寺内家について	一紙4枚継、墨書	18.0×157.7	
21-14-1-4	〔記〕				中谷兵之進以下の家族名書き出し	一紙、墨書	25.3×34.0	
21-14-1-5	〔家譜由来書〕	八月廿一日	憲信	寺内陸相閣下	寺内家先祖の由来口述書	一紙2枚継、墨書	23.7×32.9	
21-14-1-6-1	〔書簡〕	十月廿六日	〔中島〕丹	御兄上様	寺内家系上御申越の件につき調査報告、「第一号」とある	罫　紙3枚、墨書	24.1×16.2	21-14-1-6-1と2は綴、虫ピンにて一括

資料番号	表題	年代	作者	宛先	内容	形態	法量（縦×横）	備考
21-14-1-6-2	〔書簡〕		〔中島丹ヵ〕	〔寺内正毅〕	寺内家系の儀につき昨年11月頃より調査、それについて報告、「第二号」とある	一紙4枚継（後欠）、墨書	18.2×145.8	21-14-1-6-1と2は綴、虫ピンにて一括
21-14-1-7	〔寺内系図〕				源頼兼以来の系図	一紙、墨書	24.8×33.3	包紙あり
21-14-1-8	過去帳				寺内家の過去帳を写した巻紙	一紙6枚継、墨書	18.0×214.7	
21-14-1-9	〔書簡〕	四十一年六月廿六日	大蔵平三	中田憲信先生坐下	因幡国勝谷村の大字に「寺内」という地名があることにより寺内家の先祖である可能性を云々する内容	罫紙（□□）半折1枚、墨書	24.8×33.7	
21-14-1-10	〔宇多田家系譜〕				初代宇多田新左衛門以降の系譜書き上げ	罫紙竪帳5丁、墨書	24.2×16.6	
21-14-2	寺内家譜				光孝天皇より代々の寺内家の来歴について	竪帳20丁、墨書	28.4×20.1	
21-14-3	〔履歴書〕	〔大正7年9月18日以降〕	寺内正毅		寺内正毅の履歴書	罫紙（内閣）竪帳8丁、墨書	28.0×20.2	
21-14-4	寺内家譜				21-14-2と同一ヵ	竪帳22丁、墨書	24.6×16.8	
21-14-5-1	〔通知〕	大正八年十月十八日	侍従長伯爵正親町実正	元帥伯爵寺内正毅殿	元帥刀親授につき参内せよとの通知	一紙2枚継、墨書	19.6×61.0	裏面左下に「元帥ヵ」と鉛筆書あり
21-14-5-2	〔叙位記〕	大正八年十一月三日	御名（嘉仁）御璽/宮内大臣従二位勲一等子爵波多野敬直	正二位勲一等功一級伯爵寺内正毅	「叙従一位」	一紙、墨書	28.2×39.1	裏面左上に「従一位」とペン書あり、紐あり
21-15-0	〔封筒〕				「山口文庫書類　在中」	封筒、墨書	31.4×21.4	
21-15-1	桜圃文庫ノ記	大正八年己未　月	寺内正毅撰		桜圃寺内文庫の由来記	罫紙（笄町、静岡屋製）竪帳3丁、墨書	28.0×20.0	「初稿」と朱筆あり
21-15-2	自大正十年十二月六日至大正十一年十二月三十一日　桜圃文庫処務ノ概要	〔大正12年ヵ〕			大正10年寺内文庫完成後1年間の事業報告、入庫人員、購入図書、寄付品など	竪帳6丁、謄写刷	24.9×17.2	

資料番号	表題	年代	作者	宛先	内容	形態	法量（縦×横）	備考
21-15-3	〔封筒〕				「文庫関係書類」	封筒、墨書	31.3×13.5	児玉賞勲局総裁宛封筒の反古を利用
21-15-4	〔和漢籍寄贈目録〕	大正十一年六月九日	山口県吉敷郡山口町第二百拾九番地佐藤三彦	寺内文庫伯爵寺内寿一殿	文庫への寄贈本目録	罫紙竪帳10丁、墨書	25.3×17.4	
21-15-5-0	〔封筒〕				「新加ノ部分如何」「高嶋氏へ見セルコト」「文庫規則ノ件(児玉文庫ノモノ参照)」	封筒、朱書	23.5×8.5	
21-15-5-1	請求書	昭和拾参年七月三十一日	山口市大正通土木建築左官請負業本田宗一(印)	宮野寺内文庫御中	文庫の屋根防水工事費用の明細控	罫紙(コクヨ)2枚、ペン書	22.8×15.3	「臨時屋根修繕費ハ八月一日支払ニ付来月分報告ニ入ル」と付箋あり
21-15-5-2	〔覚〕				基金の残高、文庫資金、銅像建築会寄贈基金	用箋1枚、ペン書	23.1×15.8	
21-15-6	〔文庫貴重書目録〕					封筒、罫紙(陸軍省)1枚	26.8×39.4	封筒に「文庫貴重書目録」と赤鉛筆書あり
21-15-7	〔葉書〕	〔昭和50年〕12月11日〔消印:50.12.12〕	国守進	寺内順子	資料借覧につき礼状	葉書、ペン書	14.8×10.0	
21-15-8	〔葉書〕	昭和20年9月1日	桜圃寺内文庫主管宇多田義三(公印)	伯爵寺内寿一殿執事御中	昭和20年8月31日現在の収支報告	葉書、ペン書	14.0×9.0	
21-15-9	〔葉書〕	昭和拾六年五月卅壱日〔消印:16.5.31〕	桜圃寺内文庫主管佐世庄次郎(印)	伯爵寺内家執事殿御中	昭和16年5月31日現在の収支報告	葉書、墨書、ペン書	14.0×9.0	
21-15-10	〔葉書〕	昭和十四年二月一日〔消印:14.2.2〕	桜圃寺内文庫主事藤野莞爾(印)	寺内伯爵家執事御中	昭和14年1月末現在の収支報告	葉書、墨書、ペン書	14.0×9.0	
21-15-11	〔葉書〕	昭和拾五年八月卅壱日〔消印:15.8.31〕	桜圃寺内文庫主管佐世庄次郎(印)	伯爵寺内家執事殿御中	昭和15年8月31日現在の収支報告	葉書、墨書、ペン書	14.0×9.0	

資料番号	表題	年代	作者	宛先	内容	形態	法量(縦×横)	備考
21-15-12	〔葉書〕	昭和十四年十二月廿八日〔消印:14.12.30〕	桜圃寺内文庫主管佐世庄次郎(印)	伯爵寺内家執事殿御中	昭和14年12月28日現在の収支報告に昭和15年3月7日付の追報を貼り付け	葉書、ペン書、赤鉛筆書	26.7×9.0	「之ハドコヨリ受ケ入レタルヤ御一報願フ」と赤鉛筆で書込あり
21-15-13	〔葉書〕	昭和21年12月2日〔消印:21.12.4〕	桜圃寺内文庫主管宇多田義三(公印)	寺内家執事御中	昭和21年11月30日現在の収支報告(2ヶ月分)、11月を以て文庫運営終了、女子専門学校に引継ぎ	葉書、ペン書	13.9×9.0	
21-15-14-1	桜圃文庫格納目録	〔大正期ヵ〕			寺内文庫全体の収蔵目録	罫紙堅帳8丁、謄写刷、ペン書	25.0×17.0	「朝鮮総督府始政五年紀年書画帖」がリストにあり
21-15-14-2	〔覚〕				石碑の位置を図示したもの	一紙、ペン書	22.6×18.2	21-15-14-1に挟み込み
21-15-15-1	〔楊鎬咨文写真〕				明朝の将軍楊鎬が豊臣秀吉に送った咨文	写真プリント2枚	10.5×34.7	台紙あり、この史料を東京大学史料編纂所が大正4年に借用したときの関連文書が4-18-0~2にあり
21-15-15-2	〔楊鎬咨文釈文〕				21-15-15-1の釈文	罫紙(陸軍省)2枚、ペン書	25.7×17.5	
21-15-15-3	〔楊鎬咨文釈文写〕				21-15-15-2を謄写したもの(2部)	堅帳2丁、謄写刷、2部	26.0×18.4	ステープル止め
21-15-16	〔書簡〕	〔昭和6年〕1月20日〔消印:6.1.28〕	〔京城帝国大学法文学部研究室〕小田省吾拝	寺内〔寿一〕閣下賢台	李朝実録から日朝関係史部分を抜すいする費用の件につき相談、小田は寺内文庫図書購入に携わっており児玉秀雄より李朝実録の件を依頼される	一紙5枚継、墨書	18.2×279.7	封筒あり、「文庫関係」と封筒表に赤鉛筆書
21-15-17	桜圃文庫へ寄贈品目録				寄附台帳控	罫紙堅帳4丁、墨書	24.7×17.2	

	資料番号	表題	年代	作者	宛先	内容	形態	法量(縦×横)	備考
	21-15-18	〔書簡〕	10月30日〔消印:50.11.1ヵ〕	〔山口女子大学歴史学研究室〕国守進	寺内〔順子〕様侍史	挨拶ならびに魯庵会(財団)についての質問、「桜圃文庫ノ記」「銅像建設発起人・田中義一」「開庫式唱歌」の電子式コピーを同封	便箋2枚、ペン書	23.0×17.8	封筒あり、別紙あり
	21-15-19-1	文庫会計事務引継終了報告	昭和十三年九月三十日	桜圃寺内文庫主事藤野莞爾(印)右監督国司精造(印)	伯爵寺内寿一殿	引継目録を合綴	罫紙竪帳3丁、墨書	25.0×17.0	
	21-15-19-2	会計引継報告	昭和七年八月十七日	寺内文庫主管阿川俊亮(印)	伯爵寺内寿一閣下	21-15-19-1に挟み込み	罫紙竪帳2丁、墨書	24.5×16.9	
	21-15-20	桜圃文庫創設趣旨	大正八年某月某日	創立者寺内正毅誌		文庫の創立趣旨書朱入れ草稿	罫紙(笄町、静岡屋製)2枚、墨書、朱筆	27.7×40.1	
	21-15-21	〔書簡〕	辰ノ三月七日	文庫ニ而佐世庄次郎拝	寺内大将呈閣下〔寺内寿一〕	御所有地宮野所在分年収額、文庫経常費として魯庵財団より寄附金、満洲鉄道建設誌の件などを報告、また乃木希典書巻子2点の内容を報告した別紙あり	罫紙(コクヨ)2枚、ペン書、別紙も罫紙1枚	22.6×15.4、24.3×33.6(別紙)	封筒あり、表に「宮野収入ノ件」と赤鉛筆書あり
	21-15-22	工藤壮平氏寄贈朝鮮古名家筆蹟目録				工藤壮平氏寄贈の筆蹟目録(146部・167冊・2括・3軸・3枚)	罫紙竪帳40丁、墨書	24.7×17.0	
22	22-1-0	〔包紙〕					封筒、ペン書	21.1×31.4	裏書「文庫関係」(朱字)、「寺内文庫関係」(ペン書)あり
	22-1-1	寺内図書館所蔵軸物目録				「松陰先生書翰」以下79点の目録	罫紙(静岡屋製)竪帳4丁、ペン書(謄写)	17.0×24.6	枠外に「桜圃文庫格納目録」と墨書あり

資料番号	表題	年代	作者	宛先	内容	形態	法量（縦×横）	備考
22-1-2	〔葉書〕	昭和拾六年八月卅壹日〔消印:16.9.1〕	桜圃寺内文庫主管　佐世庄次郎（朱印）	伯爵寺内家執事殿御中	文庫経常費支出報告、昭和16年8月分	葉書、墨書、ペン書	14.0×9.0	
22-1-3	〔葉書〕	昭和拾五年五月卅壹日〔消印:15.6.1〕	桜圃寺内文庫主管　佐世庄次郎（朱印）	伯爵寺内家執事殿御中	文庫経常費支出報告、昭和15年5月分	葉書、ペン書	14.0×9.0	
22-1-4	〔葉書〕	昭和拾六年九月参拾日〔消印:16.9.30〕	桜圃寺内文庫主管　佐世庄次郎（朱印）	伯爵寺内家執事殿御中	文庫経常費支出報告、昭和16年9月分	葉書、墨書、ペン書	14.0×9.0	
22-1-5	〔葉書〕	昭和拾六年三月卅壹日〔消印:16.4.2〕	桜圃寺内文庫主管　佐世庄次郎（朱印）	寺内伯爵邸執事殿御中	文庫経常費支出報告、昭和16年3月分	葉書、墨書、ペン書	14.0×9.0	
22-1-6	〔葉書〕	昭和拾五年壹月卅壹日〔消印:15.2.1〕	桜圃寺内文庫主管　佐世庄次郎（朱印）	伯爵寺内家執事殿	文庫経常費支出報告、昭和15年1月分	葉書、ペン書	14.0×9.0	
22-1-7	〔葉書〕	昭和拾五年貳月廿九日〔消印:15.2.29〕	桜圃寺内文庫主管　佐世庄次郎（朱印）	伯爵寺内家執事殿御中	文庫経常費支出報告、昭和15年2月分	葉書、墨書、ペン書	14.0×9.0	
22-1-8	〔葉書〕	昭和拾五年拾月卅壹日〔消印:15.11.1〕	桜圃寺内文庫主管　佐世庄次郎（朱印）	寺内伯爵家執事下届	文庫経常費支出報告、昭和15年10月分	葉書、墨書、ペン書	14.0×9.0	
22-1-9	〔葉書〕	昭和14年6月1日〔消印:14.6.1〕	桜畠寺内文庫主管　佐世庄次郎（朱印）	伯爵寺内家執事御中	文庫経常費支出報告、昭和14年5月分	葉書、ペン書	14.0×9.0	
22-1-10	〔葉書〕	昭和十四年三月一日〔消印:14.3.2〕	桜圃寺内文庫主事　藤野莞爾（朱印）	寺内伯爵家執事御中	文庫経常費支出報告、昭和14年2月分	葉書、墨書、ペン書	14.0×9.0	
22-1-11	〔葉書〕	昭和14年5月2日〔消印:14.5.3〕	桜圃寺内文庫主管欠員中（朱印）	寺内家執事殿	文庫経常費支出報告、昭和14年4月分	葉書、墨書、ペン書	14.0×9.0	朱印は「山下」
22-1-12	〔葉書〕	昭和14年8月1日〔消印:14.8.1〕	桜畠寺内文庫主管　佐世庄次郎（朱印）	寺内伯爵家執事殿御中	文庫経常費支出報告、昭和14年7月分	葉書、墨書、ペン書	14.0×9.0	
22-1-13	〔葉書〕	昭和十四年九月一日〔消印:14.9.1〕	桜畠寺内文庫主管　佐世庄次郎	伯爵寺内家執事殿御中	文庫経常費支出報告、昭和14年8月分	葉書、墨書、ペン書	14.0×9.0	

資料番号	表題	年代	作者	宛先	内容	形態	法量（縦×横）	備考
22-1-14	〔葉書〕	昭和14年9月30日〔消印:14.9.30〕	桜畠寺内文庫主管　佐世庄次郎（朱印）	寺内伯爵家執事殿御中	文庫経常費支出報告、昭和14年9月分	葉書、ペン書	14.0×9.0	
22-1-15	〔葉書〕	昭和十四年拾月卅壹日〔消印:14.11.1〕	桜畠寺内文庫主管　佐世庄次郎（朱印）	伯爵寺内家執事殿御中	文庫経常費支出報告、昭和14年10月分	葉書、ペン書	14.0×9.0	
22-1-16	〔葉書〕	昭和拾六年七月卅壹日〔消印:16.7.31〕	桜圃寺内文庫主管　佐世庄次郎（朱印）	伯爵寺内家執事殿御中	文庫経常費支出報告、昭和16年7月分、7月中旬朝鮮館屋根落雷被害修繕費の見積を加算	葉書、墨書、ペン書	14.0×9.0	
22-1-17	〔葉書〕	昭和拾六年六月参拾日〔消印:16.7.1〕	桜圃寺内文庫主管　佐世庄次郎（朱印）	寺内伯爵家執事殿	文庫経常費支出報告、昭和16年6月分	葉書、ペン書	14.0×9.0	
22-1-18	〔葉書〕	昭和拾六年貳月廿八日〔消印:16.2.28〕	桜圃寺内文庫主管　佐世庄次郎（朱印）	伯爵寺内家執事殿	文庫経常費支出報告、昭和16年2月分	葉書、墨書、ペン書	14.0×9.0	
22-1-19	〔葉書〕	昭和拾六年壹月卅壹日〔消印:16.2.1〕	桜圃寺内文庫主管　佐世庄次郎（朱印）	伯爵寺内家執事殿御中	文庫経常費支出報告、昭和16年1月分.「別途金受入ハ組合ニ売リタル加調米代金ノ金額ナリ」	葉書、墨書、ペン書	14.0×9.0	
22-1-20	〔葉書〕				白紙(未使用の1銭5厘葉書)	葉書3枚	14.0×9.0	一部ペン書メモあり
22-1-21	〔葉書〕	昭和拾五年七月卅壹日〔消印:15.7.31〕	桜圃寺内文庫主管　佐世庄次郎（朱印）	伯爵寺内家執事殿御中	文庫経常費支出報告、昭和15年7月分	葉書、墨書、ペン書	14.0×9.0	
22-1-22	〔葉書〕	昭和拾五年六月参拾日〔消印:15.7.1〕	桜圃寺内文庫主管　佐世庄次郎（朱印）	伯爵寺内家執事殿御中	文庫経常費支出報告、昭和15年6月分	葉書、墨書、ペン書	14.0×9.0	
22-1-23	〔葉書〕	昭和十四年一月四日〔消印:14.1.5〕	桜圃寺内文庫主事　藤野莞爾（朱印）	伯爵寺内家執事御中	文庫経常費支出報告、昭和13年12月分、朝鮮館屋根の修繕費支出の報告	葉書、墨書、ペン書	14.0×9.0	
22-1-24-0	〔封筒〕				裏書「金製品試験表」	封筒、朱書	14.8×10.0	22-1-24-1、22-1-24-2を同封
22-1-24-1	〔記〕	昭和拾四年参月拾七日	日本銀行営業局（朱印）	寺内寿一殿	寺内家所有金製品(銚子他計5個)の金含有量の鑑定結果と買入代価の通知	一紙、活版、ペン書	20.6×29.5	

資料番号	表題	年代	作者	宛先	内容	形態	法量（縦×横）	備考
22-1-24-2	〔記〕	昭和八年十二月十八日	造幣局作業部長　廣瀬亞夫（朱印）		「寺内家御家寶金製品試験ノ結果左ノ如シ」茶釜1点、茶瓶1点、銚子2点、金盃(三ツ組)1点	専用紙(造幣局)4枚、活版	27.8×19.7	
22-1-25-0	〔封筒〕		阿川俊亮	寺内寿一閣下	表書「大阪市東区大手前官舎　寺内寿一閣下　御直披」「貸地契約書」(朱書)、裏書「山口市外寺内文庫内阿川俊亮」	封筒、墨書	20.6×8.5	22-1-25-1、22-1-25-2、22-1-25-3を同封
22-1-25-1	地上権設定契約書	昭和八年四月一日	土地所有者　山口県吉敷郡宮野村寺内寿一(朱印)　地上権設定者保證責任宮野村信用購買　販売利用組合　組合長理事　長井徳次郎(朱印)		吉敷郡宮野村下字宮野下字酒屋2389-2の内130坪の敷地の地上権設定に関する契約、地料1ヶ年65円	罫紙竪帳2丁、墨書	15.1×17.3	
22-1-25-2	〔書簡〕	〔昭和8年〕八月廿日	阿川生	寺内閣下	前項契約書の調印その他手続の依頼	便箋(KOKUYO)2枚、ペン書	22.6×15.0	
22-1-25-3	〔記〕				字酒屋2389-2以下計4筆の敷地の現況	一紙、ペン書	12.2×9.0	
22-1-26	〔書類〕	昭和三十年三月十五日〔消印:30.3.23/30.3.23〕	山口市役所宮野出張所長　加藤健一	寺内　順殿	山口市通桜畠-平野線改設工事に要した提供用地の登記手続書類の作成について	罫紙(山口市役所)1枚、ペン書	25.6×17.8	封筒あり
22-1-27	家具目録				木工品・絵画・陶磁器の目録	一紙、墨書	28.3×40.1	
22-1-28	土地調書				初台610-2以下計3筆(寺内寿一所有)の宅地の価格と面積の書上げ	罫紙(小田原急行鉄道株式会社)、ペン書	27.5×40.1	

資料番号	表題	年代	作者	宛先	内容	形態	法量（縦×横）	備考
22-1-29-0	〔封筒〕	〔消印:10.6.□〕	阿川俊亮	寺内寿一閣下	表書「台北市児玉町官舎　寺内寿一閣下」「土地契約書」（青字）、裏書「山口縣山口市外宮野村寺内文庫阿川俊亮」	封筒、墨書	20.4×8.5	22-1-29-1、22-1-29-2を同封
22-1-29-1	地上権設定契約書	昭和十年六月一日	土地所有者　山口県吉敷宮野村　寺内寿一（朱印）地上権設定者保証責任宮野村信用購買販買利用組合　組合長理事長井徳次郎（朱印）		吉敷郡宮野村下字宮野下字酒屋2389-2の内32坪の敷地の地上権設定に関する契約、地料1ヶ年16円	罫紙竪帳2丁、ペン書	24.4×17.0	
22-1-29-2	〔書簡〕	〔昭和10年〕六月十七日	阿川俊亮	寺内閣下	前項契約書の調印、その他手続依頼、壬辰録写本送付、朝鮮碑貸出物件の返納、等々	便箋2枚、墨書	22.0×18.9	
22-1-30	〔目録〕	六月廿八日	杉山ヵ		楽翁公蔵書の目録	罫紙（李王職）2枚、墨書	24.0×16.3	封筒あり、「楽翁公蔵書目録」と朱書あり、クリップ留め
22-1-31	〔書簡〕	〔昭和8年〕六月四日〔消印:8.6.4〕	雲閣　敬宗和南	寺内中将閣下	放光窟に寺内氏より観音像1軀寄贈の礼状	便箋（放光窟）3枚	29.6×19.6	封筒あり
22-1-32	〔書簡〕	十二月廿八日	〔隈〕徳三	子爵寺内正毅閣下	明治30年に隈が中国蘇州で入手した岳飛・文元祥の書を軸装して寺内家に寄贈する	一紙2枚継	19.5×89.7	封筒あり
22-1-33	七書摘要	明治四十二年三月	和田歩兵少佐		指導官兵卒の心得について、中国兵書の摘要	竪帳10丁、印刷	19.0×13.2	
22-2-0	〔包紙〕				「物品説明領収証」とあり	一紙、ペン書	31.0×39.8	22-2-1-1~7ピンで一括してあった

資料番号	表題	年代	作者	宛先	内容	形態	法量(縦×横)	備考
22-2-1-1	記	明治三十八年二月八日	網屋惣右衛門(朱印)	寺内	「白銅十俵金波桐桙付刀」ほかの代金領収証	一紙2枚、墨書	18.0×31.6	22-2-1-1~7ピンで一括してあった
22-2-1-2	記	明治三十八年三月三十一日	小松崎茂助(朱印)右本人(朱印)	寺内様	「黒皮包太刀」の代金領収証	罫紙(小松崎)1枚、墨書	24.5×33.3	22-2-1-1~7ピンで一括してあった
22-2-1-3	記	〔明治38年〕四月十七日	永野謹蔵(朱印)	寺内様	「秋草金マキヱ文庫」の代金領収証	一紙、墨書	24.4×32.8	22-2-1-1~7ピンで一括してあった
22-2-1-4	記	〔明治38年〕四月廿四日	永野謹蔵(朱印)	寺内様	「鞘巻ノ御太刀」の代金領収証	一紙、墨書	24.2×32.6	22-2-1-1~7ピンで一括してあった
22-2-1-5	証	明治三拾八年五月廿二日	品川弥一代家扶戸賀埼平蔵(朱印)	寺内正毅殿	「聖徳太子御像幷ニ逗子代」の領収証	罫紙1枚、墨書	24.3×33.0	22-2-1-1~7ピンで一括してあった
22-2-1-6	記	明治三十八年六月廿六日	網屋惣右衛門(印)	寺内様	「備州長船秀光明治年号付刀」の代金領収証	一紙2枚継、墨書	18.0×19.2	22-2-1-1~7ピンで一括してあった
22-2-1-7	記	〔明治38年〕六月卅日	古尾洋蔵(朱印)	寺内様	「各度」の代金領収証	一紙、墨書	17.9×23.0	22-2-1-1~7ピンで一括してあった
22-2-2	記	十一月十四日	永野謹蔵(朱印)	寺内様	「関兼定刀」の代金領収証	罫紙(やまや)1枚、墨書	24.4×33.1	
22-2-3	記	大正七年五月廿二日	中村作次郎(朱印)	伯爵寺内様御家扶御中	「銀作太刀壱振」ほかの代金領収証	一紙、墨書	24.7×34.5	
22-2-4	〔覚〕	大正			朱端(明の画家)の説明	罫紙(熊谷鳩居堂文房部)1枚、墨書	19.3×27.0	
22-2-5	記	大正四年十月十二日	鳥家清政(朱印)	大藤様	「古銅印」の代金領収証	一紙、墨書	7.7×29.2	
22-2-6	領収証	明治卅八年十二月廿七日	玉井久次郎(朱印)	寺内御家	「愛染明王尊像の幅(巨勢公望)」の代金	罫紙(玉井大開堂用箋)1枚、墨書	24.3×16.4	

資料番号	表題	年代	作者	宛先	内容	形態	法量(縦×横)	備考
22-2-7	証	大正三年七月廿日	熊谷鳩居堂(朱印)	寺内様御執事	「頼山陽書佐々木高綱詠史半截」ほかの代金領収証	専用紙、墨書	18.9×26.9	
22-2-8-0	〔封筒〕				「蔣廷錫」とあり	封筒、墨書	22.2×8.8	22-2-8-1~2を一括
22-2-8-1	蔣廷錫逸品				蔣廷錫の画の解説、漢文、「桐陰論画」からの抜書ヵ	一紙、墨書	24.3×33.1	22-2-8-2と同折
22-2-8-2	〔覚〕				蔣廷錫の画風の解説、漢文「国朝画識巻九首葉」からの抜書ヵ	罫紙1枚、墨書	28.1×40.0	
22-2-9	審定証書				画の真贋鑑定の結果ヵ	一紙、墨書	24.5×18.4	封筒あり
22-2-10	道光粉彩鳳凰花卉大魚缸一対				画の解説文	一紙(南満州鉄道株式会社タイプ用紙)、印刷	22.8×15.4	封筒あり
22-2-11-0	〔封筒〕				「蒙古産白石文珠菩薩印度産小石搭婆記録」とあり	封筒、墨書	25.8×8.4	22-2-11-1~4を一括
22-2-11-1	窣堵波由来記				朝鮮総督府技師坂出鳴海がインドで発掘し総督に寄贈した小卒塔婆の由来	罫紙(朝鮮総督府)竪帳3丁、墨書	27.4×19.8	
22-2-11-2	〔覚〕				「蒙古東翁牛特旗」などがあり	一紙、墨書	18.0×8.3	
22-2-11-3	〔書簡〕	大正四年一月二日	〔片谷伝造〕		献上品(白石文珠菩薩像)の由来	罫紙(片谷用箋)、墨書	23.6×16.0	断簡ヵ
22-2-11-4	〔覚〕	〔大正5年〕大正丙辰八月	魯庵〔寺内正毅〕		小卒塔婆の由来、漢文	一紙2枚継、墨書	19.0×22.6	
22-2-12	〔書簡〕	〔明治28年〕五月廿三日〔消印:廿八年五月二十四日〕	〔寺内〕正毅	〔寺内〕多喜殿	天皇に随行して京都出張中の動勢について	一紙4枚継、墨書	18.2×121.3	封筒あり
22-2-13	〔書簡〕	十一月廿日	〔寺内〕正毅	〔寺内〕多喜子殿	去る11日に釜山を発し、下関、山口、大阪、京都等旅行中の動向報告	一紙4枚継、墨書	18.1×216.1	封筒あり

資料番号	表題	年代	作者	宛先	内容	形態	法量（縦×横）	備考
22-2-14	〔書簡〕	四月十二日	〔寺内〕正毅	寺内多喜殿	ベルリンでの近況報告と帰国予定の伝達など	一紙、ペン書	21.8×27.7	封筒あり
22-3-0	〔封筒〕	昭和34年4月8日〔消印:34.4.8〕	山口女子短期大学　中島宇一	寺内順子様		封筒、ペン書	19.1×8.4	22-3-1~4を同封
22-3-1	桜圃文庫借受御依頼の件	昭和二十一年十一月二十九日	山口県知事　青柳一郎(公印)	寺内順子代理人　小尾哲三殿	教第1158号、山口市宮野所在の櫻圃文庫並ニ附属物件借用について早速御承諾下され厚く御礼申し上ます、借用条件については別紙契約書に記載し、至急本県へ返送のこと	罫紙(山口県)竪帳3枚、ペン書	25.8×18.3	「櫻圃文庫貸借契約書」付
22-3-2-1	図書館利用状況報告について	昭和二十二年四月七日	山口県教学課長(公印)	寺内順子代理人小尾哲三殿	教第1156号、別紙の通り報告	罫紙(山口県)1枚、ペン書	25.6×18.2	22-3-2-2と同折
22-3-2-2	山口県立女子専門学校附属図書館現況並活動報告	〔昭和22年〕			旧寺内文庫を附属図書館に借用受継し、同館が開館した2月20日から終業式までの約1ヵ月間における閲覧人数・冊数等の報告書	罫紙(山口県)1枚、ペン書	25.6×18.2	22-3-2-1と同折
22-3-3	図書館利用状況について	昭和二十五年八月二十四日	山口県学事課長(公印)	寺内順子殿代理人小尾哲三殿	学事第568号、山口県立女子短期大学図書館の昭和24年度前・後期の利用状況の報告	罫紙(山口県)竪帳3丁、ペン書	25.6×18.2	
22-3-4	〔書簡〕	四月八日	山口女子短期大学　中島宇一(朱印)	寺内順子様	御手紙正に拝承、御申越の立会の件了承	罫紙(山口女子短期大学)1枚、ペン書	26.0×18.7	
22-4	〔書簡〕	〔昭和28年〕八月廿四日〔消印:28.8.4〕	山口県立山口博物館長　岩根保重	寺内順子様	今般東京防長倶楽部の諸先輩並に松林桂月先生、田中代議士各位の斡旋により北村西村氏の大作、故寺内元帥銅像一基、県へ御寄贈相受け、本館歴史美術室に展示することとなりました、御西下の折は御来館願いたく存じます	便箋3枚、墨書	25.2×18.7	封筒あり

資料番号	表題	年代	作者	宛先	内容	形態	法量(縦×横)	備考
22-5	〔書簡〕	〔大正12年〕 〔消印:12.4.7/12.4.7〕	桜圃会山口支部員総代　国司精造	伯爵寺内寿一閣下	大正12年2月5日故寺内元帥の誕生日に桜圃寺内文庫の開庫報告式を挙行、予等故元帥の徳風を景仰欽幕して櫻圃会を組織せるもので、開庫に一言祝詞を得ん	一紙4枚継、墨書	19.5×186.0	封筒あり
22-6	〔書簡〕	〔昭和31年〕十一月三十日 〔消印:31.11.29〕	山口女子短期大学長　藤井音松	寺内順子様	文庫の件には長らく多大な御苦情を辱うし、本学として非常に仕合せでおりましたが、この度県に於て文庫買上げの件には遠路わざわざ御来駕をいただきさぞ御苦労様の御問と拝察致します	罫紙(山口女子短期大学)、ペン書	25.6×18.3	封筒あり
22-7-0	〔封筒〕	〔昭和31年〕			(墨書)「文庫書類在中」、(ペン書)「県え文庫譲渡の書類も在中」	封筒、墨書、ペン書	31.7×12.0	
22-7-1	〔蔵品目録〕	〔昭和31~32年〕			目録とその状態	洋罫紙18枚クリップ一括、ペン書	20.6×28.7	
22-7-2	〔書簡〕	〔昭和31年〕十二月十日 〔消印:31.12.10〕	篤〔松林桂月〕	寺内夫人御許	売買契約に関する助言	便箋(OKINA)2枚、ペン書	25.0×17.8	封筒あり
22-7-3	〔書簡〕	〔昭和〕三十一年十月廿七日 〔消印:□《31》.□《10》.27〕	〔松林〕桂月	寺内夫人玉几下	「換舌」(「換告」の誤りか)山口県教育課長との相談の結果報告	便箋(OKINA)3枚、ペン書	25.0×17.8	封筒あり
22-7-4	〔書簡〕	〔昭和31年〕五月十二日 〔消印:31.5.13〕	篤〔松林桂月〕	寺内御奥様御許	「換舌」(「換告」の誤りか)山口県下向の際の県方との相談の結果報告便箋3枚	便箋(松林箋)3枚、ペン書	25.4×18.7	封筒あり
22-7-5	〔書簡〕	〔昭和31年〕十月十四日 〔消印:31.10.14〕	篤〔松林桂月〕	寺内奥様御許	文庫譲渡交渉の進行状況と助言	便箋(OKINA)3枚、ペン書	25.0×17.8	封筒あり
22-7-6	〔書簡〕	〔昭和〕三十一年三月一日 〔消印:31.3.1〕	篤〔松林桂月〕	寺内順子様几下	知事上京予定に付相談の上回答との返信	便箋、ペン書	24.9×17.4	封筒あり

資料番号	表題	年代	作者	宛先	内容	形態	法量（縦×横）	備考
22-7-7	〔書簡〕	〔昭和31年〕七月十一日〔消印:31.7.11〕	篤〔松林桂月〕	寺内順子様侍史	「山口図書館一件」について、山口・萩旅行の際の確認事項報告希望に付連絡	便箋3枚、ペン書	24.8×17.3	封筒あり
22-7-8	〔書簡〕	〔明治31年〕十二月十五日〔消印:31.12.16/31.12.17〕	篤〔松林桂月〕	順子夫人御許	「例の文庫之事」知事との相談、県会の通過など報告	便箋2枚、ペン書	25.6×17.8	速達、封筒あり
22-7-9	図書館利用状況について	昭和二十七年七月十一日	山口県学事課長（公印）	寺内順子　代理人小尾哲三殿	山口県立女子短期大学図書館の昭和26年度利用状況（学事第476号）	罫紙（山口県）（山口女子短期大学）3枚綴、ペン書	25.8×18.2	
22-7-10	〔葉書〕	〔昭和32年〕一月十二日〔消印:32.1.12〕	松林桂月	寺内順子様机下	東京出張所長来訪時の報告	葉書、ペン書	14.0×9.0	
22-7-11	〔葉書〕	〔昭和31年〕四月十四日〔消印:31.4.15/31.4.16〕	松林桂月	寺内順子様机下	来る17日午後住訪を希望と伝える	葉書、ペン書	14.0×9.0	速達
22-7-12	〔葉書〕	〔昭和31年〕十一月六日〔消印:31.11.6〕	松林桂月	寺内順子様貴答	来る10日2時御来訪の由、拝姿を期す	葉書、ペン書	14.0×9.0	
22-7-13	〔葉書〕	〔昭和31年〕十月十一日夜〔消印:31.10.12〕	松林桂月	寺内順子様　至急	直接私からの御報以外への注意を促す。	葉書、ペン書	14.0×9.0	
22-7-14	〔葉書〕	〔昭和31年〕八月廿三日〔消印:31.8.23〕	松林桂月	寺内順子様　御許	10月に山口に息万事打合せの予定を伝える	葉書、ペン書	14.0×9.0	
22-7-15	〔葉書〕	〔昭和32年〕二月二日〔消印:32.2.3〕	松林桂月	寺内順子様　御許	文庫登記の上売買契約の予定と報告	葉書、ペン書	14.0×9.0	
22-7-16	〔葉書〕	〔昭和31年〕十一月二日〔消印:31.11.3〕	松林桂月	寺内順子様　玉机下	来る11日山口下向、県庁と相談予定と伝えよ	葉書、ペン書	14.0×9.0	
22-8	〔書簡〕	〔昭和29年〕二月十九日〔消印:29.2.20〕	松本繁太朗	寺内順子様	時候挨拶「寺内文庫貸与要項」を同封	便　箋3枚、ペン書	25.7×18.1	封筒（旅館朝日館）あり
22-9	〔書簡〕	〔昭和30年〕四月八日〔消印:30.4.8〕	山口女子短期大学	寺内順子様	図書館借用料の送金通知	罫紙（山口女子短期大学）、ペン書	25.6×18.3	封筒あり

資料番号	表題	年代	作者	宛先	内容	形態	法量(縦×横)	備考
22-10	図書館利用状況報告について	昭和二十二年十一月二十一日	山口県学務課長(公印)	小尾哲三殿	付属図書館の利用状況報告	罫紙(山口県)(山口県立女子専門学校同窓会桜圃会)竪帳4丁、ペン書	25.7×18.0	
22-11-0	〔紙箱〕				「山口女子大学」の書き入れ	紙箱	26.3×11.2×2.3	22-11-1~7を一括
22-11-1	寺内文庫洋書訳文	昭和三十五年十一月	、		図書名(欧語・日本語訳)、冊数の表	竪帳(コクヨ用箋)19丁、ペン書	23.0×17.8	
22-11-2	〔書簡〕	〔昭和35年〕十二月二日〔消印:35.12.3〕	山口女子短期大学長広橋敏	寺内順子様	受贈図書の近況について	罫紙(コクヨ)3枚、ペン書	25.0×17.7	封筒あり
22-11-3	〔書簡〕	〔昭和35年〕六月一日〔消印:35.6.1〕	熊谷直之	寺内順子様	「七書」についての回答	便箋(鳩居堂製)1枚、墨書	28.0×19.1	封筒あり
22-11-4	〔書簡〕	〔昭和5年〕六月廿九日〔消印:5.6.30〕	(山口県吉敷郡宮野村櫻圃文庫)宇佐川三郎	寺内中将閣下侍史	朝鮮衛夫人銅活本「七書」(総督府の所蔵)50冊及児玉秀雄の命で小田省吾とともに選定	一紙4枚継、墨書	18.3×149.9	「宇佐川三郎氏より(七書に関するもの)公主嶺寺内中将宛書信昭和五年六月二十九日附(昭和三十五年四月大磯軍用行李より発見)の書き入れのある包書あり、封筒あり
22-11-5	〔書簡〕	昭和35年9月1日〔消印:35.9.3〕	山口女子短期大学長広橋敏(公印)	寺内順子殿	「衛氏夫人七書」に関する問い合わせに対する回答	用箋(山口女子短期大学)1枚、ペン書	25.8×36.5	封筒あり、封筒は9月2日付

	資料番号	表題	年代	作者	宛先	内容	形態	法量(縦×横)	備考
	22-11-6	衛夫人七書の保管利用方について県学事広報課長及び次長に協議した結論	昭35.10.4	山口女子短期大学(印)		表題にかかる今後の方針について、山口女子短期大学図書館に整理保管することを適当とする	用箋(山口女子短期大学)1枚、ペン書	26.0×36.3	封筒あり、表書は「衛夫人七書保管利用について山口女子短期大学協議(昭和三十五年十月四日)」とあり
	22-11-7	〔書簡〕	昭和三十五年十月十三日 〔消印:35.10.13〕	和田健	寺内奥様〔寺内順子〕	「七書」の移管についての私見	美濃紙2枚、墨書	26.0×36.6	封筒あり、別紙は22-11-6ヵ
	22-11-8-0	〔封筒〕				表に「七書に関するもの和田健氏書信二通」と墨書	封筒、墨書	22.2×8.4	
	22-11-8-1	〔書簡〕	〔昭和35年〕十一月十一日	和田健	寺内御奥様〔寺内順子〕	「七書」の移管をめぐる県と短大との交渉について	一紙3枚、ペン書	23.0×17.9	22-11-8-0の中に22-11-8-2と同封
	22-11-8-2	〔書簡〕	〔昭和35年〕十一月二十一日	和田健	〔寺内順子〕	「七書」の移管をめぐる状況について	一紙2枚、ペン書	23.0×17.9	22-11-8-0の中に22-11-8-1と同封
	22-11-9-1	寄附採納願について	昭和卅貳年四月八日	山口女子短期大学長藤井音松(公印)	寺内順子殿	別紙目録に従っての寄附採納願の提出を依頼	罫紙(山口女子短期大学)1枚、ペン書	25.8×19.0	
	22-11-9-2	寺内文庫目録	昭和32年3月25日	山口女子短期大学図書館		22-11-9-1の別紙	竪帳86丁、ペン書	26.0×19.0	
23	23-0	〔風呂敷〕							23-1~12を一括
	23-1-0	〔封筒〕				霞会館の封筒	封筒	23.6×11.8	表面は「(昭)2.9~5.6分、桜圃文庫会計報告」とあり
	23-1-1	〔葉書〕	昭和2年10月1日 〔消印:2.10.2〕	桜圃寺内文庫	伯爵寺内家執事	昭和2年9月30日付の寺内文庫収支報告	葉書、ペン書	14.1×8.9	

資料番号	表題	年代	作者	宛先	内容	形態	法量（縦×横）	備考
23-1-2	〔葉書〕	昭和2年10月31日〔消印:2.10.31〕	宇佐川三郎	伯爵寺内家執事	昭和2年10月31日付の寺内文庫収支報告	葉書、ペン書	14.1×8.9	表に「朝鮮龍山軍参謀長官舎ニ御回送」の墨書貼り付け
23-1-3	〔葉書〕	昭和2年11月30日〔消印:2.12.1〕	宇佐川三郎	伯爵寺内家執事	昭和2年11月30日付の寺内文庫収支報告	葉書、ペン書	14.1×8.9	表に「朝鮮龍山軍参謀長官舎ニ御回送」の墨書貼り付け
23-1-4	〔葉書〕	昭和2年12月31日〔消印:3.1.31〕	宇佐川三郎	伯爵寺内家執事	昭和2年12月31日付の寺内文庫収支報告	葉書、ペン書	14.1×8.9	
23-1-5	〔葉書〕	昭和3年1月31日〔消印:3.1.31〕	宇佐川三郎	伯爵寺内家執事	昭和3年1月31日付の寺内文庫収支報告	葉書、ペン書	14.1×8.9	表に「朝鮮龍山漢江通り軍参謀長官舎ニ御回送」のペン書き貼り付け
23-1-6	〔葉書〕	昭和3年4月3日〔消印:3.4.3〕	宇佐川三郎	伯爵寺内家執事	昭和3年3月31日付の寺内文庫収支報告	葉書、ペン書	14.1×8.9	
23-1-7	〔葉書〕	昭和3年4月30日〔消印:3.5.2〕	宇佐川三郎	伯爵寺内家執事	昭和3年4月30日付の寺内文庫収支報告	葉書、ペン書	14.1×8.9	
23-1-8	〔葉書〕	昭和3年6月5日〔消印:3.6.6〕	宇佐川三郎	伯爵寺内家執事	昭和3年5月31日付の寺内文庫収支報告	葉書、ペン書	14.1×8.9	表に「朝鮮龍山軍参謀長官舎ニ御回送」の墨書貼り付け
23-1-9	〔葉書〕	昭和3年6月30日〔消印:3.7.2〕	宇佐川三郎	伯爵寺内家執事	昭和3年6月30日付の寺内文庫収支報告	葉書、ペン書	14.1×8.9	
23-1-10	〔葉書〕	昭和3年7月31日〔消印:3.8.1〕	宇佐川三郎	伯爵寺内家執事	昭和3年7月31日付の寺内文庫収支報告	葉書、ペン書	14.1×8.9	
23-1-11	〔葉書〕	昭和3年8月31日〔消印:3.9.1〕	宇佐川三郎	伯爵寺内家執事	昭和3年8月31日付の寺内文庫収支報告	葉書、ペン書	14.1×8.9	
23-1-12	〔葉書〕	昭和3年9月30日〔消印:3.10.2〕	宇佐川三郎	伯爵寺内家執事	昭和3年9月30日付の寺内文庫収支報告	葉書、ペン書	14.1×8.9	

資料番号	表題	年代	作者	宛先	内容	形態	法量（縦×横）	備考
23-1-13	〔葉書〕	昭和3年10月31日〔消印:3.11.1〕	宇佐川三郎	伯爵寺内家執事	昭和3年10月31日付の寺内文庫収支報告	葉書、ペン書	14.1×8.9	
23-1-14	〔葉書〕	昭和3年11月30日〔消印:3.12.1〕	宇佐川三郎	伯爵寺内家執事	昭和3年11月30日付の寺内文庫収支報告	葉書、ペン書	14.1×8.9	
23-1-15	〔葉書〕	昭和3年12月31日〔消印:4.2.4〕	宇佐川三郎	伯爵寺内家執事	昭和3年12月31日付の寺内文庫収支報告	葉書、ペン書	14.1×8.9	
23-1-16	〔葉書〕	昭和4年1月31日〔消印4.2.4〕	宇佐川三郎	伯爵寺内家執事	昭和4年1月31日付の寺内文庫収支報告	葉書、ペン書	14.1×8.9	
23-1-17	〔葉書〕	昭和4年2月28日〔消印:4.3.2〕	宇佐川三郎	伯爵寺内家執事	昭和4年2月28日付の寺内文庫収支報告	葉書、ペン書	14.1×8.9	
23-1-18	〔葉書〕	昭和4年4月10日〔消印:□[4].4.12〕	宇佐川三郎	伯爵寺内家執事	昭和4年3月31日付の寺内文庫収支報告	葉書、ペン書	14.1×8.9	
23-1-19	〔葉書〕	昭和4年4月30日〔消印:4.5.4〕	宇佐川三郎	伯爵寺内家執事	昭和4年4月30日付の寺内文庫収支報告	葉書、ペン書	14.1×8.9	
23-1-20	〔葉書〕	昭和4年5月31日〔消印:4.6.3〕	宇佐川三郎	伯爵寺内家執事	昭和4年5月31日付の寺内文庫収支報告	葉書、ペン書	14.1×8.9	
23-1-21	〔葉書〕	昭和4年6月30日〔消印:4.7.5〕	宇佐川三郎	伯爵寺内家執事	昭和4年6月30日付の寺内文庫収支報告	葉書、ペン書	14.1×8.9	
23-1-22	〔葉書〕	昭和4年7月31日〔消印:4.8.5〕	宇佐川三郎	伯爵寺内家執事	昭和4年7月31日付の寺内文庫収支報告	葉書、ペン書	14.1×8.9	
23-1-23	〔葉書〕	昭和4年8月31日〔消印:4.10.10〕	宇佐川三郎	伯爵寺内家執事	昭和4年8月31日付の寺内文庫収支報告	葉書、ペン書	14.1×8.9	
23-1-24	〔葉書〕	昭和4年9月30日〔消印:4.10.10〕	宇佐川三郎	伯爵寺内家執事	昭和4年9月30日付の寺内文庫収支報告	葉書、ペン書	14.1×8.9	
23-1-25	〔葉書〕	昭和4年10月31日〔消印:4.11.2〕	宇佐川三郎	伯爵寺内家執事	昭和4年10月31日付の寺内文庫収支報告	葉書、ペン書	14.1×8.9	貼紙の痕跡あり
23-1-26	〔葉書〕	昭和4年11月30日〔消印:4.12.4〕	宇佐川三郎	伯爵寺内家執事	昭和4年11月30日付の寺内文庫収支報告	葉書、ペン書	14.1×8.9	
23-1-27	〔葉書〕	昭和四年十二月卅一日〔消印:4.12.31〕	宇佐川三郎	伯爵寺内家執事	昭和4年12月31日付の寺内文庫収支報告	葉書、ペン書	14.1×8.9	
23-1-28	〔葉書〕	昭和5年1月31日〔消印:5.2.3〕	宇佐川三郎	伯爵寺内家執事	昭和5年1月31日付の寺内文庫収支報告	葉書、ペン書	14.1×8.9	
23-1-29	〔葉書〕	昭和5年2月28日〔消印:5.3.8〕	宇佐川三郎	伯爵寺内家執事	昭和5年2月28日付の寺内文庫収支報告	葉書、ペン書	14.1×8.9	

資料番号	表題	年代	作者	宛先	内容	形態	法量（縦×横）	備考
23-1-30	〔葉書〕	昭和5年5月7日〔消印:5.5.8〕	宇佐川三郎	伯爵寺内家執事	昭和5年4月30日付の寺内文庫収支報告	葉書、ペン書	14.1×8.9	
23-1-31	〔葉書〕	昭和五年五月卅一日〔消印:5.6.2〕	宇佐川三郎	伯爵寺内家執事	昭和5年5月31日付の寺内文庫収支報告	葉書、ペン書	14.1×8.9	「南満洲奉天市街冨士町九番地御回送」の貼り紙あり
23-1-32	〔葉書〕	昭和5年7月1日〔消印:5.7.□〕	宇佐川三郎	伯爵寺内家執事	昭和5年6月30日付の寺内文庫収支報告	葉書、ペン書	14.1×8.9	
23-2	「正宗の帖王書」の取り扱いについて	2008年　月　日	寺内多恵子	山口県立山口図書館長宮崎正人殿	今回寄贈致したき資料、表記の帖王書11点が真筆であると判明	A4用紙1枚、ワープロ印刷	39.6×21.0	
23-3	〔書簡〕	2008年2月7日	寺内嘉雄	田沢課長殿	電話で相談した件について文案作成、お目通しの上電話いただければ幸い	A4用紙1枚、ワープロ印刷	39.6×21.0	23-2が文案
23-4	〔貴重品目録〕				甲冑類、器物類の2分類で大別し、品目を列記、器物類には第1~379まで番号を付す、赤・青鉛筆で欄外に書込みあり	罫紙竪帳42丁、墨書、鉛筆書	23.2×15.8	24丁目と25丁目の間に罫紙4枚挟み込み、第37号から47号まで墨書で刀剣類を列記
23-5-1	発着簿	〔昭和16~18年〕			寺内家から発送したものと寺内家の到着したものの日付・品目・員数などを記す、他に雑記あり	市販ノート帳40頁、ペン書、鉛筆書	21.0×15.4	
23-5-2	〔書簡〕	昭和二十六年三月〔消印:26.3.6〕	横濱寝具株式会社小田原出張所	寺内家様	洋風寝具の相談所開設の知らせ	葉書、印刷、ペン書	14.0×9.0	23-5-1に挟み込み
23-6	昭和十四年一月ヨリ覚書	〔昭和14~17年〕			寺内家への贈物の記録	ノート1冊、ペン書、鉛筆書	19.8×15.6	
23-7	図書分類目録貴重品（貴重品原簿一）	〔大正10年12月7日~昭和16年6月18日〕	桜圃寺内文庫		大正12年~昭和16年までに受け入れた貴重品の台帳	竪帳線装（桜圃寺内文庫図書原簿用紙）14丁、ペン書	25.6×18.8	表紙あり、「図書分類目録貴重品貴重品原簿一」（墨書）、「桜圃寺内文庫」（朱印）あり、「朝鮮五書13?」の付箋挟み込み

	資料番号	表題	年代	作者	宛先	内容	形態	法量(縦×横)	備考
	23-8-1	貴重品原簿二				御写真、第1~7函、軸物類其他の分類に分け、貴重品を列記	冊子19丁、ペン書、鉛筆書	26.6×19.2	1、11~19丁は桜圃寺内文庫製罫紙、2~10丁目は桜圃寺内文庫図書原簿用紙使用、1丁目と2丁目の間、10丁目と11丁目の間に挟み込みあり、後者は寺内順子宛東京国立博物館書簡
	23-8-2	〔書上〕				貴重品のメモ(雑)	包装紙の反古1枚①便箋(コクヨ)4枚(23×17.8)②罫紙(山口女子短期大学)1枚③メモ紙片3枚	①26.6×19.0 ②23.0×17.8 ③25.6×18.2	貴重品原簿二(28-8-1)の1丁目と2丁目の間に挟み込まれていたもの
	23-9	〔昭和三年度予算編成一件〕	昭和二年十二月三日	桜圃寺内主管宇佐川三郎(朱印)	監督　国司精造閣下	昭和三年度文庫経常費予算別紙ノ通編成致度候間御詮議ノ上御許可被成下度、「昭和三年度桜圃寺内文庫経常費予算書」二部有	罫紙2枚、ペン書	24.4×16.8	欄外朱印「国司」あり
	23-10	什器目録				什器1~82号と番外1・2の計84件のリスト	罫紙(朝鮮総督府)竪帳8丁、墨書	27.6×20.0	欄外に「送」「残」の朱書あり

	資料番号	表題	年代	作者	宛先	内容	形態	法量(縦×横)	備考
	23-11-1	桜圃寺内文庫収蔵書幅全文写	昭和八年四月調			書幅を筆耕したもの	原稿用紙(コクヨ)竪帳49丁、鉛筆書、墨書	22.6×15.0	28丁目と29丁目の間にメモ2枚挟み込み、42丁目と43丁目の間に蘇洵に関する照介の葉書1枚(原田熊雄宛西園寺公望書簡、昭和15年9月3日)挟み込み
	23-11-2	〔書の鑑定〕	〔大正15年カ〕9月3日〔消印:15.9.3〕	西園寺公望	原田熊雄	御託付審勢・審敵の作者は宋の蘇洵、字明允号老泉なり	葉書1枚、ペン書	16.0×11.0	(23-11)の42-43丁の間に挟み込み
	23-12	桜圃寺内文庫貴重品室所蔵物品目録	昭和二十二年七月	寺内家		旧帳簿と現品とを照合の上、文庫及び旧邸内に現在せる物品についてまとめた目録	罫紙(タイヨー)(桜圃寺内文庫)竪帳67丁、墨書	26.6×19.2	凡例・目次有付紙に朱印「中島」(中島宇一)とあり
24	24-1	名簿				総督府、中枢院以下組織別に官員の人名を書上	竪帳1冊、墨書	26.8×19.4	袋(朝鮮総督府封筒使用)あり、「前総督贈呈品目録」と墨書あり
	24-2-0	〔封筒〕		英国大使館	Lieutenant General Terauchi〔寺内中将〕	(墨書)「英国バッス第一等勲章勲記卅九年八月廿二日接」	封筒「On His Britannic Majesty`s Service」	24.6×36.4	
	24-2-1	〔バス勲章授与記〕	〔1906年〕		〔寺内正毅〕	寺内正毅のバス勲章受賞の際の関係書類(英文)	専用紙2折、印刷	31.6×20.4	
	24-2-2	〔添状〕	大正九年七月二十一日	外務省　奥山人事課長	寺内寿一殿	グランド・クロッス・オブ・ゼ・バス返還に関する一件書類返送のこと	罫紙(外務省)1枚	27.6×40.0	
	24-2-3-1	〔勲記伝達〕	〔1906年8月9日〕	British Embassy,Tokio	Lieutenant General Terauchi Masatake	バス勲章を伝達する在日英国大使館かえあの送状	一紙、英文タイプ	33.0×20.6	24-2-3はもともとクリップで一束の状態

資料番号	表題	年代	作者	宛先	内容	形態	法量(縦×横)	備考
24-2-3-2	勲記訳文	千九百六年三月十五日			24-2-1の和訳	罫紙(陸軍省)1枚、墨書	27.0×40.0	
24-2-3-3	最名誉アル「バッス」勲章	〔1906年カ〕			バス勲章の由来説明書	罫紙(陸軍省)1枚、墨書	28.0×40.0	
24-2-3-4	クロード・エム・マクドナルド大使書翰訳	千九百六年八月九日	〔クロードMマクドナルド〕	〔陸軍大臣陸軍中将寺内正毅閣下〕	マクドナルド大使による勲記伝達書の訳文	罫紙(陸軍省)1枚、墨書	25.0×34.0	
24-2-3-5	〔バス勲章受勲に関する往復書類の訳文と原文控の一束〕	〔1906年カ〕			バス勲章の受け取りと返却に関する寺内とマクドナルド大使の往復書類の和訳とその原文の一束	ステープル留め、6枚(訳文:罫紙(陸軍省)、墨書が3枚、原文：謄写版、英文タイプが3枚)	訳文:28.0×20.0、英文タイプ:①24.4×21.0、②28.0×21.6、③24.6×21.0	欄外「明治卅九年六月四日於英国大使館サー・クロード・マクドナル氏ヨリ受領　於東京　正毅」の墨書あり
24-3	寺内元帥履歴書	大正八月七月調				罫紙(笄町、静岡屋製)堅帳20丁、墨書	28.0×20.0	
24-4-0	〔封筒〕				墨書「兵籍」、鉛筆書「寺内正毅」	封筒	28.0×12.4	
24-4-1	〔寺内正毅兵籍〕	〔明治23年頃〕			朱筆・鉛筆による書込あり「陸軍出身後服務」(明治2~23年)あり	専用紙(将校名簿)1枚	32.8×47.4	貼紙「正毅現住處…」
24-4-2	〔寺内正毅兵籍〕	〔明治24年頃〕			歩兵・第五師団所管「陸軍出身後ノ履歴」(明治2~24年)あり	専用紙(第一種陸軍兵籍)1枚	33.4×48.8	
24-4-3	〔寺内正毅兵籍〕	〔明治20年頃〕			「陸軍出身後服務」(明治2~20年)あり	専用紙(将校名簿)1枚	33.0×48.6	
24-5-0	〔封筒〕				墨書「陸軍中将寺内正毅」、24-5-1・2を入れる	封筒	30.8×18.0	
24-5-1	執照	光緒二十五年二月貳拾三日〔1899年〕	大清国總理各国事務衙門王大臣	大日本国陸軍中将寺内正毅	二等第一寳星授与証明書	専用紙1枚	56.5×67.0	

資料番号	表題	年代	作者	宛先	内容	形態	法量（縦×横）	備考
24-5-2	執照	光緒二十八年二月初五日〔1902年〕	欽命全權大臣便宜行事軍機大臣總理外務大部	大日本国陸軍大臣寺内正毅	頭等第三寶星授与証明書	専用紙1枚	57.0×63.5	
24-6	〔シャム国勲記〕	the 26th day of October 1906〔1906年10月26日〕		Lieutenant General Terauuchi of Japan	原本と英訳一組(白象第一等勲章授与証) the 1 Class called Maha Varabhorn or Grand Cordon of OurMost Exalted Ovder of the White Elephant	専用紙3枚	正　本(38.0×25.0)、英訳(38.6×35.0)、タイ語(57.0×38.0)	封筒(14.0×26.0)あり、24-6はこよりで一括、封筒あり、「シャム国と青鉛筆書あり、タイ語一紙の裏に「中近東より」とボールペン書あり
24-7-0	〔封筒〕				墨書「勲記」、青鉛筆書「独逸」、ペン書「より」、24-7-1・2を入れる	封筒	27.0×20.0	
24-7-1	〔普漏西国勲記〕	一千九百三年十月二十日	〔普漏西国等ノ王〕維廉〔ウィリアム〕	日本帝国陸軍大臣陸軍中将寺内正毅	第一等赤鷲勲章　授与証原本(独語)と日本語訳文1組	正本:専用紙1枚、日本語訳:罫紙(陸軍省)1枚	33.0×21.0 24.6×17.0	
24-7-2	〔独逸帝国勲記交附証〕	千八百九六年四月廿四日付	獨逸帝國特命全權公使男爵フォングートシュミット	〔日本帝國参謀本部附隊外少将寺内君〕		正　本:紙1枚、日本語訳:罫紙(参謀本部)1枚	33.0×20.6 28.0×40.0	
24-8-1	〔露文授与証〕 БОЖIЕЮ МИЛОСТIЮ МЫ, НИКОЛАЙ ВТОРЫЙ, ИМПЕРАТОРЪ и САМОДЕРЖЕЦЪ ВСЕРОССЙСКIЙ И, ЦАРЬ ПОЛЬСКIЙ ВЕЛИКIЙ КНЯЗЬ ФИНЛЯНДСКIЙ, И ПРОЧАЯ, ИПРОЧАЯ, ИПРОЧАЯ.〔神の恵みの下に、我がニコライ2世、皇帝であり全ロシアの君主である、ポーランド皇帝、フィンランド大公　等々〕	〔1909年9月15日〕	〔賞勲局事務主任　Ф.某、賞勲局文書課　某〕	〔日本陸軍相、子爵、寺内殿〕	日露の赤十字の交渉に貢献したことにより勲章授与		35.3×44.0	封筒あり、表に「露国赤十字有功章」と墨書あり、『元帥寺内伯爵伝』には「赤十字有功章」(1909.12.27允許)

資料番号	表題	年代	作者	宛先	内容	形態	法量（縦×横）	備考
24-8-2-1	〔露文授与証〕 БОЖIЕЮ МИЛОСТIЮ МЫ, НИКОЛАЙ ВТОРЫЙ, ИМПЕРАТОРЪ и САМОДЕРЖЕЦЪ ВСЕРОССИЙСКИЙIИ, ЦАРЬ ПОЛЬСКIЙ ВЕЛИКИЙ КНЯЗЬ ФИНЛЯНДСКIЙ, И ПРОЧАЯ, ИПРОЧАЯ, ИПРОЧАЯ. 〔神の恵みの下に、我がニコライ2世、皇帝であり全ロシアの君主である、ポーランド皇帝、フィンランド大公　等々〕	〔1903年9月19日〕	〔賞勲局文書課Георгий Федерерику（ゲオルギー・フレデリクス）、賞勲局事務主任某〕	〔日本陸軍相、陸軍中将寺内殿〕	皇帝より恵沢(幸福)の鷲の勲章を贈呈	専用紙1枚、印刷、ペン書	35.4×44.4	『元帥寺内伯爵伝』には「白鷲勲章」(1903.12.08允許)
24-8-2-2	〔露文勲記〕 БОЖIЕЮ МИЛОСТIЮ МЫ, НИКОЛАЙ ВТОРЫЙ, ИМПЕРАТОРЪ и САМОДЕРЖЕЦЪ ВСЕРОССЙСКЙIИ, ЦАРЬ ПОЛЬСКIЙ ВЕЛИКIИЙ КНЯЗЬ ФИНЛЯНДСКIЙ, И ПРОЧАЯ, ИПРОЧАЯ, И ПРОЧАЯ. 〔神の恵みの下に、我がニコライ2世、皇帝であり全ロシアの君主である、ポーランド皇帝、フィンランド大公　等々〕	〔1916年6月19日〕		〔朝鮮総督、伯爵寺内殿〕	皇帝より聖アレクサンドルを贈呈	専用紙1枚、印刷、ペン書	35.6×44.4	ニコライの自署あり、『元帥寺内伯爵伝』には「神聖アレキサンドル・ネウスキー勲章」(1916.01.21允許)

資料番号	表題	年代	作者	宛先	内容	形態	法量（縦×横）	備考
24-8-3	〔露文授与証〕БОЖIЕЮ МИЛОСТIЮ МЫ, НИКОЛАЙ ВТОРЫЙ, ИМПЕРАТОРЪ и САМОДЕРЖЕЦЪ ВСЕРОССЙСКЙIИ, ЦАРЬ ПОЛЬСКIЙ ВЕЛИКIИЙ КНЯЗЬ ФИНЛЯНДСКIЙ, И ПРОЧАЯ, ИПРОЧАЯ, И ПРОЧАЯ.〔神の恵みの下に、我がニコライ2世、皇帝であり全ロシアの君主である、ポーランド皇帝、フィンランド大公　等々〕	〔1996年10月26日〕	〔賞勲式部官長Князь Дофукии（クニヤージ・ドフキー）、賞勲局事務主任Панову（パノフ）〕	〔日本陸軍参謀本部寺内殿〕	皇帝より聖スタニスラフ第1等級を寺内に授与	専用紙1枚、印刷、ペン書	35.1×44.4	『元帥寺内伯爵伝』には「神聖スタニスラス第一等勲章」（1897.06.18允許）
24-9-1	〔露文勲記〕БОЖIЕЮ МИЛОСТIЮ МЫ, НИКОЛАЙ ВТОРЫЙ, ИМПЕРАТОРЪ и САМОДЕРЖЕЦЪ ВСЕРОССЙСКЙIИ, ЦАРЬ ПОЛЬСКIЙ ВЕЛИКIИЙ КНЯЗЬ ФИНЛЯНДСКIЙ, И ПРОЧАЯ, ИПРОЧАЯ, И ПРОЧАЯ.〔神の恵みの下に、我がニコライ2世、皇帝であり全ロシアの君主である、ポーランド皇帝、フィンランド大公　等々〕	〔1908年2月16日〕	〔賞勲局　Георгий Федерику（ゲオルギー・フレデリクス）〕	〔陸相　および　将軍、子爵　寺内ツヨシ殿〕	皇帝より聖アレクサンドル大公を贈呈	専用紙1枚、印刷、ペン書	34.2×45.0	ニコライの自署あり、『元帥寺内伯爵伝』には「神聖アレキサンドル・ネウスキー勲章」（1908.06.09允許）
24-9－2	〔勲記邦訳〕	千九百八年二月十六日	賞勲局総裁男爵フレデリーク	日本国皇帝陛下　陸軍大臣寺内正毅殿	朕ノ卿ニ対スル特種ノ厚意ヲ表センカ為メ卿ニ朕ノ皇帝勲章神聖アレクサンドルネーフスキー大公殿下勲章ヲ授ク　朕ハ茲ニ之ヲ受領佩用ノ為メ卿ニ致シ併テ朕ノ懇情ヲ表ス	専用紙1枚	34.2×45.0	24-9-1の邦文訳、封筒あり、鉛筆書「露帝国ノ勲記」、24-9-1とともに入る

資料番号	表題	年代	作者	宛先	内容	形態	法量（縦×横）	備考
24-10-0	〔封筒〕				墨書「露国赤十字有功章條例及其図形ニ関スル勅命及譯文」、朱書「有功章記、訳文寫、及記章　明治四十三年廿五日　大森京都府知事ニ貸与」	封筒	32.6 × 24.4	
24-10-1	日本國ニ死セシ露國の俘虜及ビ戰歿者ノ遺骨合葬式場ノ説教	明治四十二年九月二十七日	大王教ニコライ		於長崎附近稲佐村墓城	罫紙竪帳3丁	28.2 × 19.6	
24-10-2	〔木杯下賜証〕	明治四十二年九月六日	東京府知事従三位勲二等阿部浩（公印）	正三位勲一等功一級子爵　寺内正毅	公立奉天小学校へ金五拾円寄附に付 木杯壱個下賜	一紙	22.8 × 31.0	封筒あり 表「子爵　寺内正毅殿　木杯五号添」（墨書）、裏「東京市麹町區役町」（印）あり
24-10-3	大日本帝國外國記章佩用免許證	明治四十二年十二月二十七日	賞勲局總裁従二位勲四等伯爵正親町實正（公印）	陸軍大臣陸軍大将正三位勲一等功一級子爵　寺内正毅	「露西亜国皇帝陛下ヨリ贈与シタル赤十字有功章」について佩用を允許	専用紙1枚	34.0 × 43.8	
24-10-4-0	〔封筒〕				赤鉛筆書「佩用允許書類方取扱可然之事　正毅」	封筒	22.7 × 28.8	
24-10-4-1	〔露文勲記和訳控〕	千九百九年九月十五日	賞勲局総裁/賞勲局主事	〔日本帝国陸軍大臣子爵寺内殿〕	日露戦争とその終結後における露国赤十字社に対する貢献と旅順赤十字社所属不動産処理の貢献による	一紙	28.0 × 40.2	
24-10-4-2	〔証書（証明書）〕 Свидетельство	〔1909年9月25日〕	〔本部会長某、文書課主任某〕	〔日本陸軍相、子爵、寺内殿〕	赤十字活動への貢献により授与	専用紙1枚、印刷、タイプ書、ペン書	30.5 × 21.3	
24-10-4-3	〔規定（法規）　日露戦争の記念における赤十字のメダルについて〕 ПоложенІе о медали Краснаго Креста въ память русско-японской войны 1904-1905 г.г.	〔1906年1月19日〕	〔皇帝の村（Царское Село）?にて　内大臣　А.Тангьеевъ（タンギエーフ）〕		原本、皇帝の承認済、メダル授与の条件について	専用紙1枚、印刷	35.7 × 22.4	

資料番号	表題	年代	作者	宛先	内容	形態	法量（縦×横）	備考
24-10-4-4	〔「赤十字有功章」図と規定の承認について〕 Объ утвержденIи положенIия и рисунка знака отличя "Красного Креста".	〔1899年6月24日〕	〔ロシア皇帝〕	〔賞勲局最高文官〕	赤十字有功章の新設の承認書	専用紙1枚、印刷	36.0×45.0	同一の紙に続けて印刷
	〔赤十字有功章の(公式の)様式〕 Форма грамоты на отличiя Красного Креста.	〔1899年6月24日〕	〔Фредерикс(フレデリクス)男爵〕					
24-10-5	〔露国赤十字記章佩用認可関係書類〕				①大臣閣下へ贈與相成タル露国赤十字記章佩用就テ藤井賞勲局書記官ノ意見(陸軍用箋)1枚 ②露国赤十字記章(第七四〇七八號)(陸軍罫紙)1枚 ③千九百四一千九百五年日露戦役記念ノ赤十字記章條例(全九条)(陸軍罫紙)3枚	すべて罫紙(陸軍)、①墨書、②③ペン書	①25.0×17.0、②26.4×19.0、③26.4×19.0	一束(紐とじ)
24-10-6	赤十字有功章條例及其圖形ニ関スル勅令				写	罫紙(陸軍)堅帳3丁、ペン書	26.4×18.8	
24-11-0	〔封筒〕						27.6×21.6	「露国勲記　日露戦役開戦二三日前大使館ニ到着シ其侭トナリ居リタルモノ五日十日サモイロフ少将ヨリ受領」と墨書あり
24-11-1	〔勲記写添〕	明治四十一年六月	賞勲局総裁男爵フレデリーク	子爵　寺内正毅	1903年に寺内に授与された神聖アレクサンドルネーフスキー太公殿下勲章の佩用許可の勲記の写添	和紙、綴3枚	29.1×20.0	

	資料番号	表題	年代	作者	宛先	内容	形態	法量(縦×横)	備考
	24-11-2	〔露文授与証〕 БОЖIЕЮ МИЛОСТI Ю МЫ, НИКОЛАЙ ВТ ОРЫЙ, ИМПЕРАТО РЪ и САМОДЕРЖЕЦ Ъ ВСЕРОССЙСКЙI И, ЦАРЬ ПОЛЬСКIЙ ВЕЛИКIИЙ КНЯЗЬ ФИНЛЯНДСКIЙ, И П РОЧАЯ, И ПРОЧАЯ, И ПРОЧАЯ. 〔神の恵みの下に、我がニコライ2世、皇帝であり全ロシアの君主である、ポーランド皇帝、フィンライド大公　等々〕	〔1903年4月17日〕	〔賞勲局文書課Георгии Федерику(ゲオルギー　フレデリク) 或は Геоарнии Федерикс(ゲオルギー　フレデリクス)、賞勲局事務主任И(或はН).□〕	〔日本陸軍相、陸軍中将寺内殿〕	皇帝より恵沢(幸福)の鷲の勲章を贈呈	専用紙1枚、印刷	35.3×44.2	

軸巻之部

資料番号	名称	年代	作者宛先	内容	形態	法量	数	備考
1	漢詩(七言絶句)		〔伊藤〕博文	万里蒼波繁両情　水心不負太平名 難言無語充吾意　抱酒聊茲尋旧豊 (端裏) 春畝公詩 寺内陸相会同ノ時ノ米賓ハ前大統領タフト氏ヲ云 (箱書) 米国前大統領タフト氏日本陸相寺内伯招宴詩　伊藤公筆 (箱ラベル)(書)33/ 伊藤博文 /(為書)	絹本墨書掛幅装	118.0×35.0	1幅	木箱入 落款3
2	寺内正毅自画像	乙卯八月稔九 〔大正4年〕	魯庵生 〔寺内正毅画・賛〕	(賛) 五歳星霜向鉢巻唸聲 (外箱ラベル)(画)39(為)/ 魯庵 / 自画像讃 (内箱書) 魯庵元帥寺内伯自像自讃 落款3	紙本墨書掛幅装	133.7×43.3	1幅	木箱入(二重)
3	二行書		〔徳川斉昭〕	志士幽人莫怨嗟　古来財大難為用 (箱ラベル)(書)18/ 水戸斉昭 / 志士幽人書 (箱書) 外側)烈公志士幽人之書　桜圃生所蔵 　烈公志士幽人之書　正毅藏 内側)此書烈公自筆以所賜会沢伯卿也有故為蔵当家、明治四十一年於東京正毅識	絹本墨書掛幅装	118.3×40.8	1幅	木箱入 落款3
4	富士松林図		魯庵書と画一筆 〔寺内正毅画・賛〕	清見潟松のこの間に仰き見れは旭日輝くふしの高嶺に (題箋)寺内正毅元帥筆 寺内元帥自画賛掛軸一幅 神奈川寺内寿一氏蔵 (印)「戦争美術展覧会之印」「朝日新聞社印」 (外箱ラベル)(画)48(為)/ 魯庵 / 富士・松林	絹本墨書掛幅装	126.7×41.8	1幅	木箱入(二重) 落款1 題箋1
5	吉田松陰肖像	大正六年一月三日	鉄園摹、正毅 〔佐久間鉄園画、寺内正毅賛〕	安政戊午歳松陰先生応江戸幕府召将発郷関門弟諸子預期其不再帰惻然惜別乃議令同門松浦松洞描先生肖像請賛于先生々々援筆自書者是也予欽仰先生之為人使佐久間鉄園摸彷其肖像謹手写先生自賛歌于時大正六年一月三日正毅 (外箱ラベル)佐久間鉄園 / 吉田松蔭(座)/ 正毅漢詩讃	絹本着色掛幅装	128.2×40.0	1幅	木・紙箱入(二重) 落款4

資料番号	名称	年代	作者宛先	内容	形態	法量	数	備考
6	漢詩（七言絶句）	乙卯二月 〔1915年〕	桜圃正毅〔寺内正毅〕	少時提剣出郷国　欲為君王捧一身 流水落花志難就　空迎六十四回春 （箱書） 六十四回誕辰詩一首 （題箋） 昭和十一年丙子一月　大典記念山口県立教育博物館／寺内元帥七言絶句幅　少時提剣云々／宮野　寺内文庫／(印)「子歳生防長賢遺墨展覧会」 （題箋） 十八代／寺内正毅／大正五年十月／七年九月 （箱ラベル）(書)29(為)／桜圃／少時云々詩	絹本墨書掛幅装	144.7×36.0	1幅	木箱入 題箋2 落款3
7	老蘇審勢論写	大正四乙卯二月初一日	桜圃生〔寺内正毅〕	大正四乙卯二月初一日於漢陽終南山下緑泉亭読老蘇之審勢論有所感写以為自箴 （箱書）老蘇審勢論 （外箱ラベル）(書)28(為)／桜圃／老蘇審勢論 （内箱ラベル）寺内蔵/301/老蘇審勢論/- （題箋）寺内正毅／嘉永五年平川村ニ生ル／八才ニシテ寺内家ニ入ル／大正八年薨ス年六十八	絹本墨書掛幅装	190.5×86.5	1幅	木箱入り（二重）
8	朝鮮物産共進会紀念書画帖	大正丙辰十一月念五日 〔1916年〕	徽潭直介識（後書） 〔久芳直介〕	李埈、素空〔山県伊三郎〕、李完用、閔丙奭　趙重応、任善準、心田安中植、孤峯渓、久庵朴高斌、韓昌洙、船跡、金嘉鎮、朴箕陽、小湖金応元、鼓壌、梧庭、蜻州〔立花小一郎〕、李煕斗、鄭万朝、呂圭亭、崔永年、徐相勛、趙秉健、梅渓、鄭丙朝、魯石、文哉工滕壮〔工藤壮平〕、江原如水〔江原善槌〕 （外箱書）朝鮮物産共進会紀念書画帳 （外箱ラベル）(□・画)巻物3/魯庵他10余名／紀念書画集 （内箱ラベル）貴／□／□	絹本墨書巻子装	35.5×1442.5	1巻	木箱入り（二重）
9-1-1	桂太郎書簡	七月卅日 〔明治43年〕	太郎／寺内正毅殿	韓国併合、関税率改正に関わる情勢、清米両国との関係など （封筒） 表）韓国京城　統監寺内大将閣下　必親展 　　（消印）43.7.30 裏）封　東京　桂総理大臣 　　（消印）43.8.2 （外箱ラベル）(書)〈巻物〉5/桂太郎／寺内正毅宛書簡 （内箱包紙）桂太郎伯尺読弐巻	一紙6枚継（紙本墨書巻子装）	19.0×272.5	1通	2巻1箱入りの1巻のうち （ラベル）貴/81 木箱入（二重） 封筒あり（9-1-2の後に貼付）
9-1-2	桂太郎書簡	八月十九日 〔明治43年〕	太郎／寺内統監閣下	関東地方暴風雨の被害と善後策 （封筒） 表）八月廿三日　投　寺内統監殿　必親展 裏）封　桂太郎	一紙5枚継（紙本墨書巻子装）	18.8×290.6	1通	封筒あり （9-1-1の封筒の後に）

資料番号	名称	年代	作者 宛先	内容	形態	法量	数	備考
9-2-1	桂太郎書簡	八月二十五日 〔明治43年〕	太郎 / 寺内統監閣下	此度の水害と復旧の状況 (封筒) 表)京城　寺内統監殿　必親展 裏)封　東京　桂太郎　托特便	一紙3枚継(紙本墨書巻子装)	18.7×220.5	1通	(ラベル)貴/81 封筒あり (9-2-2の後に)
9-2-2	桂太郎書簡	九月二十六日 〔明治43年〕	太郎 / 寺内統監閣下	朝鮮総督府官制御希望通の月日発布の手順、総督武官限定の経緯、水害と予算編成、授爵に関する説明など (封筒) 表)京城　寺内統監閣下　必親展 裏)封　東京　桂太郎　封	一紙6枚継(紙本墨書巻子装)	18.7×354.5	1通	封筒あり(9-2-1の封筒の後に)
10-1	乃木希典書簡	〔明治27年〕 十二月二十五日	於普蘭店希典拝→寺内賢台尊下	山県大将病気帰朝に付見舞依頼、日清戦争の率軍時の書簡で戦況と心境を記す「戦争ハ実ニ六ケ敷物と今更発明仕候」 (外箱ラベル)(書)(巻物)4/乃木希典 / 寺内正毅宛書簡 (ラベル)貴/□	一紙2枚継(紙本墨書巻子装)	16.8×93.0	1通	木箱入(二重)
10-2	乃木希典書簡	一月二十四日 〔明治33年〕	希典拝→寺内賢台侍史下	小生の身上未定の様子、今一月中に新師団長就任を要請	一紙2枚継(紙本墨書巻子装)	18.0×86.0	1通	
10-3	乃木希典書簡	第一月十二日 〔明治29年〕	希典拝 | 寺内賢台尊下　内啓	台湾における日本人の悪行を懸念、尊台被服装具改正委員長御拝命に対する期待、七旅団急に再発の由	一紙2枚継(紙本墨書巻子装)	17.5×88.8	1通	
10-4	乃木希典書簡	七月二日 〔明治33年〕	希典拝 / 寺内賢台尊下	「此度ノ開戦ハ邦家之為メ東洋之為メニハ至極面白カラヌ事ト愚考」「土匪討伐」「北京攻メ」実行の兼合「目下「義歯ノ修理」「酒ノ減量」等専ラ用意周到ヲ発表」などと記す	一紙2枚継(紙本 墨書巻子装)	17.5×97.8	1通	
10-5	乃木希典書簡	八月二十日 〔明治33年〕	讃岐入道典拝具 / 寺内賢台　坐下　台右	第五師団北京城侵入の吉報など義和団の乱鎮圧戦争時の状況	一紙2枚継(紙本墨書巻子装)	17.7×107.5	1通	
10-6	乃木希典書簡	六月十一日 〔明治37年〕	希典敬具 / 寺内賢兄尊坐下	大将昇進に対する心況、乃木勝典進級叙勲の詮議に関する感想など	一紙(紙本墨書巻子装)	23.8×32.2	1通	
10-7	乃木希典書簡	〔明治〕三十八年一月四日	希典拝 / 寺内賢兄御机下台啓	旅順要塞陥落後まもなくの書簡 「弾丸ト人命ト時日之多数ヲ消費シツヽ埒明キ不申…無智無策ノ腕力戦ハ上ニ対シ下ニ対シ今更ナカラ恐縮千万ニ候」「例ノ服制」改正を重ねて意見	一紙2枚継(紙本墨書巻子装)	17.5×117.5	1通	
10-8	乃木希典書簡	十二月七日 〔明治39年〕	希典拝 / 寺内閣下	検閲復奏延引に対する懸念	一紙(紙本墨書巻子装)	17.5×64.2	1通	
10-9	乃木希典書簡	八月五日	石林村希典 / 寺内賢兄閣下	御恵与の「三日月」汽車内で開披感涙	一紙(紙本墨書巻子装)	23.5×29.3	1通	
10-10	乃木希典書簡	二月十四日夜 〔明治45年〕	希典 / 寺内賢兄尊下	過日越後旅行の際長岡流軍民へ普及の模様一見、女学部失火の報により帰京	一紙2枚継(紙本墨書巻子装)	17.8×66.0	1通	
11-1	御沙汰書		〔寺内正毅〕	陸軍戦後の論功行賞等のため留任 (外箱ラベル)(書)巻物9/内閣文書 / 寺内正毅宛	一紙(紙本墨書巻子装)	19.8×29.0	1通	木箱入(二重)

資料番号	名称	年代	作者 宛先	内容	形態	法量	数	備考
11-2	御沙汰書		〔寺内正毅〕	多年現職の慰労、留任	一紙(紙本墨書巻子装)	20.1×24.4	1 通	
11-3	御沙汰書	〔明治 43 年 8 月頃ヵ〕	〔寺内正毅〕	韓国併合条約締結の慰労と残暑自愛	一紙(紙本墨書巻子装)	21.6×41.1	1 通	
11-4	御沙汰書	〔明治末～大正初期〕	〔寺内正毅〕	朝鮮総督就任に付、経営全うの旨	一紙(紙本墨書巻子装)	22.5×30.1	1 通	
11-5	御沙汰書	〔明治末～大正初期〕	〔寺内正毅〕	在職の治績を慰労	一紙(紙本墨書巻子装)	18.9×39.3	1 通	
11-6	御沙汰書	〔大正前期〕	〔寺内正毅〕	多年朝鮮総督在任の慰労	一紙(紙本墨書巻子装)	20.7×39.1	1 通	
11-7	御沙汰書	〔大正 5 年 10 月 4 日〕	〔寺内正毅〕	大隈後任の内閣総理大臣任命の旨、 赤鉛筆書「十月四日午後四時」など	一紙(紙本墨書巻子装)	19.4×29.0	1 通	
11-8	御沙汰書	〔大正 6 年頃ヵ〕	〔寺内正毅〕	寺内総理辞意の翻意を促す	一紙(紙本墨書巻子装)	20.4×44.4	1 通	
11-9	御沙汰書	〔大正 7 年〕一月十四日	〔寺内正毅〕	天皇の各大臣留任希望の旨伝奏を指示	一紙(紙本墨書巻子装)	18.2×40.4	1 通	
12-1-1	閑院宮沙汰書	〔明治15年10月12日〕	〔閑院宮〕	此度仏国留学に付学事勉励、謹慎著実、皇家の輔翼に精々注意のこと (外箱ラベル)(書)巻物 8/ 徳大寺実則 / 閑院宮・寺内宛書簡 (ラベル)貴 /79	一紙(紙本墨書巻子装)	22.5×30.3	1 通	木箱入(二重)
12-1-2	徳大寺実則添状	〔明治〕十五年十月十二日	徳大寺宮内卿 / 寺内陸軍歩兵少佐殿	本日閑院三品親王御拝謁の節別紙の通り御沙汰写 1 通差出、御輔導方御尽力を求む	一紙 2 枚継(紙本墨書巻子装)	17.2×59.8	1 通	
12-1-3	徳大寺実則書簡	明治十五年九月二十二日	宮内卿徳大寺実則 / 三品戴仁親王殿下	仏国留学に関する注意・心構え	一紙 3 枚継(紙本墨書巻子装)	20.8×181.0	1 通	
12-2	閑院戴仁親王仏国御留学中一歳之経費予算	〔明治 15 年〕		三年戴仁親王御旅行費調、「宮随行輔佐官壱名分旅費例規之通御渡之事」 陸軍歩兵少佐寺内正毅宛総務局長陸軍少輔小沢武雄達(閑院宮輔佐)あり	罫紙(宮内省)(紙本墨書竪帳)	27.3×19.5	1 冊(5丁)	
13-1	寺内正毅追悼の山県有朋和歌	〔大正 8 年頃〕	有朋	元帥寺内伯を悼みて 鷲の山　高ねの月や　詠むらむ おくれし老の　袖そ時雨る (外箱ラベル)(書)30(為)山県有朋 / 寺内伯を悼みて① (内箱ラベル)　第　号 / 山県元帥閣下ノ御短冊 / ニ坤 /75 (ラベル)□□蔵 /76 号 / 山県元帥閣下ノ御短冊 / 二坤	短冊(絹本墨書巻子装)	(短冊) 35.7×6.0 79.7×22.8	1 巻	木箱入(二重) 13-1 と 2 は別箱だが一対

資料番号	名称	年代	作者 宛先	内容	形態	法量	数	備考
13-2	寺内正毅追悼の山県有朋和歌	〔大正 8 年頃〕	有朋	元帥寺内伯ヲ悼ミテ 誠をは　こころとしつて　ひとすちに くににつくして　行し人かも (外箱ラベル)(書)30 山県有朋　寺内伯を悼みて② (内箱ラベル)　第　号　山県元帥閣下ノ御短冊 / ニ坤	短冊(絹本墨書巻子装)	(短冊) 35.7×6.0 79.7×22.8	1 巻	木箱入(二重) 13-1 と 2 は別箱だが一対
14	乃木希典和歌二首	(消印)1.8.30 〔大正元年 8 月 30 日〕	希 / 希典上	たけはやの　たけきみいつに　もろもろの　遠きえみしも 　まつろひにけり 思ふとち　語りつくして　かへる夜の そらには月も　まとかなりけり 明治天皇没後 1 カ月、昨夜面会後の和歌 2 首 添状と封筒も貼付 (外箱ラベル)五〇〇號 / 乃木将軍和歌巻物書翰付 / 寺内将軍宛	紙本墨書巻子装	30.0×109.5	1 巻	木・紙箱入(二重)
15-1	山県有朋書簡抜粋		〔山県有朋→寺内正毅〕	「英雄閑日月」の抜抄、西園寺公望首相酒宴の模様に対する感想 「此狂態を実見し国家の前途を想望し不覚涙洫…」 (箱書) 表：含雪将軍尺牘　魯庵将軍宛英雄閑日月物語 裏：昭和七年五月於大阪　壽一誌 (外箱ラベル)書(巻)7/ 山縣有朋 / 正毅宛尺読 (内箱箱書)含雪将軍　魯庵将軍宛　英雄閑日月物語 (内箱箱裏書)昭和七年十一月於大阪　寿一誌	紙本墨書巻子装	17.7×174.5	1 巻	木・紙箱入(二重)
15-2	原田熊雄宛西園寺公望書簡	七月一日夜 (消印)8.7.2 〔昭和 8 年〕	公望→原田男爵梧右	「山県公より寺内への書翰御さし扣へ無之候ば一読いたし度懐旧の念を慰し居ると存候」 (封筒) 表)東京麹町区平河町五ノ一五原田男爵閣下親展 裏)静岡県興津西園寺公望 | 原田男爵梧	一紙(紙本墨書)	17.7×42.2	1 通	封筒あり

写真之部

資料番号	表題	年代	内容	形態	法量
1-0	掛紙(包紙)		「正毅様 写真(日本人のみ)集合」と整理メモあり	一紙	
1-1	集合写真		陸軍軍人の集合写真	1枚	24.8×41.5
1-2	集合写真		陸軍軍人の集合写真	1枚	27.0×39.4
1-3	集合写真			1枚	27.0×43.2
1-4	集合写真			1枚	27.0×37.4
1-5	集合写真			1枚	24.7×37.9
1-6	集合写真			1枚	29.0×41.5
1-7	集合写真		陸軍軍人の大集合写真	1枚	36.5×51.3
1-8	集合写真		陸軍軍人の集合写真	1枚	35.0×52.4
1-9	集合写真		陸軍軍人の集合写真	1枚	35.2×51.2
1-10	集合写真			1枚	40.6×50.8
2-0	付箋		「正毅様 写真(朝鮮時代)」と整理メモあり	一紙	
2-1	写真		防禦軍掩蔽部	1枚	13.5×17.8
2-2	写真		奉天城内廟門ノ光景	1枚	14.2×18.9
2-3	写真		第三回爆破噴火口	1枚	13.1×17.8
2-4	写真	明治33年2月下旬	鯖江衛戍歩兵第三十六聯隊冬季間新兵教育之光景、明治三十三年二月下旬各中隊雪ヲ除キタル一小地部ニ於テ演習スルノ図	1枚	10.7×16.5
2-5	写真		第二回爆破噴火口	1枚	13.5×17.8

資料番号	表題	年代	内容	形態	法量
2-6	写真		双樹亭附近憲兵警察側ノ植樹	1枚	14.1×20.2
2-7	写真	大正元年	京城府仁昌面稗除却ノ状況	1枚	16.9×22.2
2-8	写真		双樹亭西方城壁附近警察署ノ植樹	1枚	14.1×20.1
2-9	写真			1枚	16.6×21.0
2-10	写真	大正元年11月	大正元年十一月、仁川府外六郡聯合農産物品評会場	1枚	17.2×22.1
2-11	写真		鎮南門附近道郡庁ノ植樹	1枚	14.1×20.1
2-12	写真			1枚	16.9×21.7
2-13	集合写真	大正5年4月15日	謹呈、大正五年四月十五日、京城専修学校開校式記念	1枚	24.1×30.2
2-14	写真		「李王家博物館写真部」とある	1枚	32.5×39.0
2-15	写真			1枚	22.9×27.6
2-16	写真			1枚	22.0×28.0
2-17	集合写真			1枚	21.9×28.2
2-18	集合写真			1枚	21.8×28.4
2-19	集合写真	明治41年12月	本写真ハ今春北京独乙使館内ニ於テ撮影セルモノニテ慶親王、澤公、張之洞ヲ除キ殆ント在京ノ諸大官ヲ網羅セリ、明治四十一年十二月	1枚	36.7×51.2
3-0	掛紙(包紙)		「正毅様（外国人と共に）」と整理メモあり	一紙	
3-1	集合写真		各国軍人との集合写真	1枚	26.9×39.3
3-2	集合写真			1枚	27.2×39.5
3-3	集合写真			1枚	26.0×35.8
3-4	集合写真		陸軍軍人の集合写真	1枚	27.0×40.5

資料番号	表題	年代	内容	形態	法量
3-5	集合写真			1枚	41.7×27.6
3-6	集合写真		軍人との集合写真	1枚	27.9×42.1
3-7	集合写真		各国軍人との集合写真	1枚	28.2×39.3
3-8	集合写真		日米軍人の集合写真	1枚	36.7×53.5
3-9	集合写真			1枚	36.1×50.8
3-10	集合写真			1枚	39.3×51.6
3-11	集合写真		日英軍人の集合写真	1枚	38.6×51.6
3-12	集合写真		各国軍人との集合写真	1枚	39.6×51.7
3-13	集合写真			1枚	41.0×53.0
4-1	アルバム	大正2年	「美/55」のラベルあり、写真40点あり、大正2年3月・5月の南鮮巡視の写真	冊子	28.3×33.5

あとがき

本書は、山口県立大学附属図書館寺内文庫にかかる研究書として、約二年前に上梓した伊藤幸司編『寺内正毅ゆかりの図書館 桜圃寺内文庫の研究――文庫解題・資料目録・朝鮮古文書解題』(勉誠出版、二〇一三年)につづくものである。本書第一部に収載した拙稿でも触れたが、私が寺内家の正毅関係資料の存在を知ったのは偶然であった。私の出した私信がきっかけとなって、寺内多恵子さんからお電話をいただき、寺内家に資料が残されていることをうかがったときは本当に驚いた。さっそく、前著でも協力してもらった友人の朝鮮近代史研究者である永島広紀さんと連れ立って、神奈川県大磯町の寺内家を訪問し、資料群を拝見した。その際、いろいろお話しするなかで、寺内さんが資料の行く末をご心配なさっていたこともあり、私が寺内正毅ゆかりの図書館・桜圃寺内文庫の主要資料を引き継いでいる山口県立大学への寄贈をお願いしてみたところ、大変ありがたいことにご理解をたまわることができた。学界未見の貴重な寺内正毅関係資料を山口県立大学へご寄贈いただいた寺内多恵子さんには、心から感謝の意を表したいと思う。

じつは、寺内家の資料については、山口県立大学とは別に学習院大学との間でも寄贈の話が進められていた。後に知ったことであるが、寺内家との接触は学習院大学のほうが先におこなわれていたが、諸事情により具体的な話が進んでいなかったところに、たまたま前著の出版の都合上、山口県立大学の私が寺内家と接触したことで、最終的に寺内多恵子さんは寺内正毅関係資料(一部、寿一関係資料も混入)を山口県立大学へ、寺内寿一関係資料(一部、正毅関係資料も混入)と美術工芸品などの文物を学習院大学へご寄贈された。もし、私があのタイミングで寺内家と接触していなければ、おそらく寺内正毅関係資料も学習院大学に入っていた可能性が高いのであろう。そう思うと、私としては学習院大学の方々に申し訳ないような気がするのと同時に、もともと桜圃寺内文庫にあった寺内正毅関係資料を里帰りさせることができたという満足感も抱いている。

山口県立大学における資料寄贈の調印式は、平成二十六年（二〇一四）一月二十八日に挙行されたが、資料自体は前年の春に寺内さんから大学に受け渡されていた。寄贈資料目録を作成するためにも、早急な資料整理作業をおこなう必要があった。ただし、山口県立大学における歴史系教員は日本中世史・東アジア交流史を専攻する私しかいなかったにもかかわらず、寄贈資料は一人で整理できるような分量ではなかった。しかも、私自身は、平成二十六年（二〇一四）四月から九州大学へ転任することが内々に決まっていたため、約十ヶ月程度で整理作業に目途を付け、かつ一定程度の成果も出すことを求められていた。

そこで、協力をお願いしたのが、一緒に寺内家を訪問した佐賀大学の永島広紀さんと、母校・九州大学日本史学研究室の同窓生である北九州市立自然史・歴史博物館の日比野利信さんである。二人とも近代史を専攻しているのみならず、その仕事ぶりの熱心さや責任感の強さには定評があり、しかも私とは同学年（四十四年度生まれ）であった。じつは、九州大

寄贈調印式
寺内多恵子さん（左）と江里健輔学長（右）

資料整理の前に寺内正毅の墓に参拝

学日本史学研究室で博士後期課程まで進学したなかにおいて、四十四年度生まれの院生は数も多く、「四十四年会」などと自称して今に至っている（永島さんは九州大学朝鮮史学研究室出身だが日本史学研究室にも出入りしていた）。とはいえ、「四十四年会」と言っていても、組織性はゼロで、学問的な影響力というよりは、九州史学研究会の大会や編集会議のときなど人が集まる場において、下の世代を巻き込んで「飲み」を先導するという面で最大の力を発揮しているのが実態である。私は、いわば「飲み」友達という気易さを利用して日比野さんと永島さんに寺内正毅関係資料の整理を相談したことになるが、ありがたいことに、二人とも職務が忙しいにもかかわらず快諾してくれた。そこで、三人で協議を重ねた結果、短期間で資料整理に目途を付け、かつ一定程度の成果を出すためには、九州大学日本史学研究室の関係者で近代史を専攻する後輩を中心に協力をお願いして作業を進めるしかないということになった。さいわいにも、九州大学日本史学研究室における近現代史担当教員である山口輝臣さん（じつは我々とおなじ四十四年度生まれ）の理解も得ることができ、多くの卒業生と院生からなるチーム（編者三人に加えて、赤司友徳、内山一幸、都留慎司、野島義敬、原口大輔、藤岡健太郎、水野哲雄、山口輝臣、ヤン・シュミット、＊以上、五十音順、ドイツ・ルール大学のヤン・シュミットさんは京都大学に在外研究で来日中であったため参加）を結成することができ、資料整理作業のみならず特別展のキャプション作成、本書の原稿執筆に至るまで、多大な協力を得ることができた。

資料整理作業の様子

シンポジウムでは、山口輝臣さんを通じて学習院大学の千葉功さんにご報告いただくことが可能となり、ディスカッションのコメンテイターには日比野さん・山口さん・永島さんのご尽力により九州大学名誉教授で福岡市博物館長の有馬学先生にご登壇いただけることになった。よくよく考えると、シンポジウムの当日、ディスカッションをするために登壇したメンバーのうち、有馬先生を除けば、全員、四十四年度生まれの同学年であった。こうなると、運命的なものを感じざるを得ない。結果的に、特別展、シンポジウムはともに成功裏に終えることができ、シンポジウム当日の湯田温泉での打ち上げと（ただし、打ち上げ参加者が予想以上に多く、みなさまには非常に窮屈な思いをさせてしまった…）、翌日の菜香亭での長い昼食会も思い出深いものとなった。

このほか、特別展では山口県立美術館、シンポジウムでは山口県立山口図書館のご理解とご協力をそれぞれたまわった。展示の準備作業は、編者のみならず井上祐希さんにも協力してもらった。学習院大学史料館の寺内正毅・寿一関係資料の閲覧に際しては長佐古美奈子さんと吉廣さやかさんにご配慮いただき、山口県立大学附属図書館における一連の作業では町田敬一郎さんに、桜圃寺内文庫の内部見学に際しては元同僚の斉藤理さんにお世話になった。また、本書収載の資料写真は前著に続き元同僚の倉田研治さんに撮影していただき、資料目録のデータ整理・修正・確認作業とディスカッションのテープ起こしは伊藤春佳さんに尽力してもらった。

以上、非常に多くの方々のご支援をたまわることによって、本書を刊行することが可能となった。本書でお名前をあげ

特別展の内覧会

シンポジウムの様子

シンポジウム打ち上げ

ることができなかった方々も含めて、ここに記して感謝の意を表したいと思う。とりわけ、今回のプロジェクトにおいて、九州大学の同窓生の皆さんには大変お世話になった。彼らの存在がなければ、私は何一つ満足な作業はできなかったであろう。私の希望を実現させてくれた彼らに対しては、最大限の感謝の意を表したいと思うし、同時に私自身、九州大学の同窓生であることに大きな喜びを感じている。

現在、私は平成二十六年（二〇一四）三月で十一年間お世話になった山口県立大学を退職し、同年四月から母校の九州大学大学院比較社会文化研究院へと転任したが、山口県立大学の寺内文庫との関係は続いている。山口県立大学では、今回の寺内正毅関係資料の寄贈を契機として、附属図書館長のもとに「桜圃寺内文庫管理運営委員会」を発足させ、文庫の管理・保存・活用（研究、教育、公開）等の提言をすることとした。この委員会の発足に尽力されたのは元同僚の鈴木隆泰附属図書館長であり、私は外部招聘委員として委員会に携わることとなった。私と寺内文庫との出会いは偶然ではあったが、現在では浅からぬ関係となっている。私としてはこれも「縁」と考え、今後とも桜圃寺内文庫にかかわることについては、微力ながら尽力できればと思っている。

最後ではあるが、昨今の出版事情の悪いなか、前著に続いて本書の出版をお引き受けいただいた勉誠出版株式会社、ならびに編集を担当いただいた吉田祐輔さんに感謝申し上げる。

二〇一五年六月六日

伊藤幸司

執筆者一覧

編者

伊藤幸司（いとう・こうじ）

一九七〇年生まれ。九州大学大学院比較社会文化研究院准教授。

専門は日本中世史・東アジア交流史。

著書に『中世日本の外交と禅宗』（吉川弘文館、二〇〇二年）、『寺内正毅ゆかりの図書館　桜圃寺内文庫の研究――文庫解題・資料目録・朝鮮古文書解題』（編著、勉誠出版、二〇一三年）、『東アジア海域叢書11 寧波と博多』（共編著、汲古書院、二〇一三年）、『東アジア海域に漕ぎだす1 海から見た歴史』（共著、東京大学出版会、二〇一三年）などがある。

永島広紀（ながしま・ひろき）

一九六九年生まれ。佐賀大学文化教育学部准教授。

専門は朝鮮近現代史・日韓関係史。

著書に『戦時期朝鮮における「新体制」と京城帝国大学』（ゆまに書房、二〇一一年）、論文に「旧宮内省図書寮の朝鮮本蒐集と日韓の文化財問題」（『年報朝鮮学』一六、二〇一三年）、「帝国大学「法文学部」の比較史的検討」（『九州史学』一六七、二〇一四年）などがある。

日比野利信（ひびの・としのぶ）

一九六九年生まれ。北九州市立自然史・歴史博物館学芸員歴史担当係長。

専門は日本近現代史・地域史。

著書に『「古都太宰府」の展開』（『太宰府市史』通史編別編、有馬学との共編、太宰府市、二〇〇四年）、論文に「維新の記憶――福岡藩を中心として」（明治維新史学会編『明治維新と歴史意識』吉川弘文館、二〇〇五年）、「日清・日露戦間期の安川敬一郎」（有馬学編『近代日本の企業家と政治』吉川弘文館、二〇〇九年）などがある。

執筆者（五十音順）

赤司友徳（あかし・とものり）

一九七七年生まれ。九州大学医学歴史館学芸員。

専門は日本近代史。

論文に「明治中期における監獄費国庫支弁問題とゆるやかな制度変化」（『九州史学』一六九、二〇一四年）、「第一次世界大戦下における ある知識人の日記――波多野培根と大戦報道」（『西南学院史紀要』一〇、二〇一五年）などがある。

有馬　学（ありま・まなぶ）

一九四五年生まれ。福岡市博物館長・九州大学名誉教授。

専門は近代日本政治史・近代日本の地域社会史。

著書に『近代日本の企業家と政治――安川敬一郎とその時代』（共編著、吉川弘文館、二〇〇九年）、『帝国の昭和』（講談社学術文庫、二〇一〇年）、『写真経験の社会史』（共著、岩田書院、二〇一二年）、『日本の近代四「国際化」の中の帝国日本』（中公文庫、二〇一三年）などがある。

内山一幸（うちやま・かずゆき）

一九七四年生まれ。日本学術振興会特別研究員（ＰＤ）。

専門は日本近現代史。

著書に『吉川重吉自叙伝』（共編、芙蓉書房出版、二〇一三年）、論文に「明治十年代における旧藩主家と士族銀行」（『史学雑誌』一二四―一、二〇一五年）などがある。

千葉　功（ちば・いさお）

一九六九年生まれ。学習院大学文学部教授。

専門は日本近現代史。

著書に『旧外交の形成――日本外交一九〇〇～一九一九』（勁草書房、二〇〇八年）、『桂太郎関係文書』（東京大学出版会、二〇一〇年）、『桂太郎――外に帝国主義、内に立憲主義』（中央公論新社、二〇一二年）などがある。

野島義敬（のじま・よしたか）

一九八三年生まれ。福岡市博物館学芸員。

専門は日本近代政治史。

論文に「「革新華族」の政治進出――有馬頼寧の総選挙立候補について」（『日本歴史』七四九、二〇一〇年）、「大正・昭和期における有馬頼寧と「旧藩地」人脈の形成」（『九州史学』一五九、二〇一一年）、「１９３６年における貴族院改革運動」（『日本史研究』六〇八、二〇一三年）などがある。

原口大輔（はらぐち・だいすけ）

一九八七年生まれ。九州大学大学院人文科学研究院助教。

専門は日本近代史。

論文に「ワシントン会議前後の徳川家達とその政治的位置」（『九州史学』一六八、二〇一四年）、「徳川家達と大正三年政変」（『日本歴史』八〇五、二〇一五年）などがある。

藤岡健太郎（ふじおか・けんたろう）

一九七〇年生まれ。九州大学百年史編集室准教授。

専門は日本近現代思想史・大学史。

論文に「戦間期日本の「国際主義」と「地域主義」」（『日本歴史』六四七、二〇〇二年）、「「容喙拒否」の論理――国際連盟・ワシントン会議と「門戸開放主義」「モンロー主義」」（『史学雑誌』一一六―一〇、二〇〇七年）などがある。

山口輝臣（やまぐち・てるおみ）

一九七〇年生まれ。九州大学大学院人文科学研究院准教授。

専門は日本近代史。

著書に『明治国家と宗教』（東京大学出版会、一九九九年）、『明治神宮の出現』（吉川弘文館、二〇〇五年）、『木戸孝允関係文書』（既刊四巻、共編、東京大学出版会、二〇〇五年〜）、『日記に読む近代日本・三・大正』（編著、吉川弘文館、二〇一二年）、『島地黙雷』（山川出版社、二〇一三年）などがある。

編者紹介

伊藤幸司（いとう・こうじ）

九州大学大学院比較社会文化研究院准教授。専門は日本中世史・東アジア交流史。

永島広紀（ながしま・ひろき）

佐賀大学文化教育学部准教授。専門は朝鮮近現代史・日韓関係史。

日比野利信（ひびの・としのぶ）

北九州市立自然史・歴史博物館学芸員歴史担当係長。専門は日本近現代史・地域史。

寺《てら》内《うち》正《まさ》毅《たけ》と帝《てい》国《こく》日《に》本《ほん》

――桜圃寺内文庫が語る新たな歴史像

編者　伊藤幸司　永島広紀　日比野利信

発行者　池嶋洋次

発行所　勉誠出版(株)

〒101-0051 東京都千代田区神田神保町三-一〇-二

電話　〇三-五二一五-九〇二一(代)

二〇一五年八月七日　初版発行

印刷　太平印刷社

製本　若林製本工場

ISBN978-4-585-22121-0　C3021

寺内正毅ゆかりの図書館

桜圃寺内文庫の研究

文庫解題・資料目録・朝鮮古文書解題

屈指の朝鮮関連資料のコレクションを誇る私設図書館、桜圃寺内文庫。文庫設立の背景、蔵書の伝来・体系を解説。朝鮮古文書の解説・翻刻・影印を掲載。

伊藤幸司 編・本体一五〇〇〇円（+税）

戊辰戦争の史料学

明治政府が編纂した史料集「復古記」やその編纂材料を精査し、様々な史料にも着目。戊辰戦争を多角的に解明するための方法を模索する。

箱石大 編・本体三五〇〇円（+税）

内藤湖南とアジア認識

日本近代思想史からみる

内藤の思想形成過程を思想史的・史学史的に検討。アジア世界が混迷するいま、「東洋史の大家」の中国観・文明観の可能性と限界を再定位する。

山田智・黒川みどり 編・本体四二〇〇円（+税）

宣教師たちの東アジア

日本と中国の近代化とプロテスタント伝道書

近代国家樹立を志向するアジアに対して、宣教師たちが用いたキリスト教伝道書および、漢訳西洋科学書を考察。近代科学主義と、アジア世界の邂逅を検討する。

中村聡 著・本体四八〇〇円（+税）